第13版

社会調査の実際

—— 統計調査の方法とデータの分析 ——

島 崎 哲 彦
大 竹 延 幸　著

学 文 社

はじめに

　社会調査は，社会科学の分野において，新しい知見を得る手段として，また，理論や仮説の実証的検証の手段として，学術研究には欠かせない手法である．同時に，官公庁などが行う基礎的データを得るための統計調査や世論調査，マス・メディアが行う世論調査や選挙結果の予測調査，企業が行うマーケティング・リサーチなど社会のさまざまな分野でも，人びとの動向を知る有用な手法として活用されている．

　これらの調査の手法は，量的データを得るための定量調査と質的データを得るための定性調査に分類され，それぞれにさまざまな技法が存在する．これらの技法の実際への適用の場面では，調査に託された課題によって定量調査・定性調査の一方の技法が用いられたり，両者の技法が併用されたりする．本書では，これらの調査技法のうち利用頻度がもっとも多く，社会調査の基本的技法ともいえる調査票を用いた定量調査を中心に論じた．また，社会調査に対する視点と方法が社会学と心理学で異なることは周知の通りであるが，本書では調査の実際的局面を重視し，あえて両者の相違点を捨象したことをことわっておく．さらに，社会調査は，その細部にわたると，未だ妥当な技法が確立されていない部分も多い．本書では，そのような部分についても，経験的法則を混じえながら触れた．さらに，最近普及がめざましいニューメディアを利用した調査法についても，調査手法上の問題点について論じた．

　ところで，編者は長年にわたって調査現場に身を置き，統計調査，世論調査，マーケティング・リサーチといった領域で数多くの調査を手掛けてきた．また，同時に大学生と企業人の両方に対して，調査技術の教育を行ってきた．その経験から，大学生にとっては現実感をもって調査技法を体得することが困難であり，調査現場にいる人びとの間では経験主義的傾向が強く，理論的裏付けに乏しい人が多いという傾向に気づいた．また，調査で得られたデータを分析・解析する技法の知識や適用の判断力については，大学生はもちろんのこと，調査

現場の人びとにおいても欠乏していることに気づいた.

　初めて社会調査に触れる大学生にとっては，実際の事例を通じて技法を学ぶことが，理解への近道であろう．また，多少の実務経験はあるが，調査技法を系統だてて知識化できていない調査現場の人びとにとっては，実例を通して学ぶことは，これまでの経験を体系的に整理するのに役立つであろう.

　そこで，本書は定量調査の調査例と得られたデータの分析・解析例を盛り込むことで，それらの人びとが体系だった技法を実例によって補強し，より深く理解することが可能となることを目指して編集した．なお，事例は世論調査,選挙関連の調査，マーケティング・リサーチなどさまざまな領域から，わかりやすい事例をとりあげた．本書が社会調査の発展に役立つことを願って，前書きに代える．なお，前著に引き続きお世話をお掛けした山本智子氏と，出版を引き受けてくださった学文社社長の田中千津子氏に篤く御礼申し上げる.

2000年4月　　　　　　　　　　　　　　　　　　　　　島崎　哲彦

第13版の刊行にあたって

改正された「個人情報の保護に関する法律」（通称「個人情報保護法」）が2017年5月に全面施行された．これに伴い，日本工業規格（JIS）の個人情報取り扱いに関する規格も「JIS Q15001：2017個人情報保護マネジメントシステム―要求事項」へと強化・改訂され，調査を含む個人情報の取り扱いが法制度上厳格化された．

この背景には，国際間の情報移転が活発化するなかで，EUが加盟各国の国民の個人情報保護を目指して，これまでの「EUデータ保護指令（Data Protection Directive 95）」からより厳しい「一般データ保護規則（GDPR ： General Data Protection Regulation）」へと改定を行ったことがある．

社会調査に関連する個人情報に関しては，「JIS Q15001：2017個人情報保護マネジメントシステム―要求事項」に基づき，（一社）日本マーケティング・リサーチ協会の個人情報保護ガイドラインが「JIS Q15001：2017準拠マーケティング・リサーチ産業個人情報保護ガイドライン」へと強化・改訂された．このガイドラインでは，調査に関連する個人情報の保護について，定義された「個人情報」以外に「要配慮個人情報」も含めて，調査実施時における調査データの利用目的，調査実施前の調査対象者の回答（対象者の個人情報の提供）許諾，対象者の権利の告知や，調査データの処理過程における匿名化の要求等が明確に示されている．

個人情報の保護の具体策を学ぶことは，適正な調査の実施にとって重要な要素である．そこで本版では，調査に携わる人びとが調査実施にあたって対処するべき事項を具体的に解説した．

2019年11月

島崎　哲彦

大竹　延幸

iv

目　　次

Ⅰ．社会調査とは ——————————————————————— 1

1．社会調査の目的と種類　　1

2．社会調査の効用　　2

3．社会調査の限界　　4

4．事実探索と仮説検証　　8

5．調査手法の種類　　10

 (1)　調査で得られるデータの特性による分類　10／(2)　調査対象者との接触方法による分類　16

6．調査手法の適用　　20

7．調査対象者の個人情報・プライバシーの保護　　22

 (1)　個人情報保護の強化　22／(2)　プライバシーマーク制度　28

8．調査業務の国際標準化　　29

9．社会調査従事者の資格制度　　32

 (1)　社会調査士・専門社会調査士　32／(2)　統計調査士・専門統計調査士　34

Ⅱ．定量的手法の種類———————————————————————39

1．面接調査法　　39

2．留置き調査法　　41

3．郵送調査法　　44

4．電話調査法　　46

5．電子調査法　　48

6．パネル調査法　　55

Ⅲ．定量的手法の一般的手順と調査の設計———————————————60

目　　次　　v

1．一般的手順の概略　60

2．調査計画書の作成　62

3．仮説の構築　62

(1)　仮説構築の方法　62／(2)　仮説から調査項目への実際　64

4．調査の設計　68

(1)　調査対象者抽出の設計　68／(2)　調査地域の設計　69／(3)　調査方法の設計　71／(4)　調査スケジュールと実施時期の設計　71

Ⅳ．標本抽出と推計─────────────────────75

1．母集団と標本　75

2．確率抽出法　77

(1)　ランダム抽出法　77／(2)　系統抽出法　79／(3)　クラスター抽出法（集落抽出法）　81／(4)　予備標本　81

3．確率比例抽出法と等確率抽出法　83

(1)　確率比例抽出法　83／(2)　等確率抽出法　84

4．多段抽出法　85

5．層化抽出法　86

6．確率比例2段抽出法の実際　88

(1)　地点数と1地点あたり標本数の設計　89／(2)　1段目の抽出（地点の抽出）　89／(3)　2段目の抽出（標本の抽出）　93／(4)　抽出標本の転記作業　97

7．その他の抽出法　97

(1)　割当抽出法　97／(2)　住宅地図を用いた割当抽出法　101／(3)　国勢調査の結果を利用した抽出法　104／(4)　タイム・サンプリング　106／(5)　RDD法　107／(6)　有意抽出法　110

8．標本誤差と非標本誤差　111

(1)　標本誤差と推計　111／(2)　標本誤差と標本数の設計　119／(3)　非標本誤差　121

vi

Ⅴ．調査票の設計 —————————————————————125

1．調査票の作成態度と留意事項　125

2．調査方法別の留意事項　128

(1) 面接調査法　128／(2) 留置き調査法　129／(3) 郵送調査法　130／(4)
電話調査法　131

3．調査票の作成手順の概略　131

4．質問文・回答選択肢の設計　133

(1) ワーディング　133／(2) 質問内容　136／(3) 質問・選択肢の配列
141／(4) その他の調査票記載事項　146

5．尺　　度　153

(1) 名義尺度　154／(2) 順序尺度　154／(3) 間隔尺度　155／(4) 比例尺
度　155

6．尺度構成　155

7．回答形式の設計　157

(1) 自由回答形式　157／(2) プリ・コード形式　158／(3)その他の回答形
式　166

8．尺度構成の実際　166

Ⅵ．調査の実施 —————————————————————180

1．調査実施の手順　180

2．調査資材の準備　180

(1) 面接調査　181／(2) 留置き調査　188／(3) 郵送調査　190／(4) 電話
調査　192／(5) 電子調査　193

3．調査実施環境の変化　195

4．回収率と推計　197

5．調査員の手配と訓練　199

6．面接調査・留置き調査の実施　201

(1) 説明会　201／(2) 初票点検　201／(3) 調査票の回収　202／(4) 調査
の実施期間　202

目　次　vii

7．郵送調査の実施　203

(1) 調査の実施期間　203／(2) リマインダー　204／(3) 調査協力謝礼（品）の発送　204

8．電話調査の実施　205

(1) 電話番号の照合　205／(2) 調査の実施曜日と時間　206／(3) 調査協力謝礼（品）の発送　206

9．電子調査の実施　207

(1) 電子機器の利用とパネル調査（モニター制）　207／(2) 調査の実施期間　207／(3) 調査協力謝礼（品）の発送　207

10．個人情報に配慮した調査の実施　208

11．調査票の点検　208

12．インスペクション　209

Ⅶ．集　計 ————————————————————212

1．集計とは　212

2．集計計画　214

3．調査票のエディティングからデータ・チェックまで　221

(1) エディティング　221／(2) コーディング　223／(3) データ入力　224／(4) データ・チェック（データ・クリーニング）　227

4．単純集計とクロス集計　229

(1) 単純集計　229／(2) クロス集計　230

5．クロス集計表による分析　236

6．欠損値　241

(1) 欠損値の処理　241／(2) 欠損値がある場合のコンピュータ処理　243

7．ウエイト・バック集計（ウエイト付き集計）　244

Ⅷ．データ分析(1) ————————————————246

1．統計的説明　246

2．度数分布表とグラフ化　248

viii

３．分布の中心的傾向を表す測度　252

(1) 算術平均　252／(2) メディアン（中央値）　253／(3) モード（最頻値）　255

４．分布の散らばりを表す測度　258

(1) 分散と標準偏差　258／(2) 四分位偏差　259

５．２変数間の関連の分析　261

(1) ピアソンの積率相関係数　261／(2) 偏相関係数　268／(3) 順位相関係数　269／(4) 連関係数　271

６．統計的仮説検定　276

(1) 統計的仮説検定　276／(2) 分散の差の検定　281／(3) 分散分析（ANOVA）　285／(4) 多重比較法　290／(5) 平均値の差の検定　293／(6) 比率の差の検定　296／(7) χ^2 検定　298

Ⅸ．データ分析⑵ ———————————————————————316

１．多変量解析とは　316

(1) 多変量解析の分類　316／(2) 手法選択とデータ　317／(3) 構造分析と要因分析の概要　319

２．構造の分析　321

(1) 主成分分析　321／(2) 因子分析　331／(3) 数量化Ⅲ類（コレスポンデンス分析）　345／(4) クラスター分析法　365

３．要因の分析　371

(1) 重回帰分析と数量化Ⅰ類　371／(2) 判別分析と数量化Ⅱ類　388

４．因果分析　397

Ⅹ．調査結果の公表と報告書の構成 ———————————————407

１．調査結果の公表　407

２．調査報告書の構成　407

(1) 調査実施要領　407／(2) 調査結果のまとめ　409／(3) 調査結果の概要　409／(4) 集計結果　410／(5) 調査票　410

目　　次　ix

付表1　乱数表　412
付表2　標本誤差の早見表　413
付表3　正規分布表　414
付表4　信頼度と標本誤差による標本数の早見表　415
付表5　スチューデントの t 分布表　416
付表6　χ^2 分布表　417
付表7　F 分布表（上側0.05）　418
付表8　F 分布表（上側0.01）　419
付表9　スチューデント化された範囲（0.05）　420
付表10　スチューデント化された範囲（0.01）　421

参考　調査票　422

索　　引　434

Ⅰ．社会調査とは

1．社会調査の目的と種類

社会調査（social research）の定義は新社会学辞典（有斐閣）によれば曖昧であり確立されたものはないが，一般的にはその主な目的は，実際の社会的場面における人間行動に関するデータを収集し，それを解析することによって，対象とする人間行動について記述し，因果関係について説明することにあると考えられている．また，その調査手法に共通する条件から，社会調査とは(1) 社会または社会事象について，(2) 現地調査（フィールド・サーベイ：field survey）により，(3) 統計的推論のための資料を得ることを目的とした調査であるという考え方もある[1]．もっとも，社会調査の中には，人間行動の質的構造を探ることを目的とした定性調査（qualitative research）も含まれるという解釈もあり，こちらの考え方の方が一般的である．したがって，社会調査とは，統計的推論のための資料や質的構造を明らかにするための知見を得ることを目的とした調査であると考えられよう．

このような目的と条件に該当する調査には，さまざまな種類のものが含まれる．大学などの研究機関が行う学術調査，官公庁などが行う統計調査，官公庁やマス・メディアが行う世論調査，マス・メディアが行う選挙結果の予測調査，企業などが行うマーケティング・リサーチ（marketing research）といった種類の調査である．

これらの調査は，人間行動を一般化して記述し，説明することを目的とするものであるから，調査対象となった個人が特定される必要はない．したがって，興信所が行う信用調査や警察が行う犯罪調査のように，対象となる個人を特定することが前提となる調査は，社会調査に含まれない[2]．ジャーナリストが取材のために行う調査もまた，これらの調査とともに，社会調査からは一線を画す

ものである．

　また，現地調査という条件から，人口統計，さまざまな生産統計・出荷統計，商品やサービスの普及統計といった二次的データを扱う統計資料もまた，社会調査には含まれないという考え方が一般的である．ただし，データの分析段階では，二次的データも調査結果として得られた加工されていないデータ（生データ：raw data）と同様に，解析モデルを用いた分析手法を採用することが多い．

2．社会調査の効用

　社会調査は，社会のさまざまな分野で活用されている．

　研究機関が行う学術調査は，社会科学の分野で確立された理論を現在の社会に適用して再検証したり，仮説を検証したり，人間行動から新たな理論や仮説のための知見を探索する手法として利用されており，それは自然科学の分野における実験と同様の役割を担っているといえよう．さらに，社会科学の研究方法と社会調査の関係を整理すると，次のようなことがいえる．社会科学の研究方法には，公理・命題を前提に形式理論によって新しい理論や命題を導き出す演繹法（deduction）と，個別の事実を普遍化して一般的結論を導き出す帰納法（induction）のふたつの方法がある．帰納法は，事実をとらえ積み上げていき一般的法則性を見出すという過程を経るのであるが，事実をとらえる手法として社会調査が必要とされることが多い．帰納法と社会調査は，密接に結びついているといえる．他方，演繹法は既存の理論・命題から形式理論的に，すなわち論理的に新しい理論・命題に到達しようとするのであるから，この過程では社会調査を必要としない．しかし，導き出された新しい理論・命題の現実社会への適用を探るためには，社会調査が必要とされることが多い．社会科学の分野においては，社会調査は実証手段として不可欠な存在なのである．

　しかしながら，社会調査は研究の一部，特に研究者独自の主張の検証手段として用いられるものであり，研究の根幹となるものではあるが，社会調査＝研

究全体ではない点に留意する必要がある．

　自然科学における実験は，対象に対して人為的に何らかの刺激を加え，その結果を観察し，因果関係を解明しようとするものである．他方，社会科学においては，人為的操作を伴う実験は非常に困難である．社会科学が対象とする人間的事象に人為的操作を加えることは，きわめて制約されざるを得ない．そのような操作は，倫理的問題を引き起こしかねない．したがって，社会科学における科学的手法は，実験に依存する領域がきわめて少なく，観察に依存する傾向が大部分を占めているといえよう[5]．

　ところで，自然科学において，実験がその発展に大いに寄与したことは何人も認めるところであろう．社会科学においては，社会調査には前述のような制約があるとはいえ，その発展にこれまた大いに寄与しているのである．ここで，さまざまな社会調査の効用を検討してみよう．

　官公庁などが行う統計調査は，国や自治体などのさまざまな局面の状況を示す基礎資料となるものであり，行政上の諸々の施策立案の基礎データとして利用されている．同時に，民間企業のマーケティングなど，さまざまな分野でも基礎資料として活用されている．

　官公庁が行う国民や地方自治体の住民を対象とした世論調査は，各レベルにおける立法や行政に民意を反映させる手段である．マス・メディアが行う世論調査は，人びとの世論や社会心理の状況を明らかにし，ジャーナリズム活動の指針に反映される．また，その結果を報道し，人びとに知らせることによって，世論や社会心理を指導・誘導する機能も果たしている．

　マス・メディアが行う選挙の予測調査は，有権者である人びとがどのような投票行動を予定しているのかを調査し，報道することによって有権者一人ひとりに知らせることにより，人びとの選挙行動決定のための情報として利用されている．かつて，特定の政党から，予測調査の結果を報道することは，人びとの選挙行動に影響を与えるので控えるべきであるとの主張がなされた．できるだけ多くの情報に基づいて，理性的判断を下し選挙行動を行うことが，民主主

義の望ましい姿である．その情報の中には，他の人びとの選挙行動の動向も含まれるであろう．このように考えると，特定政党の主張は容認できるものではない．

　企業などが行うマーケティング・リサーチには，消費者の一般的な態度や要求を明らかにする調査から，製品や試作品の受容状況，流通の状況，広告の効果などを明らかにする調査まで，諸々の調査が含まれる．マーケティングにおける商品やサービスのアイデアの生成，開発，販売戦略の展開などのプロセスによって，必要とされる調査の内容と手法は異なるのである．得られたデータは，マーケティングのステージに対応して，基礎データとして利用されたり，具体的製品の開発・修正，企業の意思決定などに利用されている．なお，人びとの要求を探ることを主眼としたマーケティング・リサーチの手法は，昨今では官公庁の調査でも，国民や地域住民などの要求の探索のために利用されている．

　このように，社会調査は，実態を解明する手法として，また，問題の発見，解決手段の発見の手法として，社会のさまざまな分野で利用され，役立っている．

3．社会調査の限界

　調査を利用する人びとの中には，どのようなことでも調査によって問題が解決されるという考え方がある一方で，調査では何も問題が解決されないという考え方まで，さまざまな評価が存在する．ここに示した両極のいずれの考え方も誤りであり，社会調査には，効用と同時にさまざまな限界が存在するのである．調査は科学的研究の道具としてはそれ程すぐれたものではなく，たとえていえば「切れ味のよくないナイフ」や「焦点を合わせにくい望遠鏡」のようなものであるという指摘もある[6]．ここに，社会調査の限界について，いくつかの点を列記しておく．

　①　社会調査の限界の根底には，調査対象が人びとの意識や行動，あるいは人びとの営為の結果生じた現象であるという問題がある．現代社会に生きる人びとは，社会全体の動向やさまざまな領域の細部にわたる動向を判断する情報

Ⅰ．社会調査とは　　5

をすべて入手しているわけではない．したがって，社会調査で質問される内容についても，そのすべてを的確な情報や経験をもとに判断して回答できるものではなく，時にはまったく判断がつかなかったり，情緒的に反応したりすることがある．また，調査内容に対して対象者の関心がないといった場合もある．したがって，人びとは調査内容に対して，常に合理的な判断のもとに回答するものではなく，情緒的反応に基づいて回答する場合もある．

　社会調査は，事実を捉えることを目的としている．であるから，このような調査対象者の合理的反応も，非合理的反応も含めた「本音」をそのまま把握することが必要とされる．「建前」の回答を得たのでは，事実を捉えたことにならないのである．このためには，調査票の設計上の工夫が必要となるが，この点については詳しく後掲する．

　②　ところで，人びとはその誕生から社会化の過程で，さらに成長後も日々の生活の過程で習得したさまざまなものを内包している．すなわち，さまざまなエレメントが相互に関連し，複雑に絡みあった価値体系を，人びとは意識の下に内在しているのである．この価値体系そのものを，直接社会調査によって探り出すことはできない．社会調査によって探索が可能なのは，人びとに意識されている価値意識までである．

　その生活価値意識も，あらゆる局面の価値意識を1回の調査で取り扱うことは，調査対象者の回答時間の制約から，特定の局面に絞らざるを得ない．

　社会調査の適用が可能なのは，価値意識，態度，行動といった領域であり，それも1回の調査で可能な範囲は特定の局面に限定されるといえよう．調査結果として得られたそれらの知見から価値体系を推論するのは，すぐれて調査を行う側の問題である．

　③　社会調査の対象者である人びとは，社会生活の中で，日々その価値意識，態度，行動を変容させていく．したがって，極論すれば，ある時点で計測した結果は，翌日には変化している可能性がある．

　衆議院や参議院の議員選挙の投票日1週間程度前にマス・メディアによって

6

実施される選挙結果の予測調査を例にあげてみる．調査進行中に政治的な大事件が起きたり，汚職などのスキャンダルが発覚したとする．多くの有権者が支持政党や支持候補者を変えてしまうこともある．調査対象者は有権者の中から抽出された人びとである．したがって，調査結果もそのような事態が発生する前と後では大きく変わり，調査全体の結果は，選挙結果と大きな差異を生じることとなろう．そこで，選挙結果の予測調査は，通常短期間（2日間程度）で実施されている．

このような極端な変化は，他の領域の社会調査では頻繁に起こるものではないが，まったく可能性がないわけでもない．このようなケースとはもっとも遠いと考えられるマーケティング・リサーチの分野でも，1カ月，半年，1年といった期間では，人びとの価値観意識，態度は変化する．

したがって，調査の実施が長期間に亘るような設計は，避ける必要がある．同時に，調査とは人びとの価値意識，態度，行動などのある時点を計測している，すなわち変化する社会のある時点の断面を切り取ったものであり，その結果は不変なものではなく，日々変わるものであることを認識しておく必要がある．

④　すでに述べたように，社会調査は，人びとの価値意識，態度，行動といった局面を計測する．それらの対象となる局面への回答は，人びとの生活の歴史に根差すものであり，したがって社会調査は人びとの過去を後追いして検証する傾向が強い．

また，人びとは日常生活の中で遠い将来のことにそれ程関心をもっているわけではないし，関連する知識を豊富にもっているわけではない．たとえば，マルチ・メディア化などの技術的な発展に基づく将来の生活の展望について調査を行ったとしても，専門家ならともかく，一般の人びとには10年先，20年先の展望はできないであろう．専門家を対象とする将来を予測するための調査手法であるデルファイ法（delphi method）については，後掲する（Ⅴ－4－(2)「質問内容」を参照）．

このような点からも，社会調査は一般的に過去の後追いになりがちであると

いえる．調査結果の知見から，将来の展望を導き出し，新しい施策の妥当性や新しい商品の可能性を推測するのは，すぐれて調査を行う側の問題である．調査が役に立たないと主張する人びとの多くは，この点の認識が欠如していると考えられる．

⑤　人びとの関心は，生活に根差すものである．他方，社会調査を計画，実施する側の課題は，必ずしも一般の人びとが関心を示す内容とは限らない．とくに，マーケティング・リサーチでは，人びとの関心の外にある課題を微細な部分に亘って聴く傾向がある．

そこで，質問の仕方に工夫が必要となる．質問は，人びとの日常生活の範囲で回答できる内容や，人びとが想定できる範囲の内容に限定して聴くべきであり，人びとの考えが及ばないような内容の質問はするべきではない．そのような質問をしても，得られた回答は役立たないものとなろう．

とくに，調査を計画する側の課題の最終的回答まで調査に依存するのは無理な場合がある．新しい政策や新商品の是非などの中には，人びとの生活状況や充足状況・不満などの回答結果から調査を行う側が推測するべきものであり，調査によって最終的な是非を問うのは無理があるものも多い．

⑥　社会調査は調査対象者に強制できるものではなく，あくまで調査対象者の協力を得て実施するものである．そこで，自ずと調査協力が得られる限界がある．とくに定量調査においては，回答時間の限界が存在する．この限界は，調査手法によって異なるものであり，その詳細は後掲するが，限界を超えると調査対象者の協力が得にくくなることを指摘しておく．

この限界の範囲に調査量を納めるためには，次のような手順を踏んで，質問を絞り込む必要がある．

(イ)　日本の社会調査では，1回の調査で何もかも質問しようとする傾向が強い．1回の調査では，その調査の課題に係わる質問に絞り込むべきである．

(ロ)　社会調査の課題を解明するためには，多くの質問を必要とする．しかし，それらの質問の中には，必ずしも改めて調査対象者に聴かなくても，既

存の資料で明らかにすることが可能なものもある．そこで，国や，自治体，業界団体等による基礎的統計資料や，自組織内および他の組織などが実施した調査資料などを収集し，それでも解明できない点を明確にする．この解明できなかった点に質問を絞り込むべきである．

⑦　調査手法による限界もある．調査手法は，定量調査と定性調査に大別される．定量調査では全体（母集団）の傾向が「○○は△△％」といった数量として把握できるが，そのような傾向が何故生じたのかという回答の背景にある構造の把握には向かない手法である．

他方，定性調査は調査対象者の態度や行動の背景にある心理や経験などの構造を深く探索する手法としては優れているが，対象者ひとりひとりは個々の事例であり，たとえ数多く事例を積み上げても，全体の傾向を数量として把握することはできない（「Ⅰ－5調査手法の種類」を参照）．

4．事実探索と仮説検証

社会調査の課題に対するアプローチの方法として，事実探索的（exploratory）アプローチと仮説検証的（confirmatory）アプローチのふたつの立場をあげることができる．まず仮説（hypothesis）をたて，その仮説が肯定されるか，否定されるかを検証することを主眼に調査を設計するのが仮説検証的アプローチである．これに対して，仮説をたてることは調査設計にあたって設計者の偏見が混入されることに通じるとして，事実測定を主眼に調査を設計するのが事実探索的アプローチである．仮説検証的アプローチの支持派と批判派の間で，時に激しい対立が生じたこともある[7]．

ところで，一般的に社会調査の課題として登場する多くの事柄は，それぞれ社会的背景を分析すると何らかの仮説が成り立つものである．多くの課題は，仮説検証的アプローチが可能であるといえよう．

もちろん，仮説の成立しようのない未知の領域では事実探索的アプローチが有効であること，事実探索的調査の結果から仮説が導き出されることを否定す

るものではない．しかし，このような場合でも，第二段階の調査では，第一段階の調査結果から何らかの仮説が導き出されるはずである．[8]

　しかし，やみくもに調査したのでは，課題を構成するさまざまな要因の複雑かつ重層な関係を解明することはできない．そこで，社会調査では，可能な限り仮説検証的アプローチが必要とされるのである．その第一歩は，調査課題に関連する資料の収集にある．

　社会調査を計画するにあたってまず検討する仮説は，調査課題に係わる現象を概念的に説明する（理論）仮説（theoretical hypothesis）である．（理論）仮説の構築にあたっては，その項目（変数：variable）はひとつであってもよいが，複数存在する場合が多いであろう．また，この段階においては，その理論仮説が調査によって測定可能か不可能かは，とりあえず念頭に置く必要はない．

　次の段階では，（理論）仮説に既知の情報や収集した資料から得られた情報によって肉付けし，調査によって測定可能な作業仮説（working hypothesis）を構築する．作業仮説とは，測定可能な変数，およびそれらの変数間の関係を説明する仮説である．この作業仮説をもとに，調査項目を設計することとなる．

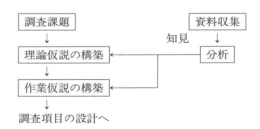

図Ⅰ-1　仮説の構築

5．調査手法の種類

　社会調査の手法は，調査対象，調査対象の選定方法，データ収集場面での形

式，調査の位置づけ，調査の空間的広さ，調査の時期，調査の回数，条件コントロールの有無，観察・測定用具，面接の深さと構造化の程度などさまざまな基準によって分類できる[9]．ここでは，調査で得られるデータの特性による分類と，調査対象者との接触方法による分類を示しておく．

(1) 調査で得られるデータの特性による分類

この分類では，調査は表Ⅰ－1に示すとおり，量的把握を行う定量的手法（quantitative method）と，質的把握を行う定性的手法（qualitative method）に大別される．中には，内容分析（content analysis）のように，量と質の両面からの把握が含まれる手法もある[10]．

表Ⅰ－1　調査で得られるデータの特性による分類

１．定量的手法 　　対象の傾向の量的把握を目指す手法． **(1)悉皆調査（全数調査）** 　　属性などによって限定された調査対象集団を構成する全ての調査単位を調査する． **(2)標本調査** 　　調査対象集団（母集団）から一部の調査単位，すなわち標本を抽出して調査する．その調査結果から母集団の傾向を推計する．推計には，標本誤差が含まれる． 　　なお，標本は無作為標本でなければならない． **２．定性的手法** 　　対象の行動・態度や現象の背景にある構造の質的把握を目指す手法． **(1)詳細面接調査** 　　調査員と対象者が一対一の直接面接で実施する調査． **(2)深層面接調査（デプス・インタビュー）** 　　対象者の心理の深層にあるものを探り出すため，自由面接で行う調査． **(3)グループ・インタビュー** 　　1グループ6～8人の対象者に対して，モジュレーターの進行に従って行う調査． **(4)非統制的観察法** 　　でき得る限り事実を掌握するために，自由に行う観察法．

（出典：島崎哲彦，坂巻善生編『マス・コミュニケーション調査の手法と実際』より，加筆修正）

① 定量的手法

定量的手法は量的把握を目的とするゆえに，たとえていうならば対象者全員を同じ物指で計測する．すなわち同じ尺度（scale）で計測するために，質問と選択肢（自由回答を除く）によって構造化された質問票を用いて調査を行う．

定量的手法には，調査の対象となる調査単位をすべて調査する悉皆調査と，調査単位の全集合である母集団（population あるいは target population）から，調査対象とする部分集合，すなわち標本（sample）を抽出して調査する標本調査がある．

悉皆調査，標本調査いずれの手法においても，調査の目的に照合して，調査単位の全集合を決定する，すなわち母集団を定義することが調査設計上の重要な課題のひとつである．

これらの定量的手法においては，量的把握を目的とするゆえに，各調査対象者に対して共通の質問，共通の選択肢を設定した調査票が用いられる．

安田三郎によれば，定量的手法（統計的方法）とは，「① 多数の事例についてエキステンシヴに，② 少数の側面を全体の中から切り取って，③ しかし客観的に計数または計量して，④ 相関係数等の客観的な分析法によって普遍化を行う」ものである[11]．

また，定量調査は調査対象を量的に取り扱うゆえに，この手法を理論的に支えるのは統計学である．したがって，定量調査の調査票の設計，すなわち尺度構成や調査結果の分析は，統計学に依拠することとなる．

(イ) 調査対象となる集団（標本調査における母集団）の規定

日本国内の世帯・個人の基本的な特性を把握することを目的に5年に1回実施される国勢調査は，調査単位のすべてを調査する悉皆調査であり，その調査単位の全集合は，日本国内の全世帯，およびそれらの世帯の構成員である全個人である．マス・メディアが実施する国政レベルの世論調査は，母集団から標本を抽出して調査する標本調査であり，その多くは全国の有権者を母集団としている．このように，定量的手法においては，調査の目的によってどのような

層を調査単位とするのかが明確化されねばならない.

この点については，さらに詳しく検討してみよう．ある自動車メーカーが自社の特定の車種のユーザー評価を得るために行う調査では，対象となる車種のユーザーが調査単位の全集合（母集団）である．この場合，新発売の車種の評価を得たいのであるならば，古い車種のユーザーは調査対象とならず，期間を限定することとなろう．ある化粧品メーカーが行う女性用化粧品の使用実態調査では，調査対象は，それらの化粧品を使用すると想定される層に限定されるであろう．また，地方自治体が行う住民意識調査では，調査単位（母集団）はその自治体の地域内に限定されるであろう．

このように，調査単位（母集団）には，調査の目的によってさまざまな限定が生じる．それらは，次のように整理できる.

　ⅰ）　調査対象となる人や組織などの属性による限定.

　　　　対象が人であるならば，性，年齢，未既婚，学歴，職業などの個人属性や，特定の経験などによる限定.

　　　　組織であるならば，業種，資本金，売上げ，従業員数などの属性による限定.

　ⅱ）　調査対象の物による限定.

　　　　対象物のさまざまな属性による限定.

　ⅲ）　地域による限定.

　　　　居住地や所在地などによる限定.

　ⅳ）　時期による限定.

　　　　対象物の発売時期などによる限定.

(ロ)　悉皆調査

悉皆調査では，調査単位のすべてを調査する．日本国内の全世帯，およびその構成員のすべてを調査する国勢調査も悉皆調査であり，特定の商品のユーザーをすべて調査するのもまた悉皆調査である.

このような手法によって測定された結果は，調査単位のすべてを調べている

ので，標本調査のように標本誤差を含むものではない．たとえば，悉皆調査に
よって男性が49%，女性が51%という結果を得たとすれば，調査実施時点でと
いう限定はあるが，調査単位全体の男女比率は49%対51%であり，他のいかな
る値でもないといえる．

このように，悉皆調査の結果には，調査対象集団の特性を簡潔に記述する記
述統計（descriptive statistics）を適用して分析することとなる．

(ハ) 標本調査

標本調査（sample survey）とは，調査単位の集合である母集団から標本
(sample) を抽出（sampling）して調査を行い，得られた結果から，母集団の
傾向を推計するものである．母集団の真の値を推計するともいい替えられる．

この母集団の真の値を推計する時，標本調査は母集団の一部の調査単位（標
本）しか調査していないゆえに，その推計に誤差を含んでいる．このことは，
母集団から同じ標本数を2度，3度と選び直して同一調査をすれば，異なった
結果が得られることによって証明されよう．この誤差を標本誤差（sampling
error）と呼ぶ．標本誤差の大きさは，母集団数，標本数によって左右される
が，この点については後掲する．悉皆調査と標本調査の違いは，この点にある
といえる．

標本調査における標本誤差は，母集団が明確であり，統計的に保証された方
法によって抽出された標本を調査した時に，標本誤差の計算が可能になり，母
集団の真の値の推計が成り立つ．駅前や路上で適当に調査対象者をつかまえて
聴くような調査をよく見かけるが，このような調査では母集団が曖昧であり，
抽出方法が統計的に保証されていないといった理由から，その結果から何ら確
たることはいえないのである．

一般的に，学術調査，世論調査，マーケティング・リサーチで用いられる定
量的手法の多くは標本調査であるが，その目的は母集団の値の推計にあること
と，その推計には標本誤差が含まれるということは，標本調査を実施する際に
忘れてはならない重要な要件である．

14

　また，このように標本調査の結果から標本誤差を含む母集団の値を推計する統計的手法は，推測統計（inferential statistics）と呼ばれる．

　②　定性的手法

　定性的手法は，事例を調査することによって調査課題の質的構造を明らかにしようとするものである．安田は，定性的手法（事例研究法）は，「①きわめて少数の事例について，②多数の側面を全体関連的にインテンシヴに，③主観的・洞察的に把握し，④これまた主観的・洞察的に普遍化するものである[12]」としている．

　定性的手法における調査対象者は，定量的手法における標本のように，母集団を代表するように無作為抽出（random sampling）されたものではなく，多くは調査設計者が意図的に選び出した，すなわち有意抽出（purposive sampling）されたものである．また，定性的手法はあくまで事例についての質的構造の解明を目指すものであり，その多くは定量的手法のように構造化された調査票を用いず，調査項目まで定めその範囲で対象者に自由に回答を述べてもらう半構造化された調査か，まったく自由に面接を行う自由面接調査が多い．

　このように，定性調査の手法は統計学に依拠する定量調査とは異なり，経験則に依存するところが大きい．それゆえ，同様の対象に同様の手法で再調査を行った時の調査結果の再現性によって，手法の信頼性（reliability）と妥当性（validity）が左右される傾向がある．

　(イ)　詳細面接法

　調査対象者と調査員が一対一の直接面接で実施する方法である．面接法には，予め質問・選択肢を用意し，それに沿って面接を進めていく指示的面接と，質問項目だけを用意し，詳細な内容は面接者の判断に任せる非指示的面接に大別される．前者は定量調査で用いられる手法である．

　定性的手法の目的は，対象となる事象の背景にある構造の解明にある．この目的のためには，調査対象者の状況に合わせて詳細な調査内容を検討しながら調査を進める非指示的面接の方が，より調査課題の核心に接近できる手法であ

るといえよう．ただし，対象者の個人属性や調査課題に係わる基本的な情報を得るための補助手段として，選択肢まで用意した質問票を用いることはある．

非指示的面接の場合，面接者が調査対象者の状況に合わせて質問内容を自由に設定しながら，また調査対象者に一定程度自由に語らせながらも，調査課題に基づく質問の大枠から逸脱させないといった高度の技術に熟達していることが要求される．この技術は，普遍化できるものではなく，経験的習得に依存する部分が大きいという問題がある．

(ロ) 深層面接法

代表的な面接法のひとつに，深層面接法（デプス・インタビュー：depth interview）がある．これは概ね一対一の面接で，対象者の価値意識，態度，行動といったものの背景にある心理を明らかにし，構造を解明しようとする手法である．したがって，非指示的面接で行うこととなる．この手法では，時には対象者が避けようとする問題についても巧みに追求することが必要とされ，面接者には高度の熟達が要求される．

(ハ) グループ・インタビュー

もうひとつの代表的な面接法は，グループ・インタビュー（group interview）である．この手法はマーケティング・リサーチでよく用いられ，概ね6〜8名の調査対象者が一堂に会し，面接者（modulator）の司会に従って共通の課題について意見を表明し，あるいは対象者間の討論を交えながら，2時間程度の時間で進められる．

グループ・インタビューでは，質問の大枠と手順（フロー・チャート）を作成するが，選択肢まで用意することはせず，非指示的面接で行う．ただし，グループ・インタビュー開始前に，対象者の属性などの基本情報を得るための補助的手段として，選択肢まで用意した調査票を用いることは，一般的に行われている．

この手法では，司会を勤める面接者は同時に複数の調査対象者に面接することとなり，対象者に自由に発言・討論させながら，調査課題から大きく逸脱さ

せず，さらに，発言が一部の対象者に偏らないように，発言が少ないものにも発言の機会を与え，また一部の対象者の発言に他の対象者が引きずられないように導いていくといった高度の技術が要求される．グループ・インタビューの面接者の中には，調査対象者に先だって自らの意見を表明するものもいるが，これでは自ら対象者の発言を封じ，調査者の仮説に基づく結論へと導くことになる．

　㈢　非統制的観察法

　でき得る限り事実を掌握するために，事前に観察項目や手順を決定せず，自由に行う観察法である．対象となる事象の背景にある構造を探る定性調査に適した調査手法であり，農村社会学，都市社会学，文化人類学をはじめとして多くの分野で用いられる．

　(2)　調査対象者との接触方法による分類

　調査実施時における調査対象者との接触方法によって，調査は，フィールド調査（field survey），実験（experiment），観察法（observation method）に大別できる[13]．

　①　フィールド調査

　フィールド調査（field survey）は，日常生活の中で調査対象者と接触し，調査を実施する手法である．

表Ⅰ－2　調査対象者との接触方法による分類

1．フィールド調査

(1)指示的調査

　構造化された質問票を用いる調査．定量調査の多くは，これらの手法を用いる．

　①面接調査法：調査員が対象者と直接面接し，口頭で実施する他記式調査．

　②留置き調査法：調査票を対象者の手元に留め置き，対象者自身が回答を調査票に記入する自記式調査．

　③郵送調査法：対象者に対する調査票の送付・回収を郵送やメール便で行う調査．自記式調査の一種．

　④電話調査法：調査員と対象者間の質問・回答を電話を介して行う調査．他記式調査の一種．

---

⑤**電子調査法**：電気通信技術を利用した調査．FAX 調査，CATI，インターネット調査など．自記式調査の一種．

(2)半構造化された調査

質問内容を調査項目まで決定し，その範囲で対象者に自由に回答を述べてもらう調査．定性調査の手法として用いられる．
①**詳細面接調査**：調査員と対象者が一対一の直接面接で実施する調査．
②**グループ・インタビュー**：1グループ6～8人の対象者に対して，モデュレーターの進行に従って行う調査．

(3)自由面接調査

調査課題のみを定めて，自由面接で行う調査．深層面接調査などの手法．

2．実験

変数を統制して，原因と結果の因果関係を明らかにしようとする手法．
(1)実験室実験
対象者を実験室に集めて，一定の条件下で変数を統制しながら行う実験．
(2)フィールド実験
日常生活の中で対象者に行う実験．

3．観察法
(1)統制的観察法
事前に決定した観察項目，手順に従って行う観察．
(2)非統制的観察法
でき得る限り事実を掌握するために，自由に行う観察．
①**参与観察法**：対象集団の活動に参加しながら，観察を行う手法．
②**非参与観察法**：対象集団と一定の距離を置いて，観察を行う手法．

(出典：島崎哲彦，坂巻善生編『マス・コミュニケーション調査の手法と実際』より，加筆修正)

このフィールド調査は，調査内容の構造化と対象者との接触の深度から，構造化された調査票を用いる指示的調査，調査項目だけを用意し詳細な内容は面接者の判断に任せる非指示的調査のひとつである半構造化された調査，調査課題のみを定めて自由に面接を行う，これも非指示的調査のひとつである自由面接調査の3つに分類できる[14]．

(イ)　指示的調査

　構造化された調査票を用いる調査手法であり，定量調査の手法である．本書で取り扱うのは，この指示的手法である．

　指示的調査は，調査対象者の接触方法，すなわち調査の実施方法によって，面接調査法 (fare-to-face interview)，留置き調査法 (dropping off and later picking up a questionnaire at a household)，郵送調査法 (mail survey)，電話調査法 (telephone survey)，電子調査法 (CADC : computer-assisted data collection) などに分類できる[15]．

(ロ)　半構造化された調査

　半構造化された調査は，定量調査で利用される構造化された調査票を用いる指示的面接調査と異なり，調査項目まで定めその範囲で面接内容を面接者に任せる手法であることは，すでに述べた．

　この手法には，調査員と対象者が一対一の直接面接で実施する詳細面接調査と，1グループ6～8人の対象者を同時に同一場所に集めてモデュレーターの進行に従って実施するグループ・インタビューが含まれる[16]．

　人前で述べることが憚られるような課題の調査はグループ・インタビューで実施することは困難であり，調査課題によって2つの手法を使い分ける必要がある．また，グループ・インタビューは，マーケティング・リサーチで多用されている．

(ハ)　自由面接調査

　調査課題のみを定めて，自由面接で行う手法である．この手法では，時に対象者が避けようとする問題も追求することが必要とされるため，面接者の熟練が要求される．

②　実験

　実験は，原因となる変数と結果となる変数の間で，結果に影響を及ぼす他の変数を統制 (control) して，原因と結果の関係，すなわち因果関係 (causality) を明らかにしようとする手法である．実験には，対象者を実験室に集め

て原因となる変数を一定の条件下で統制しながら提示して行う実験室実験（CLT：central location test）と，日常生活の中で対象者に対して実施するフィールド実験（field test）がある[17]．

心理学の実験では，実験室実験が多用される．また，マーケティング・リサーチでは，目的によって2つの手法が使い分けられている．たとえば，試作品についての消費者を対象とする初期の段階の実験では，試作品そのものの評価を知るために実験室実験を行い，最終段階では日常生活の中での評価を知るためにフィールド実験を行う場合がある．また，テスト対象となる製品によっても，手法が異なる場合もある．飲料・食品では実験室実験を用いることが多いが，洗剤ではその商品特性からフィールド実験を用いることとなる．なお，マーケティング・リサーチでは，メーカー名やブランド名を隠して実施するブラインド・テスト（blined test）と，それらを明示して行うオープン・ブランド・テスト（open brand test）がある．メーカー名やブランド名を隠して，純粋に試作品の評価を得ようとする場合はブラインド・テストを行い，メーカーやブランドが持つブランド資産（brand equity）ともいえる既存の評価を含めて試作品の評価を得ようとする場合は，オープン・ブラインド・テストを実施する．

③　観察法

観察法には，観察項目や手順を事前に決定し，厳密にその枠組に従って行う統制的観察法（controlled observation method）と，調査課題以外は何も決めず，でき得る限り忠実に事実を掌握しようとする非統制的観察法（uncontrolled observation method）がある[18]．

非統制的観察法は，次の2つに分類できる．

(イ)　参与観察法

参与観察法（participant observation method）は，調査者が対象集団の一員として参加し，集団の内側から多面的に観察しようとする手法である[19]．

農村社会学，都市社会学，文化人類学で多用される手法である．

㈹　非参与観察法

　非参与観察法（non-participant observation method）は，調査対象集団を外側から観察する手法で，家族社会学からマーケティング・リサーチまで広く用いられている．

6．調査手法の適用

　社会調査の手法は，定量的手法と定性的手法に大別され，それぞれにさまざまな手法がある．現実の場面では，調査によって解明する必要がある課題が生じた時，どのような手法を適用するかの判断は，調査の有効性を左右する重要な問題である．

　たとえば，日本の国家の政策にかかわるような議題について，国民の世論を問うための調査を行うとしたら，日本全体の有権者を母集団とする定量的調査を念頭におくこととなろう．それも，全有権者を調査することは，投入される労働力と経費の面から非現実的であるので，標本調査を採用することとなろう．この時，標本誤差をどの程度に想定するかを勘考しながら標本数と標本抽出の方法が決定されることとなろう．もし，この課題に定性的手法を適用したなら，一部の人びとの意見とその背景を解明することができても，有権者全体の世論の傾向を知ることはできない．

　他方，隙間商品とかニッチ・マーケット（niche market）といった言葉がよく使われるが，このような領域にかかわる情報を得るためには，大網をかけたような定量的手法は適さないであろう．このような領域では，限定的な対象層の要求とその背景を分析することが重要であり，定性的手法を用いることとなろう．このように，調査手法は，課題に応じて最適な手法を適用するものである．

　また，時には，調査課題を解明するためには，定量的手法が最適であるが，本調査の前にグループ・インタビューなどの定性的手法を用いて，仮説構築のための情報の収集・整理を行うこともあるし，定量的手法から得られた知見の背景にある構造を探るために，グループ・インタビューなどの定性的手法を用

いる場合もある．このように，調査の目的に応じて，定量的手法と定性的手法を組み合わせることもある．

調査関係者の間で，定性調査の時代といった言葉が語られたこともあったが，調査手法は流行として語られるものではない．調査の課題と目的に合わせて選択し，適用するべきものである．

視点を変えて，事例研究（case study）について考察してみる．事例研究はその研究手法として定量調査も定性調査も用いるが，普遍的法則理論の構造を目指す研究にとって個別事例の典型性・代表性の保証がなく，研究方法そのものがインフォーマルであるため，分析過程の標準化が困難で，不確実な観察や恣意的な推論が入り込む余地がある[21]という批判がある．

以下の著名なふたつの研究も，この事例研究である．ひとつめは，アメリカの中道的都市として選んだ中西部インディアナ州マンシーにおける大恐慌後の生活様式を，リンド夫妻（Lynd, R.S. & Lynd, H.M.）が参与観察によって研究した『ミドルタウン[22]』と，同都市のその後を追跡研究した『変貌期のミドルタウン[23]』である．ふたつめは，アメリカのイタリア系スラムの非行青少年グループの集団の結合関係と共助関係を，ホワイト，W.F.（Whyte, W.F.）が参与観察によって明らかにした『ストリート・コーナー・ソサエティ[24]』である．いずれも特定の集団を対象にした研究であり，一般化できないという前掲の事例研究に対する批判があてはまるであろう．

ところで，定性調査は事例調査である．したがって，定性調査は，この批判を念頭において利用することが肝要である．

7．調査対象者の個人情報・プライバシーの保護

(1) 個人情報保護の強化

日本では，2005年に「個人情報の保護に関する法律」（通称「個人情報保護法」）が国会で成立し，個人や世帯を対象とする調査で得られた情報に，この法律が適用されるようになった．その結果，後掲の調査の「プライバシーマー

ク制度」の規定にみられるように，調査対象者名簿，記入済み調査票，調査結果の電磁的データ等の保護が厳しい規制の下に置かれるようになった．

この「個人情報保護法」の施行以降10年が経過し，社会の抵抗が大きかった国民背番号制度が名前を変えた「マイナンバー制度」の2016年からの運用を控えて，「パーソナルデータの利活用に関する制度」にかかわる法律が改正され，2年の移行期間を経て2017年に施行された．当初，内閣官房 IT 総合戦略本部の「パーソナルデータに関する検討会」の案では個人情報の定義が変更・拡大され，調査票や調査データに付与された ID 番号（identity number）が固有の番号で調査対象者名簿等に照合することによって個人を特定できる場合，旅券番号，免許証番号等の個人識別符号とともに，番号そのものが個人情報に該当するとし，厳しい規制の下に置かれるという案であった．[25] しかし，自由民主党政務調査会内閣部会の「個人情報保護法改正に関する提言」[26] によって，この厳しい規則は緩和されることとなった．

この個人情報保護法の改正に伴い，2017年に改定された日本工業規格（JIS：Japanese Industrial Standards）の『個人情報保護マネジメントシステム―要求事項（JIS Q 15001：2017）』[27] に準拠して，（一社）日本マーケティング・リサーチ協会の『JIS Q 15001：2017準拠マーケティング・リサーチ産業個人情報保護ガイドライン』[28] も改定された．

社会調査は，個人にかかわるさまざまな情報を取得し，分析することが多いため，社会調査を実施するものは，この個人情報保護法の適用を受ける．そこで，社会調査とかかわりが深い個人情報保護法の規定等を，（一社）日本マーケティング・リサーチ協会の『JIS Q 15001：2017準拠マーケティング・リサーチ産業個人情報保護ガイドライン』を用いて，提示しておく．このガイドラインはマーケティング・リサーチ産業と冠してあるが，個人情報保護法では個人情報を取り扱うものを営利・非営利を問わず「個人情報取扱事業者」（個人情報保護法第2条第5項）としているので，大学や研究機関，官公庁等にも本ガイドラインと同様の内容が要求されるものと解釈される．

Ⅰ．社会調査とは　23

　なお，『JIS Q 15001：2017準拠マーケティング・リサーチ産業個人情報保護ガイドライン』は微にいり細にわたっており，例外規定も多数設けられているので，ここでは原則について抜粋する．

　改正された個人情報保護法における「個人情報」とは，生存する「個人に関する情報」であって，「当該情報に含まれる氏名，生年月日その他の記述等により特定個人を識別することができるもの（他の情報と容易に照合することができ，それにより特定の個人を識別することができることとなるものを含む．）」，又は上記の「個人識別符号が含まれるもの」を指している．

　個人情報保護法では，不当な差別や偏見その他の不利益が生じるような情報について，その取り扱いに特に配慮を要するとして，次の情報が含まれる情報を「要配慮個人情報」と規定している（個人情報保護法第2条第3項，個人情報保護法施行令第2条，個人情報保護委員会規則第5条）．

① 人種（人種，世系又は民族的若しくは種族的出身を広く意味する．なお，単純な国籍や「外国人」という情報は法的地位であり，それだけでは人種には含まない．また，肌の色は，人種を推知させる情報に過ぎないため，人種には含まない．）

② 信条（個人の基本的なものの見方，考え方を意味し，思想と信仰の双方を含むものである．）

③ 社会的身分（ある個人にその境遇として固着していて，一生の間，自らの力によって容易にそれから脱し得ないような地位を意味し，単なる職業的地位や学歴は含まない．）

④ 病歴（病気に罹患した経歴を意味するもので，特定の病歴を示した部分，例えば，特定の個人ががんに罹患している，統合失調症を患っている等が該当する．）

⑤ 犯罪の経歴（前科，すなわち有罪の判決を受けこれが確定した事実が該当する．なお，これに関連する情報として，下記⑩の情報も要配慮個人情

報に該当する．）

⑥　犯罪により害を被った事実（身体的障害，精神的被害及び金銭的損害の別を問わず，犯罪の被害を受けた事実を意味する．具体的には，刑罰法令に規定される構成要件に該当し得る行為のうち，刑事事件に関する手続きに着手されたものが該当する．）

⑦　身体障害，知的障害，精神障害（発達障害を含む．）その他の個人情報保護委員会規則で定める心身の機能の障害があること

⑧　本人に対して医師その他医療に関する職務に従事する者により行われた疾病の予防及び早期発見のための健康診断その他の検査の結果

⑨　健康診断等の結果に基づき，又は疾病，負傷その他の心身の変化を理由として，本人に対して医師等により心身の状態の改善のための指導又は診療若しくは調剤が行われたこと

⑩　本人を被疑者又は被告人として，逮捕，捜索，差押え，拘留，公訴の提起その他の刑事事件に関する手続が行われたこと（犯罪の経歴を除く．）

⑪　本人を少年法第３条第１項に規定する少年又はその疑いのある者として，調査，観護の措置，審判，保護処分その他の少年の保護事件に関する手続が行われたこと

　これらの要配慮個人情報の取得や第三者提供には，原則として本人の同意が必要であり，また本人の事後拒否（オプトアウト：opt-out）による手法も認められない．[29]

　『JIS Q 15001：2017準拠マーケティング・リサーチ産業個人情報保護ガイドライン』では，これらを踏まえて，個人に関する情報を「氏名，住所，性別，生年月日，顔画面等個人を識別できる情報に限らず，個人の身体，財産，職種，肩書等の属性に関して，事実，判断，評価を表す全ての情報であり，評価情報，公刊物等によって公にされている情報や，映像，音声による情報も含まれ，暗号化等によって秘匿化されているかどうかを問わない」と広く解釈・[30]

規定している.

　社会調査の調査項目のすべてが要配慮個人情報にあたるわけではないが,
『JIS Q 15001：2017準拠マーケティング・リサーチ産業個人情報保護ガイドライン』のように広く解釈すれば, 多くの情報に配慮が必要と考えられる.

　次に, 個人情報取得の段階, すなわち調査実施段階での規定を検討してみる. 個人情報の取得にあたっては, 以下の項目を事前に書面によって明示し, 調査対象者本人の同意を得なければならないとしている.[31]

　a）事業者の名称
　b）個人情報保護管理者（若しくはその代理人）の氏名又は職名, 所属及び
　　連絡先
　c）利用目的
　d）個人情報を第三者に提供することが予定される場合の事項
　　　－第三者に提供する目的
　　　－提供する個人情報の項目
　　　－提供の手段又は方法
　　　－当該情報の提供を受ける者又は提供を受ける者の組織の種類, 及び属
　　　　性
　　　－個人情報の取扱に関する契約がある場合はその旨
　e）個人情報の取扱いの委託を行うことが予定される場合には, その旨
　f）A.3.4.4.4～A.3.4.4.7に該当する場合には, その請求等に応じる旨及
　　び問合せ窓口
　g）本人が個人情報を与えることの任意性及び当該情報を与えなかった場合
　　に本人に生じる結果
　h）本人が容易に知覚できない方法によって個人情報を取得する場合には,
　　その旨

なお，上記 f) の A.3.4.4.4〜A.3.4.4.7の場合とは，下記のとおりである．

・（A.3.4.4.4）調査対象者本人が識別されるデータについて，利用目的の通知を求められた場合

・（A.3.4.4.5）調査対象者本人が識別されるデータについて，本人から開示を求められた場合

・（A.3.4.4.6）調査対象者本人が識別されるデータについて，データ内容が事実でないという理由で，本人から訂正，追加又は削除の請求を受けた場合

・（A.3.4.4.7）調査対象者本人が識別されるデータについて，データの利用の停止，消去又は第三者への提供の停止の請求を受けた場合

これらは，調査対象者が調査機関に請求する権利があり，調査機関は速やかに対応しなければならないし[32]，また調査対象者からの苦情，相談にも速やかに対応することが求められている[33]．

また，個人情報保護法は，個人情報について個人を特定されないための「匿名加工」（匿名化，anonymize）を要求している．加工された「匿名加工情報」とは，個人情報を個人情報の区分に応じて個人情報保護法に定められた措置を講じて特定の個人を再識別できないように加工して得られる個人に関する情報であって，当該個人情報を復元して特定の個人を再識別できないようにしたものをいう[34]．

匿名加工については，個人情報保護法施行規則（第19条）で，下記のような適正な加工方法をあげている[35]．

① 特定の個人を識別することができる記述等の全部又は一部を削除する．

② 個人識別符号の全部を削除する．

③ 個人情報との間で相互に連結する符号を削除する．

④ 特異な記述等を削除する．

⑤　個人情報に含まれる記述等と当該個人情報データベース等を構成する他
　　の個人情報に含まれる記述等との差異その他の個人情報データベース等の
　　性質を勘案し，その結果を踏まえて適切な措置を講じる．

　匿名加工情報の定義は複雑であるが，定量調査においては，統計表を作成す
る過程で匿名加工を施すことになると考えられる．定量調査の場合，この段階
で，上記②，③に対応して，調査対象者リストと連結する調査データのID番
号を消去することで匿名化されると考えられよう．

　定性調査では，②と③のID番号の消去はもちろんであるが，①，④，⑤に
対応して，調査対象者の発言内容の記述に対する配慮が重要であろう．

　作成された匿名加工情報を利用する時に，元の個人情報にかかわる本人を識
別する目的で，他の情報と照合することは禁止されている（個人情報保護法第
36条第5項）[36]．

　この匿名加工情報を第三者に提供する場合，－社会調査では調査機関が調査
発注者に提供する場合がこれに相当すると考えられるが－，第三者に匿名加工
情報であることを明示しなければならないとしている．提供を受けた第三者に
おいても，匿名加工情報を利用する時に，元の個人情報にかかわる本人を識別
する目的で，加工方法等の情報を取得したり，他の情報と照合することは禁止
されている（個人情報保護法第38条）[37]．

　以上の規定を勘案すると，定量調査においては，調査機関から発注主に調査
票を納品する場合で，調査票に氏名，住所，電話番号等の記載があれば，それ
を削除して納品する必要があると考えられる．また，発注主に電磁化された生
データを納品する場合は，生データのID番号を削除しなくてもよいが，氏名，
住所等が記載されている調査対象者リストを納品してはならない．このため，
納品した生データに瑕疵があり，記入済み調査票との照合や再調査が必要とな
った場合は，発注主からの連絡を受けて，調査機関がこれらを実施することと
なろう．

　定性調査においては，発注主に調査対象者の発言内容の生データを納品する

場合，氏名，住所等の記載がある調査対象者リストを納品してはならない．また，発言内容に対象者個人を特定可能な内容がある場合は，録音記録の納品は避け，発言記録を文書化し，個人特定が可能な内容を削除して納品した方が安全である．

発注主側でも，これらの必要な措置を講じる必要があるし，調査結果の公表にあたっては，当然のこととしてこれらの措置を講じたものを用いる必要がある．

さらに詳細な規定や例外規定等については，同ガイドラインを参照されたい．この個人情報保護法の内容は，3年ごとに見直しをするとされている．

(2) プライバシーマーク制度

以前から，コンピュータ技術や電気通信技術の発展に伴い，情報の蓄積，伝達，検索といった環境が整備された反面，個人情報の漏洩などの事件が頻発し，プライバシー（privacy）の保護対策が国際的な問題となっている．この間，経済協力開発機構（OECD：Organization for Economic Cooperation and Development）やヨーロッパ連合（EU：Europe Union）における個人情報の保護を目指す動きを受けて，日本においては，1997年通商産業省（現経済産業省）により「民間部門における電子計算機処理に係わる個人の情報の保護に関するガイドライン」[38]が告示され，1998年には㈶日本情報処理開発協会（JIPDEC）（現（一財）日本情報経済社会推進協会）によって付与される「プライバシーマーク制度」がスタートした．

ところで，社会調査は人間行動を一般化して記述し，説明することを目的とするものであるから，調査対象となった個人が特定される必要ない．しかし，社会調査における標本抽出から調査実施を経て集計に至るまでの過程では個人を特定する必要があり，また，調査対象者から収集したデータには，個人のプライバシーにかかわる情報が数多く含まれている．そこで，これらのプライバシーにかかわる情報の保護は，調査者に課せられる課題であるといえよう．

日本におけるプライバシーマークは，さまざまな業界で多くの認証が行われ

ている．調査に関しては，（一社）日本マーケティング・リサーチ協会が前掲の『JIS Q 15001：2017準拠マーケティング・リサーチ産業個人情報保護ガイドライン』に基づいた規定によって認証している．

その認証においては，前掲の個人情報保護法に基づく調査実施過程や調査データの取り扱いはもとより，紙媒体の記入済調査票や電磁化された個人情報の保管方法，これらへの調査従事者等のアクセス制限，ネットワーク上を含む受け渡し方法等，詳細にわたって要求事項を規定している．

また，認証を受けた調査機関等に対して，その機関等の規定と運用が要求に適合しているかの内部監査を最低でも年1回実施することを要求した上で，2年に1回の（一社）日本マーケティング・リサーチ協会による外部監査を受けることとなっている．

8．調査業務の国際標準化

近年，国際標準化機構（ISO：International Organization for Standardization）によって調査の国際標準が確立され，ヨーロッパを中心に普及しつつある．

国際標準化機構は，1947年に万国規格統一協会（ISA）を発展させて設立され，ジュネーブに本部を置き，さまざまな産業分野の標準化を行ってきた．もっとも有名な国際標準規格は，「品質保証を含んだ，顧客満足の向上を目指すための規格」であり，あらゆる組織に適用可能なISO9000であろう．

日本では，1952年に日本工業標準調査会（JISC：Japanese Industrial Standards Committee）（現日本産業標準調査会）が加盟した．この日本工業標準調査会の答申に基づき，1993年に㈶日本品質システム審査登録認定協会（1996年に㈶日本適合性認定協会（JAB：The Japan Accreditation Board for Conformity Assessment）と改名）が，国際標準化機構の各ISOの認証機関の認定・登録などを行っている．

調査に関する国際標準は，「市場調査，世論調査，社会調査（market, opinion and social research）」を対象としたTC225（技術委員会（Technical Committee）の番号）で検討され，ISO20252として国際標準化された後，イギリス，オーストラリアで先行導入され，他のヨーロッパ諸国でも導入されている．

　日本も TC225に参加し，その後，㈳日本マーケティング・リサーチ協会（JMRA : Japan Marketing Research Association）の主導の下で，調査会社，調査の発注者であるクライアントのほか，経済産業省，学識者，日本適合性認定協会等も委員・オブザーバーとして加えた ISO20252認証協議会（現マーケティング・リサーチ規格認証協議会）及び ISO/TC225国内委員会が発足した．この協議会・国内委員会での検討を経て，ISO20252は2010年から日本でも導入されるに至った[39]．

　なお，イギリスのリサーチ協会では加盟調査機関に ISO20252の取得を義務付けており，同国の官公庁が実施する調査には ISO20252が適用されている．日本では，（一社）日本品質管理学会での 3 年間にわたる研究を経て，2015年，「公的統計調査のプロセス－指針と要求事項」の原案が提示され，その後官公庁調査を分担する自治体や受注する民間調査機関等に適用されることとなった．この研究では，公的統計のプロセス管理等について，ISO20252が重点的に検討された．その内容は，調査の計画，実施，集計等の各プロセスにわたって，従業者の教育，各実施の記録・保存，セキュリティ等の詳細について，調査にかかわる府省，府省の地方支分部局，地方公共団体，受注民間事業者に要求するものであり，内容の骨子は ISO20252と似通っている．

　他方，2009年にパネル調査（panel survey, ISO では access panel）の国際標準ISO26362[40]が制定された．複数回の調査に回答することを了承した標本の集団をパネル（panel）と呼び，大半はインターネット調査（internet survey）を利用している．インターネット調査は，当初パネルの構築等でさまざまな問題が指摘され，このことを背景に ISO26362が制定されたのである．このISO26362はオランダ以外で普及せず，2015年に ISO/TC225国際委員会で調査一般の ISO20252に統合されることが決定され，2018年に ISO20252が改定された．

Ⅰ．社会調査とは　　31

　また，2010年以降マーケティング界を中心にSNS（Social　Networking Survice）などのビッグ・データ（big data）の分析がにわかに普及し始めると，ISO/TC225国際委員会は，2017年にデジタル分析とウェブ解析に関する国際標準ISO19731を制定し，日本にも導入された．このISO19731についても，調査一般のISO20252でも同等の認証を得られるように，組み込まれることとなった．

　調査一般の国際標準は，組織を認証するものではなく，個々の製品（調査）を認証するものである．内容は，調査の各プロセスを詳細に標準化し，実施された調査のプロセスが標準に適合しているか否かを認証する方法を採用している．また調査機関には各プロセスの実施状況を文書として残し，調査発注者の要求に応じて開示することが求められている．

　前掲のとおり，調査一般の国際標準 ISO20252には，パネル調査の国際標準 ISO26362が組み込まれ，ビッグ・データの解析・分析の国際標準 ISO19731についても，同等の認証が受けられるように改定された．その認証区分は下記のように分割され，それぞれ別個に認証を受けることができる．

A．調査員訪問型定量調査：1）訪問面接調査，2）訪問留置調査，3）小売店監査調査（ストア・オーディット調査），4）ミステリー・ショッパー，1）と2）には調査員訪問型の継続パネル調査も含まれる．

B．調査員介在型定量調査：1）CLT，2）来場者調査，3）電話調査，4）観察調査，1）にはCAPI によるものが含まれる．2）には同様の手法で行われる来街者（街頭）調査，来店者（店頭）調査，出口調査などが含まれ，これらを代表する．3）にはCATI が含まれる．4）には，来店客動線調査などが含まれる．

C．調査員非介在型定量調査：1）インターネット調査（インターネット上の観察によるデータ収集を含む），2）郵送調査，3）装置設置型調査，1）にはモバイル（携帯電話）調査も含まれる．3）には装置設置型の継続パネ

ル調査も含まれ，視聴率調査，スキャニング方式の小売店・消費者調査など
が該当する．他にオートコール電話調査，FAX調査，アイカメラ購買行動
調査などが含まれる．

D．定性調査：1）グループインタビュー，2）デプスインタビュー，3）オ
ンライン定性調査，4）エスノグラフィー調査．

E．デジタルデータ分析（ISO19731と同等の内容）：1）オーディエンス・メ
ジャメント，2）オンライン計測パネル，3）タグ埋込型ソリューション，
4）ソーシャルメディア分析．

P．定量調査データ収集：A～Cの定量調査に伴うデータ収集．

Q．定性調査データ収集：Dの定性調査に伴うデータ収集．

R．アクセスパネル管理（旧ISO26362を移管）：アクセスパネルの構築・管
理・使用（提供）．定量調査が中心となるが，定性調査の対象者リクルート
なども含まれる．

認証の有効期間は3年で，1年ごとにサーベイランスが課せられ，3年を経
過すると更新のために認証を受けることとなる．なお，認証は日本適合性認定
協会の認定を受けたISO20252の認証機関から受けることとなる．

なお，日本工業標準化法の2019年の改正に伴って，サービス産業も日本工業
規格（JIS：Japanese Industrial Standard）の対象に取り込まれることとなり，調
査の国際標準ISO20252もまた，同等の内容でJIS化が図られようとしている．

9．社会調査従事者の資格制度

(1) 社会調査士・専門社会調査士

社会調査従事者の資格として，社会調査士と専門社会調査士の2つがある．
これらの資格は，日本社会学会，日本教育社会学会，日本行動計量学会の3学
会によって2003年に設立された社会調査士資格認定機構（2008年より㈳社会調
査協会）が認定するものである．社会調査士は社会調査の基礎能力を有する専

I．社会調査とは　33

門家，専門社会調査士は高度な調査能力を身につけたプロの社会調査士と位置づけられている．

　社会調査士は，大学で同協会から認定された以下の科目の単位を修得し卒業することによって資格を得ることができる．資格認定の方法は，これ以外にない．

　　［A］　社会調査の基本的事項に関する科目

　　［B］　調査設計と実施方法に関する科目

　　［C］　基本的な資料とデータの分析に関する科目

　　［D］　社会調査に必要な統計学に関する科目

　　［E］　多変量解析の方法に関する科目

　　［F］　質的な分析の方法に関する科目

　　［G］　社会調査を実際に経験し学習する科目

　　※　［E］と［F］は，どちらかを選択．

　専門社会調査士の資格認定には，2つの方法がある．ひとつの方法は，社会調査士の資格を得た上で（専門社会調査士資格と同時申請でもよい），大学院で同協会から認定された以下の科目の単位を修得し，社会調査結果を用いた研究論文（修士論文を含む）を執筆・提出，大学院を修了することで資格を得ることができる．また，社会調査士の資格を有し，大学院在籍中に下記の科目のすべての単位を修得または履修中であれば，専門社会調査士（キャンディデイト）の資格を認定される制度もある．

　　［H］　調査企画・設計に関する演習（実習）科目

　　［I］　多変量解析に関する演習（実習）科目

　　［J］　質的調査法に関する演習（実習）科目

　ふたつめの方法は，大学院既修了者等を対象としたもので，次の要件を満たすこと（専門社会調査士認定規則第8条第1項規定）を条件に認定するものである．

　この第8条第1項には，教員・院生向けの(1)と実務者向けの(2)の2つの規定があり，その資格申請要件は下記のとおりである．

第 8 条第 1 項(1)

① 修士号を取得していること，もしくは，それと同等の能力があると認められること．修士号を取得している場合には，取得から 3 年以上経過していること．

② 研究論文をすでに発表していること．

③ 実証的な調査研究に携わった経験を有すること．

第 8 条第 1 項(2)

① 社会調査に関わる実務経験が 4 年以上あること．

② 研究論文を発表していること，もしくは調査報告書等を作成していること．

なお，この第 8 条規定による専門社会調査士の資格認定制度は移行措置としていたが，恒久化を図ることとなった[44]．

2018年度までの社会調査士資格認定者の累計は30,900人，2018年度までの専門社会調査士資格認定者の累計は643人，2018年度までの第 8 条規定による専門社会調査士資格認定者の累計は2,533人と発表されている[45]．

第 8 条規定による専門社会調査士資格は，これまで個人の研究論文がないものが多い調査会社等の実務従事者には認定を受け難い制度であり，認定者の多くは教員，大学院生であったが，現在では調査報告書をもって論文・著書に代えることで，実務従事者への窓を開いている．

(2) 統計調査士・専門統計調査士

（一社）日本統計学会が中心となって，統計の質向上を目指して（一財）統計質保証推進協会を設立し，その下部組織統計検定センターが2011年11月から試験による統計検定の資格制度をスタートさせた．

統計に関しては，当初，大学学部専門分野レベルを要求する統計検定 1 級，大学基礎科目レベルを要求する統計検定 2 級，データの分析レベルを要求する統計検定 3 級，資料の活用レベルを要求する統計検定 4 級の 4 段階を設定した．また，英国王立統計学会（RSS : Royal Statistical Society）との契約に基づき，

RSS と同じ内容の試験によって取得する国際資格もある.

　同時に，統計調査の現場にかかわる人びとに向けて，統計調査士と専門統計調査士の2つの資格も発足させた．統計調査士は，当初は公的統計の知識を問う内容の試験による資格であり，公的統計調査に携わる統計調査員や民間の調査に携わる調査員に対応する資格であったが，現在では統計を学ぶ学生を対象とした資格となっている．専門統計調査士は，公的統計調査における指導員や民間調査会社の社員に対応する資格であり，統計調査全般に関する高度な専門的知識を要求する試験によって取得する.[46] 経過措置として，統計調査士は調査員の経験によって，専門統計調査士は統計調査の企画・運営，調査員の指導の経験によって，試験で得た点数に加点される制度は，2015年度で廃止された.

　2018年度までの合格者の累計は，統計調査士が1,539人，専門統計調査士が844人となっている.[47]

　これらの統計調査士，専門統計調査士の資格は，前掲の社会調査士，専門社会調査士の資格に比べて，調査現場に携わる人向きの資格であるといえる.

注
1）　飽戸弘『社会調査ハンドブック』3ページ.
2）　同書，3～4ページ.
3）　同書，3ページ.
4）　島崎哲彦，坂巻善生編『マス・コミュニケーション調査の手法と実際』56～57ページ.
5）　福武直，松原治郎編『社会調査法』5～11ページ.
6）　鈴木裕久『マス・コミュニケーションの調査研究法』7～8ページ.
7）　飽戸，前掲書，151～152ページ.
8）　西田春彦，新睦人編著『社会調査の理論と技法(I) アイディアからリサーチへ』10～11ページ.
9）　鈴木裕久，島崎哲彦『新版 マス・コミュニケーションの調査研究法』31～36ページ.
10）　同書，85ページ.
11）　安田三郎，原純輔『社会調査ハンドブック』〔第3版〕，5ページ.
12）　同書，5ページ.

13) 島崎哲彦，坂巻善生編，前掲書，59ページ．

14) 同書，59〜60ページ．

15) 同書，59ページ．

16) 同書，60ページ．

17) 同書，60ページ．

18) 同書，61〜62ページ．

19) 西田，新，前掲書，145〜147ページ．

20) 同書，145〜147ページ．

21) 奥田道大「データ蒐集の技法（II）」福武直，松原治郎編『社会調査法』77〜80ページ．

22) Lynd, R. S. & Lynd, H. M., *MIDDLETOWN A Study in Contemporary American Culture.*

23) Lynd, R. S. & Lynd, H. M., *MIDDLETOWN IN TRANSITION A Study in Cultural Conflicts.*

24) ホワイト，W. F.，奥田道大・有里典三訳『ストリート・コーナーソサエティ』．

25) 内閣官房IT総合戦略室パーソナルデータ関連制度担当室「パーソナルデータの利活用に関する制度改正に係る法律の骨子(案)」2014年12月19日．

26) 新保史生「個人情報の保護に関する法律の改正について」2015年3月20日．

27) 日本工業標準調査会『JIS個人情報保護マネジメントシステム―要求事項 JIS Q 15001：2017』．

28) （一社）日本マーケティング・リサーチ協会『JIS Q 15001：2017準拠マーケティング・リサーチ産業個人情報保護ガイドライン』2018年10月改定．

29) 同書，14〜15ページ．

30) 同書，13〜14ページ．

31) 同書，76ページ．

32) 同書，112〜115ページ，76〜78ページ．

33) 同書，121ページ．

34) 同書，16ページ．

35) 同書，98〜99ページ．

36) 同書，99ページ．

37) 同書，99ページ．

38) 1997年3月4日，通商産業省告示第98号．

39) （一財）日本規格協会『国際規格 ISO20252 Market, opinion and social research - Vocabulary and service requirements 市場・世論・社会調査―用語及びサービス要求事項，英和対訳版』．

40) International Organization for Standardization, *ISO26362 Access panels in market, opinion and social research - Vocabulary and service requirements.*

I．社会調査とは　　37

41）（一財）日本規格協会『国際規格 ISO19731 Digital analytics and Web ana-lyses for purposes of market, opinion and social research‐Vocabulary and service requirements 市場・世論・社会調査を目的としたデジタル分析と Web 解析―用語及びサービス要求事項』.

42）（一財）日本規格協会『国際規格 ISO20252　Market, opinion and social research, including insights and data analytics‐Vocabulary and service requirements 市場・世論・社会調査及びインサイト・データ分析―用語及びサービス要求事項，英和対訳版』2019年改定.

43）（一社）日本マーケティング・リサーチ協会マーケティング・リサーチ規格認証協議会『ISO20252マーケットリサーチサービス＊製品認証制度の認証スキーム＊（ISO19731の5.1～6.4を含む）』2010年１月制定，2019年改定.

44）（一社）社会調査協会ホームページ，http://jasr.or.jp（2019年１月閲覧）.

45）同ホームページなどより.

46）統計検定ホームページ，http://www.toukei-kentei.jp（2019年１月閲覧）.

47）同ホームページ.

参考文献

① 青井和夫監修，直井優編『社会調査の基礎』サイエンス社，1983年

② 飽戸弘『社会調査ハンドブック』日本経済新聞社，1987年

③ 石川淳志，橋本和孝，浜谷正晴編著『社会調査―歴史と視点』ミネルヴァ書房，1994年

④ International Organization for Standardization, ISO26362 Access panels in market, opinion and social research‐Vocabulary and service requirements, 2009.

⑤ 小林茂『社会調査論』文眞堂，1981年

⑥ 島崎哲彦，坂巻善生編『マス・コミュニケーション調査の手法と実際』学文社，2007年

⑦ （一社）社会調査協会ホームページ，http://jasr.or.jp

⑧ 新保史生「個人情報の保護に関する法律の改正について」日本マーケティング・リサーチ協会講演資料，2015年３月20日

⑨ 鈴木裕久『マス・コミュニケーションの調査研究法』創風社，1990年

⑩ 鈴木裕久，島崎哲彦『新版 マス・コミュニケーションの調査研究法』創風社，2006年

⑪ 統計検定ホームページ，http://www.toukei-kentei.jp

⑫ 内閣官房 IT 総合戦略室パーソナルデータ関連制度担当室「パーソナルデータの利活用に関する制度改正に係る法律案の骨子(案)」2014年12月19日

⑬ 西田春彦，新睦人編著『社会調査の理論と技法(I) アイディアからリサーチへ』川島書店，1976年

⑭　(一財) 日本規格協会『国際規格 ISO19731 Digital analytics and Web analyses for purposes of market, opinion and social research – Vocabulary and service requirements 市場・世論・社会調査を目的としたデジタル分析と Web 解析－用語及びサービス要求事項』2017年

⑮　(一財) 日本規格協会『国際規格 ISO20252 Market, opinion and social research – Vocabulary and service requirements 市場・世論・社会調査－用語及びサービス要求事項, 英和対訳版』2006年

⑯　(一財) 日本規格協会『国際規格 ISO20252 Market, opinion and social research, including insights and data analytics 市場・世論・社会調査及びインサイト・データ分析－用語及びサービス要求事項, 英和対訳版』2019年改訂

⑰　日本工業標準調査会『JIS 個人情報保護マネジメントシステム－要求事項 JIS Q15001：2017』(一財) 日本規格協会, 2017年

⑱　日本統計学会編『統計検定 統計調査士・専門統計調査士公式問題集 2011〜2013年』実務教育出版, 2014年

⑲　㈳日本マーケティング・リサーチ協会『JIS Q 15001：2017 準拠マーケティング・リサーチ産業個人情報保護ガイドライン』2018年

⑳　(一社) 日本マーケティング・リサーチ協会マーケティング・リサーチ規格認証協議会『ISO20252マーケットリサーチサービス*製品認証制度の認証スキーム *(ISO19731の5.1〜6.4を含む)』2010年１月制定, 2019年改定

㉑　福武直, 松原治郎編『社会調査法』有斐閣, 1967年

㉒　ホワイト, W. F., 奥田道大・有里典三訳『ストリート・コーナーソサエティ』有斐閣, 2000年 (Whyte, W. F., *STREET CORNER SOCIETY*, 4th, The University Chicago Press, 1993.)

㉓　安田三郎, 原純輔『社会調査ハンドブック』〔第３版〕, 有斐閣, 1982年

㉔　Lynd, R. S. & Lynd, H. M., *MIDDLETOWN A Study in Contemporary American Culture*, Harcourt, Brace and Company, 1929.

㉕　Lynd, R. S. & Lynd, H. M., *MIDDLETOWN IN TRANSITION A Study in Cultural Conflicts*, Harcourt, Brace and Company, 1937.

II. 定量的手法の種類

定量調査にはさまざまな実施方法があるが，主要な手法である面接調査法，留置き調査法，郵送調査法，電話調査法と，近年発展しつつあるニュー・メディアを利用した調査法について，その特質，長所，短所を列記する[1]．

1．面接調査法

面接調査（face-to-face interview）とは，調査員（interviewer）が調査対象者（回答者：respondent）に一対一で面接し，予め用意した調査票の質問を順序にしたがって読み上げ，対象者から口頭で回答を得て，調査員が回答を調査票に記入する方法である．調査実施にあたっては，調査票を対象者に見せない．回答者が多くの回答選択肢の中から該当するものを選ぶなど口頭の質問だけでは回答が困難な場合は，質問ごとに対象者が選択肢を一覧できるカードを用意し，対象者に見せながら回答を得る．調査対象者本人ではなく，調査員が調査票に回答を記入するので，他記式（interviewer administration）（他計式）調査と呼ばれる．

面接調査には，さまざまな特質がある．それらの特質を列記しておく．

① 面接調査法では，調査員と調査対象者が一対一の面接で質問の回答を得るので，対象者が回答にあたって周囲の家族や友人・知人などの意見に影響を受けることを排除できる．したがって，意見や態度を測定する調査に適している．

また，同様の理由で，対象者が知らないことを周囲の人に聴いたり，書籍などで調べたりすることを排除できる．したがって，知識を測定する調査に適している．

ただし，性に関する調査は，社会規範から面接で回答を得ることが困難であろう．また，宗教に関する調査は，面接で実施すると，時に調査の域をはずれて論争になる恐れがある．個人のプライバシーに多少とも触れざるを得ないよ

40

表Ⅱ－1　純粋想起と助成想起

問1　牛乳から作られた飲み物というと，どのような商品・銘柄を思いうかべますか．思いうかぶままに，いくつでもあげてください．

問2　次の中から，あなたがご存じの商品，銘柄をすべてお知らせください．
1　カルピス　　　　　　　　2　ヤクルト　　　　　　　3　……

うな調査を含めて，この種の調査は意見や態度を聴く内容であっても留置き調査で実施する方が妥当であると考えられる．

②　調査員が一問ずつ口頭で質問し，対象者には質問票を見せないので，対象者は後の質問を知ることができない．したがって，後の質問が前の質問に影響を与えることがない．表Ⅱ－1は，その事例のひとつである．質問1は選択肢を与えないで対象者の記憶のままに回答させる純粋想起法（unaided recall または unprompted recall：再生）であり，質問2は選択肢を与えて対象者の記憶を呼び起こす助成想起法（aided recall または prompted recall）（再認：recognition）である．面接調査法では，質問1，質問2の順序で質問するので，質問2の選択肢の提示が質問1に影響を与えることはない．質問票を調査対象者に与えて回答を記入してもらう留置き調査法や郵送調査法では，対象者は調査票の質問全体を一覧することが可能である．したがって，質問2の選択肢を見た上で質問1に回答する可能性が高く，このような純粋想起と助成想起の組み合わせによる質問形式は採用できない．

このように，面接調査法は，後の質問が前の質問に影響を与えることを排除できる．

③　面接調査法の質問票は，調査員が口頭で質問するので，会話体に近い文

II．定量的手法の種類　　41

体で作成する．

④　面接調査法では質問票を調査対象者に見せないので，対象者が多くの選択肢の中から該当の選択肢を選ぶなど，選択肢を一覧で対象者に提示する必要がある場合は，質問ごとに選択肢を並べた提示用カードを用意する．

このような特質をもつ面接調査法の実施上の長所，短所として，次のような点が指摘できる．

〈長所〉

①　調査対象者本人に調査員が直接面接するので，対象者を間違えたり，対象者の代わりの人が回答してしまうことが，まずない．

②　他の手法に比べて，比較的多くの質問が可能である．面接調査に要する時間の限界は，調査対象者のパーソナリティや調査内容に対する対象者の関心や，質問方法（対象者の回答の容易さ）などによって左右されるので一概にはいえないが，経験的には30～40分程度が妥当であり，長くても1時間程度が限界であるといわれている．

③　回収率が，電話調査や郵送調査に比べて高い．回収率のさまざまな問題については，後掲する．

〈短所〉

①　多人数の調査員を動員し，しかも，調査対象本人に面接するために，調査票一票あたりに要する調査員の労働量が多いため，他の手法に比べて経費がかかる．

②　面接調査法では，調査員と調査対象者が一対一で面接するので，調査員の態度が対象者の回答内容に影響を与え，歪みを生じやすい．したがって，調査員の訓練がとくに重要である．調査員の訓練の内容については，後掲する．

2．留置き調査法

留置き調査（dropping off and later picking up a questionnaire at a household）とは，次のような手法である．調査員が調査対象者を訪問し，調査協力を依頼

し，調査票をあずけてくる．調査対象者は，調査票の質問を読み，自ら調査票に回答を記入する．後日，調査員が記入済み調査票を回収に訪問する．したがって，調査対象者による自記式（self-administration）（自計式）調査である．

留置き調査の特質は，次の通りである．

① 留置き調査では，調査票を調査対象者に一定期間あずけ，調査対象者は質問文を読みながら調査票に回答を記入していくので，対象者が家族などの周囲の人に意見を聴いたり，周囲の人が対象者に意見を述べて影響を与える可能性がある．また，知らないことを周囲の人に聴いたり，書籍などで調べる可能性もある．したがって，実態を調べる調査には向いているが，意見や態度を測定したり，知識を測定する調査には，面接調査ほど適していないといえる．

② 調査対象者が調査票の質問文全体を一読し，全体の構成を知ることが可能である．したがって，前の質問の回答が次の質問の回答に影響を与えたり，同一質問内で前の選択肢の選択が，次の選択肢の選択に影響を与えることがある．このような効果を，繰越効果（キャリー・オーバー効果：carry-over effect）という．したがって，面接調査法で用いる再生法と再認法の組み合わせによる質問票の構成などは，留置き法では用いることができない．

また，調査票全体の構造を知ることによって，調査対象者が調査者の期待を先取りして回答する恐れもある．

キャリー・オーバー効果に対しては，質問や選択肢をさりげなく離して配置する．調査者の期待の先取りに対しては，全体像が見えないように調査票を構成するなどの工夫が必要である．

③ 留置き調査法は，調査対象者が質問文を読み回答を記入する自記式で行うので，調査票は文章体で作成する．

④ 留置き調査法は，調査対象者による自記式調査であるので，表Ⅱ－2に示すような回答の記入方法や，表Ⅱ－3に示すような前問の回答による次の質問回答の該当，非該当などを対象者にわかりやすく説明する必要がある．

留置き調査の実施上の長所と短所は，次の通りである．

II. 定量的手法の種類　　43

表II-2　調査票の記入方法の説明例

1. 調査票は，かならずあなたご自身のことについてご記入ください．
2. 回答は，ひとつだけの場合といくつでもよい場合があります．質問をよくお読みになってご回答ください．
3. 回答は，選択肢の番号を〇で囲んでください．
4. 「その他」に〇をつけた場合は，（　　　）内に具体的に内容を記入してください．
5. 記入済みの調査票は，＿＿月＿＿日に調査員が回収にうかがいます．

表II-3　回答方式と該当質問，非該当質問の説明例

問1〔全員の方へ〕あなたが，ほとんど毎日お読みになっている新聞はどれですか．自宅・職場・スタンド買いなどすべて含めてお答えください．（あてはまるものに〇印）

1	朝日新聞	7	夕刊フジ
2	毎日新聞	8	日刊ゲンダイ
3	読売新聞	9	スポーツ新聞（具体的に　　　）
4	産経新聞	10	その他（具体的に　　　　）
5	日本経済新聞		
6	東京新聞		

　　　　　　　　　　　　　　　　　　　└→問1-1へ

　　　　　　11　読まない　　　──→問2へ

問1-1〔問1で1～10に〇印をつけた方へ〕
　　お読みになっている新聞のうち，主にお読みになっている新聞はどれですか．（ひとつ〇印）

1	朝日新聞	7	夕刊フジ
2	毎日新聞	8	日刊ゲンダイ
3	読売新聞	9	スポーツ新聞（具体的に　　　）
4	産経新聞	10	その他（具体的に　　　　）
5	日本経済新聞		
6	東京新聞		

問2〔全員の方へ〕あなたは，毎日テレビをご覧になっていますか．（ひとつ〇印）

1. まったく見ない
2. ほとんど見ない
3. 日によって見る
4. ほとんど毎日見る
5. 毎日かかさず見る

〈長所〉

①　調査票を調査対象者にあずけ対象者の都合のよい時間に回答を記入してもらうので調査への協力を得やすい．

②　同様の理由で，他の手法より調査対象者が回答に長い時間を割けるので，比較的質問数の多い調査が可能である．経験的には，1時間程度が妥当である．

③　調査対象者と直接会えなくても，家人を通じて調査の依頼・回収ができるので，対象者宅の訪問回数などの点で面接調査法より調査員の負担が軽くなる．したがって，調査経費も面接調査法より低減される．

④　調査対象者と調査員の接触が少なく，とくに対象者がひとりで回答するので，面接調査法に比べて，回答に対する人的要素による影響が少ない．

〈短所〉

①　調査対象者本人が回答せず，家族などの他の人が回答する「代人記入」が発生する場合がある．したがって，調査依頼時の説明が肝要である．

②　調査対象者が，回答時に家族などの周囲の人から影響を受けやすい．とくに，意見や態度を測定する質問では，他人の影響は大きな問題となる．

③　知識を聴く調査では，調査対象者が周囲の人に聞いたり，事典などを利用して調べたりする恐れが多分にある．そのような内容の調査には向かない手法である．

④　調査対象者が質問内容を誤解したり，理解できない場合，調査員による説明ができないので，誤答が発生する．これを防ぐためには，回収時の調査員による回答内容のチェックと，再調査が肝要である．

3．郵送調査法

郵送調査法（mail survey）とは，調査票を調査対象者に郵送し，対象者が回答を記入後，調査者に返送してもらう手法である．留置き調査法の調査員の代わりに郵便を用いた手法ともいえる．したがって，自記式（自計式）調査である．

II. 定量的手法の種類　　45

　調査の回収率をあげるためや，調査を効率的に実施するために，往復のいずれか一方を郵送とし，他方を調査員が訪問する方法を用いる片道郵送法もある．

　郵送調査の特質は，次の通りである．

　①　郵送調査は，留置き調査の調査員を郵便に代替させるに等しいので，調査内容における特質は，留置き調査の場合と同様である．

　②　郵送調査では，調査票を郵送で調査対象者宅に送付するので，通常，調査票のほかに，調査内容を説明し，調査への協力を依頼する挨拶状を同封する．また，回答を記入した調査票を返送してもらうので，返信用封筒も同封して送付する．返信用封筒には切手を貼るか，料金受取人払いの手続きをしたものを用いる．

　③　調査協力に対する謝礼品は，調査票送付時に同封する場合と，回答者に後日別送する場合とがある．調査票に同封するのは調査票の回収率を上げるためであるが，調査対象者全員に送付するので，経費が嵩む．調査協力者に後日郵送する場合は郵送費が別途かかるが，回収率が低ければ別送の方が総経費は嵩まない．

　郵送調査の長所と短所は，次の通りである．

〈長所〉

　①　郵便を利用し調査員を必要としないため，経費を大幅に低減できる．

　②　郵便を利用するため，容易に全国をカバーできる．海外の調査も，場合によっては可能である．

　③　郵便を利用するため，調査対象者が広範な地域に散在していても，調査が容易に可能である．したがって，2段抽出を行い，対象者を調査地点にまとめる必要はない．その結果，推計にあたって2段抽出よりも小さな標本誤差にとどめることができる（抽出方法については，第IV章を参照）．

　④　調査員を使わず，調査対象者と調査員の接触がないので，面接調査法や留置き調査法，電話調査法に比べて，回答に対する人的要素による影響を排除できる．

〈短所〉

①　留置き調査と同様，家族などの調査対象者以外の人が回答してしまう「代人記入」の恐れがある．しかも，対象者本人が記入したかどうかは，留置き調査以上に確認しにくい．

②　留置き調査と同様，回答時に，家族などの周囲の人から影響を受けやすいため，意見や態度を測定する調査には向かない．

③　留置き調査と同様，対象者がわからないことを周囲の人に聞いたり，事典などで調べたりする恐れがあるので，知識を聴く調査には向かない．

④　一般的に回収率が低い．しかも，回答者が調査内容に関心がある層の人びとに偏る傾向がある[2]．

4．電話調査法

電話調査（telephone survey）は，調査員が調査対象者宅に電話をかけ，質問を読み上げ，対象者の口頭による回答を，調査員が調査票に記入する手法である．したがって，他記式（他計式）調査である．

現在では，電話を通じて対象者から回答を得ながら，調査員が直接コンピュータに入力する手法や，自動的に対象者宅に電話をかけ，あらかじめ録音した音声で質問を行い，対象者がプッシュホンで回答した結果を直接コンピュータに収集する手法も用いられている．これらの手法は，CATI（Computer-Assisted Telephone Interviewing）と呼ばれる（II－5「電子調査法」を参照）．

電話調査の特質は，次の通りである．

①　電話を通じて調査を行うため，調査対象者に評価対象物などを提示することができない．もし，調査実施以前にそれらのものを対象者に送付するとすれば，調査実施の事前予告となる．

②　電話を通じて調査を行うため，調査対象者に回答選択肢のカードなどを提示することはできない．したがって，電話調査では，調査員が質問文を読み上げることとなる．のみならず，多くの選択肢の中から該当する項目を選ぶ多

項分類型の質問では，調査員が選択肢をひとつずつ読み上げて，対象者から該当するかしないかの回答を得る方法をとる．このような手法で調査と，選択肢カードを提示する面接調査，質問文と選択肢をすべて提示する留置き調査や郵送調査とでは，結果が異なることに留意する必要がある．

電話調査の長所と短所は，次の通りである．

〈長所〉

① 調査員と電話の台数を数多く確保すれば，比較的短期間で調査を完了することが可能である．

② 電話を利用するので，調査対象者が広範な地域に散在していたり，遠隔地に居住していても調査実施が可能である．

③ 調査員が電話を通じて調査対象者本人から回答を得るので，回答者が対象者本人であることを確認しやすい．

④ 調査員が調査対象者を訪問する必要がないので，調査員の負担は軽く，したがって調査経費も比較的安くすむ．

⑤ 調査員が質問文や時には選択肢を読み上げて調査対象者の回答を得るので，対象者の調査内容に対する理解が得やすく，誤答は少ない．

〈短所〉

① 電話調査における大きな問題は，標本抽出と電話番号判明率の問題である．電話番号の電話帳掲載率は，1997年で全国の70％程度と考えられ，残りの30％は電話番号を公開していない．現在の電話帳掲載率はさらに低く，女性の一人住まい層はほとんど掲載されていないであろう．このため，電話帳から調査対象者を抽出すると，母集団の約30％が最初から除外されることとなる．住民基本台帳や選挙人名簿から対象者を抽出し，電話番号を照合しても，約30％は電話番号が判明しないことになる．この問題を克服するため，RDD法（Random Digit Dialing）が研究されている[3]（RDD法については，IV－7－(5)「RDD法」を参照）．

また，電話帳から調査対象者を抽出した場合，世帯が抽出され，対象者個人

が特定できないという問題もある（この問題については，Ⅳ「標本抽出と推計」を参照）．いずれにせよ，電話調査では，標本抽出と電話番号照合に際して，標本が母集団を的確に反映しないという恐れが問題となるのである．

　最近では，一人住まいで携帯電話しか所有していないものも増えている．

　②　電話調査は，調査員と調査対象者の対面なしに，音声を通じてのみ行われる．このため，対象者と調査員の親和関係（信頼関係：rapport）が醸成されにくい．また，電話によるセールスが多い今日，調査も同列に扱われるということもあろう．結果として，調査依頼の段階で調査協力を応諾してもらえず，拒否率が高くなるという傾向がある．

　③　面接調査のように調査対象者と調査員の対面調査ではないが，音声のやりとりで調査を実施するので，人的要素が調査結果に影響を与える恐れがある．

　④　長時間にわたる調査では，調査対象者が嫌気がさしたり，飽きたりすると，調査途中で電話を切られてしまう．したがって，質問量の多い調査や，対象者が考えないと回答できないような調査には向かない．

5．電子調査法

　調査の実務を概観すると，一般的に，"企画・調査設計→調査票の設計→準備作業（含む標本抽出）→調査の実施→集計・解析→報告書作成"という手順で進められる．これらの調査の実務のステップのうち，集計・解析にはコンピュータが大いに活用されており，今日では自由回答の処理のためのコンピュータ・ソフトも開発されている．報告書の作成についても，以前からワープロやグラフ作成ソフトが活用されているし，調査票設計は本来調査設計者の頭脳に頼るものではあるが，過去の調査の質問や結果をデータベース化して補助手段として活用するところも増えている．このようにみると，最後まで労働集約的作業に頼ってきたのが，調査実施の部分である．

　しかし，最近では調査の実施，すなわちデータ収集の段階に，コンピュータやネットワーク技術を導入し，調査員を使わず，あるいは郵便や電話も利用し

ないでデータを収集する手法や，電話に新しい電気通信技術を組み合わせた手法などが開発され，活用され始めている．これらの手法は CADC（Computer-Assisted Data Collection）と総称され，データ収集過程の部分をコンピュータ化したり，新しい媒体を用いたりするものから，過程全体をオンライン化するものまである．CADC には，コンピュータを利用して聞き取りを行う CAPI（Computer-Assisted Personal Interviewing），調査対象者自身が端末を操作して回答を行う CASI（Computer-Assisted Self Interviewing），電話調査で調査対象者がリアル・タイムで回答をコンピュータに入力する CATI（Computer-Assisted Telephone Interviewing），会場や屋外にコンピュータ端末を持ち出して調査を行う CADE（Computer-Assisted Data Entry）などの手法が含まれる[4]．

調査に活用される電気通信技術からみると，ファクシミリを利用する調査（FAX 調査），ビデオテックス網を利用する Videotex 調査（VTX 調査，すでにビデオテックス網廃止），電話を利用し標本抽出からデータ収集の段階まで自動化した CATI，パソコン通信やインターネットを利用した調査，ハンドスキャナを用いてバーコードを読み取る POS 調査などさまざまな手法が発展しつつある．CAPI，CASI，CATI，CADE の多くは，自記式（自計式）調査である．

これらの電子調査法のほかに，調査実施にあたって部分的に電気通信技術を利用する調査もある．選挙の投票日当日，候補者の当落や政党別議席数を予測するために投票所で行われる出口調査では，調査そのものは調査員によって実施されるが，一刻も速く集計するために，調査結果のデータを調査員が携帯電話のインターネット機能を利用してサーバに直接送信・入力する手法を用いるケースもある．

このような電子調査法の特質について整理すると，次のような長所と短所に整理できる[5]．

〈長所〉

①　調査実施の迅速化が可能となる．

従来の面接調査法や留置き調査法は，調査対象者の在宅状況や都合にかかわ

らず調査員が訪問しなければならないことや，一人の調査員が担当する対象者数の限界に起因する非効率さがあった．

電子調査は，一般的に調査対象者が随時都合のよい時間に回答できるという特性があり，調査実施期間が短縮できる．また，その前後の調査票伝送とデータ収集段階もオンライン化によって迅速化を図ることができるため，調査期間の大幅な短縮が可能となる．CASI や CATI では，調査票作成から集計完了までの期間は，1週間から10日程度である．

②　調査員を使わないので，人的要素の調査結果への影響を排除できる．

調査員をパートやアルバイトの労働力に頼り，高度な専門教育が困難な日本では，調査員の人的要素が調査結果に及ぼす影響は重要な問題である．また，調査員教育を徹底して調査員個人の違いによるバイアスを排除しても，調査対象者と調査員の接触によって，対象者に期待に応えようとする回答態度が生じ，結果を左右する可能性まで排除することはできない．調査の実施にあたっては，調査をやりやすくし対象者のホンネを引き出すために，対象者と調査員の親和関係（ラポール：rapport）が必要であるといわれているが，ラポールが高まれば高まる程，対象者の期待効果も高まる恐れがあることを見逃してはなるまい．

電子調査は，インパーソナルな通信機器の端末装置を媒介とするので，このような人的要素による回答バイアスを排除することができる．その結果，調査内容によっては，従来の調査手法よりシビアな回答傾向を示すこともある．新聞広告の注目率調査では，従来の電話調査と VTX 調査の間で，調査結果の構造は同じであるが，注目率は全体的に VTX 調査の方が低くなることが指摘されている[6]．

③　回収率が高く，標本調査の結果から母集団の真の値を推計するのに有効性がある．

電子調査の場合，一般的に調査対象者が都合のよい時間，たとえば深夜・早朝の回答も可能である．したがって，調査回収率は従来の手法より高率である．標本調査，標本（調査対象者）の調査結果をもって，母集団の傾向を推計する

ことを意味する．このためには，高回収率の確保が必要である．回収された標本と未回収の標本が均質であれば，回収率の高さが問題にされることはない．しかし，未回収標本のデータがないために検証は不可能であるが，回収標本と未回収標本の間には，一般的に何らかの差が存在するといわれている．このため，可能な限り回収率を高めることが要求されるのである．

　最近では，調査環境の悪化によって回収率が低下しており，首都圏50km圏の15〜69歳の男女個人を対象者とする留置き調査で，回収率は60％強にしか達しない．これに対して，インターネットを利用したパネル調査を例にとると，一般的内容の調査を3〜4日間実施すると，70〜80％台の回収率を確保することが可能である．ただし，インターネット調査は通信機器・システムを利用しており，調査実施の都度対象者宅の機器を設置し直し，システムを変更することは困難である．このためパネル制を敷いており，このことも高回収率化に作用していることが考えられる．

　いずれにせよインターネット調査の事例にみられるように，電子調査は回収率の高さから，母集団の傾向を推計するにあたって有用な調査手法であるといえる．

　④　特定層に限定した調査に対する適合性に優れている．

　電子調査は，すでに指摘した通り，通信機器・システムを利用するため，多くはパネル制を採用している．そこで，デモグラフィックなどの情報は，それぞれの調査ごとに質問せず，事前に収集し，ホスト・コンピュータ内にデータベース化されているのが一般的である．また，各調査で得られた対象者の態度や行動に関するデータも，容易にデータをベース化できる．

　したがって，これらのデータベース化した情報を活用して，特定の層を抽出して調査を行うことが容易である．

　⑤　追跡調査などの複雑な手順の調査に適合する．

　パネル制と調査データのデータベース化の容易性のため，同一標本を追跡して複数回実施する調査にあたっては，標本管理が容易である．また，回収率が

高いため，複数回実施による回収率の低減が少なくてすむ．この種の調査に対して優れた適合性を有しているといえよう．

〈短所〉

① 利用する情報機器・システムにより，調査内容に対する制約が生じる．

使用する情報機器・システムによって，質問内容に対するさまざまな制約が生じることがある．

たとえば，FAX調査では質問の文字数に対する制約は少ないが，インターネット調査などのモニター画面を利用する調査では，画面に入る文字数に限りがあるため，長文の質問文や選択肢をひとつの画面に入れて一覧することはできない．画面スクロールなどの方法で対処することとなる．

また，現在の電子調査では，静止画にはある程度対応できるが，動画への対応は困難である．動画への対応は情報スーパーハイウェイやCATV網を利用した調査の実用化を待つこととなろう．さらに，静止画であっても，FAX調査のようにカラーに対応が困難なものもある．このほかに，自由回答への対応などの問題もある．

現在のところ，これらの問題に対処するにあたっては，一部郵送などの補助手段が用いられている．

② 調査対象者の端末利用能力が問題となる．

電子調査に利用する情報・通信機器の端末には，キーボードを用いるものからテレビのリモートコントロール用キーパッド様のものまで，さまざまなものがある．ここで問題になるのは，調査対象者の機器の利用能力である．一般的推計を行う調査を行うためには，調査対象者が高度な機器の利用能力を有する人びとに偏ってはならない．他方，すべて人びとが高度な情報・通信機器の端末の利用能力をもっているとは限らない．未だ，キーボード・アレルギーを有する人びとは多いのである．アメリカの研究事例でも，コンピュータの利用経験のない人びとにとっては，CASIの回答には困難さがあることが指摘されている[7]．

そこで，電子調査に用いる機器は，性・年齢や職業などの個人属性にかかわ

らず，多くの人びとが使用可能なものが適しているといえよう．現状では，端末の操作性がプッシュホンと変わらないパネルタッチ方式の調査や，多くの人びとが簡単に操作できる FAX 調査は，この条件に適合している．汎用型のパソコンは，ウィンドウズによってヒューマン・インターフェースがよくなったとはいえ，まだ多くの改良の余地があるといえよう．今のところ，操作が簡単なソフトを組み込んだタッチ・パネル式のコンピュータが限界であると考えられる．

③　調査実施にあたって，調査手法によっては調査対象者に調査実施の告知をする必要がある．

CATI や FAX 調査のように，調査対象者が直接調査が実施されていることを認知するシステムを採用している場合は別として，インターネットのホーム・ページを利用した調査のような手法では，対象者に調査実施を告知する必要がある．一般的には，はがきや電話で告知することが多い．

④　パネル制を採用する場合，調査経験による学習効果に配慮する必要がある．

電子調査は情報・通信の機器・システムを利用するため，調査対象者にパネル制を敷いている場合が多い．パネル制では，同一対象者に複数回調査を実施するため，調査する側の仮説を対象者が先取りして回答するようになるなど，調査を受ける回数が重なるにつれて，さまざまな学習効果が調査結果に影響を与えるようになっていく．これは，電子調査に限らず，従来からの手法も含めたいかなる調査にも共通する問題である．

この問題は，学習効果が限界に達する基準を知り，一定の調査回数を重ねたパネルを新しいパネルに入れ換えていくことで解決できる．

⑤　パネルを採用する場合，パネル応諾者が情報機器への対処能力があり，情報に関心がある層に偏る可能性がある．調査内容によっては，この偏りが調査結果に影響を及ぼすことが考えられる[8]．

⑥　調査費用の低減は期待できない．

電子調査は，従来の調査員に依存する調査手法に比べて，調査費用が低減さ

れるのではないかとの期待を抱く向きも多い．しかし，指摘した通り，電子調査では情報・通信の機器・システムを用いるため，多大な投資を必要とする．また，パネル設定にも費用がかかる．これらの減価償却のため，調査費用は，むしろ従来の手法より高くなる傾向がある．このため，統計学によって保証された標本によってパネルを構築しているインターネット調査やCATIを採用している調査機関では，調査価格の設定に悩んでいる．

このように，電子調査には多くの利点があるが，いくつかの解決されなければならない課題も抱えているのが実状である．

ところで，1990年ごろからインターネットを利用した調査が始まり，1990年代半ばにはインターネットの急速な普及に伴い，多くの調査会社などがこの種の調査を行うようになった．インターネット調査は文字，映像，音声などさまざまな情報を利用した調査が可能になるという点で，従来の調査手法にない優れた特性を有しており，今後の調査手法に大いなる影響を与えると考えられるので，その問題点に触れておく．

第1の問題は，電子調査法に関する一般的な問題点で触れたように，人びとの端末利用能力とパソコンの操作性の問題である．現状の操作性では，多くの人びとが困難を伴わずにインターネットにアクセスできるとはいい難い．しかし，マルチ・メディア化の進展に伴い，パソコンとテレビ受像機が融合しようとしており，その結果，インターネットへのアクセスが容易になれば，この問題はやがて解決に向かうであろう．

第2の問題は，母集団の規定と標本抽出に関連する問題である．

インターネットを利用した調査手法は，手法の内容によって，オープン型，パネル型，リソース型に大別される．オープン型はワールド・ワイド・ウェブ（www: world wide web）上で調査票を公開し，不特定の閲覧者に調査協力を求める手法である．パネル型は，www上で調査協力の意思をもつ者を集め，それらの人びとを対象に複数回の調査を実施する手法である．リソース型は，www上で調査協力者を集めて登録し，登録者の中から調査対象者を選ぶ手法

であり，その方法によってリソース内オープン方式，属性絞り込み方式，サンプリング方式の3つに分類される．リソース内オープン方式は登録者全員にバナー広告などで調査協力を呼びかける手法であり，属性絞り込み方式は登録者の中から性・年齢などの個人属性によって調査対象者を絞り込み，電子メールなどで調査を実施する手法である．サンプリング方式は，登録者の中から無作為に調査対象者を抽出し，電子メールなどで調査を実施する手法である[9]．

　調査では，母集団そのものが曖昧であったり，標本が母集団を的確に代表する代表性をもっていなければ，調査結果から母集団の傾向を推計することはできない．この観点からみると，インターネットを利用した手法のうちオープン型は，母集団が不明であり標本の代表性も保障されていないので，調査手法としての妥当性を欠くものである．パネル型とリソース型も，当初募集した調査協力者集団に対する統計・推計は成り立つが，その集団と一般の人びとの特性の違いが明らかにされない限り，調査結果から一般的傾向を推論することはできない．若年層や有職者層などの特定層に偏ったインターネット普及の現状では，インターネット利用者から調査協力者を募集するのではなく，住民基本台帳などから標本を抽出しパネル設定を行わない限り，人びとの一般的傾向を推計することは不可能である[10]．

　前掲のようなインターネットを利用した手法は，定量調査とは考えず，人びとの発想などを入手するための定性調査と位置付けて利用するのが妥当であろう[11]．

6．パネル調査法

　パネル調査（panel study）とは，同一標本に対して時間をおいて複数回調査を実施するものである．この調査対象者の集団をパネル（panel あるいは access-panel）と呼び，時にモニター（monitor）と呼ぶこともある．また，パネル調査は，本来同一標本に対して同一内容の調査を複数回実施する方法を指すものであった．しかし，一般的には，同一標本に対して異なる内容の調査を繰り返し実施する場合も，パネル調査と呼んだりしている．調査専門機関がパネルを

準備し，各調査回毎にクライアントを募集し，その時々にクライアントが必要とする質問で調査票を構成し調査を行うケースをよくみかけるが，これらはその例である．

　同一標本に対して，同一内容の調査を行うか，異なる内容の調査を行うかにかかわらず，パネル調査の特質は次のような長所と短所に整理できる．

〈長所〉

　①　回収率が高い．

　パネルは，事前に複数回調査に応じることを了承した標本によって構成されるので，調査の回収率が高く，母集団の真の値の推計に有効性がある．

　②　特定層に限定した調査への適合性に優れている．

　多くの標本によってパネルを構成すれば，その中から各調査の目的に合わせて特定層を抽出して調査を行うことが可能である．

　③　補足調査を行うことが可能である．

　同一標本によるパネルを確保しているので，調査終了後に不明な点が生じた時，解明のための補足調査を実施することが可能である．

　④　追跡調査による変動の把握が容易である．

　同一標本によるパネルを確保しているので，追跡調査を実施して変動を把握するのが容易である．また，同一標本を追跡調査するので，単発調査の繰り返しによる手法よりも，正確に変動を把握することができる．

〈短所〉

　①　対象者の調査回答経験による学習効果に配慮する必要がある．[12]

　電子調査の短所の項でも触れたが，パネルを構成する標本は，度重なる調査回答経験によって，本人が意識する，しないにかかわらず，行動や意識に変化が生じ，それが回答傾向に影響を与える可能性が大である．このような学習効果は，調査対象者が調査企画者の質問意図や仮説を先取りし，企画者が期待するように回答する場合もあるし，同一標本に新聞広告の注目率調査を繰り返し実施すると，対象者が意識的あるいは無意識的に新聞を読むようになり，結果

として閲読率が徐々に上昇していくといった場合もある.

②　パネルを構成する標本の減少を見込んでおく必要がある.

パネルを構成する標本の減少には2種類ある.

ひとつめは，長期間の間に転居で減少する場合である.

ふたつめは，度重なる調査に嫌気がさし，調査拒否によってパネルから脱落する場合である. このような現象は，異なる内容の調査を同一標本に繰り返す場合でも，同じ内容の調査を同一標本に繰り返す場合でも生じる. 特に，後者の次にあげるような場合は，注意を要する. 例えば，選挙で事前と事後の調査を行い投票行動の構造変化を把握しようとしたり，広告の出稿前と後に調査を行い広告効果を測定しようとする場合，調査回数を重ねる毎に多数の標本が脱落すれば，最終回の調査では分析に耐えられない標本数になってしまう可能性がある.

パネル調査の短所としてあげた学習効果を排除し，パネルの標本数を一定に維持するためには，標本の入れ替えを行う必要がある. パネルの消耗が生じた時，まず入れ替える標本は，調査回答経験が一定回数に達した標本である. この一定の回数とは，調査内容によって異なるので一概にはいえないが，経験から20回程度がひとつの規準であると考えられる. 他方，一定期間パネルに参加しながら調査協力が極端に少ない標本も入れ替えねばならない. これを残しておくと，パネル全体に占めるこのような標本の割合が高くなり，調査の回収率が低下するからである.

では，どのような方法で抽出した標本を入れ替えに使うのか. もともと，パネルを構成する標本は，パネルを定量調査に利用するのであれば，無作為に抽出された標本でなければならない.[13] 入れ替えで使用する標本もまた，無作為に抽出された標本でなければならない. もし，入れ替えに有意に抽出された標本を使用すれば，パネル全体の無作為性が崩れ，母集団推計に歪みが生じてしまう. 一般的には，パネルを作る時点で必要数以上に標本を抽出しておき，その

58

とき使わなかった標本を後に入れ替えに使うといった方法を採用することが多い．もちろん，入れ替え時に，必要とする標本を無作為に抽出して使ってもよい（無作為抽出と母集団推計については，IV「標本抽出と推計」を参照）．

注
1） 調査の各手法の長所，短所については，下記に詳しく整理されている．
鈴木裕久『マス・コミュニケーションの調査研究法』22〜32ページ．
林英夫ほか『体系マーケティングリサーチ事典』190〜207ページ．
2） 鈴木裕久，島崎哲彦「情報機器を利用した調査法の検討（その2）」『東京大学社会情報研究所調査研究紀要』No. 5, 143ページ．
3） 谷口哲一郎「RDD法の試行および問題点の検討」『よろん・日本世論調査協会報』No. 78, 51〜64ページ．
4） 朝野熙彦「ダイレクト・リサーチがめざすもの」朝野熙彦編『マーケティングリサーチ最前線』15〜17ページ．
5） 島崎哲彦「電子調査の現状と課題」『よろん・日本世論調査協会報』No. 78, 5〜9ページ．
6） 朝日新聞東京本社広告局「新方式に変更した広告注目率調査―新・旧調査方式＆データ比較―」『広告月報』1993年8月号，36〜41ページ．
7） Couper, M. P. and Rowe, B., "Evaluation of a Computer-Assisted Self-Interview Component in a Computer-Assisted Personal Interview Survey," *Public Opinion Quarterly*, Vol. 60, pp. 89-105.
8） 鈴木，島崎，前掲論文，142〜171ページ．
9） 吉村宰，大隅昇「インターネット環境を利用したデータ取得―複数サイトにおける同時比較実験調査―」『日本行動計量学会第27回大会発表論文抄録集』117ページ．
10） 島崎哲彦，笠原耕三，大竹延幸「インターネットを利用した調査法の検討」『東洋大学社会学部紀要』No.38-2, 9ページ．
11） 同論文，23ページ．
12） 島崎哲彦「インターネット調査の国際標準化と品質の向上」『ジャーナリズム＆メディア』第7号，224ページ．
13） 同論文，228ページ．

参考文献
① 朝野熙彦編『マーケティングリサーチ最前線』同友館，1992年
② 朝日新聞東京本社広告局「新方式に変更した広告注目率調査―新・旧調査方

式&データ比較―」『広告月報』1993年8月号，朝日新聞社，1993年

③ Couper, M. P. and Rowe, B., "Evaluation of a Computer-Assisted Self-Interview Component in a Computer-Assisted Personal Interview Survey," *Public Opinion Quarterly*, Vol. 60, 1996.

④ 島崎哲彦「電子調査の現状と課題」『よろん・日本世論調査協会報』No. 78, （財）日本世論調査協会，1996年

⑤ 島崎哲彦「インターネット調査の国際標準化と品質の向上」『ジャーナリズム&メディア』第7号，日本大学法学部新聞研究所，2014年

⑥ 島崎哲彦，笠原耕三，大竹延幸「インターネットを利用した調査法の検討」『東洋大学社会学部紀要』No.38-2，東洋大学社会学部，2001年

⑦ 鈴木裕久『マス・コミュニケーションの調査研究法』創風社，1990年

⑧ 鈴木裕久，島崎哲彦「情報機器を利用した調査法の検討（その2）」『東京大学社会情報研究所調査研究紀要』No. 5, 東京大学社会情報研究所，1995年

⑨ 谷口哲一郎「RDD法の試行および問題点の検討」『よろん・日本世論調査協会報』No. 78, （財）日本世論調査協会，1996年

⑩ 林英夫ほか『体系マーケティングリサーチ事典』同友館，1993年

⑪ 吉村宰，大隅昇「インターネット環境を利用したデータ取得―複数サイトにおける同時比較実験調査―」『日本行動計量学会第27回大会発表論文抄録集』日本行動計量学会，1999年

III. 定量的手法の一般的手順と調査の設計

1. 一般的手順の概略

社会調査の定量的手法は，採用する手法によってさまざまな異同がある．そこで，面接調査法・留置き調査法のもっとも一般的な手順を例示する．

(1) 社会調査が必要とされる問題の発生
- ・社会調査は，問題解決の方法である．したがって，調査の課題の大半は社会調査の領域以外の領域，すなわち，社会科学のさまざまな領域や産業社会のさまざまな領域から発生する．

(2) 仮説の構築
- ・調査課題に関する資料収集を行う．
- ・収集した資料などを検討し，仮説を構築する．
- ・仮説から，計測可能な作業仮説を導き出す．

(3) 調査の設計
- ・調査課題と仮説に基づき，調査の目的を明確にする．
- ・調査の目的に基づき，次のような諸項目について検討し，設計する．調査項目，調査対象となる母集団の規定，母集団からの調査対象者の抽出方法，調査対象者数，調査実施の手法，調査のスケジュールなど．

(4) 調査票の設計
- ・仮説と調査項目に基づき，調査票の内容を設計・作成する．

(5) 調査対象者の抽出
- ・調査対象者の抽出方法の設計に基づき，母集団の傾向を推計するのに妥当な方法で，対象者を抽出する．

(6) 調査実施に向けての準備作業
- ①調査票の印刷
- ②調査員の手配・確保
- ③その他の調査資材の準備
- ・調査員に調査実施方法を説明するインストラクション・ガイド
- ・調査対象者名簿

Ⅲ. 定量的手法の一般的手順と調査の設計　　61

　　　・調査対象者に対する挨拶状
　　　・(面接調査法の場合)調査対象者に提示する選択肢カード
　　　・調査対象者訪問記録表
　　　・調査対象者に対する謝礼品など

(7) 調査の実施

　　①調査員に対する説明会の実施
　　・調査員の調査票の内容に対する理解のため.
　　・調査員の調査方法の基準に対する理解のため.
　　・スケジュール，調査対象者・調査員の問い合わせ・連絡先などの周知のため.
　　②(面接調査法の場合) 初票点検
　　・調査が正しく行われているかを点検し，間違いがあれば正しい方法に訂正す
　　　るため.
　　③調査員からの調査票回収
　　・回収時に調査票を点検し，記入洩れや誤記入があれば再調査を指示する.
　　・調査未完了対象者について，事情を聴取する.

(8) 回収票の点検

　　①集計作業に入る前に，回収した調査票を再点検し，記入洩れ，誤記入を再調
　　　査する（エディティング：editing）.
　　②不正票の点検（インスペクション：inspection）
　　・回収した調査票を点検し，調査員による不正な記入票（メイキング）や留置
　　　き調査における調査対象者以外の記入票（代人記入）については，再調査す
　　　る.

(9) 集計・解析の実施

　　①集計計画の立案
　　・仮説を検証し，調査目的に対する解答を導き出すために，集計計画を立案す
　　　る.
　　・単純集計や質問間のクロス集計では必要な結果が得られない場合は，多次元
　　　解析や多変量解析などの手法を用いた解析計画を立案する.
　　②調査結果のコンピュータ入力の実施.
　　③集計・解析計画に基づく，コンピュータ集計・解析の実施.

(10) 集計・解析結果の分析

　　・集計・解析結果を分析し，得られた知見を整理する.

(11) 報告書の作成

　　・調査結果から得られた知見をとりまとめ，調査目的に即して報告書を作成す
　　　る.

２．調査計画書の作成

調査設計にあたっては，まず調査計画書を作成しなければならない．調査計画書の内容は，表Ⅲ―１のとおりである．

表Ⅲ―１　調査計画書の内容

```
1．調査目的
2．調査仮説（仮説・作業仮説）
3．調査項目
4．調査対象（母集団の規定，調査対象（標本）数，調査対象標本の抽出方法）
5．調査地域
6．調査方法
7．調査スケジュール
8．調査企画・実施機関（ないしはレターヘッドなど）
```

３．仮説の構築

⑴　仮説構築の方法

社会調査を必要とする課題は，社会科学の諸領域や産業社会の諸領域で生じる．ひとつの課題を解明するにはさまざまな項目にわたるデータを必要とする．そのすべての項目を１回の調査で明らかにしようとすれば，時には膨大な質問量となり，調査実施上の観点から許容量を超える可能性がある．そこで，調査課題をとりまく既存の官公庁や業界団体などの統計資料や，既存の調査報告書などの資料を収集・分析し，調査項目のうち情報が入手できた項目を除外して調査票を設計することが肝要である．

また，社会調査の課題に対するアプローチの方法として，仮説検証的（confirmatory）アプローチと事実探索的（exploratory）アプローチのふたつの立場がある．一般的に社会調査の課題について，周辺情報が存在せず，仮説（hypothesis）がまったく成り立たないというケースは少ない．ほとんどの課題

III. 定量的手法の一般的手順と調査の設計　63

は，経験的知見に基づくある程度の予測が考えられるであろう．もちろん，一個人の経験的知見のみで構築された仮説は，妥当性に欠ける危険がある．そこで，既存の統計データや調査データなどの資料を収集し，仮説を検討・構築することが肝要である．そこで，調査設計の第一歩は，既存資料の収集であり，調査の実際面からも重要な段階であるといえよう．

　仮説構築にあたっては，理論的研究からの演繹を除けば，既存資料の分析も含む経験的知見に基づいて，個別の特殊事例から一般的法則性へと帰納的 (inductive) 方法をとる．しかし，特殊事例から一般的法則性を導き出すことは，特殊事例に左右されるという誤謬を含んでいる．社会調査では，構築された仮説を暫定的に認め，これを測定可能な変数に置き換えて，調査によって検証する[1]．この測定可能な変数に置き換えられた仮説を作業仮説 (working hypothesis) と呼ぶ．

〈仮説〉

・最近の若者には活字離れの傾向がある．

〈作業仮説〉

・最近の若者は，新聞を読まない．(新聞閲読率，新聞閲読時間)

・最近の若者は，本を読まない．(漫画を除く単行本の閲読冊数，漫画を除く雑誌の閲読冊数)

　　　　　⋮

　（注）　（　）内は調査項目

　ところで，因果関係を明らかにしようとする調査では，このような仮説検証的アプローチが重視されるが，仮説をあまりに強固に固めると，その仮説に基づき設計された質問によって回答が仮説通りに誘導される恐れがあることを忘れてはならない．

　また，調査の目的によっては必ずしも仮説検証的アプローチが妥当とはいえ

ず，事実探索的アプローチが重視される場合もある．社会調査の実際の場面では，仮説検証的アプローチが重視されながらも，部分的には事実探索的アプローチが用いられている．

仮説検証的アプローチにおいて，調査対象となる事象等を測定し記録する方法を操作（operation）と呼ぶ．調査は操作主義であり，測定・記録方法には定性的手法も含まれるが，操作化の典型は構造化された調査票である．操作化にあたっては，その測定方法が測定しようとする概念（concepts）を正確に反映しているかという妥当性（validity）が要求される．さらに，その調査によって得られた結果は，別の測定方法においても同じ結果が得られるかという信頼性（reliability）も要求される．調査の妥当性と信頼性とは，同じ事象を対象とした別の調査による調査結果の再現性（repeatable）の要求を意味している[2]．

(2) 仮説から調査項目への実際

仮説から調査票完成に至るまでの手順は，下記のとおりである．

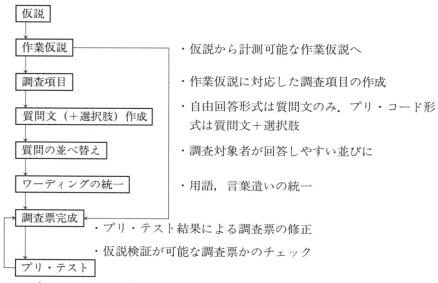

・プリ・テストの実施にあたっては，本調査における面接調査，留置き調査などの手法に従って実施する．プリ・テストの対象者が調査途中で実施者

Ⅲ. 定量的手法の一般的手順と調査の設計　65

に質問しても，余計な回答はせず，調査が完了してから，各質問について
対象者の理解の程度や内容についてひとつずつ実施者から対象者に質問
し，質問文・選択肢などの問題点を抽出する．

ここに，情報に対する関心について，次のような仮説が成立したとする[3]．

〈仮説1〉 人びとの情報に対する関心は，多様である．

〈仮説2〉 関心がある情報によって，情報源は異なる．

〈仮説3〉 関心がある情報は，性・年齢によって異なる．

〈仮説4〉 関心がある情報は，職業によって異なる．

　このような仮説を調査によって検証するためには，この仮説を測定可能な作
業仮説に置き換える必要がある．

〈仮説1〉 人びとの情報に対する関心は，多様である．

　この仮説を作業仮説に置き換えるためには，人びとの多様な関心の対象とな
る情報を具体的に整理する必要がある．情報には，さまざまな分類方法がある
であろうが，ここにひとつの例を示す．

　○多様な情報の分類例

ア．事件・事故・犯罪の情報	サ．健康・医療・福祉問題
イ．日本の政治や経済の動き	シ．教育や青少年問題
ウ．外国の政治や経済の動きと 　　日本の国際関係	ス．就職・転職に役立つ情報
	セ．職務上の専門的な知識や情報
エ．商況や財テクの情報	ソ．仕事に役立つ情報
オ．公害や自然環境問題	タ．学問や教養上の知識
カ．社会環境問題	チ．くらしの実用情報
キ．先端技術情報	ツ．ファッション・おしゃれ情報
ク．文化や生活などの変化	テ．芸能・娯楽・催し物の情報
ケ．自分の住んでいる地域の情報	ト．趣味・スポーツ情報
コ．現代の世相・風俗・流行	

これらの情報に対して，人びとの間にはさまざまな関心のパターンがあると考えられる．各項目ごとに関心の程度を測定すればよいと考えられる．

〈仮説2〉 関心がある情報によって，情報源は異なる．

この仮説では，関心がある情報と情報源のふたつを測定可能な項目に整理する必要がある．

関心がある情報は，仮説検証のための集計・解析を念頭におくと，〈仮説1〉の情報の分類とでき得る限り対応させておくのが妥当であろう．また，人びとが日々接触する情報の内容を考慮した分類である必要がある．

○関心がある情報の分類例

ア．その日起こった事件について

イ．大きな事件の詳しい内容や解説について

ウ．その日の国内の政治や経済の動きについて

エ．国内の政治や経済の詳しい内容や解説について

オ．海外の事件や国際情勢の変化について

カ．海外の事件や国際情勢の変化の詳しい内容や解説について

キ．その日の株価や相場の動きについて

ク．株価や相場の詳しい内容や分析について

ケ．地球温暖化やオゾン層破壊などの自然環境問題について

コ．自然環境問題の背景や対策について

サ．外国人労働者や中高年のリストラなどの社会環境問題について

シ．社会環境問題の背景や対策について

ス．先端技術の情報について

セ．文化や生活などの変化について

ソ．自分の住んでいる地域の情報について

タ．現代の世相・風俗・流行について

チ．健康，医療，福祉問題について

ツ．教育や青少年問題について

III. 定量的手法の一般的手順と調査の設計　67

テ．就職や転職の情報について

ト．職務上の専門的な知識や情報について

ナ．仕事に役立つ情報について

ニ．学問や教養上の知識について

ヌ．くらしの実用情報について

ネ．ファッション・おしゃれ情報について

ノ．芸能・娯楽・催し物の情報について

ハ．趣味・スポーツ情報について

　情報源については，人びとの日常生活を念頭において，マス・コミュニケーションからパーソナル・コミュニケーションまで，また最近の電子メディアなども考慮して分類する必要があろう．

○情報源の分類例

ア．新聞（一般紙）　　　　　　　コ．雑誌（専門誌）

イ．新聞（専門紙）　　　　　　　サ．雑誌（ミニコミ誌）

ウ．テレビ（地上波放送）　　　　シ．自治体などの広報

エ．テレビ（BS 放送）　　　　　ス．単行本

オ．テレビ（CS 放送）　　　　　セ．インターネットなど

カ．テレビ（CATV）　　　　　　ソ．友人・知人

キ．ラジオ　　　　　　　　　　　タ．家族・親戚

ク．雑誌（一般週刊誌）　　　　　チ．その他

ケ．雑誌（一般月刊誌）

　仮説検証のためには，関心がある情報について，それぞれの情報源を測定することとなる．

〈仮説 3〉　関心がある情報は，性・年齢によって異なる．

　性・年齢を測定し，〈仮説 1〉の各項目の性・年齢別の差を検証すればよい．

　年齢については，情報に対する関心がどの年齢で異なる傾向を示すのか分からないので，1 歳間隔で測定し，集計結果からその位置を明らかにするべきで

あろう．しかし，年齢を自由回答で記入させることに支障があるならば，5歳間隔など細かく分類した層別で測定するのが妥当であろう．

〈仮説4〉　関心がある情報は，職業によって異なる．

職業を測定し，〈仮説1〉の各項目の職業別の差を検証すればよい．

職業にはさまざまな分類があるが，人びとの意識や行動をもっともよく弁別する分類を用いるのがよい．また，専業主婦や学生は，職業分類上厳密には無職に分類されるが，一定程度の比率で発生し，かつ他の層と異なる意識や行動を示すことが経験的に判明しているので，それぞれ独立して分類するのが妥当であろう．

○職業分類例[4]

ア．専門・技術職

イ．管理職

ウ．事務職

エ．自営商工業者

オ．産業労働者

カ．商業労働者

キ．その他の職業，及び無職（農林漁業，年金生活者など[5]）

ク．主婦（専業主婦）

ケ．学生

コ．その他

4．調査の設計

(1)　調査対象者抽出の設計

社会調査の設計にあたって，調査対象者抽出の設計は重要なポイントのひとつである．ここでは，人びとを対象とする定量調査の場合を想定して，設計について検討する．

まず第1に，悉皆調査であれ標本調査であれ，調査の目的に照合して，どの

ような人びとを調査対象とするのかを規定しなければならない．それは調査単位の全集合であり，悉皆調査であれば標本の全集合にあたり，標本調査であれば母集団にあたる．悉皆調査では，この調査単位の全集合を構成する一人ひとりが調査対象となる．標本調査では母集団から統計学的に保障された方法で抽出された標本が調査対象となり，それらの標本を調査した結果から母集団の傾向を推計することとなる．

　調査単位（母集団）の規定の条件として，性，年齢，未既婚，学歴，職業などの個人属性や，特定のモノの保有や経験のほか，居住地などがあげられる．このように，調査単位（母集団）はさまざまな条件によって規定されるので，規定の条件が異なれば，調査結果が大きく異なることとなる．したがって，調査単位（母集団）の規定は，調査対象者抽出の設計の重要な第一歩といえる（調査単位（母集団）の規定については，I－5－(1)①「定量的手法」を参照）．

　悉皆調査では調査単位の規定が定まれば，その調査単位がすべて調査対象者となる．標本調査では，規定された母集団の調査単位の中から，標本を抽出することとなる．標本抽出の方法には，確率比例抽出法と等確率抽出法があり，また，ランダム抽出のほかに多段抽出法，あるいは層別抽出などの手法がある．これら標本抽出の詳細な手法についても，事前に設計する必要がある（詳細は，IV「標本抽出と推計」を参照）．

(2)　調査地域の設計

　前項の調査対象者抽出の設計で述べたように，母集団を規定するにあたって，調査地域は関連する重要な要素のひとつとなる．

　調査地域は，調査の目的，調査内容，調査対象者などの他の要素とのかかわりのなかで決定されるので，それぞれの調査ごとに検討しなければならない．

　ここでは，調査地域が首都圏と想定された場合の具体的な検討内容について述べる．

　首都圏とは，都心などの事務所や京浜・京葉工業地帯などの工場に勤務する人びとと，それらの人びとを対象とする商店などのサービス職に就く人びとな

どが居住する地域を指し，域内の居住者には生活意識や行動に一定の共通性があると考えられる．

　首都圏の中心は関東平野南部の東京であり，平野部であるため，東西南北各方向にほぼ同じように人家が密集し発展している．実務上は，一般的に東京駅を中心に円を描いて，圏域を決定することが多い．鉄道路線上を辿ると，ほぼ50kmまでこのような状態が続き，それを越えると田園地帯に入る．田園地帯では田畑が増え，農業従事者などが多数居住していることが窺える．この地域の人びとは，明らかに前掲の首都圏居住者とは生活意識・行動が異なるものと考えられる．そこで，現況では首都圏は50km圏であると想定できる．

　では，首都圏の調査の場合，調査地域は50km圏内であれば，40km圏でも30km圏でもよいのであろうか．そこで，50km圏内を詳細に検討してみる．首都圏の中心部はドーナツ現象といって人口が減少し，近年では若年層を中心とした独身者向けワンルーム・マンションが増加している．30km圏あたりまでは，古くからの住宅街が広がっている．40km圏あたりには，かつての新興住宅街が多く存在し，子どもが独立したか，大学生などの子どもがいる高年齢層が数多く居住している．50km圏近辺には，新しい新興住宅街が広がっており，住宅ローンを抱え，教育費がかかる子どもがいる中年層が多数居住していると考えられる．

　したがって，調査内容によっては，30km圏，40km圏，50km圏で比較すると，調査結果は異なったものとなるであろう．たとえば，自由裁量所得の高やそれらの使い道に関する調査では結果に差異があることが予測されるし，また，生活価値意識や余暇活動にも違いがあると考えられる．もちろん，調査内容によってはこのような地域差がないものもあるが，多くの調査では地域差が生じる可能性が高い．そのような調査では，首都圏を50km圏とするのが妥当であろう．

　首都圏を例に調査地域の設計について論じたが，他の地域ではほかの要素を加味しなければなるまい．たとえば，関西圏については大阪，神戸，京都の3

III. 定量的手法の一般的手順と調査の設計　71

極と山間部との境界といった地理的条件を考える必要があり，結果は首都圏のような円にはならない．このように，調査地域は対象地域固有のさまざまな要件を加味して決定することが必要とされるのである．

⑶　調査方法の設計

定量調査の代表的な調査手法として，面接調査法，留置き調査法，郵送調査法，電話調査法などがあげられる．どの調査法を用いるかによって調査票の設計が異なるなど，他の設計項目に影響を与えるし，また，調査対象者の地理的分布によって用いることができる調査手法が限定されるなど，他の設計項目から影響を受けることがある．

調査手法と調査対象者の地理的分布を見てみる．一定程度広い地域に分布する母集団からランダム抽出された調査対象者は，広範な地域に散在することとなる．このような対象者を調査するにあたっては，調査員が対象者宅を訪問する面接調査法や留置き調査法は，調査員の労力の面からも経費の面からも非効率である．面接調査法や留置き調査法で調査を実施するためには，まず，地点を抽出し，各地点ごとに対象者をかためて抽出する2段抽出法を用いる必要がある．

また，調査の内容によって調査方法が制約されることもあるし，調査方法によって調査票の設計が異なったものとなる（II「定量的手法の種類」を参照）．

このような点に配慮して，調査方法を設計する必要がある．

⑷　調査スケジュールと実施時期の設計

調査スケジュールは，一般的に次のような段階に分けて設計する．

　　　①　企画・準備作業

　　　②　調査の実施

　　　③　集計・分析

　　　④　報告書作成

①　企画・準備作業

調査課題の整理から仮説の構築を経て調査票の完成に至る企画の段階には，

仮説の偏りや調査票の不適切な表現など調査結果に大きな影響を与える問題が含まれているので，十分な時間を割くべきである．仮説の検討は，偏りを避けるために複数の企画者による検討を重ねる必要があるし，調査票についても同様の検討が必要である．とくに，調査専門機関に外注する場合は，調査課題を詳しく理解している発注者と，調査技術と実際的諸問題に詳しい受注者の両者を交えた検討が必要であろう．

準備作業には，調査員の手配，調査票の印刷，調査実施用物品の手配・入手が含まれるが，もっとも配慮しなければならないのは，調査員の手配である．多くの調査員を必要とする調査ほど，手配の期間を長くとる必要がある．

② 調査の実施

調査の実施に要する期間は，調査目的や調査手法，さらに調査を実施する地域によって異なる．

調査目的との関連では，一般的な学術調査，世論調査やマーケティング・リサーチは，調査の実施に長い期間をかけるが，選挙の予測調査は短期間（通常2～4日程度）で完了させる．調査実施期間中に政治的な問題が発生し，調査結果に影響を及ぼすのを避けるためには，調査期間は短い程よい．

一般的な学術調査，世論調査やマーケティング・リサーチでも調査実施期間は短い方がよいが，選挙の予測調査ほど調査結果が激しく変動することはないので，むしろ回収率のアップに主眼を置き，調査を実施する期間を長くとる傾向がある．

一般的な調査の場合，比較的回収率が高い地方の調査では実施期間が短くて済むが，さまざまな理由で調査対象者との接触が困難な都市部では，実施期間が長くなる．首都圏の一般的な面接調査や留置き調査では，土曜日・日曜日を2～3回含む2～3週間程度の期間が必要である（調査実施にかかわる環境については，VI「調査の実施」を参照）．

調査の実施時期については，一般的には調査対象者の在宅率が低い5月の連休，8月のお盆などの季節，あるいは調査協力が期待できない年末年始などを

避けるべきであろう．このほかに，調査の目的によっては，異なるさまざまな状況に対する配慮が必要となる．調査実施時期直近の人びとの購買行動の実態を調べる調査では，中元，歳暮の時期や夏休み，5月の連休は特殊な状況となるので避けるべきであるし，夏休み・5月の連休の直後は購買力が低下するので避けるべきである．

また，企業を対象とする調査では，人事異動が多い時期は避けるべきであろう．

③　集計・分析

集計・分析の計画は，一般的に調査結果のコンピュータ入力のフォーマット作成，自由回答の処理方法の計画，質問間のクロス集計の計画，多変量解析や多次元解析の計画などからなる．集計・分析の計画は，調査設計当初の仮説を検証することを念頭においてたてる．

これらの大まかな計画は，調査実施中にたてておく．自由回答の処理の詳細な計画は，調査結果の第一次集計の結果を参照してたてるのが一般的である．また，質問間のクロス集計については，第一次集計の結果で不明な点や新たに生じた問題の解明のために，第二次集計が必要となることが多い．解析については，集計結果を参照して詳細な部分をつめる．さらに，解析結果によっては，内容を変更し何回か解析を繰り返すこととなる（IX「データ分析(2)」を参照）．

このように，集計・解析は，すべての計画を一度にたて，1回の集計で済ませるものではなく，調査の目的を達成するために繰り返し集計・分析を行うのが一般的手法である．したがって，コンピュータを駆使して短時間に集計・解析が行えるとはいえ，出力された結果の読みとりのための時間も必要であり，データ入力期間を除いて7〜10日間は要するであろう．

④　報告書作成

報告書作成でもっとも重要なことは，調査の目的に対して回答を与える内容である点，仮説に対する検証結果が記述されている点である．そのほか，図表などによるビジュアル化も重要であろう（Ⅷ-2「度数分布表とグラフ化」を参

照).

このような報告書の作成のためには，1週間前後をあてるのが一般的である．

注

1） 西田春彦，新睦人編著『社会調査の理論と技法(I) アイディアからリサーチへ』
83〜84ページ．
2） ボーンシュテット，G. W.，ノーキ，D.，海野道郎，中村隆監訳『社会統計学
社会調査のためのデータ分析入門』11〜13ページ．
3） この項で用いた仮説・作業仮説・調査項目は，下記の調査で実際に検討し，
使用したものである．
　　　調査名　　「マス・コミュニケーション行動に関する調査」
　　　調査対象　首都圏30km 圏に居住する15〜64歳の男女個人2,000人
　　　調査方法　留置き調査法
　　　調査時期　1997年10月
　　　調査主体　東洋大学社会学部社会調査室
4） この職業分類は，下記の研究結果による．
本間康平「調査のための新職業分類の提案（上），（中），（下）」『広告月報』
341〜343号，1988年9〜11月
5） 都市部の調査では，農林漁業は発生率が低いのでその他に分類するが，全国
調査や地方の調査などでは，独立させて分類するべきである．

参考文献

① 西田春彦，新睦人編著『社会調査の理論と技法(I) アイディアからリサーチへ』
川島書店，1976年
② ボーンシュテット，G. W.，ノーキ，D.，海野道郎，中村隆監訳『社会統計学
社会調査のためのデータ分析入門』ハーベスト社，1990年（Bohrnstedt, G. W.,
Knoke, D., *STATISTICS FOR SOCIAL DATA ANALYSIS*, 2nd, F. E. Pea-
cock Publiher Inc., 1988.)
③ 本間康平「調査のための新職業分類の提案（上），（中），（下）」『広告月報』
341〜343号，朝日新聞社，1988年9〜11月

IV. 標本抽出と推計

1. 母集団と標本

標本調査は，調査結果から母集団の傾向を推計する．したがって，その調査対象者＝標本は，母集団の傾向を的確に反映する代表性（representativeness）を有しなければならない．

標本調査を実施するにあたっては，たとえば，目黒区に居住する15歳以上64歳までの男女個人を調査対象として母集団とするといったように，まず母集団を規定する必要がある．しかし，目黒区に居住するすべての性・年齢の個人を含むリストとして，同区の住居基本台帳が存在するが，母集団規定の15歳以上64歳までの個人のみのリストは存在しない．そこで，実際の抽出にあたっては母集団規定外の個人も含む住民基本台帳を利用し，調査対象となる個人を抽出する作業時に母集団規定外の個人を除外していくこととなる．この標本抽出時に利用する母集団規定外の要素も含むリストを，標本抽出枠と呼ぶ．したがって，標本抽出枠は必ずしも母集団（目標母集団ともいう）と合致するものではない（目黒区に居住する15歳以上65歳までの男女個人の確率比例2段抽出の詳細な手順は，IV－6「確率比例2段抽出法の実際」を参照）．

ところで，標本の抽出法は，無作為抽出法（random sampling）と有意抽出法（purposive selection）に大別される．無作為抽出法とは，母集団の調査単位のあらゆる組み合わせの中から，任意のひとつを抽出する方法をいう．抽出時には，すべての組み合わせに均等に抽出機会が与えられなければならない．したがって，この抽出方法では，抽出が終わった時点で，初めて標本の一人ひとりの属性が明らかになる．有意抽出法とは，抽出にあたって担当者の何らかの意思が作用することを意味している．したがって，母集団を構成する調査単位に対して，抽出機会が等しく与えられていない．

標本調査においては，抽出された標本の一つひとつは，母集団を構成する特定のいくつかの調査単位を代表するものではなく，不特定のいくつかの調査単位を代表するものである必要がある．10,000人の母集団から抽出した100人の標本の一人ひとりは，母集団の調査単位100人ずつを代表しているが，特定のひとりの標本の代表する100人は特定の100人ではなく，10,000人の中の不特定の100人であるという意味である．

したがって，標本調査の標本は無作為に抽出されて初めて，その調査結果から母集団の傾向を推計することが可能になる．有意抽出された標本は，担当者の何らかの意思が働いた結果抽出されたものであり，母集団の傾向を的確に反映していない故に，調査結果から母集団の推計を行う妥当性に欠けている．

無作為抽出による標本を用いた調査からの母集団の傾向の推計の重要性について，事例をあげておく．1936年11月3日，民主党のフランクリン・ルーズベルト（Roosevelt, F. D.）と共和党のランドン（Landon, A. M.）両候補によって争われたアメリカ大統領選挙の例である．

選挙投票日前に，リテラリー・ダイジェスト誌は裕福な同誌の読者と自動車保有者や電話利用者といった裕福な層約1,000万人を対象に投票行動についての郵送調査を実施し，回収率23%，約200万人強から回答を得た．調査結果は，531人の選挙人のうち370人をランドンが，161人をルーズベルトが獲得するとの予測であった．

他方で，アメリカの調査会社ギャラップも事前の投票行動予測調査を約5,000人（回収数約3,000人）の無作為標本を対象に実施し，ルーズベルトの勝利という調査結果を得た．

投票結果の両候補の得票率は，ルーズベルトが60.8%，ランドンが36.5%であり，獲得選挙人はルーズベルトが523人，ランドンが8人で，ルーズベルトの圧勝となった．

リテラリー・ダイジェストの失敗の原因は，同誌の調査対象者に富裕層，共和党支持者が多く，調査対象者が偏っていた点にあると考えられる．つまり，

Ⅳ．標本抽出と推計　　77

同誌の読者の傾向と有権者全体の傾向が異なっており，標本が母集団を代表するものではなく，標本抽出方法が有意抽出となっていたのである．他方，ギャラップの調査の対象者は無作為標本であり，母集団の傾向と標本の傾向は近似しており，調査結果から母集団の傾向が正しく推計されたといえよう．

　なお，リテラリー・ダイジェストの失敗の原因は，郵送調査の回収率の低さと，対象者全体に対する回答者の偏りにあるとの指摘もある[1]．リテラリー・ダイジェスト誌は，このことが遠因となって後に廃刊となっている．

2．確率抽出法

　確率抽出法（probability sampling）とは，母集団を構成する調査単位のそれぞれが抽出される確率が 0 以上で，抽出する確率があらかじめ判明している場合の抽出方法である．したがって，確率抽出法を用いる場合，母集団の数が判明しているか，ほぼ推計可能であり，調査対象とする標本数が確定されている必要がある．これに対して，母集団を構成する調査単位の数が判明せず，抽出確率がわからない場合の抽出方法が非確率抽出法（nonprobability sampling）である．確率抽出法には，ランダム抽出法，系統抽出法，クラスター抽出法の3つの手法がある．非確率抽出法の手法については，後掲する（非確率抽出法については，Ⅳ－ 7 －(6)「有意抽出法」を参照）．

(1)　ランダム抽出法

　ランダム抽出法（random sampling）とは，母集団を構成する調査単位のあらゆる組み合わせに同じ抽出確率を与えて，その中のひとつの組み合わせを抽出する方法である．

　一般的には，乱数表（付表 1 を参照）を用いて抽出を行う．その手順は，次の通りである（500人の母集団から10人の標本を抽出する．表Ⅳ－ 1 参照）．

　①　500人の母集団の調査単位に，その配列にしたがって001から500の番号がふってあるものとみなす．

　②　乱数表から10個の数字を抽出する．

78

表Ⅳ－1　乱数表を用いた抽出の実際

1番目の数字	257	○採用	①	12番目の数字	433	○採用	⑦
2番目の数字	876	×不採用		13番目の数字	213	○採用	⑧
3番目の数字	349	○採用	②	14番目の数字	377	○採用	⑨
4番目の数字	837	×不採用		15番目の数字	822	×不採用	
5番目の数字	895	×不採用		16番目の数字	801	×不採用	
6番目の数字	437	○採用	③	17番目の数字	846	×不採用	
7番目の数字	642	×不採用		18番目の数字	791	×不採用	
8番目の数字	336	○採用	④	19番目の数字	702	×不採用	
9番目の数字	056	○採用	⑤	20番目の数字	993	×不採用	
10番目の数字	478	○採用	⑥	21番目の数字	941	×不採用	
11番目の数字	758	×不採用		22番目の数字	024	○採用	⑩

(イ)　乱数表のどこから数字を抽出するかを決める.

　　10面体のサイコロ（1～10までのトランプのカードを用いてもよい）を
ふって出発点を決める. たとえば，10面体のうち1～4までを有効とし
て，乱数表の左上隅が1，右上隅が2，左下隅が3，右下隅が4とし，
サイコロの目が1と出たとすれば，左上の隅（付表1の乱数表では8）
を出発点とする.

(ロ)　乱数表の出発点から縦，横どちらの方向に進むか決める. たとえば，サ
イコロの目が奇数ならば縦に進む，偶数ならば横に進むとして，6の目
が出たとすれば左上隅（付表1の乱数表では8）を起点に，横に進むも
のとする.

(ハ)　何番目の数字から採用するか決める.

　　たとえば，サイコロの目が4と出たとすれば，乱数表左上の隅から横へ
4番目の数字（付表1の乱数表では2）から採用するものとする.

(ニ)　10個の数字を乱数表からひろう.

　　必要とする数字は，母集団の数が500であるから，1から500までの範囲
の3桁の数字が10個である.

乱数表左上の隅から横に4番目の数字（付表1の乱数表では2）から，横に

3桁ずつ数字をひろっていく（付表1の乱数表では，最初の数字は257）．501以上の数字は不採用とし，すでに採用した数字と同じ数字もまた不採用とする．このようにして，1から500までの異なる数字を10個ひろう．付表1の乱数表を用いて，このような手順で10個の数字をひろうと，表Ⅳ－1のようになる．

なお，乱数表を利用するにあたって，上記(イ)～(ニ)の手順を踏むのは，調査の度に同じ数字を抽出・使用することを防ぐためである．現在では，パソコンの表計算ソフトの乱数関数を用いれば，調査の度ごとに異なった数字の乱数表を作成することができるので，これを利用するならば，(イ)～(ニ)の手順を踏む必要はない．

③　10個の数字に該当する順番の標本を抽出する．

(2) 系統抽出法

系統抽出法（systematic sampling）とは，母集団の調査単位を標本数に相当する部分に分割し，母集団の各部分集合の中から，任意のひとつの標本を抽出する方法である．具体的には，母集団数を標本数で除算して算出した抽出間隔（sampling interval）を用いて，等間隔に標本を抽出する方法である．その手順

表Ⅳ－2　系統抽出の実際

1番目の人	
2番目の人	
⋮	
30番目の人	1番目の標本
80番目の人	2番目の標本 （スタート番号＋抽出間隔＝30＋50＝80）
⋮	
130番目の人	3番目の標本 （スタート番号＋抽出間隔×2＝30＋50×2＝130）
⋮	
180番目の人	4番目の標本 （スタート番号＋抽出間隔×3＝30＋50×3＝180）
⋮	
480番目の人	10番目の標本 （スタート番号＋抽出間隔×9＝30＋50×9＝480）

は，次の通りである（500人の母集団から10人の標本を抽出する．表Ⅳ－2参照）．

① 500人の母集団の調査単位に，その配列にしたがって001から500の番号がふってあるものとみなす．

② 抽出間隔を算出する．

　　抽出間隔＝母集団の数／標本数＝500／10＝50

　　（注）抽出間隔を算出する時には，算出値は小数点以下を切り捨てにする．四捨五入で，小数点以下を切り上げると，最後の標本が抽出できない場合がある．

③ 最初の標本を抽出するための数字（スタート番号）を抽出する．

乱数表を用い，抽出間隔以内の数字（この事例では，50以内の数字）を抽出する（乱数表から2桁の数字をひろい，30という数字をひろったとする）．

④ スタート番号と抽出間隔を用いて，母集団を構成する調査単位の中から，その番号に該当する標本を抽出する．

※系統抽出法の留意点

系統抽出法を用いる場合は，母集団の調査単位の配列に留意する必要がある．

表Ⅳ－3　系統抽出の問題点

調査単位の配列	抽出標本
⋮	
⋮	
夫	
妻	1番目の標本
子	
夫	
妻	2番目の標本
子	
夫	
妻	3番目の標本
子	⋮
⋮	⋮
⋮	⋮

一定の特性の調査単位が等間隔で配列している場合，系統抽出を用いると同じ特性の標本を抽出してしまう恐れがある．一定の特性の調査単位が抽出間隔の約数または倍数で並んでいる場合も，抽出された標本全体にそれらの特性の標本が数多く含まれることになる（表Ⅳ－3参照）．

(3) クラスター抽出法（集落抽出法）

クラスター抽出法（cluster sampling）とは，母集団を構成する各調査単位を抽出するのではなく，調査単位の塊を抽出する方法である．たとえば，選挙の投票所における出口調査で投票者の塊である投票所（投票区）を抽出したり，空港における旅客調査で旅行者の塊である航空便を抽出したりするのが，これにあてはまる．その手順は，次の通りであるが，各クラスターを構成する調査単位の数が一定でない場合には，抽出された各クラスター内から標本を抽出する際に工夫をする必要がある（以下の事例では，東京16区（江戸川区）から，等間隔に9カ所の投票所を抽出する．表Ⅳ－4参照．ここでは系統抽出法を用いる）．

① 該当選挙区の総投票所数を，抽出する投票所数で除算し，抽出間隔を算出する．

抽出間隔＝総投票所数／抽出投票所数＝47／9＝5.2

（抽出間隔は，小数点以下第1位を切り捨てにより5）

② 抽出間隔(5)以内の数字を乱数表から抽出し，スタート番号とする．（4という数字をひろったとする．）

③ スタート番号と抽出番号を用いて，47投票区の中から9投票区を抽出する．

(4) 予備標本

本来，予備標本は，標本誤差（Ⅳ－8「標本誤差と非標本誤差」を参照）の計算が不能となるなどの問題から，用いてはならないとされてきた．

しかし，近年頓に悪化する調査協力率（Ⅵ－3「調査実施環境の変化」を参照）のために，実質的に予備標本を用いざるを得ない状況に立ち至っている．

予備標本を用いる場合は，次の諸点に留意する必要がある．

予備標本を抽出するにあたっては，正規標本と同様の方法・規準で無作為に

表Ⅳ－4　東京16区（江戸川区）の投票区と有権者数（1998年6月現在）

投票区

一連 No.	投票区名	投票所施設名	有権者数	抽出結果
001	第1	平井西小学校	6,974	
002	第2	平井小学校	6,160	
003	第3	小松川第三中学校	6,751	
004	第4	小松川第一中学校	5,485	1番目の調査対象投票区
005	第5	小松川小学校	8,050	
006	第6	小松川第二小学校	7,480	
007	第7	西小松川小学校	10,033	
008	第8	第二松江小学校	5,831	
009	第9	東小松川小学校	7,594	2番目の調査対象投票区
010	第10	本一色小学校	7,845	
011	第11	松江第三中学校	9,106	
012	第12	松江小学校	9,359	
013	第13	西一之江小学校	7,927	
014	第14	上一色中学校	6,500	3番目の調査対象投票区
015	第15	鹿本小学校	3,799	
016	第16	大杉第二小学校	7,992	
017	第17	松江第四中学校	7,260	
018	第18	一之江小学校	10,968	
019	第19	船堀小学校	14,831	4番目の調査対象投票区
020	第20	葛西第二中学校	9,900	
021	第21	第三葛西小学校	8,274	
022	第22	二之江第二小学校	10,339	
023	第23	瑞江中学校	9,183	
024	第24	葛西中学校	13,777	5番目の調査対象投票区
025	第25	第二葛西小学校	16,387	
026	第26	第四葛西小学校	11,745	
027	第29	小岩第五中学校	6,778	
028	第30	鹿骨事務所	8,878	
029	第41	篠崎第二小学校	9,940	6番目の調査対象投票区
030	第42	春江小学校	8,248	
031	第43	篠崎小学校	7,062	
032	第44	篠崎第三小学校	5,828	
033	第45	鎌田小学校	10,133	

一連 No.	投票区名	投票所施設名	有権者数	抽出結果
034	第46	下鎌田東小学校	6,901	7番目の調査対象投票区
035	第47	下鎌田小学校	9,289	
036	第48	瑞江小学校	8,543	
037	第49	第七葛西小学校	10,159	
038	第50	南葛西小学校	12,494	
039	第51	西葛西小学校	8,315	8番目の調査対象投票区
040	第52	葛西事務所	10,333	
041	第53	篠崎第四小学校	6,778	
042	第54	南篠崎小学校	9,207	
043	第55	清新第一小学校	9,377	
044	第56	南葛西第二小学校	8,755	9番目の調査対象投票区
045	第57	西葛西中学校	8,003	
046	第58	清新第二小学校	5,786	
047	第59	篠崎第五小学校	2,839	

（注）　江戸川区内の第27，第28，第31〜40投票区は，東京17区.

抽出しなければならない. 層化抽出法（IV − 5「層化抽出法」を参照）では，各層毎に予備標本を抽出しなければならない.

　また，調査回収率の計算にあたっては，計算式の母数に，正規標本数に，回収不能となった予備標本を含む使用した予備標本数を加える必要がある.

3．確率比例抽出法と等確率抽出法

(1)　確率比例抽出法

　確率比例抽出法（sampling with probabilities proportionate to size）は，標本抽出時に母集団の調査単位の数が明らかな場合に用いる手法である. たとえば，次のような場合，標本抽出にあたって母集団の調査単位数は明らかである.

　①　東京都に居住する15〜64歳の男女個人を母集団とする場合

　東京都に居住する15〜64歳の男女個人の数は，住民基本台帳の登録数をもとにして，毎年統計をとっている. この統計を用いれば，母集団の数は明らかになる.

② 全国の有権者を母集団とする場合

各市区町村の選挙管理委員会に置かれている選挙人名簿の有権者数の統計データを用いれば，母集団の数は明らかになる．

③ ある特定の銘柄の車を保有している人を母集団とする場合

その銘柄の車の保有者は，陸運局の登録台帳に記載されており，母集団の数は明らかになる．

このように母集団の数が明らかな場合，調査単位の中から一定の標本誤差の範囲で，必要な標本を抽出することが可能である（IV-8-(1)「標本誤差と推計」を参照）．

このようにして抽出した標本の一人ひとりは，母集団を均等に代表している．たとえば，母集団数が10,000人と判明している場合，100人の標本を抽出すると，標本の一人ひとりは母集団の100人ずつを均等に代表することとなる．

抽出手法は，ランダム抽出法，系統抽出法のいずれかを用いることとなる．

(2) 等確率抽出法

等確率抽出法（sampling with equal probabilities）は，標本抽出時に母集団の調査単位の数が明らかでない場合に用いる手法である．この手法では，調査実施と同時に標本抽出を行い，調査終了時点で，母集団数と標本数が確定する．

① 選挙投票日の投票所における出口調査の場合

選挙の出口調査の母集団は，有権者ではなく選挙実施当日の投票者である．有権者数は，投票日以前に明らかになっているが，選挙の投票率が選挙の種類，政党の状況や争点，投票日当日の天候などによって左右されるため，実際に投票した人数は，選挙が終了しないと確定しない．

そこで，前回の同様の選挙の投票率をベースに，投票率を左右するさまざまな要因を勘案して，投票率を推計し，おおよその母集団数を推定する．この推定母集団数と調査計画に基づく調査対象者数から調査対象者の抽出間隔を算出し，調査を実施する．この方法で調査を行うと，投票終了時に母集団数と調査対象となった標本数が確定する．投票率が予測より高ければ，母集団数，標本

数とも大きくなり，投票率が予測よりも低ければ，母集団数，標本数とも小さくなる．

調査実施途中で，投票率が低く標本数が予定より少なくなることが予測されるからといって，抽出間隔を縮小して多くの標本数を確保しようとしてはならないし，投票率が高く標本数が予測より多くなることが予測されるからといって，抽出間隔を拡大して標本数を少なくしようとしてはならない．このような変更を行うと，抽出間隔の変更前と後で標本の母集団に対する重みが変わり，調査結果から推計した母集団の傾向が歪むこととなる．

また，投票率が高く予定の標本数を投票終了時刻前に確保できるからといって，調査を途中時刻で打ち切ってはならない．時間帯によって投票者の特性が異なるならば，早い時刻に調査を終了すると，それ以降に投票した人びとの傾向が調査結果に反映されないからである．

② 百貨店などの来店客調査の場合

来店客調査の場合も，母集団である調査実施日の来店客数は，事前にわからない．したがって，調査実施とともに標本抽出を行い，調査終了時に母集団数と標本数が確定する．

調査実施時における注意事項は，選挙の出口調査と同様である．

抽出手法は，母集団数が事前に判明していないためランダム抽出法を用いるのは難しく，系統抽出法を用いるのが一般的である．

4．多段抽出法

母集団の調査単位から，2段階以上の抽出過程を経て，標本抽出に至る抽出方法を，多段抽出法（multistage sampling）という．この標本抽出に至る過程が2段階であれば2段抽出，3段階であれば3段抽出という．

一般的に，調査地域が広く，調査員による調査対象者宅の訪問を伴う手法では，1段階のランダム抽出や系統抽出を用いると，抽出した標本は広範な地域に散在することとなり，調査効率が極端に悪化する．そこで，母集団の調査単

位をいくつかのクラスターに分割し，各クラスターから標本をかためて抽出すれば，抽出された標本はいくつかの塊となって調査地域に分散することとなる．したがって，調査員が調査対象者宅を訪問する効率があがることとなる．このように，多段抽出法は，調査効率をあげるために用いられる手法である．

　もっとも多用されている手法は，確率比例2段抽出法である．第一次抽出単位（primary sampling unit）として，等しい数の調査単位からなるクラスターを抽出し，第二次抽出段階で各クラスターから等しい数の標本を抽出する（詳細は，Ⅳ−6「確率比例2段抽出法の実際」を参照）．

5．層化抽出法

　母集団の調査単位を，何らかの特性によっていくつかの同質な調査単位からなる層に分割し，それぞれの層から標本を抽出する手法を層化抽出法（stratified sampling）という．

　層化に用いられる一般的な手法は比例割当で，同質の調査単位の集合を層とし，層内の分散を小さくし，層間の分散を大きくするという考え方で層化を行う．

　たとえば，日本全国を調査地域とする世論調査では，調査課題によっては都市部の住宅地域に居住する人びとと，商店街などの商業集積地域に居住する人びとと，農漁村などの地域に居住する人びとなどで，意見や態度が大きく異なることが想定される．ところが，第一次産業従事者の人口が減少した日本では，層化せずに確率比例2段抽出で第一次抽出単位を抽出すると，農村部から抽出する第一次抽出単位数が極端に少なくなる恐れがある．このような場合，まず母集団の調査単位を居住地域によっていくつかの層（通常5層）に分割し，各層ごとに確率比例2段抽出で標本を抽出する．第一次抽出単位を抽出する時に，各層とも同じ数の第一次抽出単位を抽出し，第二次抽出の結果，各層同じ数の標本を抽出する方法と，層別の人口比率にしたがって第一次抽出単位の数を割りふり，第二次抽出の結果，母集団の層別比率に近似した標本数を抽出する方

法がある．なお，マスコミが実施する全国を対象とした世論調査などでは，「農漁村地域」，「商工地域」，「住宅地域」，「農村住宅混在地域」，「商工住宅混在地域」といった5層に分類することが多い．母集団の層別比率に近似した標本数を抽出した場合，各層ごとに得た回答を合計して全体の傾向を推計できるが，各層同じ数の標本を抽出した場合，各層の回答傾向を比較するには適しているが，各層の回答をそのまま合計して全体の傾向を推計することはできない．全体の傾向を推計することが必要であるならば，各層の標本の重みが均等になるようにウエイト・バック（weight back）集計を行う必要がある．

　表IV−5に示す乗用車のユーザー調査の例もそのひとつである．特定のクラスの乗用車のユーザーを調査しようとしたところ，そのクラスにはA車，B車，C車の3銘柄があり，それぞれの銘柄の販売台数は，20,000台，10,000台，2,000台と大きな差があった．

　確率比例抽出法のケース1のように，合計台数32,000台から抽出率1/100の確率比例抽出を行うと，合計標本数は320台で一定の標本誤差に納まる標本を抽出することができる（標本誤差については，IV−8−(1)「標本誤差と推計」を参照）．しかし，銘柄別分析を行おうとすると，C車は販売台数の少なさを反映して，20標本しか抽出されていない．20標本のすべてを調査できたとしても，1標本でも異常値を示すユーザーがいれば，全体の1/20の割合で調査結果を異常値に引き寄せることとなり，相当大きな誤差を覚悟しなければならない．し

表IV−5　層化確率比例抽出法の事例（乗用車のユーザー調査）

車種別	母集団数	確率比例抽出法				層化確率比例抽出法	
		ケース1		ケース2			
		抽出率	標本数	抽出率	標本数	抽出率	標本数
A	20,000	1/100	200	1/10	2,000	1/100	200
B	10,000	1/100	100	1/10	1,000	1/50	200
C	2,000	1/100	20	1/10	200	1/10	200
合計	32,000	＊	320	＊	3,200	＊	600

たがって，この抽出法では，銘柄別分析は不可能である．

　そこで，Ｃ車についても銘柄別分析が可能となるように，ケース２に示す通りの1/10抽出率での確率比例抽出を行ってみた．この結果，Ｃ車について200標本を確保することができた．しかし，Ａ車は2,000標本，Ｂ車は1,000標本で合計3,200標本と膨大な標本を調査することとなり，多大な経費負担が見込まれることになる．

　この場合，表IV－５の層化確率比例抽出法の例に示すように，まず３銘柄別の層化を行い，３層それぞれについてＡ車は1/100，Ｂ車は1/50，Ｃ車は1/10と抽出率を変えれば，各銘柄とも銘柄別分析に耐える200標本ずつを確保することが可能となる．

　しかし，合計の欄に示す600標本は，抽出率が異なるために重みが異なる標本によって構成された合計値であり，母集団の32,000とは異なる姿を示している．したがって，この600標本でこのクラスのユーザーの全体像を推計することはできない．

　そこで，Ａ車の標本は100倍して母集団20,000の姿に拡大し，Ｂ車の標本は50倍して10,000の姿へ，Ｃ車の標本は10倍して2,000の姿へ拡大するウェイト・バック集計を行えば，各標本の重みが均等となり，母集団の傾向を推計することが可能となるのである（ウエイトバック集計は，VII-7「ウエイト・バック集計」を参照）．

6．確率比例２段抽出法の実際

　たとえば，首都圏に居住する15歳以上64歳までの男女個人を調査対象者として抽出し，面接調査法や留置き調査法で調査を実施するとすると，一般的に１段目で地点を抽出し，２段目で住民基本台帳から調査対象となる個人を抽出する確率比例２段抽出法が用いられることが多い．このような確率比例（２段）抽出法で抽出された標本の分布は，調査地域内の人口密度と居住者の特性を反映している．ここでは，東京都目黒区に居住する15歳以上64歳までの男女個人

IV．標本抽出と推計　　89

200人を確率比例2段抽出法で抽出する実際の手順を示す．

(1) 地点数と1地点あたり標本数の設計

　2段抽出法は，ランダム抽出法や系統抽出法を用いて1段で抽出する場合に比べて，標本を地点ごとに固めて抽出する分だけ，母集団の傾向を的確に反映するという点において劣ることとなる．2段抽出で母集団の傾向を反映させるためには，地点数をなるべく多くする必要がある．これを極限まで求めると1地点あたり1標本となり，1段で抽出する場合と同じこととなる．しかし，調査員の稼動などの調査の効率化のために2段抽出を用いるのであるから，1地点1標本というわけにはいかない．推計の精度と調査効率のバランスの中で，調査地点数と1地点あたりの標本数を決定することが求められる．

　確率比例2段抽出法では，地点間の分散と各地点内の分散のバランスから，一般的に1地点あたり10標本を抽出する場合が多い[2]．この事例では1地点あたり10標本とすると，地点数は20地点となる．

(2) 1段目の抽出（地点の抽出）

　東京都目黒区の中から20地点を抽出する．まず，母集団の調査単位の数を確定するために，目黒区の町丁別の人口数を入手する必要がある．全国の市区町村の町丁別人口数は，住民票の移動に基づいた統計が，年1回市区町村の統計課や統計協会などから発表されている．

　入手した町丁別人口数を用いた地点抽出は，次のような手順で行う（表IV－6参照）．

　①　町丁別人口数を累積する．

　東京都目黒区の事例では15歳～64歳の男女個人が対象であり，町丁別の15歳～64歳の人口数を累積するべきであるが，町丁別年齢別人口数の統計は存在しない．そこで，便宜的に全年齢層を含む全人口を標本抽出枠とし，町丁別人口数を累積する．なお，調査対象としない年齢層の調査単位は，第2段階の調査対象者個人を抽出する段階で除外する．

　②　地点の抽出間隔を算出する．

表IV−6　東京都目黒区における地点抽出の事例

（人口数は1998年1月1日現在）

町丁	人口数	累積数	調査地点	最初の標本
駒場 1 丁目	3,640	3,640		
駒場 2 丁目	870	4,510		
駒場 3 丁目	801	5,311	① 4,567	前から57番目
駒場 4 丁目	1,034	6,345		
青葉台 1 丁目	2,485	8,830		
青葉台 2 丁目	841	9,671		
青葉台 3 丁目	1,669	11,340		
青葉台 4 丁目	1,114	12,454		
東山 1 丁目	3,483	15,937		
東山 2 丁目	4,515	20,452	② 16,444	前から507番目
東山 3 丁目	3,157	23,609		
大橋 1 丁目	1,621	25,230		
大橋 2 丁目	3,686	28,916	③ 28,321	前から3,091番目
上目黒 1 丁目	1,498	30,414		
上目黒 2 丁目	3,777	34,191		
上目黒 3 丁目	4,452	38,643		
上目黒 4 丁目	3,919	42,562	④ 40,198	前から1,555番目
上目黒 5 丁目	3,701	46,263		
中目黒 1 丁目	2,619	48,882		
中目黒 2 丁目	1,340	50,222		
中目黒 3 丁目	2,119	52,341	⑤ 52,075	前から1,853番目
中目黒 4 丁目	3,109	55,450		
中目黒 5 丁目	2,846	58,296		
三田 1 丁目	2,290	60,586		
三田 2 丁目	3,278	63,864		
目黒 1 丁目	3,051	66,915	⑥ 63,952	前から88番目
目黒 2 丁目	1,713	68,628		
目黒 3 丁目	2,750	71,378		
目黒 4 丁目	3,135	74,513		
下目黒 1 丁目	953	75,466		
下目黒 2 丁目	3,332	78,798	⑦ 75,829	前から363番目
下目黒 3 丁目	3,042	81,840		
下目黒 4 丁目	2,784	84,624		

Ⅳ．標本抽出と推計　　91

町丁	人口数	累積数	調査地点	最初の標本
下目黒5丁目	3,334	87,958	⑧ 87,706	前から3,082番目
下目黒6丁目	2,095	90,053		
中町1丁目	4,381	94,434		
中町2丁目	4,415	98,849		
五本木1丁目	3,470	102,319	⑨ 99,583	前から734番目
五本木2丁目	3,753	106,072		
五本木3丁目	2,037	108,109		
祐天寺1丁目	2,527	110,636		
祐天寺2丁目	1,707	112,343	⑩ 111,460	前から824番目
中央町1丁目	3,142	115,485		
中央町2丁目	3,749	119,234		
目黒本町1丁目	2,710	121,944		
目黒本町2丁目	3,065	125,009	⑪ 123,337	前から1,393番目
目黒本町3丁目	2,892	127,901		
目黒本町4丁目	3,752	131,653		
目黒本町5丁目	5,326	136,979	⑫ 135,214	前から3,561番目
目黒本町6丁目	3,823	140,802		
原町1丁目	3,029	143,831		
原町2丁目	2,332	146,163		
洗足1丁目	2,632	148,795	⑬ 147,091	前から928番目
洗足2丁目	2,607	151,402		
南1丁目	2,630	154,032		
南2丁目	1,954	155,986		
南3丁目	1,539	157,525		
碑文谷1丁目	3,470	160,995	⑭ 158,968	前から1,443番目
碑文谷2丁目	2,787	163,782		
碑文谷3丁目	1,652	165,434		
碑文谷4丁目	2,054	167,488		
碑文谷5丁目	2,901	170,389		
碑文谷6丁目	1,818	172,207	⑮ 170,845	前から456番目
鷹番1丁目	1,928	174,135		
鷹番2丁目	3,031	177,166		
鷹番3丁目	2,954	180,120		
平町1丁目	2,776	182,896	⑯ 182,722	前から2,602番目
平町2丁目	2,535	185,431		

町丁	人口数	累積数	調査地点	最初の標本
大岡山1丁目	4,598	190,029		
大岡山2丁目	1,412	191,441		
緑が丘1丁目	2,845	194,286		
緑が丘2丁目	3,264	197,550	⑰ 194,599	前から313番目
緑が丘3丁目	969	198,519		
自由が丘1丁目	2,637	201,156		
自由が丘2丁目	2,471	203,627		
自由が丘3丁目	2,020	205,647		
中根1丁目	2,408	208,055	⑱ 206,476	前から829番目
中根2丁目	3,371	211,426		
柿の木坂1丁目	3,372	214,798		
柿の木坂2丁目	2,946	217,744		
柿の木坂3丁目	1,234	218,978	⑲ 218,353	前から609番目
八雲1丁目	1,775	220,753		
八雲2丁目	2,819	223,572		
八雲3丁目	3,277	226,849		
八雲4丁目	1,799	228,648		
八雲5丁目	2,233	230,881	⑳ 230,230	前から1,582番目
東が丘1丁目	4,006	234,887		
東が丘2丁目	2,672	237,559		

地点の抽出間隔＝人口の累積数／地点数＝237,559／20＝11,877.95

（小数点以下切り捨て）

③　最初の地点のスタート番号を乱数表を用いて抽出する．

乱数表から5桁で抽出間隔以内（11,877以内）の数字を抽出する．この事例では，4,567という数字を抽出したこととする．

④　1番目の地点を抽出する．

スタート番号（4,567）が含まれる町丁を，累積数を参照してみつける．スタート番号（4,567）は駒場2丁目の累積数（4,510）には含まれないが，駒場3丁目の累積数（5,311）に含まれるので，1番目の地点は駒場3丁目である．

スタート番号（4,567）から，駒場3丁目のひとつ手前の駒場2丁目までの累

積数（4,510）を減算すると，57という数字が得られる．この値は，第1地点の1番目の調査対象となり得る調査単位が，駒場3丁目の前から57番目の人であることを意味している．

⑤　2番目以降の地点を抽出する．

スタート番号（4,567）に地点の抽出間隔（11,877）を加算すると，16,444という値が得られる．この値が含まれる累積数を捜すと，東山2丁目（20,452）である．さらに，16,444からひとつ手前の東山1丁目の累積数（15,937）を減算すると，2番目の地点は東山2丁目の前から507番目の調査単位から抽出することが判明する．

3番目の地点は，2番目の地点を示す値（16,444）に地点抽出間隔（11,877）を加算し，該当する町丁（大橋2丁目）を捜し，2番目の地点と同様の計算を行って，最初の調査単位の順番を算出する．以下，同様の方法で20番目の地点まで抽出作業を行う．

(3)　2段目の抽出（標本の抽出）

地点抽出が完了したら，各地点の住民基本台帳が置かれている市区町村の役所・出張所に出向き，第2段階の標本抽出，すなわち調査対象者である個人の抽出を行う．その手順は，次の通りである（表Ⅳ−7参照）．

①　まず，抽出された地点の住民基本台帳が保管されている市区町村の役所・出張所に出向き，住民基本台帳の閲覧を申し出る．この事例では，目黒区役所または出張所に出向くこととなる．

市町村によっては，住民基本台帳の閲覧を一切許可しないところもある．また，住民基本台帳の閲覧者が多い地域では，毎日先着順，あるいは1カ月分をまとめて月初めに抽選するなどさまざまな方式が採用されているし，1日の閲覧人数を制限しているところも多い．さらに，曜日によっては閲覧を許可しないところもあるので，事前に確認することが必要である．

住民基本台帳閲覧のための申請書類についても，申請者が用意したものでよい場合と，市区町村側のフォームに記入する場合があり，市区町村のフォーム

を用いる場合は，申請前に入手する必要がある．

　各市区町村では，住民基本台帳の閲覧にあたって料金を徴収するが，その料金も台帳1冊で数百円から数千円までさまざまであるので，事前に確認しておいた方がよい．

　②　閲覧許可が出たら，調査地点の町丁の住民基本台帳を取り出し，地番順に台帳を重ねる．

　多くの市区町村では，住民のプライバシーに抵触する続柄などの項目が記載されていない閲覧用台帳を用意している．

　③　地番順に重ねた台帳のもっとも若い地番の世帯の各世帯構成員から順番に，各町丁の最初の対象となる調査単位の抽出番号にあたる人まで数える．

　この時，調査対象者に年齢制限があっても，すべての人を数える．調査対象者に年齢制限があっても，町丁別の人口の年齢別の統計はない．そこで，便宜的に全年齢を含んで抽出を行うこととなる．

　東京都目黒区の第1地点であれば，駒場3丁目の若い地番の世帯の各世帯構成員から，57人目まで数える．第16地点であれば，平町1丁目の若い地番の世帯の各世帯構成員から，2,602人目まで数える．

　④　各調査地点の1番目の標本から，系統抽出法を用いて，一定の間隔で2番目以下の調査単位を抽出していく．

　抽出間隔は，一般的に世帯抽出の場合で10世帯間隔，個人抽出の場合で20人間隔が用いられることが多い．個人抽出の場合の20人間隔は，1世帯の世帯構成員数が2.5〜3人の間にあるので，7〜8世帯に1人が抽出されることとなる．

　抽出間隔を短くすると，同一世帯内で2人以上が抽出されたり，隣家の人が抽出される可能性がある．また，抽出間隔を長くし過ぎると，同一地点内の標本が地域的に分散し過ぎて，調査員の稼動の面などで効率が悪くなる恐れがある．

　なお抽出過程で調査対象に該当しない年齢の人が抽出された場合は，さらに同じ間隔で次の人を抽出し，各調査地点内で定められた人数が抽出し終わるまで抽出作業を続ける．

Ⅳ．標本抽出と推計　　95

　表Ⅳ－7の事例では，平町1丁目の前から2,602人目は12歳の男性であり，調査対象の該当年齢外であるから，標本として抽出しない．さらに，20人目（平町1丁目の前から2,622人目）は30歳の女性であり，1番目の標本として抽出する．この1番目の標本から20人目（平町1丁目の前から2,642人目）は48歳の男性であり，2番目の標本として抽出する．以下，10人の標本を抽出するまで，20人目ごとに抽出していく．

　平町1丁目の総人口は2,776人であり，この事例では前から2,762人目の29歳の女性（5番目の抽出標本）を抽出した時点で，平町1丁目の住民基本台帳の残りは14人となり，次の20人目の抽出ができない．この場合，目黒区の町丁別人口数の統計表の並び順で次の町丁である平町2丁目の地番のもっとも若い世帯の世帯構成員の初めから6人を数え，5番目の抽出標本から20人間隔になるようにして，6番目の標本を抽出する．以下，平町2丁目の住民基本台帳から地番順に20人間隔で抽出を続行し，10人の標本を抽出するまで20人間隔で抽出していく．

　このように，抽出された地点の町丁内で必要な数の標本を抽出できない場合は，町丁別人口の統計表の並び順で次の町丁に移動し，抽出間隔がそれまでと等しくなるようにして抽出していく．抽出途中で異なる市区町村に移動する場合も，同様の手法で抽出する．このように，町丁や市区町村の境界をまたがって抽出するのは，調査対象地域内に居住する人びとが本来地理的境界と関係なく並んでいるものと見なすためである．もし，抽出時に市区町村の境界に意味があり，境界をまたがって抽出できないのであれば，標本抽出の設計にあたって層化抽出法を採用するべきである．

　⑤　抽出した標本の住所，氏名，生年月日を転記する．続柄等の項目は，プライバシーの問題があり，閲覧用の住民基本台帳には記載されていないことが多い．

　なお，調査対象者本人と同一住所で，同姓の筆頭に記載されている氏名を転記しておくと，調査員の訪問などが容易である．

表Ⅳ-7　東京都目黒区の事例のうち第16地点平町１丁目の抽出例

（15歳〜64歳の男女個人を抽出）

若い地番

① 平町１丁目の前から2,602人目　　　×　　男　12歳
20人
② 前から2,622人目　　　　　　　　○　　女　30歳　　1番目に抽出された標本
20人
③ 前から2,642人目　　　　　　　　○　　男　48歳　　2番目に抽出された標本
20人
④ 前から2,662人目　　　　　　　　×　　女　70歳
20人
⑤ 前から2,682人目　　　　　　　　○　　男　22歳　　3番目に抽出された標本
20人
⑥ 前から2,702人目　　　　　　　　×　　男　65歳
20人
⑦ 前から2,722人目　　　　　　　　×　　女　　3歳
20人
⑧ 前から2,742人目　　　　　　　　○　　女　58歳　　4番目に抽出された標本
20人
⑨ 前から2,762人目　　　　　　　　○　　女　29歳　　5番目に抽出された標本
14人 ── 平町１丁目2,776人目
　　　　　　　　　　　　　　　　　　　　　　　　　 20人
6人 ── 平町２丁目　　1人目
⑩ 前から2,782人目（平町２丁目の前から６人目）
　　　　　　　　　　　　　　　　　○　　女　45歳　　6番目に抽出された標本
20人
⑪ 平町２丁目の前から26人目　　　×　　男　　8歳
20人
⑫ 前から46人目　　　　　　　　　×　　女　11歳
20人
⑬ 前から66人目　　　　　　　　　×　　男　68歳
20人
⑭ 前から86人目　　　　　　　　　○　　男　35歳　　7番目に抽出された標本
20人
⑮ 前から106人目　　　　　　　　　○　　女　16歳　　8番目に抽出された標本
20人
⑯ 前から126人目　　　　　　　　　×　　男　72歳
20人
⑰ 前から146人目　　　　　　　　　×　　女　69歳
20人
⑱ 前から166人目　　　　　　　　　○　　男　17歳　　9番目に抽出された標本
20人
⑲ 前から186人目　　　　　　　　　×　　男　　5歳
20人
⑳ 前から206人目　　　　　　　　　○　　男　43歳　　10番目に抽出された標本

IV. 標本抽出と推計　　97

⑷　抽出標本の転記作業

最近は，多くの市町村で住民基本台帳や選挙人名簿をコンピュータに入力している．標本抽出にあたって閲覧するリストはコンピュータ出力したものが用いられる場合が多いが，プライバシー問題などから最低限の情報しか出力されていない場合が多い．そこで，抽出した標本について，次の項目を調査対象者一覧表に転記する．

①　氏名

②　性別

③　生年月日

④　住所

住所は，調査の実施段階における便宜を考慮して，マンション・アパート名，号室番号などの方書きまで詳しく転記する．

⑤　世帯主氏名

調査の実施段階で調査対象者宅を見つけ出すには，世帯主氏名が重要になる．世帯主の表示がない場合は，同じ地番，方書きで同じ姓の筆頭に記載されているものの氏名を転記する．ただし，そのものが世帯主でない場合もある．たとえば2世代同居の場合などでは，調査対象者とは別世帯のものの氏名である可能性もあるが，調査対象者宅を捜す手掛かりにはなるであろう．

7．その他の抽出法

⑴　割当抽出法

確率比例2段抽出法で住民基本台帳を用いて抽出を行う場合，1日あたりの閲覧人数の制限，抽選による閲覧許可などさまざまな規制によって，すべての調査地点の標本抽出には長期間を要する場合がある．住民基本台帳の閲覧は，プライバシー問題やダイレクト・メールなどのマーケティングへの乱用問題に端を発して，1980年代に入ると規制が強化され，閲覧を拒否する自治体や，さまざまな条項で実質的に閲覧を制限する自治体が増加した[3]．現在では，首都圏

50km圏で200地点を抽出しようとすると，3カ月程度を要するのが通常である．このため，抽出にあたって，相当の人数が必要となる．また，閲覧料も相当な金額を必要とする．住民基本台帳を用いた確率比例2段抽出法を実施するには，相当の人員と経費を要するのである．さらに最近では，個人情報保護法施行の影響を受けて，官公庁の調査，マスコミの世論調査，学術調査など一部の調査を除いて，マーケティング・リサーチなどの標本抽出のための住民基本台帳閲覧を許可しない市区町村が急速に増加しており，事実上，住民基本台帳を用いた標本抽出は不可能になりつつある．

　そこで，従来からよく用いられてきた次のような便宜的手法を紹介する．第1段階の調査地点の抽出では，確率比例2段抽出法の第1段階目をそのまま実施し，調査地点を抽出する．第2段階の調査対象となる標本抽出の段階では，住民基本台帳を用いずに，調査員が調査現場で指定された標本の属性にしたがって該当する調査対象者を捜し，調査を実施する方法である．このような手法を割当抽出法（quota sampling）という．

　割当抽出法では，調査目的によって各調査地点別に標本の属性を定める．表IV－8の事例では，性・年齢別に20歳代，30歳代，40歳代，50歳代，60歳代の男女各1人ずつが指定されている．割当に用いる標本の属性は調査目的によって異なる．たとえば女性化粧品の調査の場合，年齢とともに有職・無職が化粧に対する意識や行動に影響を与えると考えられるので，指定する属性の構成要素は年齢と有職・無職の別となろう．

　なお，指定に用いる標本属性別の指定数は，母集団の分布にしたがって行うべきである．たとえば，性別と年齢別を用いるならば，調査地域の性別・年齢

表IV－8　割当抽出法の事例（1調査地点あたり）

	20歳代	30歳代	40歳代	50歳代	60歳代	計
男	1	1	1	1	1	5
女	1	1	1	1	1	5
計	2	2	2	2	2	10人

図Ⅳ－1　割当抽出法の第2段階の抽出方法の一例

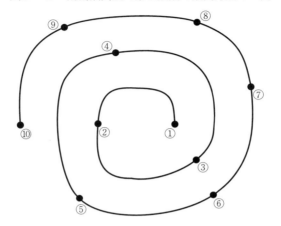

別の統計を参照し，その分布状況にしたがって各層の標本数を指定する．このようにすれば，標本の属性別分布は，母集団の傾向に近似することとなる．

次に，各調査地点における1番目の標本の抽出場所を特定しなければならない．ここでは，そのひとつの方法を示す．第一段階で抽出された各地点の町丁の地番が何番地まであるかを地図などで調べ，地番の範囲内の値の乱数をひく．抽出された数字にあたる地番にある家を最初の標本として訪問する．

最初に訪問した家の家族に，指定された条件のいずれかに該当する家族がいれば，調査対象者として抽出し，調査を実施する．このように，割当抽出は調査実施時に対象者の抽出を行うので，同時抽出法とも呼ばれる．最初の家に調査対象の条件に該当する家族がいなければ，次の対象宅にあたる．

この調査対象宅の抽出にあたっては，さまざまな方法があるが，ここではそのひとつを図Ⅳ－1に示す．最初に調査対象者宅として訪問した家を基点に，渦巻き状にまわりながら，一定の間隔をあけて訪問していく．この時の間隔は，確率比例2段抽出の2段目の抽出と同様，一般的に10軒間隔が用いられることが多い．

このような同時抽出法を用いる場合，抽出にあたって配慮しなければならな

い点がある．たとえば，1地点で10人を抽出すると仮定する．1番目の家から抽出を開始し，抽出が進んでいくと，その町丁でつかまりやすい層から抽出され，つかまりにくい層が残る．在宅率の低い勤め人層や，高年齢層が多い町丁では若年層といったその町丁での人口構成比が低い層が残ってしまう．したがって，抽出にあたっては，初期のうちにつかまえにくそうな層を優先して抽出するなどの配慮が必要である．

　ところで，割当抽出法は，抽出された標本の特性が確率比例抽出法で抽出されたランダム標本の特性に近似させることを目指している．しかし，割当抽出を行うにあたっては，2，3の条件しか設定できない．標本の属性のみならずすべての特性をランダム標本に近似させることは不可能である．たとえば，前掲の表IV－8のような割当抽出法を用いた場合，性・年齢の比率は確率比例抽出法による標本に近似するかもしれないが，職業では在宅率の高い層に偏り，勤め人層の比率が低くなったり，無職の主婦の比率が高くなったりする恐れがある．割当抽出法では，確率比例抽出法と寸分違わない標本を抽出することはできない点に留意する必要がある．

　なお，アメリカで多用されている割当抽出法は，抽出されたブロック内で道筋を指示する方法であるが，同様の問題点が指摘されている[4]．

　割当抽出法の失敗事例として，1948年のアメリカ大統領選挙の事前予測調査があげられる．この選挙は，民主党の現職トルーマン（Truman, H. S.）と共和党の候補デューイ（Dewey, T. E.）の間で争われた．世論調査機関による選挙前の予測調査ではデューイ優位であったが，結果はトルーマンの勝利に終わった．社会科学委員会の報告[5]では，予測失敗の原因は標本抽出の方法だけではなく，投票候補未決定者の動向や選挙終盤での有権者の態度変容をあげているが，割当法を用いたため，低学歴層や地方在住者の比率が低くなったことも関係していると考えられる．

　この事例にみられるように，割当抽出法で抽出した標本の姿は，必ずしも母集団の傾向を的確に反映しているとはいえない．割当抽出法を利用する際には，

IV．標本抽出と推計　　101

この点に十分に留意することが肝要である．

(2)　住宅地図を用いた割当抽出法

確率比例2段抽出法の第2段階の標本抽出を，住民基本台帳を用いずに，調査員が調査現場で指定された標本の属性にしたがって該当する調査対象者を捜し，同時に調査を実施する割当法の詳細について，前節で紹介した（IV-7-(1)「割当抽出法」を参照）．

この割当抽出の実施段階で住宅地図を用いる方法がある．即ち，前掲図IV－1に示した抽出過程で，住宅地図を用いて事前に家屋を特定しておく方法である．事前に家屋を特定しておくため，抽出結果の信頼性は，この抽出過程のすべてを調査員に依存する割当抽出法よりも高いといえよう．調査員は，抽出順に家屋を訪問して調査を実施する．

個人調査の場合の実際の抽出過程を次に示す．

①　第1段階の抽出は，住民基本台帳を用いた確率比例2段抽出法と同様であり，町丁別人口数を累積し，抽出間隔を算出した上で，系統抽出法を用いて調査地点を抽出する（IV-6「確率比例2段抽出法の実際」を参照）．

以下の第2段階の抽出の手順は，東京都渋谷区幡ヶ谷2丁目で275軒を抽出する事例を用いて，詳細を示す（図IV－2参照）．なお，本事例は性・年齢などの割当数の充足と回収率を考慮して，275軒を抽出している．

②　第1段階で抽出された幡ヶ谷2丁目について，地図を用いて最終地番を捜す．

③　②の最終地番の範囲内で，乱数表を用いて地番を抽出する．

④　③で抽出した地番内で，住宅地図を用いて最終枝番を捜す．

⑤　④の最終枝番内で，乱数表を用いて枝番を抽出する．

この事例では，幡ヶ谷2-46-6が抽出された．

⑥　幡ヶ谷2-46-6の家屋を住宅地図上で捜し，この地点の最初の家屋を確定する．同一地番に2軒以上の家屋がある場合は，乱数表を用いて調査対象となる家屋を確定する．

⑦　図Ⅳ－2に示す1番目の家屋を基点に，前掲図Ⅳ－1に示す通り，5軒間隔（抽出間隔5軒）で渦巻き状に家屋を抽出する．実際の調査地点では，道路の形状は渦巻き状ではない．そこで，渦巻き状に近似するように，道路を選んで抽出を行う．

⑧　抽出にあたっては，細部において次のような手法を用いる．

(イ)　抽出対象は，一般個人の独立家屋（地図上に個人名義で記載），アパート・マンション及び住居兼用と思われる商店とする．明らかに会社・事務所と思われる建物や学校，病院などは，抽出間隔の5軒のカウントから除外する．

図Ⅳ－2　東京都渋谷区幡ヶ谷2丁目における住宅地図を用いた家の抽出事例

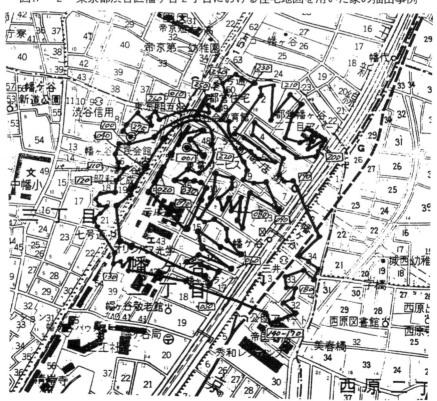

（地図上の001～275の数字は，抽出された家の番号）

Ⅳ．標本抽出と推計　103

（ロ）　アパート・マンションについては，住宅地図の巻末に部屋別居住者一覧が掲載されている場合と，掲載されていない場合がある．掲載されていれば部屋数が判明するので，部屋番号の若い順に1部屋を1軒とカウントする．

（ハ）　住宅地図にアパートの部屋別居住者一覧が掲載されていない場合は，2階建てを標準と想定し，1フロアを1軒とカウントする．カウントは，1階，2階の順で行う．

（ニ）　住宅地図にマンションの部屋別居住者一覧が掲載されていない場合は，5階建てを標準と想定し，1フロアを1軒とカウントする．カウントは，1階，2階……5階の順で行う．

調査員は，以上の手法によって抽出した家屋・部屋の一覧表と，対象の家屋を記載した住宅地図及び前掲表Ⅳ-8に示す個人属性による割当数を示す表を持参して，調査を実施する．

⑨　調査員は抽出された家屋・部屋を順番に訪問し，個人属性による割当て数に従って対象者を選び，調査を行う．割当表の各指定数を充足するまで，順番に訪問し調査を実施する（Ⅳ-7-(1)「割当抽出法」を参照）．

⑩　この手法はあくまで家屋・部屋を抽出するのであるから，抽出した家屋・部屋に居住していた人（住宅地図上に記載されている人）が転居し，居住者が変わっていても，現居住者を対象として調査を実施する．なお，住宅地図は数年に1度しか更新されないので，転居者の発生率は高い．

⑪　抽出された家屋・部屋が会社，事務所，人が居住していない商店や空き家であった場合は調査対象から除外し，次の抽出された家屋・部屋を訪問する．

⑫　前掲⑧の(ハ)，(ニ)のフロアのみが抽出されている場合は，調査員が該当するフロアの部屋数をカウントし，乱数表を用いて対象となる部屋を抽出する．この場合，予め乱数表を用いて作成した数字のカードを調査員に持参させ，現場でカードを選ばせて部屋を抽出する方法もある．

なお，この事例は抽出間隔が5軒であるが，本来は10軒間隔が望ましい（Ⅳ-7-(1)「割当抽出法」を参照）．

この住宅地図の用いた割当抽出法には，次のような問題点がある．

①　1軒の家屋に2世帯以上が居住している場合がある．本手法は家屋を抽出するため，世帯抽出との間にはずれが生じる．

②　住宅地図には事務所，工場などの住み込み従業員の記載がないため，これらの人びとが母集団から除外されてしまう．

(3)　国勢調査の結果を利用した抽出法

国勢調査の結果のもっとも詳細なデータは，丁目・字界単位のデータと，1km四方，500m四方および250m四方メッシュのデータとしてとりまとめられている．丁目・字界データとは，全国を丁目・字別に区分し，その区分ごとに国勢調査の結果の各種データを添付したものである．地域メッシュ・データとは，500mメッシュを例にとると，全国を1辺が500mの正方形のメッシュに区分し，各メッシュ毎に国勢調査の結果を添付したものである．各メッシュに添付されたデータの内容は，表IV－9に示す通りである．

これらの国勢調査のデータを利用して，標本抽出する方法をとりあげる．

ここでは，丁目・字界データを利用した性・年齢別割当法による個人を対象とした標本抽出の手順を示す．

①　調査地域内の性・年齢別人口の分布に基づいて，全標本の性・年齢別標本数を算出する．

②　調査地域内の全丁目・字から，ランダム抽出法により調査対象となる丁目・字を抽出する（ランダム抽出法については，IV－2－(1)「ランダム抽出法」を参照）．

③　抽出した調査対象丁目・字全体の性・年齢別人口数を算出する．

④　調査対象丁目・字全体の性・年齢別人口数の分布に基づいて，全標本の性・年齢別標本数を調査対象の丁目・字ごとに割り当てる（各丁目・字別割当表は，前掲表IV－8参照）．

⑤　調査員が各調査対象丁目・字内で指定された標本の属性にしたがって該当する調査対象者を捜し，調査を実施する（前掲図IV－1参照）．

Ⅳ．標本抽出と推計　　105

表Ⅳ－9　地域メッシュ統計の内容（抜粋）

1．人口データ（いずれも総数，男，女）（1km, 500m, 250m 地域メッシュ）
　人口総数，5歳階級別人口，0～5歳人口（就学前年齢に相当），3
　～5歳人口（幼稚園年齢に相当），6～11歳人口（小学生年齢に相当），
　12～14歳人口（中学生年齢に相当），15～17歳人口（高校生年齢に相
　当），15～64歳人口（生産年齢人口），65歳以上人口（老年人口），75歳
　以上人口，外国人人口，就業者（15歳以上人口），完全失業者（15歳以
　上人口），雇用者（役員を含む）（15歳以上），正規の職員・従業員（15
　歳以上），労働者派遣事業所の派遣社員（15歳以上），パート・アルバイ
　ト・その他（15歳以上），自営業主（家庭内職者を含む），第1次産業就
　業者（15歳以上），第2次産業就業者（15歳以上），第3次産業就業者
　（15歳以上），管理的職業従事者（15歳以上），専門的・技術的職業従事
　者（15歳以上），事務従事者（15歳以上），販売従事者（15歳以上），サ
　ービス職業従事者（15歳以上），保安職業従事者（15歳以上），農林漁業
　従事者（15歳以上），生産工程従事者（15歳以上），運輸・機械運転従事
　者（15歳以上），建設・採掘従事者（15歳以上），運搬・清掃・包装等従
　事者（15歳以上）　　等

2．世帯データ（1km, 500m, 250m の地域メッシュ）
　世帯の種類別世帯（世帯総数，一般世帯数），1人世帯数，2人世帯数，
　3人世帯数，4人世帯数，5人世帯数，6人世帯数，7人以上世帯数，
　核家族世帯数，高年齢単身世帯数，高年齢夫婦世帯数　　等

3．経済センサス・基礎調査データ（1km, 500m 地域メッシュ）
　産業別事業所数　　等

（出典：総務省統計局『地域メッシュ統計の概要』より）

　この抽出方法は，クラスター抽出法の一種である．

　次に，特定の調査地域内でのメッシュを利用した性・年齢別割当法による個

人を対象とした標本抽出の手順を示す．

　①　調査地域内の性・年齢別人口の分布に基づいて，全標本の性・年齢別標本数を算出する．

　②　調査地域内の全地域メッシュから，ランダム抽出法により調査対象となる地域メッシュを抽出する（ランダム抽出法については，IV－2－(1)「ランダム抽出法」を参照）．

　③　抽出した調査対象地域メッシュ全体の性・年齢別人口数を算出する．

　④　調査対象地域メッシュ全体の性・年齢別人口数の分布に基づいて，全標本の性・年齢別標本数を調査対象の地域メッシュごとに割り当てる（各地域メッシュ別割当表は，前掲表IV－8参照）．

　⑤　調査員が各調査対象地域メッシュ内で指定された標本の属性にしたがって該当する調査対象者を捜し，調査を実施する（前掲図IV－1参照）．

　これもまた，クラスター抽出法の一種である．

　なお，メッシュの境界は，地面に表示されているわけではない．そこで，地域メッシュ法を用いる場合は，調査員に地域メッシュの範囲を線引きして明確に示した地図を持たせ，指定された地域メッシュ外で調査を行わないように指示する必要がある．しかし，前掲の⑤の手法では，実際には地域メッシュからはみ出る恐れが多分にある．

　また，丁目・字界データを用いる場合も，地域メッシュ・データを用いる場合も，指定した丁目・字あるいは地域メッシュ内で単純に割当法を用いると，対象者の抽出時に調査員の恣意が入る余地が大きくなる．

　そこで，住宅地図を用いて調査対象の丁目・字内あるいは地域メッシュ内の家屋・部屋を抽出し，調査員を調査に向かわせる．この方が正確な調査を実施できるであろう（IV－7－(2)「住宅地図を用いた割当抽出法」を参照）．

(4)　タイム・サンプリング

　日本では，タイム・サンプリング（time sampling）とは，選挙の出口調査や

百貨店などの来店客調査などで，等確率抽出を行う場合の抽出間隔に，一定時間の間隔を用いることを指している．

母集団数の時間帯別分布の差が大きく，最大人数が予測できない時などに，この手法を用いて時間帯別の標本数を一定にし，調査員数を節約しようとするものである．

この手法を用いると，時間帯ごとに母集団数が異なるのに対して標本数は一定であるから，各時間帯の抽出比率が異なることとなる．したがって，各標本の母集団に対する重みが異なり，母集団全体を推計するには各標本の重みを同じにするためのウェイト・バックが必要となる．

(5) RDD 法

電話番号を電話帳に記載しない（104でも問い合わせができない）人が増加の一途を辿っている．このため電話帳を母集団に使うと，当初から一部の調査単位が欠落することとなる．この欠落を補うことを目的とした抽出方法が，RDD（Random Digit Dialing）法である．RDD 法は標本抽出の方法であり，近年では RDS（Random Digit Sampling）と呼ばれることもある．

RDD 法は，1960年代後半からアメリカで研究され，現在ではアメリカの電話調査のほとんどが RDD 法による標本抽出と CATI による実施の組み合わせで行われている（CATI については，II−5「電子調査法」を参照）[6]．日本でも，1990年代に電話帳記載率の低下に伴い，研究され採用されるようになった．

RDD 法は電話番号の数字を乱数を発生させて抽出させる方法であり，電話帳非掲載の調査単位を母集団に取り込めるという利点があるが，他方で①すべての番号が使われているわけではない，②使用されている電話番号には世帯用のほかに事業所用が多数含まれているが，両者の判別ができない，③局番の地域的範囲と行政区分の範囲が一致しないことがあるなどの問題点がある．この結果，母集団を明確に規定することができず，したがって，標本調査結果から母集団の傾向を推計する上で難点があるといえる．また，個人を対象とした調査では，従来の電話帳抽出と同様，電話番号から家族構成員の個人を特定でき

ないという問題も残る.

そこで, 個人抽出にあたっては, RDD法によって抽出された世帯の構成員のうち性・年齢などの調査対象の条件に合致する調査単位をリスト・アップし, その中から無作為抽出によって個人標本を抽出するなどの手法を用いる. また, 世帯構成員の中から, 調査実施日から起算してもっとも誕生日が近い個人を抽出する至近誕生日法もある.[7]

日本におけるRDD法使用の実際は, 以下の通りである.

日本の電話番号は, 1999年以降, 全国どこでも市外局番と市内局番を合わせた6桁と, 4桁の電話回線固有の番号の計10桁でなりたっている. ここで全国調査におけるRDD法による標本抽出を想定してみる. 10桁の番号すべてを無作為に発生させると, 前掲の通り, 非使用番号や事業所用番号が多数含まれ, 調査実施が非効率となる. そこで, 非使用番号や事業所用番号の割合を減少させ, 世帯用番号を効率よく確保するための方策が必要となる.

佐藤武嗣は, 下記の通り, 3つの方策をあげて論じている.[8]

① 電話帳から番号を抽出して, 最後の1桁(あるいは2桁)を乱数に置き換える.

この手法は, 非掲載者にもアプローチできる簡単な手法ではあるが, 電話帳掲載率の地域的偏りにより抽出確率が異なるため, 無作為抽出にならないと佐藤は指摘している.

② 使用されている市外＋市内局番6桁に, 4桁の乱数を組み合わせる.

③ 使用されている市外＋市内局番＋電話回線の固有番号の頭2桁の計8桁に, 2桁の乱数を組み合わせる.

②の場合は, 後の4桁が0000～9999の値をとるので, 頭の6桁ごとに10,000個の番号を含むクラスターを構成していることとなり, ③の場合は後の2桁が00～99の値をとるので, 頭の8桁ごとに100個の番号を含むクラスターを構成していることとなる. この頭6桁ごとの10,000個の調査単位からなるクラスター, ないしは頭8桁ごとの100個の調査単位からなるクラスターは, 多段抽出

の第 1 次抽出単位（primary sampling unit）にあたる（多段抽出については，IV-4「多段抽出法」を参照）．佐藤は，②と③の手法を比較して，NTT が頭 6 桁（市外局番＋市内局番）の使用状況は公表しているが，頭 8 桁（市外局番＋市内局番＋電話回線固有番号の頭 2 桁）の使用状況を公表していないので，②の頭 6 桁のクラスターを使用した方が使いやすいが，③の頭 8 桁のクラスターの方が世帯用番号を確保する率が高いため，③の手法を採用した方がよいとしてる．なお，アメリカでも，多くは③の手法を用いていることも指摘している．

　次に，第一次抽出単位から何らかの基準で，第二次抽出（標本抽出）を行うクラスターを選別しなければならない．この時，標本抽出の効率，即ち，世帯用の電話番号を確保する効率を考慮する必要がある．

　佐藤は，朝日新聞社が採用している③の手法を紹介している[9]．各クラスターの00〜99の100個の番号を世帯電話帳に照合し，1 件でも掲載されていればそのクラスターを採用するとしている．その後，採用したクラスターのすべての電話番号（下 2 桁が00〜99の電話番号）のデータベースを作成すれば，いつでも乱数を用いて第二次抽出（電話番号）を行うことができる．佐藤は，実際の抽出にあたっては，都市部で低く地方で高い各クラスターの世帯用番号の含有率や，各クラスターと行政区分の一致状況を考慮して，抽出率を変えて抽出標本数をコントロールする必要があるとしている．このような過程を経た後で，事業所用電話帳を使って事業所用電話番号を排除するためのスクリーニングの必要性も指摘してる．

　以上の抽出過程のうち，クラスターの採用・非採用の決定時において，基準となる世帯用電話の含有件数を何件にするかによって，抽出の妥当性，即ち母集団の傾向の推計の妥当性と調査の実施効率が左右されることに留意しなければならない．

　このような抽出方法は，前掲の通り，母集団の規定が曖昧であったり，抽出過程における世帯用電話の含有率が低いクラスターを切り捨てるなどの問題点から完璧とはいえないが，抽出された標本の無作為性は一定程度保たれている

と考えられる．

　なお，個人を対象とした調査の場合は，RDD 法によって抽出された世帯の構成員の中から，割当抽出法によって個人を抽出することが多い（割当抽出法については，IV–7 –(1)「割当抽出法」を参照）．

　ところで，近年家庭用固定電話の普及率がやや減少傾向を示しており， 1 人世帯や若年層を中心にスマートフォンを含む携帯電話のみを保有する層が増加している．固定電話保有層を母集団とする調査では，携帯電話のみの層が母集団から欠落する．このため，有権者を対象とする世論調査などでは，母集団に歪みが生じることとなる．

　2016年 6 月19日施行の改正公職選挙法による有権者年齢の18歳への引き下げに伴い，一部の新聞社の世論調査では，同年から固定電話とともに携帯電話も対象とした RDD 法を採用し始めた．

⑹　有意抽出法

　これまで述べた標本抽出の手法は，抽出された標本の特性をいかに母集団の特性に近似させるかという点を前提として無作為性を重視したものであり，確率抽出法ないしはその代替え手法である．有意抽出（purposive selection）はこれらの手法と異なり，抽出するにあたり便宜的な判断（あるいは故意）が働く抽出手法である．たとえば，グループ・インタビューなどの対象者の抽出手法として用いられる．

　したがって，事例についての質的構造の解明を目指す定性調査の標本抽出法としては妥当であるが，母集団の傾向を推計することを目指す定量調査の標本抽出法としては，妥当性を欠いている．

　したがって，有意抽出された標本を対象にしたグループ・インタビューなどの定性調査を多数回実施して，その結果から論理的に全体像を推論することはできるが，有意抽出の場合は母集団が曖昧で，統計的推計はできない．

　有意抽出法には，判断による標本抽出法，雪だるま方式による標本抽出法，便宜的標本抽出法がある[10]．

判断による標本抽出法は，たとえば次のような場合に利用される．無作為標本を用いた定量調査の結果，ある質問の回答傾向の背景にある構造を探るために，グループ・インタビューを実施する必要が生じたとする．この場合，グループ・インタビューの目的を達するのに的確な標本を，定量調査の回答者の中からその回答を思料して抽出しようするであろう．これが，判断による標本抽出法である．

雪だるま方式（snowballing method）による標本抽出法は，たとえば少人数の特定の専門家集団から標本抽出しようとする時，母集団のリストがない場合に用いられる．このような場合，当初把握できた小数の対象者を調査した後，それらの対象者に調査対象として的確な他の人を1人ずつ紹介してもらい，その人びとにも調査を実施する．この方法を繰り返すことによって，専門家からなる調査対象者を拡大させていくのが，雪だるま方式による標本抽出法である．もちろん，母集団数は不明であるし，無作為抽出とはいえないが，他に方法がないので代替として用いるのである．

便宜的抽出法は，迅速に費用をかけずに，大雑把な傾向だけでも得ようとする時に用いられる．たとえば，特定の授業の受講学生などのさまざまな小集団を対象として調査をしたり，街頭で小規模な調査を行って，傾向を捉えようとするような場合である．もちろん，母集団が不明で無作為標本ではないか，対象集団そのものが一般的ではなかったりするので，このような調査の結果から社会全体を推計することはできないし，推論することも危険である．

8．標本誤差と非標本誤差

(1) 標本誤差と推計

調査データに基づいて母集団の値を推計することを，統計学では推定（estimation）と呼ぶ．この推定にあたって，値としてひとつの数値を与える方法を点推定（point estimation）といい，ひとつの区間を与える方法を区間推定（interval estimation）という．

標本調査とは，母集団の調査単位の中から一部（標本）を抽出して調査を実施し，その結果から母集団の傾向（母集団の値）を推計しようとするものである．このような手法を用いる標本調査は，母集団のすべての調査単位を調査の対象とする悉皆調査とは異なり，調査結果には標本誤差（sampling error）が含まれている．同じ母集団から，同数の標本を２回抽出する．このふたつの標本を対象に同一の質問を行うと，その結果は異なるものとなることが多いであろう．同様に何回も同じ内容の調査を行ってみると，回答結果は，それぞれ若干ながら異なるものとなるであろう．これは，抽出された標本が毎回異なることに起因している．

標本調査の結果から推定される母集団の値は，標本誤差を含むため，一定の幅を持つ値となるので区間推定の手法を用いることとなる．なお，この一定の幅を信頼区間（confidence interval）と呼び，この信頼区間は後掲の信頼度と標本数によって左右される．

実際の調査では，１回の標本調査の結果で母集団の値を推計しようとする．標本調査の結果に基づく推計値は，標本誤差を含んだものとなる．

標本誤差が，標本調査から母集団の値を推計するにあたっていかに重要であるかは，2000年のアメリカ大統領選挙の出口調査に基づく，アメリカ各メディアの報道の混乱が物語っている．この選挙では，民主党の現職副大統領ゴア（Gore, Jr., A. A.）と共和党の候補ジョージ・ブッシュ（Bush, G. W.）が争い，接戦の末ブッシュが当選した．選挙終盤，両者は大接戦で，未開票のフロリダ州の結果が当落を決定する事態となった．出口調査を担当したのは，アメリカ有力マス・メディアの出資・協力の下に設立され，1990年以降メディア各社のために出口調査を行ってきたボーダー・ニュース・サービス（VNS）である．VNSがそれまでの選挙よりも多かった不在者投票の数を見誤ったこともあるが，フロリダ州における出口調査の結果は，わずかにゴア優勢という結果であった．しかし，それは誤差４％の範囲内でしかなかったのである．にもかかわらず，速報性を優先したアメリカ地上波テレビCBSはゴアを当確とし，後に

図Ⅳ-3　標本調査を繰り返した場合の男子学生の身長の平均値の事例

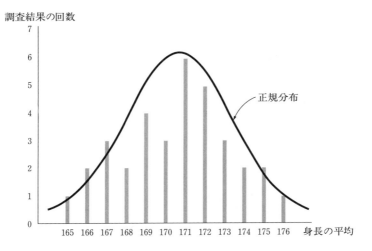

それを撤回した．CBSのみならず，CNNなどの各局も混乱した報道を行っている．この場合，フロリダ州の出口調査の結果は誤差範囲内であるので判断を保留し，開票結果を待つべきであった．もっとも，調査とは関係ないが，開票結果の集計でも混乱したのであるが．

① 母集団推計の信頼度

標本調査では，標本を調査した結果から標本誤差を含む母集団の値を区間推定することは，前掲のとおりである．信頼度とは，この区間推定の精度を表すものである．

そこで，標本誤差を含む標本調査の結果の検討から始める．たとえば，男子学生の母集団から繰り返し標本抽出を行い，身長を調べたとする．各標本調査の結果から身長の平均値を算出すると，その値は図Ⅳ-3に示すように，釣り鐘型の分布に近似していく．この釣り鐘型の分布を，正規分布（normal distribution：ガウス分布 Gaussian distribution）という．

正規分布は，下記の確率密度関数の式に従う．

図Ⅳ－4　標準型正規分布

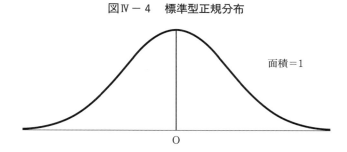

図Ⅳ－5　標本誤差の計算領域（斜線の部分を計算）

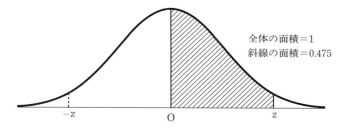

$$f(x) = \frac{1}{\sqrt{2\pi\sigma^2}} \exp\left[-\frac{(\chi-\mu)^2}{2\sigma^2}\right] \quad (-\infty < \chi < \infty) \quad (4.1)$$

μ　：正規分布の平均
σ^2　：正規分布の分散
π　：数学の定数
exp：指数関数

このように各標本調査の身長の平均値が正規分布するということは，各調査の標本誤差の値も正規分布することを意味している．

なお，正規分布の形は調査結果のデータの分布によって異なるが，そのいずれもデータの分散で除算すると，図Ⅳ－4に示す標準型正規分布（standard normal distribution）となる．この標準型正規分布は平均＝0，面積＝1（確率で1）の対称型分布の形状を示している．

IV．標本抽出と推計　115

　標本調査の結果から母集団の値を区間推定する時，信頼度は95％が一般的である．95％の信頼度とは，1回の標本調査の結果から母集団の値を推計する時，その推計値（区間推定の値）は，図IV－5に示す標準型正規分布のZから－Zの値の間に95％入るという意味である．このことは，同一母集団から100回標本を抽出してそれぞれ調査を行った結果，95回（95％）の結果は，Zから－Zの間の値となるという意味である．したがって，2.5回（2.5％）はZ以上の値をとる．2.5回（2.5％）は－Z以下の値をとると推計されることも意味している．

　ところで，標準型正規分布は左右対称である．そこで，標本誤差は次項に示すように正規分布の中心から右側の片側のみで計算する．この時，全面積（確率で1）の0.95は，片側の全面積（確率で0.5）の0.475に相当する（図IV－5の斜線部分）．この0.475にあたるZの値は，巻末付表3に示すとおり，1.96である．

　この値を大きくすれば，図IV－5の全面積に対する斜線部分の面積の割合が高くなり，信頼度は増す．しかし，標本誤差の値は大きくなる．この値を小さくすれば，全面積に対する斜線部分の割合が低くなり信頼度は低下するが，標本誤差の値は小さくなる．

②　平均値の標本誤差

　母集団から，乱数表を用いたり，系統抽出法を用いて一段抽出で標本抽出を行った場合，調査の結果から得られた平均値の標本誤差は次の式にしたがって計算される．

$$\varepsilon = 1.96 \sqrt{\frac{N-n}{N-1} \frac{s^2}{n}} \qquad (4.2)$$

　　　N　：母集団の調査単位の数
　　　n　：標本数（回収された標本数）
　　　s^2　：標本調査で得られたある質問の平均値の分散
　　1.96：95％の信頼度を示す標準型正規分布のZ値
　　　　　（$-1.96 < Z < 1.96$の時，Zの面積は95％）

標本調査によって得られた回答の平均値から，95％の信頼度で推計された母集団の平均値は，次の通りである．

$$\bar{x}-\varepsilon<\bar{X}<\bar{x}+\varepsilon \qquad (4.3)$$

$\bar{x}$ ：標本調査で得られたある質問の回答の平均値

$\bar{X}$ ：母集団の平均の推計値

ε ：標本誤差

なお，標本調査で得られたある平均値の分散が 0 （すべての標本が同じ値）である場合，4.2式は $s^2/n=0$ となるので，標本誤差は計算不能である．

③ 割合の標本誤差

同様に，標本調査の結果から得られた割合の標本誤差は，次の式にしたがって計算される．

$$\varepsilon=1.96\sqrt{\frac{N-n}{N-1}\frac{p(1-p)}{n}} \qquad (4.4)$$

N ：母集団の調査単位の数

n ：標本数（回収された標本数）

p ：標本調査で得られたある質問の回答の割合

1.96：95％の信頼度を示す標準型正規分布の Z 値

標本調査によって得られた回答の割合から，95％の信頼度で推計された母集団の割合は，次の通りである．

$$p-\varepsilon<P<p+\varepsilon \qquad (4.5)$$

p ：標本調査で得られたある質問の回答の割合

P ：母集団の割合の推計値

ε ：標本誤差

なお，標本調査で得られたある質問の回答比率が 0 ％（確率で 0 ）の場合，4.4式は $p(1-p)=0$ となり，標本誤差は計算不能である．同様に，回答比率が100％（確率で 1 ）の場合，$p(1-p)=0$ となるので，この場合も標本誤差は計算不能である．

④　2段抽出の場合の誤差

確率比例2段抽出を用いた場合，単純なランダム抽出や系統抽出に比べてどの程度標本誤差が増えるのかについては，両者の分散を比較すると前者が後者の約2倍になることから，下記の式に従うといわれている[11]．

$$\varepsilon = 1.96\sqrt{2\frac{N-n}{N-1}\frac{p(1-p)}{n}} \qquad (4.6)$$

したがって，2段抽出の場合の誤差は，1段階で抽出された場合の誤差の$\sqrt{2}$倍（約1.4倍）となる．

⑤　標本誤差の計算の実際

例1：東京都目黒区で，200人の男女個人をランダム抽出して行った調査のある質問で，回答割合が50%という結果を得た．その場合の誤差は，次の通りである（1998年1月1日現在の目黒区の人口は237,559人）．

なお，母集団(N)には15歳以上64歳までの居住者数を用いるべきであるが，その数値も目黒区の全年齢の居住者数も大きな値で，計算結果に大きな影響はないので，ここでは全居住者数を用いて計算した．

$$\varepsilon = 1.96\sqrt{\frac{N-n}{N-1}\frac{p(1-p)}{n}} = 1.96\sqrt{\frac{237,559-200}{237,559-1}\frac{0.5(1-0.5)}{200}}$$

$$= 1.96\sqrt{\frac{237,359}{237,558}\frac{0.25}{200}}$$

$$= 1.96\sqrt{0.999 \times 0.00125} = 1.96\sqrt{0.00125} = 1.96 \times 0.0354 = 0.0693$$

以上の式は，全体を1とする確率で計算している．ここで，0.0693を比率になおし，四捨五入して6.9%とし，以下の計算を行う．

$$p - \varepsilon < P < p + \varepsilon$$

$$50 - 6.9 < P < 50 + 6.9$$

$$43.1 < P < 56.9$$

例2：東京都目黒区で，1地点10人ずつ，20地点で200人の男女個人を2段階で抽出して行った調査のある質問で，回答割合が50%という結果を得た．そ

の場合の標本誤差は，前掲の慣用的計算式を用いると次の通りである．

$$\varepsilon = 1.96\sqrt{2\frac{N-n}{N-1}\ \frac{p(1-p)}{n}} = 1.96\sqrt{2\frac{237,559-200}{237,559-1}\ \frac{0.5(1-0.5)}{200}}$$

$$= 1.96\sqrt{2\frac{237,359}{237,558}\ \frac{0.25}{200}}$$

$$= 1.96\sqrt{2\times0.999\times0.00125} = 1.96\sqrt{0.00250} = 1.96\times0.050 = 0.0980$$

以上の計算は確率．以下は比率で計算する．

$p-\varepsilon < P < p+\varepsilon$

$50-9.8 < P < 50+9.8$

$40.2 < P < 59.8$

このように，標本調査で得られた結果から推計される母集団の値は，標本誤差によって生じる一定の幅をもっている．標本調査の結果の分析にあたっては，このことを念頭におくことが肝要である．

⑥　標本誤差の早見表の利用

割合の標本誤差は，前掲「③割合の標本誤差」に示す計算をしなくても，巻末の「付表2　標本誤差の早見表」を利用して知ることができる．

付表2は，1段抽出の場合の標本誤差である．また，同表の注に記した通り，N-n/N-1≒1として計算した誤差であるので，N-n/N-1≠1の場合はこの表の誤差の値を用いずに，前掲「③割合の標本誤差」の（4.4）式に従って計算する必要がある．

表側（p）は，標本調査におけるさまざまな質問の回答結果の比率を表している．たとえば，1,99は回答比率が1％の場合と99％の場合であり，45,55は同じく45％の場合と55％の場合，50は同50％の場合である．表頭（n）は，標本数を表している．ただし，設計上の標本数ではなく，回答が得られた標本数に該当する．10は回答標本が10標本の場合，200は同じく200標本の場合，950は同950標本の場合である．

ある標本調査の質問で行政の施策に対する賛否を問うたところ，賛成が30％

Ⅳ. 標本抽出と推計　　119

であったとする. なお, 調査は400標本から回答が得られたとする. この場合
の標本誤差を早見表から読み取るのは, 次のような手順で行う. 早見表の表側
が30, 70（30%あるいは70%）の行と, 表頭が400（標本）の列が交差する値を
見る. その値は4.5であるから, 標本誤差は4.5%であり, 母集団の値の推計値
は, 95%の信頼度で25.5%＜P＜34.5%となる.

　なお, 早見表の10標本の列の値の小数点を1桁右へずらすと, 回収標本数が
1,000標本の場合の標本誤差となる. たとえば, 回収標本が1,000で, ある質問
の選択肢の回答比率が40%の場合の標本誤差は, 表側が40, 60の行と表頭が10
の列が交差する値30.4%の小数点を右に1桁ずらして, 3.04%となる. 同様に,
早見表の15標本の列の値の小数点を1桁右へずらすと, 回収標本数が1,500標
本の場合の標本誤差となる.

　2段抽出の場合の標本誤差も, この早見表から簡易的に計算できる. 2段抽
出の標本誤差は1段抽出の場合の$\sqrt{2}$倍（≒1.4倍）であるから, 早見表の値
を1.4倍すればよい.

(2)　標本誤差と標本数の設計

　割合の標本誤差を示す付表2に示す通り, 標本誤差には次のような特性があ
る.

　(イ)　標本誤差は, 同じ標本数であれば, 回答比率が50%の時最大となる.

　(ロ)　ひとつの母集団から標本を抽出する時, 標本数が少数であれば, 標本数
　　　を少し増やすと標本誤差は減少するが, 標本数が多数であれば, 標本数
　　　を多少増やしても標本誤差は少々しか減少しない.

　そこで, 標本数を設計するにあたっては, 次のような観点から標本誤差を検
討する必要がある.

　(イ)　その調査の目的からみて, 標本誤差をどの程度の値におさえるのが妥当か.

　(ロ)　対費用効果からみて, 標本誤差をどの程度の値で妥協するか.

　標本数を増やすと調査経費は増大していくが, 標本誤差は標本数が一定程度
に達すると低減しない.

次に，標本誤差の早見表を用いた標本数の設計の実例を示す（付表2を参照）．

まず，調査結果の標本誤差を何パーセントに抑えるかを決定する必要がある．しかし，調査の実施が終了しなければ，各質問の回答の比率は不明である．そこで，標本誤差の早見表をみると，どのような標本数であっても，回答の比率が50％である時に誤差が最大になることがわかる．そこで，50％時の標本誤差を念頭におけば，調査結果の回答がどのような比率であっても，それを超える誤差は発生しないといえる．

仮に，標本誤差を4％（46％＜P＜54％）に抑えたいとするならば，標本誤差の早見表から，調査結果の回答の比率が50％の場合の誤差4％の時の標本数は，600であることがわかる．即ち，600票を回収できれば，標本誤差は最大で4％に抑えることができる．

しかし，一般的に設計上の標本数600の全数を回収できるわけではない．そこで，回収率を考慮する必要がある．仮に，回収率を60％と想定するならば，設計上の標本数を1,000とすれば，600票の回収は可能となる．

なお，これまで信頼度を95％として標本数を算出してきたが，信頼度を増減すれば，同じ標本誤差でも必要とされる標本数は変化する．通常，社会調査では信頼度は95％が一般的であるが，選挙の出口調査のように高い精度が要求される場合は信頼度を高く想定することもあるし，プリサーベイで問題点を整理してから本調査を行うような場合は，プリサーベイの信頼度を低く想定して実施することもある．

信頼度と標本誤差を変動させた場合の必要標本数の計算式を示す．

$$\frac{N-n}{N-1} \fallingdotseq 1$$

と想定した場合の標本誤差の計算式は，下記の通り．

$$\varepsilon = z \sqrt{\frac{p(1-p)}{n}}$$

    z ：信頼度を示す規準化された正規分布の値

信頼度95％ならば1.96，信頼度90％ならば1.65，信頼度99％ならば2.58

上記の式を展開すると，

$$n = \frac{p(1-p)}{\left(\dfrac{\varepsilon}{z}\right)^2}$$

となる．

たとえば，99％信頼度で標本誤差を3％以内にしたい場合の標本数は，下記の通りである．（信頼度99％の z の値は2.58）

$$n = \frac{0.5(1-0.5)}{\left(\dfrac{0.03}{2.58}\right)^2} = \frac{0.5 \times 0.5}{(0.01163)^2} = \frac{0.25}{0.0001352} \fallingdotseq 1.849$$

上記の計算に基づいて，信頼度を90％から99.9％まで変化させて，標本誤差がそれぞれ10％から1％を想定すると，どのくらいの標本数が必要かを示す早見表を巻末付表4に掲載した．

たとえば，90％の信頼度で標本誤差を5％とした場合の標本数は，付表4から272標本と読みとることができる．

この早見表には調査実施段階での回収率が考慮されていないので，回収率を加味して標本数を設計しなければならない．上記の場合，回収率を60％と想定するならば，272標本を回収するためには453標本で設計する必要がある．

なお，層別分析を行う場合は，各層ごとに標本数に基づいて標本誤差を計算し，必要な標本数を算出する必要がある．

(3) 非標本誤差

非標本誤差（non-sampling error）とは，標本誤差以外の調査票設計，調査の実施，集計などの段階で生じる誤差をさし，これらの誤差は計算不能である．以下に，代表的な非標本誤差をあげておく．

① 調査票設計時に生じる誤差

調査票の質問文や選択肢の設計にあたって，仮説の方向に偏った設計を行う

と，回答者はその方向に誘導される傾向があることは，経験的に知られている．このような偏向も，非標本誤差のひとつである．したがって，調査票の設計にあたっては，設計者の中立的態度が肝要である（V‐1「調査票の作成態度と留意事項」を参照）．

② 回収率による誤差

標本誤差は，調査対象の標本すべてについて調査が完了した時，適応できる．あるいは，回収率が100％に達しない場合は，調査完了標本と調査不能標本の特性が等しいときに適応できる．

しかし，調査完了標本の特性についてのデータはあるが，調査不能標本の特性についてのデータは，調査不能ゆえに入手できない．したがって，調査完了標本と調査不能標本の特性が等質であることを検証することは不可能である．一般的には，経験的に両者の特性には差異があるといわれている[12]．

このために生じる誤差もまた，非標本誤差のひとつである．したがって，調査実施にあたって，でき得る限り回収率を高める努力が肝要である（VI‐4「回収率と推計」を参照）．

③ 調査員の態度などによって生じる誤差

面接調査や留置き調査では，訪問する調査員の態度，服装，言葉遣いなどが，調査対象者の調査協力の是非に影響を与えることがある．さらに，面接調査では，調査対象者の回答傾向に影響を与えることがある．

また，調査員の意図的言動，ないしは意図しない言動が調査対象者を誘導し，回答傾向を左右することがある．

このような回答の傾向もまた，非標本誤差のひとつである．したがって，調査員に対する教育，指導が肝要である．

注
1） マンジョーニ，T. W.，林英夫監訳『郵送調査法の実際』4〜5ページ．
2） 林知己夫，村山孝喜『市場調査の計画と実際』第6版，44〜47ページ．
3） 島崎哲彦「昨今の調査環境」『広告月報』1986年5月号，26〜31ページ．

4) 鈴木達三，高橋宏一『標本調査法』200～206ページ．
5) Mosteller, F., Hyman, H., McCarthy, P., Marks, E. S. and Truman, D. B., The Pre-Election Polls of 1948, *Bulletin 60*.
6) 佐藤武嗣「*RDD* 電話調査」林知己夫編『社会調査ハンドブック』191ページ．
7) マルホトラ，N. K.，日本マーケティング・リサーチ協会監修，小林和夫監訳『マーケティング・リサーチの理論と実践～理論編～』462～463ページ．
8) 佐藤，前掲書，192～193ページ．
9) 佐藤，前掲書，193～194ページ．
10) アーカー，D. A. ＆デイ，G. S.，石井淳蔵，野中郁次郎訳『マーケティング・リサーチ——企業と公組織の意思決定——』第12版，192～194ページ．
11) 林，村山，前掲書，44～47ページ．
12) 鈴木裕久，島崎哲彦「情報機器を利用した調査法の検討（その２）」『東京大学社会情報研究所調査研究紀要』No. 5，136~141ページ．

参考文献
① アーカー，D. A. ＆デイ，G. S.，石井淳蔵，野中郁次郎訳『マーケティング・リサーチ——企業と公組織の意思決定——』第12版，白桃書房，2004年（Aaker, D. A. & Day, G. S., *MARKETING RESEARCH : Private and Public Sector Decisions*, John Wiley & Sons, 1980.）
② 島崎哲彦「昨今の調査環境」『広告月報』５月号，朝日新聞社，1986年
③ 鈴木達三，高橋宏一『標本調査法』朝倉書店，1998年
④ 鈴木裕久，島崎哲彦「情報機器を利用した調査法の検討（その２）」『東京大学社会情報研究所調査研究紀要』No. 5，東京大学社会情報研究所，1995年
⑤ 総務省統計局ホームページ，https://stat.go.jp/data/mesh/index.html
⑥ 谷口哲一郎「RDD 法の試行および問題点の検討」『よろん・日本世論調査協会報』No. 78，（財）日本世論調査協会，1996年
⑦ 西田春彦，新睦人編著『社会調査の理論と技法(I) アイディアからリサーチへ』川島書店，1976年
⑧ 林知己夫編『社会調査ハンドブック』朝倉書店，2002年
⑨ 林知己夫，村山孝喜『市場調査の計画と実際』第６版，日刊工業新聞社，1970年
⑩ マルホトラ，N. K.，日本マーケティング・リサーチ協会監修，小林和夫監訳『マーケティング・リサーチの理論と実践～理論編～』同友館，2006年（Malhotra, N. K., *Marketing Research, An Applied Orientation*, 4th edition, Prentice Hall, 2004.）
⑪ マンジョーニ，T. W.，林英夫監訳『郵送調査法の実際』同友館，1999年（Mangione, T. W., *MAIL SURVEYS : Improving the Quality*, Sage Publications, 1995.）

⑫ Mosteller, F., Hyman, H., McCarthy, P., Marks, E. S. and Truman, D. B., The Pre-Election Polls of 1948, *Bulletin 60,* New York : Social Science Research Council, 1949.

⑬ 安田三郎, 原純輔『社会調査ハンドブック』〔第3版〕有斐閣, 1982年

V．調査票の設計

1．調査票の作成態度と留意事項

定量調査の場合，仮説をたて調査項目を決定しても，調査対象者の回答傾向を同一の測定基準（measure）や尺度（scale）で測定（measurement）しなければ，調査対象者の関心のもち方や調査員の聴き方などによって回答結果は広範に分散することとなり，調査結果を量的に把握することが困難となる．そこで，一般的に調査項目を質問（question）に展開した調査票（questionnaire）を作成し，同一基準・尺度で対象者の回答傾向を測定する手法を用いて調査を実施する．

その調査票を作成するにあたっては，次のような点を念頭においた十分な吟味が必要である．

㈠　調査対象者を主体として調査票を作成する．

社会調査は，調査設計者がさまざまな情報を得たり，仮説を検証しようとするために設計・実施するものであるが，調査に回答するのは調査対象者であり，その協力があって初めて調査が成立する．したがって，質問票は，調査対象者の思考や態度，生活状況などを念頭において作成しなければ，対象者の協力が得られなかったり，信頼性に欠けたデータしか得られない結果となる[1]．

また，調査は，調査対象者に協力をお願いして行うものであるから，調査票の言葉遣いはある程度丁寧にすることも念頭におく必要がある．

㈡　調査目的に即した調査票を作成する．

調査設計にあたって，その調査で解明するべき課題がある．その課題が解明できるように，質問票を作成する必要がある．ところで，ひとつの課題を解明するにあたって，質問が1問とは限らない．たとえば，不動産の今後の動向を知ろうとする時，単に不動産購入の意向についての1問ではその動向を知るこ

とはできない．① 一戸建，マンション，土地など，どの種類を購入したいのか，② 時期はいつごろか，③ どのような地域や鉄道沿線で購入したいのか，④ どの程度の購入金額を予定しているのかといった質問も必要であろう．また，どのような層が購入意向をもっているのかを知ることも重要であり，⑤ 世帯主年齢，⑥ 未既婚，⑦ 職業，⑧ 家族人数，⑨ 世帯収入といった属性（demographic characteristics）や⑩ 現在居住している住居の形態，⑪ 持ち家・賃貸の別，⑫ 住宅面積・部屋数といった情報も必要となろう．

このような必要とされる質問が1問でも欠けると，調査課題を詳細に解明することが不可能となるので，十分な吟味が肝要である．

（ハ） 調査課題とは無関係の質問まで含めて，質問の量を増やさない．

（ロ）の内容と相反するが，調査対象者の立場にたてば，質問量は少ない方がよい．ところが，調査は手間と経費を要するので，1回の調査で何でも聴いてしまおうとする調査設計者も多い．そのような態度で設計した調査票は膨大な質問量となり，回答する調査対象者の負担が増大し，調査実施の視点からみた限界を超えてしまう．その結果，最初から対象者の調査協力が得られなかったり，調査実施途中で協力を拒否されたりする．また，調査が完了しても，その回答内容がいいかげんになる傾向もある．

このようなことを防ぐには，完成した各質問を調査課題や仮説と照合し，一つひとつ必要な質問かどうかを吟味することが肝要である．

（ニ） 仮説の検証が可能な調査票を作成する．

調査設計段階でたてられた仮説は，調査の結果によって検証される．したがって，仮説検証に必要な質問は，すべて調査票に含まれていなければならない．たとえば，新聞に対する信頼度は，性や年齢，学歴，職業によって異なるという仮説がたてられたならば，調査票には新聞の信頼度を測定する質問のほかに，性，年齢，学歴，職業の質問が含まれていなければならない．もし，1問でも欠けていると，仮説の一部は検証できないこととなる．

したがって，完成した調査票の各質問を仮説と照合し，十分に吟味すること

が肝要である.

(ホ) 質問文と選択肢は，中立的態度で作成する.

仮説は，調査結果によって，正しいと検証される場合もあるし，誤っていると検証される場合もある．したがって，質問文や選択肢は，仮説が肯定される可能性と，仮説が否定される，すなわち反仮説が肯定される可能性を同等に念頭において，中立的な表現で作成しなければならない.

調査に回答する対象者は，さまざまな調査の内容に対して，すべてに関心をもち，また熟知しているわけでない．関心もなく，あまりよく知らないことについて回答する場合が多いであろう．そのような場合，質問文や選択肢が偏っていれば，対象者はその方向に誘導され，与えられた選択肢の範囲で回答するであろう．したがって，仮説に偏向した質問文や選択肢は，そのような回答を導き出すこととなる.

したがって，質問文と選択肢の作成にあたっては，仮説から離れた中立的態度が必要とされる.

(ヘ) 選択肢は，対象者のどのような回答もいずれかの選択肢に該当するように設計する.

(ホ)と同様，中立的態度で調査票を設計するためには，調査対象者のどのような回答もいずれかの選択肢に該当するように選択肢を設計する必要がある．調査対象者は与えられた選択肢の範囲で回答しようとする傾向があるため，選択肢の偏りは回答の偏向を導く可能性が高いためである．特に，選択肢が多項分類型の場合は，この点に十分配慮することが肝要である（多項分類型についてはV－7－(2)－②「多項分類型」を参照）.

(ト) 集計，分析方法に即した質問を作成する.

(ニ)で指摘したように，調査票には仮説検証のため必要とされる質問がすべて含まれていなければならないのはもちろんであるが，それらの質問の選択肢は，集計を念頭において構成されている必要がある.

また，多変量解析（multivariate analysis）などの数学モデルを用いて分析を

行うことを想定しているならば，使用するモデルのデータ特性の制約などを念頭において，選択肢の設計を行う必要がある．たとえば，生活価値意識のように重層かつ複雑な構造が想定される場合，おそらく数量化Ⅲ類（quantification method of the third type）のような構造を明らかにするモデルを使用することとなろう．数量化Ⅲ類を使用する場合，第一に質問項目が生活価値意識全体を包含するように構成されていることが重要である．生活価値意識の各局面のうち一部が欠落していると，解析結果は歪んだものとなってしまう．次に，説明変数（explanatory variable）となる質問項目が相互に独立して回答を得る方式であり，それぞれが1/0データで構成されていないと，数量化Ⅲ類は適用できない．このような分析段階における制約も念頭において，質問・選択肢を設計する必要がある[2]．

2．調査方法別の留意事項

どの調査手法においても，調査対象者が突然調査協力を依頼される場合と，パネル制による調査のように同じ対象者が繰り返し調査協力を依頼される場合とでは，留意事項が異なる．ここでは，調査対象者に突然1回限りの調査への協力を依頼する場合を想定して，調査方法別に留意点をあげる．

(1) 面接調査法

(イ) 調査票は会話体に近い文体で作成する．

面接調査は，調査員が調査対象者に直接面接し，口頭で質問を行い，対象者の回答を調査員が調査票に記入する方法で，他記式あるいは他計式と呼ばれる．多くの選択肢から該当するものを選ぶ形式の質問の場合は，必要に応じて対象者に選択肢を提示するカードを作成する．

このように調査員が口頭で質問するので，調査票は会話体に近い文体で作成する．

(ロ) 知識，意見，態度を聴く調査に向く．

調査員と調査対象者が一対一で面接して調査を実施できるので，対象者の回

V．調査票の設計　　129

答が家族などの他者の影響を受けることがない．また，対象者がわからないことを辞書，事典を参照したり，他者に聴いたりすることを防ぐことができる．したがって，知識，意見，態度を聴く調査に向いている（以上，Ⅱ－1「面接調査法」を参照）．

　(ハ)　質問量の限界は30〜40分程度

　質問量は，調査対象者が調査課題に関心があるかどうか，対象者に考えさせる質問が多いかなどに影響されるし，また，面接時の対象者の都合によっても左右される．したがって，一概にはいえないけれども，経験的には30〜40分程度が限界であるといわれている．

(2)　留置き調査法

　(イ)　調査票は，文章体に近い文体で作成する．

　留置き調査は，調査員が調査対象者宅を訪問し，調査票を対象者の手元に一定期間預けて，対象者自身に回答を調査票に記入してもらう方法で，自記式あるいは自計式と呼ばれる．

　このように調査対象者が調査票の質問を読み回答を記入するので，調査票は文章体に近い文体で作成する．

　なお，調査票を対象者に預けるため，対象者が最初に調査票全体を読んでから回答したり，後の質問に回答した後，前の質問の回答を修正したりする恐れがある．そこで，前後の質問の関係などに十分配慮する必要がある．

　(ロ)　実態を聴く調査には向くが，知識，意見，態度を聴く調査には向かない．

　質問の内容によっては，調査対象者が辞書，事典を参照したり，家族などに聞いたりする恐れがある．また，回答が家族などの意見や態度に左右される恐れもある．したがって，知識，意見，態度を聴く調査には向かないといえる（以上，Ⅱ－2「留置き調査法」を参照）．

　(ハ)　調査票に回答方法の説明をつけ，回答回路をわかりやすく表示する．

　留置き調査は，調査員がいないところで調査対象者が回答する．そこで調査票には，対象者が回答方法に迷わないように，回答事例などを記載する必要が

ある．また，ある質問の回答によって次の質問をとばして進むなどの回答回路
がある場合は，対象者にわかりやすく表示する必要がある．

㈡　質問量は60分程度．

留置き調査は，調査対象者が都合のよい時間に回答を行うことができるので，
他の手法より質問量が多くても実施可能である．それでも調査対象者の負担や
飽きを考慮すれば限界があり，経験的には60分程度といわれている．

(3)　郵送調査法

㈶　調査票は文章体に近い文体で作成する．

留置き調査と同様，調査票を一定期間調査対象者の手元に留置き，自記式
（自計式）で調査を実施するので，調査票は，文章体に近い文体で作成する．
なお，前後の質問の関係などの配慮についても，留置き調査と同様である．

㈻　実態を聴く調査には向くが，知識，意見，態度を聴く調査には向かない．

留置き調査と同じ自記式調査であるため，調査内容に関する問題点も同様で
ある（以上，Ⅱ－3「郵送調査法」を参照）．

㈤　調査票に回答方法の説明をつけ，回答回路をわかりやすく表示する．

郵送調査も留置き調査と同様自記式であり，回答方法の説明や回答回路の明
示が必要である．

㈡　質問量は，回答時間と郵送料が目安となる．

回答時間の限界は，自記式調査であるため，留置き調査と同様，60分程度で
あろう．

郵送調査の場合，もうひとつ郵送料への配慮も必要である．郵送調査の場合，
次のものを同封して調査対象者に郵送する．

(a)　調査票

(b)　挨拶状

(c)　返信用封筒

(d)　（場合によって）粗品

上記の(a)～(c)ないしは(d)に，郵送用封筒を加えた重量によって郵送料は異な

る．現行の郵便制度では50g以内は定形郵便物，50gを超えると定形外郵便物であり，料金に大きな差がある．対費用効果を考慮して，調査票の質問量を検討することも必要である．

(4) 電話調査法

(イ) 調査票は会話体に近い文体で作成する．

調査員が電話を通じて口頭で調査対象者から回答を得て，調査員が調査票に記入するので，調査票は面接調査と同様，会話体に近い文体で作成する．

なお，電話調査では対象者に見えるように選択肢を提示することができないので，多くの選択肢を要する質問では，選択肢をひとつずつ読みあげて該当・非該当の回答を得なければならない．

(ロ) 質問量は10〜15分程度

電話調査では，調査員と調査対象者が直接会わずに，電話を通じて音声のみで接触する．したがって，調査員と対象者の信頼関係が希薄であり，面接調査や留置き調査に比べて，調査協力を拒否する率が高い．さらに，調査実施途中でも，対象者が負担感をもったり，飽きたりすると，一方的に電話を切ってしまうことも多い．したがって，質問量は他の手法に比べて少なく，経験的には10〜15分程度といわれている．

(ハ) 電話調査では簡単な実態や意見を聴く程度である．

電話調査には(ロ)で指摘したような傾向があるため，回答に時間を要するような質問量の多い調査には向かない．一般的に仮説検証型の調査は相当な質問量となるので，電話調査による実施は困難であろう．電話調査では，簡単な実態や意見を聴ける程度であるといえよう（以上，II−4「電話調査法」を参照）．

3．調査票の作成手順の概略

調査票の作成は，一般的に次のような手順で行う．

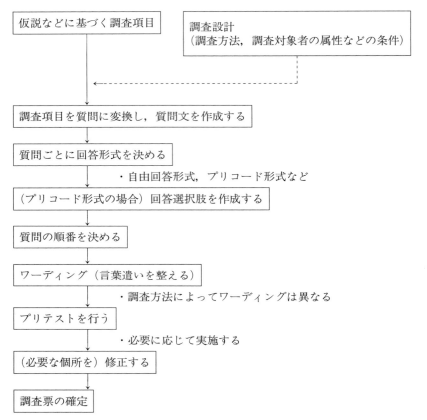

　プリテスト (pretest) は，調査対象者が作成された各質問を調査設計者の意図通りに理解し，回答しているかどうかをチェックするために実施する．質問や選択肢を理解できなかったり，誤解による回答が発生したり，回答方法を間違えていたりした場合は，調査票の該当部分を修正する．プリテストの対象者から，調査課題に詳しい関係者や調査に慣れている調査機関の関係者などを除く必要がある．

　プリテストの実施にあたっては，本調査における面接調査，留置き調査などの手法に従って実施する．プリテストの対象者が調査途中で実施者に質問しても，余計な回答はせず，調査が完了してから，各質問について対象者の理解の

程度や内容についてひとつずつ実施者から対象者に質問し，質問文・選択肢などの問題点を抽出する．

　最近は，プリテストを行わないで調査を実施してしまう傾向があるが，調査設計者の思いこみやミスを発見し，調査の品質を向上させるために必要なステップである．たとえば関係者の家族・知人などを対象とする小規模なものであってもよいから，実施するべきである．

4．質問文・回答選択肢の設計

(1)　ワーディング

　ワーディング（wording）とは，調査票の言葉遣いのことである．ワーディングは，回答結果に影響を与えるので，十分な配慮が必要である．

　(イ)　調査対象者のすべてが理解できる言葉を使う．

　質問内容が調査対象者のすべてに理解されなければ，調査は成り立たない．したがって，調査票のワーディングは，対象者すべてが理解できる言葉を用いることが肝要である．

　次にあげるような言葉は，調査対象者が理解できない可能性が高いので，用いてはならない．

　(a)　業界などの専門用語

　　一般の人びとに理解できない可能性がある．

　　例：（新聞広告）全15段広告，記事下広告，題字下，記事中，突出など

　(b)　カタカナの名称

　　高齢者に理解できない可能性がある．

　　例：（職業）システムエンジニア，コピーライター，イラストレーター，
　　　　リサーチャーなど

　(c)　流行語

　　若年層など特定の層のみに理解可能なことが多い．

　　例：（省略語）マック（マクドナルド），スタバ（スターバックス）など

調査対象者全員に理解できる言葉に置き換えることができず，上記のような言葉を使用せざるを得ない場合は，対象者が理解できるように解説を加える必要がある．

㈹　多様に解釈できる言葉は避ける．

調査対象者の解釈が何通りか成り立つような言葉を用いると，解釈の仕方によって回答が異なり，各人の回答が異なる尺度で計測されたこととなる．一旦，そのような言葉を使って計測してしまうと，調査実施が終了した後，修正することは困難である．

例：（質問）あなたは，おさけを飲みますか．

〈おさけの解釈〉

(a)　アルコール飲料一般と解釈

日本酒，ビール，ウィスキー，ワインなどが含まれるので，日本酒は飲まないがワインを飲む人も，飲むと回答する．

(b)　日本酒と解釈

日本酒以外のアルコール飲料は含まれないので，日本酒を飲まずワインを飲む人は，飲まないと回答する．

この例では，アルコール飲料または日本酒といった一義的に解釈できる言葉を用いるべきである．

㈽　質問の範囲・条件を限定する．

どのような範囲について質問しているのかを明確にしないと，調査対象者の解釈の仕方によって，各人の回答が異なる尺度で測定したこととなる．

例：（閲読新聞）どの新聞をお読みですか．

多くの調査対象者は，対象者個人についての質問と解釈するであろうが，中には専業主婦などで世帯についての質問と解釈するものもいるであろう．

この例では，あなたまたはお宅といった質問の範囲を明示する言葉を入れる必要がある．

㈿　嫌悪感や反感をもたせるような言葉や，プラスやマイナスのイメージを

もつ言葉は避ける.

　差別用語はもちろんのこと，嫌悪感や反感をもたせるような言葉の使用は調査の回答に影響を与えるのみならず，調査対象者とのトラブルを招く恐れもある.

　さらに，対象者にプラスやマイナスのイメージを引き起こすようなステレオタイプの言葉も，回答に影響を与えるので避けるべきである.

　㈭　誘導的な表現は避ける.

　質問文が誘導的である場合，回答選択肢に偏りがある場合，調査票全体の構成が偏っている場合，いずれも調査対象者の回答に影響を与える.

　多くの調査対象者は，必ずしも調査内容に関心をもっているわけではない.むしろ，多くの調査は，大半の調査対象者が関心をもっていない内容を聴いていることが多いといえよう.したがって，質問文や選択肢を深く吟味して回答するとは考えられない.調査対象者は，質問文や選択肢によって与えられた枠内で考え，回答しようとする傾向がある.

　したがって，仮説の吟味に細心の注意を要するのはもちろんのことであるが，質問文や選択肢の表現にも十分に配慮することが肝要である.質問文は中立的表現をしなければならないし，回答選択肢はどのような対象者でもどれかに該当するように設計する必要がある.

　多くの選択肢の中から該当するものを選ぶ多項分類型の質問では，調査設計者が想定できないような回答も得られるように，選択肢に「その他」を加え，対象者にその内容を具体的に記入してもらう.しかし，経験的には「その他」の割合が10％を超えるようでは，設計に問題があると考えられる.

　質問文と選択肢の表現について，2つの事例をあげる.

　例1：（質問文）

　　　○あなたは，憲法を改定することに賛成ですか.反対ですか.

　　　○あなたは，憲法を改定することに賛成ですか.

　　　×あなたは，憲法を改定することに反対ですか.

上記の1番目のように，「賛成ですか．反対ですか．」と肯定・否定の両方を
あげて尋ねるのが，もっとも中立的な聞き方である．もし，質問文が長く冗長
になるのであるならば，2番目のように，否定を省略して肯定のみとする．3
番目のように，肯定を省略して否定のみの表現を用いると，否定に強く導くイ
メージを調査対象者に与える．

例：（評定尺度の回答選択肢）

〇　1．非常によい　　2．よい　　3．どちらともいえない　　4．悪い
　　5．非常に悪い

×　1．非常によい　　2．よい　　3．どちらともいえない　　4．悪い

上記×印の選択肢はプラス側，マイナス側が対称に配置されておらず，プラ
ス側の回答へ誘導することとなる．例の通り，「悪い」，「非常に悪い」という
回答が少数であると予想される場合でも，選択肢はプラス側，マイナス側を均
等に配列するべきである．

(ハ)　質問文はある程度丁寧な言葉遣いを用いる．

社会調査は，調査対象者に協力を依頼し，承諾を得て行うものである．そこ
で，質問文は，ある程度丁寧な言葉遣いを用いるべきである．しかし，あまり
丁寧な言葉遣いをすると，質問の意味が不明瞭になってしまうこともあるので，
注意が必要である．

このように質問文・選択肢のワーディングの留意事項を並べてみると，完成
された調査票は無味乾燥なものに思えてくる．しかし，調査票は，行間に込め
られた意味を読者が各自読みとればよい小説とは異なり，調査対象者すべてが
同じように解釈できることが大切である．したがって，無味乾燥に感じられる
かもしれないが，そのような調査票が社会調査にとっては妥当なものであると
いえる．

(2)　質問内容

(イ)　ひとつの質問でひとつのことを聴く．

V．調査票の設計 137

ひとつの質問の中に，調査対象者の判断基準となるものがふたつ入っているものを，ダブル・バーレル（double barrel）と呼ぶ．ダブル・バーレルの質問は，調査対象者が回答不能になったり，回答が得られても，対象者の判断基準がどこに置かれるかによって，異なる尺度によって計測された結果となってしまう．ダブル・バーレルの質問は，ふたつの質問内容によって構成されており，本来別々の質問として設計するべきものである．

例：（メディア評価）次にあげるメディアのうち，人権に配慮し，信頼できるのはどれですか．

→「人権に配慮」と「信頼できる」のダブル・バーレル

(ロ) 想像的なもの，長期の見通しなどの質問内容は避ける．

想像的なもの，長期的な見通しなどを質問しても，それらについての専門家はともかく，一般の人びとがそのような事柄を想定して回答することは困難である．したがって，そのような質問を一般の人びとに対して行うことは避けるべきである．

例：（ニューメディアの普及）10年先の生活はニューメディアの普及によってどのように変化すると思いますか．

なお，専門家に対して長期的見通しなどを聴く調査手法として，デルファイ法（Delphi method）がある．デルファイ法は，アメリカの RAND 研究所で開発された未来技術予測の調査手法であり，専門家を対象に未来の姿を簡略に提示してその是非を問う手法である．通常，調査票を用いて専門家を対象に1回目の調査を行い，同じ対象者に1回目の調査の集計結果を示しながら，原則1回目の調査票と同じ調査票を用いて2回目の調査を実施する．これを繰り返すことによって，回答は次第に収斂されていく[3]．これは，専門家により深く考察してもらい，より実現性の高い未来の姿を予測してもらうためである．調査回数に制限はないが，回答の収斂と回答者の負担による脱落率から，現在では2〜3回の調査で終了することが多い．

このデルファイ法の名称は，古代ギリシャの都市国家であり現在ではユネス

コ (UNESCO：United Nations Educational, Scientific and Cultural Organization) の世界文化遺産となっているデルポイ (Delphoi, 古代ギリシャ語) に由来する．この神殿の神託は，古代ギリシャ人に尊重された．

(ハ) 調査対象者が回答しにくい質問は，間接的に聴く．

たとえば，性行動の実態などの質問は，直接質問されても，調査対象者はなかなか回答しにくいものである．そこで，高校生の性行動に関する質問などでは，対象者本人の周囲の同級生の状況を質問することによって代替する．このように，調査対象者が回答しにくい内容の質問には，間接的質問方法を使う．

このように，調査対象者に自身のことを聴かずに，周囲の人のことを聴くことによって対象者の本心を探り出そうとする手法を推測法（guess test）と呼ぶ．推測法を用いるにあたっては，調査内容によっては結果の解釈が困難となる場合もあることを念頭におくべきである．

(ニ) 必要に応じて，バイアス質問（biased question）を用いる．

バイアス（bias）とは偏りのことであり，一般的に偏った質問は調査対象者の回答を誘導する恐れがあるので避けなければならない（V−4−(1)「ワーディグ」を参照）．

しかし，調査対象者の意見や態度の程度を明らかにするために，意図的にバイアス質問を用いる場合もある．

例：（多チャンネル衛星放送の視聴意向）

　問1　あなたは，多チャンネル衛星放送を見たいと思いますか．

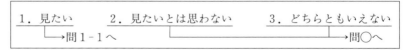

問1−1（問1で「1．見たい」と回答した方へ）

　多チャンネル衛星放送を見るためには，1カ月あたり〇〇円の視聴料がかかりますが，いかがですか．

　1．視聴料を払っても見たい

```
2．視聴料を払うならば，見たいとは思わない
3．どちらともいえない
```

㊭　実態を把握する質問は，調査対象者の実生活に即して質問する．

実態を把握する質問で，実生活の在り様とかけ離れた質問方法をとると，調査対象者が回答不能になるか，回答を得られたとしても，信頼性に欠けるものとなってしまうであろう．

例：（週刊誌の閲読冊数）

　　×　この1年間に週刊誌を何冊読みましたか．

　　×　この1ヵ月に週刊誌を何冊読みましたか．

　　○　この1週間に週刊誌を何冊読みましたか．

週刊誌は週1回発行されるので，人びとの記憶のサイクルも1週間単位となっていると考えられる．どのような人も，この1年間の週刊誌の閲読冊数を記憶していないであろうし，1ヵ月の閲読冊数の記憶も曖昧なものであろう．したがって，1週間単位での質問が妥当である．

㊬　調査目的に即して，どこまで明らかにしなければならないかによって，質問票の構成は異なる．

調査目的の解明に必要な質問を質問票に盛り込むことは当然であるが，さらにどこまで明らかにするかによって，質問の方法が異なる．

例：（閲読新聞と新聞評価）

　　問1　あなたがほとんど毎日お読みになっている新聞はどれですか．スタンド買いや，自宅，職場，学校などで読む新聞も，すべて含めてお答えください．（あてはまるものにいくつでも○印）

```
1　朝日新聞          7　夕刊フジ
2　毎日新聞          8　日刊ゲンダイ
3　読売新聞          9　スポーツ新聞（具体的に          ）
4　産経新聞         10　その他（具体的に          ）
5　日本経済新聞      11　ない（読まない）
6　東京新聞
```

問2　新聞について，次にあげる17項目のうちあてはまるものをあげて
ください．（あてはまるものにいくつでも○印）

| 1　世の中の動きを正確に報道している |
| 2　社会人として当然知っていなければならない情報を，十分提供している |
| 3　日常生活に役立つ情報を，十分提供している |
| 4　いろいろな立場の意見を公平に取り上げている |
| 5　読者の意志を反映している |
| 6　興味本位に流されず，品位を保っている |
| 7　信頼できる |
| 8　個人の私生活や人権に気を配っている |
| 9　解説がわかりやすい |
| 10　内容が詳しい |
| 11　日常生活で，ないと困る |
| 12　仕事の役に立つ |
| 13　社会に影響力をもっている |
| 14　一貫した主義，主張を感じる |
| 15　大衆に迎合している |
| 16　自分にとって，身近なメディアである |
| 17　その他（具体的に　　　　　　　　　　　　　　　　　　　　　） |

　閲読新聞と，特定の新聞ではなく新聞全体の評価を知りたいのであれば，上記の例の問1（閲読新聞）と問2（新聞評価）をそれぞれ独立して質問すればよい．しかし，閲読新聞と閲読新聞ごとの評価を知りたいのであれば，問1の閲読新聞ごとに，問2の新聞評価を質問しなければならない．閲読新聞ごとの評価を知りたいのに，問1と問2を独立して質問すると，次のような問題が生じる．閲読新聞は，調査対象者によって1紙であったり，複数紙であったりする．一般的には，首都圏の個人を対象とした調査で2割程度が複数紙を閲読している傾向がある．そこで，2つの質問を独立して質問し，閲読新聞を層別基準として新聞評価とクロス集計すると，複数紙閲読者の新聞評価はそれぞれの閲読紙にカウントされる．これでは，どの閲読紙のことかわからない評価がそれぞれの閲読紙にカウントされ，解釈不能となってしまう．

V．調査票の設計　　141

　したがって，調査の目的によっては，層別基準となる質問とクロス集計の対象となる質問が共に複数回答という調査票の設計をしてはならない（複数回答間のクロス集計については，Ⅶ－4－(2)「クロス集計」を参照）．

(3)　質問・選択肢の配列

(イ)　導入しやすい質問から並べる．

　調査をスムーズに実施するためには，調査員と調査対象者の信頼関係（rapport）が重要であるといわれているが，調査票もまた，このラポールを念頭において作成することが肝要である．

　そのためには，調査票の質問の配列に留意する必要がある．調査対象者が聴かれることを嫌がるような質問や，よく考えないと回答できないような質問から配列すると，対象者の拒否感や負担感は増大する．そこで，まず調査対象者が回答しやすい質問，すなわち，行動や経験などの質問から配列し，意見や態度を聴く質問はその後に配列するのが妥当であろう．

　例：（生活行動と生活価値意識についての質問）

　　　生活行動に関する質問を先に配列し，生活価値意識の質問を後に配列する．

(ロ)　質問は，対象者の思考の切り換えを頻繁に行わないですむように配列する．

　調査対象者が頻繁に思考の切り換えを必要とするような質問の配列をすると，対象者の負担感が増大する．できる限り，対象者の思考の切り換えが少なくてすむような質問の配列を行うべきである．

　例：（旅行に関する質問）

　　　×　最近行った旅行の行き先→次の旅行の行き先の予定→最近行った旅行の同行者→次の旅行の同行者の予定→最近行った旅行の経費→次の旅行の経費の予定…

　　　○　〔最近行った旅行について〕行き先→同行者→経費…→〔次の旅行の予定について〕行き先→同行者→経費…

表V−1　調査対象者が答えたくない質問項目

	1986年度調査	1989年度調査	1995年度調査	1998年度調査	2002年度調査	2006年度調査
携帯電話番号	＊％	＊％	＊％	＊％	63％	72％
自宅電話番号	47	49	51	64	72	71
世帯年収[1]	55	50	55	65	68	66
個人年収	＊	＊	＊	＊	67	63
メール・アドレス	＊	＊	＊	＊	48	60
住所/番地・部屋番号[2]	50	50	51	61	51	54
氏名	＊	＊	＊	＊	48	49
住所/町丁字	＊	＊	＊	＊	37	39
生年月日[3]	17	16	16	26	34	37
家族構成	＊	＊	＊	＊	30	31
住所/市区町村	＊	＊	＊	＊	30	28
最終学歴	21	16	18	20	34	26
職業	13	9	13	16	26	25
郵便番号	＊	＊	＊	＊	21	22
未既婚	6	5	7	9	14	12
年代	＊	＊	＊	＊	13	12
性別	＊	＊	＊	＊	10	8
その他	＊	＊	＊	＊	3	1
特にない	11	18	16	9	−	7
標本数	1,401	1,438	1,287	1,250	1,326	1,060

注＊　その年度の調査に該当項目なし．
　1）1986年調査〜1998年調査は「世帯年収・支出」．
　2）1986年調査〜1998年調査は「住所・氏名」．
　3）1986年調査〜1998年調査は「続柄・年齢」．
（出典：1986年調査〜1998年調査（社）日本マーケティング・リサーチ協会『市場調査白書'98』より．2002年調査・2006年調査（社）日本マーケティング・リサーチ協会被調査者の調査研究委員会編「平成18年度調査技術研究部会報告書」2007年より）．

　前者の×印の質問配列では，調査対象は度々過去と将来についての思考の切り換えを必要とする．後者の○印の質問配列では対象者の過去と将来の思考の切り換えは1回ですむので，後者の配列の方が妥当であるといえよう．

　(ハ)　調査対象者の属性（demographic characteristics）に関する質問は，最後

に配列する．

　調査対象者の属性に関する質問群は，フェース・シート（face sheet）と呼ばれる．フェース・シートは，個人や世帯のプライベートな事柄に関する質問で構成されるので，表Ⅴ-1に示すように，対象者の中にはそのような質問をされることに抵抗感をもつ人も多い．また，2005年の個人情報保護法施行以前から，人びとの間で個人情報にかかわる質問に対する拒否感が増していることがわかる．

　そのような質問を最初に配列すると，調査対象者は抵抗感から調査協力を拒否する可能性が増大するであろう．したがって，フェース・シートは調査票の最後に配列するのが妥当であろう．

　また，フェース・シートは他の質問を分析するために是非必要とされる質問である由を，調査対象者に告げる一文を挿入するのが望ましい．

　ところで，フェース・シートを構成する質問をよく吟味せずに調査票に載せてしまう傾向があるが，聴かれる調査対象者にとっては抵抗感のある質問も含まれているので，十分な吟味が必要である．仮説を検証するのに必要のない質問や，すでに調査課題との関係が解明されているような質問は，調査票から除外するべきであろう．

　㈡　選択肢は調査対象者が答えやすい配列にする．

　選択肢は，調査対象者の負担を軽減するために，回答しやすいように配列する．

　例：（閲読雑誌）次にあげる週刊誌のうち，あなたがこの1週間に読んだものがありますか．

×	○
1．週刊朝日	1．週刊朝日
2．an・an	2．サンデー毎日
3．サンデー毎日	3．Yomiuri Weekly
4．女性自身	4．週刊文春
5．Yomiuri Weekly	5．週刊新潮

6．	週刊文春	6．	an・an
7．	Hanako	7．	女性自身
8．	週刊新潮	8．	Hanako
	⋮		⋮

　左の選択肢は，総合誌や女性誌が混じりあった配列となっており，調査対象者は選択肢を一つひとつ確認しながら回答することとなろう．右の選択肢は，総合誌のうち新聞社系，次いで出版社系，女性誌の順番で配列されており，調査対象者は分類ごとに確認できるので回答しやすいであろう．

　㈭　前の質問の回答が後の質問の回答に影響を与えたり，前の選択肢に対する回答が後の選択肢に対する回答に影響を与える場合，それらの質問や選択肢を離して配列する．

　前の質問の回答が後の質問の回答に影響を与えたり，前の選択肢に対する回答が後の選択肢に対する回答に影響を与えることを，キャリー・オーバー効果（carry-over effect：繰越効果）という．

　調査対象者は，質問票の中の回答の論理性を保とうとする傾向がある．このため，前の質問の回答に影響されて次の質問がある方向に導かれたり，前の選択肢に○を付けたために，次の選択肢に○を付けないといったキャリー・オーバー効果が生じる．

　人びとは，本来それ程論理的にものごとを思考しているわけではない．調査はそのありのままを把握するべきであるが，キャリー・オーバー効果は調査票の中の論理を優先させた「タテマエ」的回答を導き出してしまう．このような影響を排除するためには，離れた場所に質問や選択肢を配置する必要が生じるのである．[4]

　事例：（生活価値意識）それぞれの事柄について，あなたの気持ちにもっとも近いものに○印をつけてください．

　①　人間は本質的に利己的な動物だ．

| 1．そう思う　　　　2．まあそう思う　　　3．どちらともいえない |
| 4．あまりそうは思わない　　　　　　　5．まったくそうは思わない |

② いざとなったら他人は頼りにならない．

| 1．そう思う　　　　2．まあそう思う　　　3．どちらともいえない |
| 4．あまりそうは思わない　　　　　　　5．まったくそうは思わない |

　この事例では，① で「そう思う」，「まあそう思う」と回答すれば，② でも「そう思う」，「まあそう思う」と回答する確率が高いであろう．このふたつの質問は，離れた場所に配置するべきである．

　(ﾍ) 順序バイアスを排除するために，質問や選択肢の並べ方を変える．

　質問の並べ方や選択肢の並べ方によって，調査対象者の回答に一定の傾向が生じることがある．これを順序バイアス（order bias）という．調査対象者の実態を正確に把握するためには，この順序バイアスを排除しなければならない．

　質問の並べ方による順序バイアスは，調査対象者によって質問の順序を変える方法で排除する．選択肢の並べ方による順序バイアスも，同様に調査対象者によって選択肢の順序を変える方法で排除する．

　製品テスト（product test）の場合は，とくに順序バイアスに配慮する必要がある．たとえば，被験者を会場に集めて，会場テスト（CLT：central location test）で製品テストを実施する場合を想定する．テストに供する製品は，ビールの試作品 P と Q の 2 種類であるとしよう．すべての被験者に P → Q の順序で試飲させ評価を聴いたところ，Q より P の方がよいという評価を得たとする．ところで，ビールは 1 杯目が美味しいという人が多いであろう．このことを勘案すると，P の方がよいという評価は製品として P の方が優れている結果であるのか，P を先に試飲したための結果であるのかは不明となる．そこで，一般的には下記のように各被験者に P と Q の 2 種類を交互に試飲させることによって，順序バイアスを排除する方法を採用する．

試飲の順序

1人目の被験者	P→Q	
2人目の被験者	Q→P	
3人目の被験者	P→Q	
4人目の被験者	Q→P	
⋮	⋮	

　ここでは，わかりやすくするためにテスト対象の製品名をP，Qとしたが，産業界などの実験現場では，乱数で発生させた数字・英文字の複数桁の記号を用いたりしている．これは，テスト品に対する被験者の順番や優劣等のイメージを排除するためである．このことは，ふたつのテスト品という変数以外の変数を統制し，テスト品の違い（原因）と被験者の評価（結果）という因果関係を明らかにすることを意味している．これらの試作品の記号を同じ書体，同じ色で書くことも，同様の意味がある．

　また，ふたつの試作品を被験者ごとに交互に提示するのは，起床や食事からの経過時間，実験室に到着するまでの外気温の変化などの被験者の体調への影響を統制することも意味している．

　なお，質問や選択肢の並べ方を変えた場合，あるいは製品の提示の順序を変えた場合は，集計の前に調査結果のデータを同じ並べ方に整理しなければならない．調査票からデータ・シートに転記するコーディング（coding）を行う場合は，その時点でデータを同じ並べ方に整える．調査票から直接データ入力を行う場合は，質問や選択肢の並べ方別の標識を添えて，調査票の並び順通りにデータ入力を行い，入力したパターン標識を用いてデータを同じ並べ方に整えるコンピュータ処理を実施する．

⑷　その他の調査票記載事項

㈵　調査のタイトル

　調査票の最初に調査対象者が一目で調査内容を理解できるようなタイトルを記載する必要がある（表V−2を参照）．

V. 調査票の設計　　147

表 V－2　調査票の表紙の事例

地点 NO.	標本 NO.

　マス・コミュニケーションと生活意識についての調査

　　私ども東洋大学社会学部社会調査室では，このたび，学術研究の一環として，一般の方々のマス・コミュニケーションと生活意識について研究する目的で，調査を実施することになりました．この調査は，首都圏に居住する15歳から64歳の方々500人から日常のマス・コミュニケーション行動や意見，生活意識についておうかがいするものです．今回，調査を行うにあたり，15歳から64歳の方々を代表するように，くじ引きのような方法で無作為に調査対象者を選んだところ，あなた様にご協力をあおぐこととなりました．お忙しいところ恐縮ですが，ご協力の程，よろしくお願いいたします．

　　調査結果は統計的に処理し，お名前やご意見を直接公表するなどしてご迷惑をおかけすることはいたしません．また，調査結果は学術研究以外の目的で使用しないことを申し添えます．

　　なお，どうしても答えたくない質問についてはお答えいただかなくても結構ですが，何卒本調査の趣旨をご理解の上，可能な限りのご協力をお願いいたします．

　　また，お答えいただいた内容について，訂正などがありましたら，下記の担当者までご連絡ください．

　　調査員には調査ご協力のお礼に粗品を持参させましたので，ご笑納ください．

東洋大学社会学部社会調査室
東京都文京区白山5-28-20
電話　03-○○○○-○○○○
担当：○○○○

1. 調査票は，かならずあなたご自身のことについてご記入ください．
2. お答えは，ひとつだけの場合といくつでもよい場合があります．質問をお読みになってご回答ください．
3. お答えは，該当する番号を○で囲んでください．
4.「その他」に○を付けた場合は，（　　　）内に具体的内容を記入してください．

記入済みの調査票は，＿＿月＿＿日に，担当の調査員が回収におうかがいします．

例：衆議院議員選挙についての調査

　　マス・コミュニケーションと生活意識に関する調査

　　消費生活に関するお伺い　　　　　　　　　　　　　など

(ロ)　調査対象者に対する挨拶

　調査は，調査対象者に協力を依頼して実施するものであるから，調査タイトルの次に，まず挨拶文を掲載するべきである．挨拶文は，別紙にしてもよい．この挨拶文の中には，次のような内容を盛り込む．

(a)　調査の目的

　　　調査対象者が調査の目的を理解しやすいように，簡単に説明する．ただし，企業が行う新製品開発にかかわる調査などでは，詳細な説明を記載すると企業の戦略などが漏れてしまう恐れがある．このような場合は，許される範囲で説明する．

(b)　調査対象者の抽出方法

　　　面接調査や留置き調査では，調査実施にあたって，事前に調査依頼状を対象者に郵送するか，突然対象者宅を訪問することが多い．郵送調査では，調査票を突然郵送することが多いし，電話調査では突然対象者に電話することが多い．

　　　いずれにせよ，調査対象者はどうして自分あるいは自分の世帯が調査の対象となったのかに疑問を抱くであろう．

　　　そこで，挨拶文の中に調査対象者の抽出方法を記載して，対象者に説明する必要がある．しかし，確率比例2段抽出法などの専門用語を用いても，調査対象者には理解できないので，わかりやすい言葉で説明することが肝要である．

(c)　調査結果の利用

　　　調査を協力するにあたって調査対象者が心配することのひとつは，表Ｖ－3に示すように，個人の情報が漏れて，営業などの他の目的に利用されることであろう．

V．調査票の設計　　149

表Ⅴ-3　調査を拒否する理由（n=1,060）

個人情報の使われ方が不安	49%
プライバシーが侵害される	48
セールスに勧誘されそう	45
利用目的が明確でない	41
調査そのものがわからない	25
調査そのものが信用できない	24
メリットが感じられない	18
調査員と接するのが煩わしい	18
時間の無駄	18
調査の結果を教えてくれない	11
どのような調査にも非協力	5
以前調査で嫌な思いをした	4
その他	1

（出典：(社) 日本マーケティング・リサーチ協会被調査者の調査研究委員会編「平成18年度調査技術研究部会報告書」2007年より）

　　そこで，調査結果は統計的処理をし母集団の傾向を推計するために利用し，個人のデータを公表したり，営業などの他の目的に利用しないことを，対象者にわかりやすい言葉で明示する必要がある．

(d)　個人情報の提供に関する調査対象者の任意性および当該情報を提供しなかった場合に生じる結果

　　調査に対する回答が調査対象者の任意であることを示すため，また，回答しなくても調査対象者が何ら不利益を被らないことを示すために，「どうしても答えたくない質問についてはお答えいただかなくても結構です」と記載する．これは，プライバシーマーク制度に則ったものである（Ⅰ-7「調査対象者の個人情報・プライバシーの保護」を参照）．

　　しかし，このように記載すれば調査対象者の回答協力度が低下する恐れがあるので，「何卒本調査の趣旨をご理解の上，可能な限りのご協力をお願いします」と追記する．

(e)　個人情報の開示を求める権利および開示の結果，当該個人情報が誤っ

150

表Ｖ－4　調査を拒否する条件（n＝1,060）

時間に余裕がない場合	48%
突然依頼を受けた場合	47
ボリュームが多すぎる場合	46
調査主体が明確でない場合	45
回答しづらい調査票の場合	44
調査内容が複雑な場合	42
調査員の態度が気に入らない	37
興味のあるテーマでない	20
謝礼がない場合	18
その他	1

（出典：（社）日本マーケティング・リサーチ協会被調査者の調査研究委員会編「平成18年度調査技術研究部会報告書」2007年より）

ている場合に訂正または削除を要求する権利の存在ならびに当該権利を行使するための具体的方法

　これも，プライバシーマーク制度に則ったものである．個人情報の開示，訂正，削除に応じることを示し，その方法を調査対象者に知らせるために，「お答えいただいた内容について，訂正などがありましたら，下記の担当者までご連絡ください」と記載する（Ⅰ-7「調査対象者の個人情報・プライバシーの保護」を参照）．

(f)　調査協力に対する謝礼

　一般的に，調査は調査対象者の協力を得て回答してもらうものであるから，協力に対する謝礼（品）として多少のものを提供する．ただし，世論調査などでは，謝礼を提供しない場合もある（詳しくはⅥ「調査の実施」を参照）．

　調査対象者に対して謝礼（品）を提供する場合は，挨拶文の中に明記するとよい．

(ハ)　調査主体

表Ｖ－4に示すように，どのような機関が調査を行っているのかわからな

V. 調査票の設計　　151

くては，調査対象者は不安を憶えるであろう．そこで，調査を実施している
主体の名称，住所，電話番号，さらには担当者名まで明示し，対象者の不安
感を排除する．また，それらを明示することによって，調査対象者からのさ
まざまな問い合わせが可能になるようにする．同時に，前掲の(ロ)の(e)のため
でもある．

調査主体名は，国，地方公共団体，公的機関などの場合はその機関名を明
示し，調査の実施を他機関に委託している場合は，委託先名を併記すること
が多い．企業の場合は，調査実施の委託先の機関名で調査を行うことが多い．

(ニ)　調査票記入方法の説明

留置き調査や郵送調査では，調査対象者が調査票を読みながら自分で回答
を記入することとなるので，回答方法の説明を記載しておく必要がある．

(ホ)　調査票回収日の明示

留置き調査では，調査対象者にいつまでに回答を終えてもらい，いつ調査
員が回収に訪問するかを明示しておく必要がある．郵送調査では，いつまで
に投函してもらいたいかを明示する必要がある．

明示する場所は，留置き調査では調査票上，挨拶状，回収用封筒のいずれ
か，郵送調査では調査票上か挨拶状のいずれかである．

(ヘ)　管理番号

調査対象者の抽出段階から，調査の実施段階を経て，集計段階に至るまで，
データ管理は個々の調査対象者（調査票）単位で行われる．たとえば，調査
が完了したかどうかのチェックは，個人（個票）単位で行うし，集計段階に
おけるデータの入力ミスの修正も個票単位で行われる．したがって，調査対
象者名簿で個々の標本を識別する番号を付け，調査票上には管理番号欄を設
け，その番号を記入しなければならない．完了した調査票のデータ入力にあ
たっても，その管理番号を付けてデータ入力を行うこととなる．

最近では，プライバシー意識の高まりから，管理番号と調査対象者名簿の
照合により個人の特定が可能であることを調査対象者に想起させる可能性が

あるため，バーコードやQRコードを利用する場合もある。

(ト)　調査対象者の氏名，住所，電話番号の記入欄

調査は無記名が原則であるが，郵送調査における調査完了後の調査対象者への謝礼（品）の送付や，調査完了後の調査員による不正行為などの検査（inspection）のために，調査対象者の氏名，住所，電話番号を必要とする場合もある．

(チ)　個人情報保護法に基づく調査対象者への告知

前掲のとおり，個人情報保護法の改正（2017年施行）に伴い，個人情報保護の規定内容が強化された（「Ⅰ－7－(1)　個人情報保護の強化」を参照）．

そこで調査対象者に対して，下記のような調査主体，調査の目的，調査結果の利用，調査対象者の権利等を告知し，理解を求めた上で，調査協力を依頼する必要がある．

a）事業者の名称

b）個人情報保護管理者（若しくはその代理人）の氏名又は職名，所属及び連絡先

c）利用目的

d）個人情報を第三者に提供することが予定される場合の事項

　－第三者に提供する目的

　－提供する個人情報の項目

　－提供の手段又は方法

　－当該情報の提供を受ける者又は提供を受ける者の組織の種類，及び属性

　－個人情報の取扱に関する契約がある場合はその旨

e）個人情報の取扱いの委託を行うことが予定される場合には，その旨

f）A.3.4.4.4～A.3.4.4.7に該当する場合には，その請求等に応じる旨及び問い合わせ窓口

g）本人が個人情報を与えることの任意性及び当該情報を与えなかった場合に本人の生じる結果
h）本人が容易に知覚できない方法によって個人情報を取得する場合には，その旨

　以上の項目は，調査依頼にあたって最初に調査対象者に告知し，理解を求めるべきである．そこで，調査票の挨拶文と重複する部分もあるが，最初に調査対象者に配布できるように，別紙で作成するのが妥当であろう．

5．尺　　度

　調査における測定の方法には，第1種測定法と第2種測定法がある．第1種測定法とは，尺度（scale）を用いるものであり，第2種測定法とは尺度を用いず，調査を実施する側，あるいは調査対象者の主観的判断に依存する方法である．[5)]

　第1種測定法における尺度とは，調査対象者の回答を測定する物差しであり，質的な回答内容を測定する尺度と，量的な回答を測定する尺度とに大別され，表V−5に示すように，前者には名義尺度（nominal scale）と順序尺度（ordinal scale）が含まれ，後者には間隔尺度（interval scale）と比例尺度（ratio scale）が含まれる．

表V−5　尺度の種類

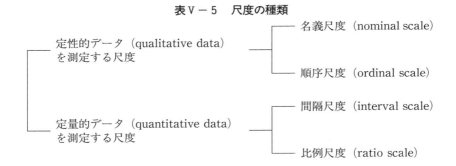

(1) 名義尺度

名義尺度は名目尺度とも呼ばれ，取り扱う事象を互いに排他的な複数のカテゴリー（選択肢）に分類し，それぞれのカテゴリーに数字の符号を与えるが，与えられた数字は数量としての意味を有していない．

たとえば，性別を「1．男」，「2．女」と分類するが，両者の間には，順序や距離はない．

したがって，統計では各カテゴリーの頻度（frequency）として取り扱い，最頻値（mode）や相関（correlation）を求めたりするが，平均値（mean）を求めることはしない．

(2) 順序尺度

順序尺度は順位尺度とも呼ばれ，取り扱う事象を，大小，強弱，優劣などの基準によって並べるものであるが，それは単に比較上の位置を示しているに過ぎない．

たとえば，与えられたタレント名の中から好きな順に名前をあげるとする．その結果は，好悪の順序を示すが，それぞれのタレントの間の量的な差は推計できない．

したがって，統計では頻度や百分位数（percentile）として取り扱うが，平均値や中央値を用いて取り扱うことはできない．

ただし，順位を順位得点（rank score）に変換して，数量として取り扱うことが一般的に行われている．順位得点は，1位に3点，2位に2点，3位に1点といった点数を与える方法である．

また，収入を自由回答形式を用いて調査対象者に実数で記入させれば比例尺度であるが，「○○○万円～○○○万円まで」といった尺度型のカテゴリーを与えて回答を得ると，順序尺度となる（V－7－(2)－③「尺度型」を参照）．

この場合，各カテゴリーの下限値と上限値の間の中位数を与えて，平均値を計算することは可能である．（V－7－(2)－③「尺度型」を参照）．

V．調査票の設計　155

(3) 間隔尺度

間隔尺度は距離尺度とも呼ばれ，対象とする事象を距離として取り扱うものであり，その距離は尺度のどの部分でも同じ距離である．

たとえば，「1．非常によい」，「2．よい」，「3．どちらともいえない」，「4．悪い」，「5．非常に悪い」といった5段階の尺度では，それぞれのカテゴリー間の距離は1と仮定されている．

したがって，統計では平均，標準偏差（standard deviation），相関係数（correlation coefficient）などを用いて取り扱うことができる．

なお，次の比例尺度と異なるのは原点（絶対0点）がないことで，この意味で温度は間隔尺度の一種である．

(4) 比例尺度

比例尺度は比率尺度とも呼ばれ，対象とする事象の属性が他のそれと比べてどのくらいの比なのかという値で取り扱う．その比は同等性があり，固有の原点（絶対0点）が存在する．

たとえば，年齢は時間距離によって構成され，誕生時の0歳という原点が存在し40歳は20歳の2倍歳とっているというように，比較することができる．

統計では，平均値，標準偏差，比率（ratio）などのさまざまな統計量を用いて取り扱うことができる．

6．尺度構成

調査票の設計段階において，調査課題をどのような物差しを用いて計測するかは重要な問題である．この物差しが尺度であり，調査課題に対応した物差しの構成を尺度構成という．とくに，さまざまな局面からの測定が考えられる調査対象者の態度測定においては，尺度構成が調査の成否を左右する重要な要素となる．

態度測定のための尺度には，「1．非常によい」，「2．よい」，「3．どちらともいえない」，「4．悪い」，「5．非常に悪い」といったような間隔尺度が

用いられることが多い．尺度構成は，一般的に多くの項目をあげて測定を行い，結果を分析して調査課題を測定するのに妥当な項目を抽出・修正して，尺度構成を確定させる．この尺度構成を用いて調査を行うという手順をふむ．

　態度を測定する尺度構成には，一次元尺度構成（unidimensional scaling）と多次元尺度構成（multidimensional scaling）がある．代表的な一次元尺度構成には，サーストンの尺度構成（Thurstone scaling）[6]，リッカートの尺度構成（Likert scaling）[7]，ガットマンの尺度構成（Gutman scaling）[8]，SD尺度構成（semantic differential scaling）などがあげられ，多次元尺度構成ではMDS（multi dimentional scaling method）があげられる．

　サーストンの尺度構成もリッカートの尺度構成も，まず多くの項目をあげて測定し，その分析結果から項目を絞って尺度構成を確定する手順をふんでいる．サーストンの尺度構成で用いる尺度は，両極尺度型の多段階間隔尺度である．リッカートの尺度構成で用いる尺度は，両極バランス尺度型の5段階の間隔尺度である．集計段階では，サーストン尺度構成は平均尺度スコアを調査対象者のスコアとするが，リッカート尺度構成は標準化（平均0，分散1）してカテゴリーにスコアを与える方法をとる．

　ガットマン尺度構成は，両極尺度を用いて測定した項目ごとの反応パターンを整理し，そのパターンが一次元に並ぶ時，項目ごとにスコアを与えて計算した調査対象者の合計スコアも，その計測対象となった態度に関して，一次元の尺度を構成するとみなす手法である．

　SD尺度構成は，7段階または5段階の相対バランス尺度で測定した結果を因子分析（factor analysis）を用いて分析し，その結果から各因子を代表する尺度を測定し，調査を行う．その結果を因子分析を用いて分析し，算出された因子スコア（factor score）を態度スコアとする手法である（因子分析については，IX－2－(2)「因子分析」を参照）．

7. 回答形式の設計

調査票の設計にあたっては，尺度構成を念頭におきながら，表V－6に示すようないくつかの回答形式の中から，その質問内容にとって妥当な回答形式を選び，自由回答以外の回答形式を選んだ場合は，選択肢の設計を行うこととなる．

(1) 自由回答形式

自由回答（open‒ended question：OA，free answer：FA）には，調査を実施する側あるいは調査対象者の主観的判断に依存する第2種測定方法にあたり，調査対象者が質問内容に対して自由に該当する事項や意見・態度を回答する方式や，数量を回答したり，該当する数値を配分したりする方式が含まれる．

① 自由回答型（意見や態度など）

調査対象者が質問内容に対して自由に該当する事項や意見・態度を回答する方式で，オープン・エンド型（open‒ended question）と呼ばれる．選択肢を提示するプリ・コード形式（pre‒coding）では，調査対象者の回答傾向を十分吟味して選択肢を設定しないと，調査対象者の回答に該当する選択肢がなかったり，調査対象者の回答を提示した選択肢の方向へ誘導することになりかねない．これに対して，自由回答形式は調査設計者が想定できなかった

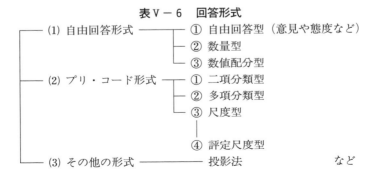

表V－6　回答形式

回答を拾い出すのには適した方法である.

しかし，調査員や調査対象者の主観的判断に依存する部分が大きいため，判断基準の異なる回答が混じり込んだり，回答傾向のばらつきが大きくなる恐れがある．また，自由に答えた回答内容をとりまとめるのに時間と手間を要するという問題もある.

② 数量型

調査対象者の回答を数量で得る方法で，たとえば年齢，収入額，小遣いの額などを実数字で回答してもらう時に用いられる.

ある値からある値までを，ひとつのカテゴリーにくくってプリ・コード化する尺度型（scale）よりも正確な回答を得ることができるが，集計段階では度数分布（frequency distribution）に変換するために時間と手間がかかる.

また，調査対象者に抵抗感のある質問，たとえば年収額を聴くような質問では，経験的に数量型の自由回答形式よりも，尺度型のプリ・コード形式の方が回答を得やすいといわれている.

③ 数値配分型

調査対象者に一定の数量を与え，項目ごとにその数量を配分させる方式で，たとえば家計支出を100％とした時の食費の割合を聴くなどのように用いられる．最近は家計簿を付けている世帯が少ないので，食費の割合を聴くためには，家計簿を付けてもらう家計調査を行うか，数値配分型の質問で食費のおよその割合を回答してもらうこととなろう.

この方式の質問も，数量型の質問と同様，回答結果をとりまとめるのに時間と手間がかかる.

⑵ **プリ・コード形式**

プリ・コード形式は調査対象者の回答を選択肢の中から選ばせる方法で，選択肢が回答の助成となり，対象者にとっては回答しやすいといえる．しかし，選択肢を提示することは調査対象者に回答の枠組みを与えることとなり，十分な吟味のもとに設計を行わないと，仮説通りの回答に導くことになりか

ねない.

　集計にあたっては，自由回答形式よりも処理が簡単であるという利点がある.

① 二項分類型

　回答選択肢が「はい」，「いいえ」などのふたつからなる回答形式を二項分類型（dichotomous choice）という．二項分類型は，経験や所有の有無を聴く質問には向いているが，意見や態度を聴く質問では程度の違いまで計測することができないという問題がある.

② 多項分類型

　3つ以上の選択肢からひとつあるいは複数の選択肢を選ぶ回答方法を，多項分類型（multichotomous choice）という．多項分類型の選択肢は各選択肢が互いに排他的であり，かつどのような調査対象者の回答もいずれかの選択肢に該当するように設計しなければならない．多項分類型の回答方法は，選択肢をひとつだけ選ぶ方式（single choice）と選択肢を複数選ぶ方式（multiple choice）に分かれ，一般的に前者はシングル・アンサー（single answer：SA），後者はマルチプル・アンサー（multiple answer：MA）と呼ばれる.

　MAの中には，調査対象者がそれぞれ該当する選択肢を自由に選ぶ方法と，選び出す選択肢の個数について「ふたつ」，「3つ」あるいは「3つまで」といった制限する方法がある．後者の方法については，質問内容に対する回答方式の妥当性をよく吟味する必要がある．たとえば，「この1年間に行ったスポーツ」を回答させるのに回答個数に制限を加えると，スポーツが大嫌いな対象者もスポーツ万能な対象者も回答に困るであろう．また，それらの人びとが回答個数の制限に無理にあわせて回答すれば，回答の基準に歪みが生じて，その結果，信頼性に欠けたデータとなるであろう.

　多項型の場合，多くは複数の選択肢のほかに「その他」の選択肢を設ける．これは，調査設計者が想定できなかった回答を拾い出すためで，「その他」には（　　）を設け，その内容を調査対象者に具体的に回答してもらう．「その他」はあくまで回答選択肢の設計を吟味しつくし，それでも想定できなかっ

た回答を拾いだすものであるから，出現率が10%を超えるようでは回答選択肢の吟味が不十分であったということになろう．

なお，対象者は選択肢の数が多いと一つひとつの選択肢をよく確認せず，該当する選択肢が存在するにもかかわらず，「その他」に〇印を付ける傾向がある．この場合，（　　）内の記述を確認し，すでに選択肢が存在する場合は，「その他」の〇印を消去して該当する既存の選択肢に〇印を付ける修正を行うこととなる．このためにも，「その他」の選択肢には（　　）を設け，その内容を具体的に記述させる必要がある．

③　尺度型

尺度型（scale）にはさまざまな形式があるが，態度測定に使う評定尺度（rating scale）については④に別記するので，ここでは数量をカテゴリーに分類した選択肢を用いる尺度型について触れる．

たとえば，年齢や収入額などの数量をカテゴリー化する時の原則は，次の通りである．なお，これらの原則は，実数で得た回答をカテゴリー化する場合にも適用される．

(イ)　各カテゴリーの間隔の幅は同じ値にする．

　　　例：(年齢) 5 歳間隔

　　　　　1．0 ～ 4 歳

　　　　　2．5 ～ 9 歳

　　　　　3．10～14歳

　　　　　4．15～19歳

　　　　　5．20～24歳

　　　　　6．25～29歳

　　　　　7．30～34歳

　　　　　　　　：

　　　　　　　　：

V. 調査票の設計　161

　　　　　　　　：

㈹　実際の分布にあわせて，カテゴリーの間隔の幅を変える．

　　例：（年収）年収は400万円から800万円に多く分布している．

1．〜100万円	11．〜750万円
2．〜200万円	12．〜800万円
3．〜300万円	13．〜900万円
4．〜400万円	14．〜1,000万円
5．〜450万円	15．〜1,200万円
6．〜500万円	16．〜1,400万円
7．〜550万円	17．〜1,600万円
8．〜600万円	18．1,600万円超
9．〜650万円	
10．〜700万円	

　なお，カテゴリーの間隔の幅を変える時は，上記の例のように，50万円，100万円，200万円といった倍数の値を用いる．

㈩　カテゴリーの境界の値がどちらのカテゴリーに入るのか明確にする．

　以下，超あるいは未満，以上がわかるように表示する．

　ところで，境界値を「以上」，「超」あるいは「以下」，「未満」のどちらを採用するかによって，算出される平均値に差異が生じる．例えば，上記の事例のように「以下」を採用した場合，年収400万円の標本は「4．〜400万円」のカテゴリーに入る．平均値の算出時には，300万円超から400万円までの中間の値である350万円が与えられる．ところが，「未満」を採用した場合は，年収400万円の標本は「400〜450万円未満」のカテゴリーに入り，平均値の算出では400万円から450万円未満の中間の値である425万円が与えられることとなる．したがって，同じ標本を調査した結果でも，年収の平均値は「以下」の場合よりも「未満」の場合の方が高額となる．そこで，時系列調査や他の調査結果との比較を行う調査では，前回の調査あるいは比較対照する調査と

同一カテゴリーを採用しないと，平均値の比較が不可能となる．

　なお，平均値の算出にあたって，もっとも低額ともっとも高額のカテゴリー，すなわち両端のカテゴリーについては，次のような方法を採用する．上記の事例の両端のカテゴリーについて考えてみる．「1．〜100万円」のカテゴリーについては，0円から100万円の間に分布があると考えられるし，「18．1,600万円超」のカテゴリーについては，1,600万円超よりさらに高額な分布があると考えられる．そこで，平均値の算出にあたっては，「1．〜100万円」のカテゴリーには，隣接する「2．〜200万円」のカテゴリーの100万円超から200万円までの幅である100万円の2分の1の値である50万円を，「1．〜100万円」の上限値100万円から減算した50万円を与える．「18．1,600万円超」のカテゴリーには，隣接する「17．〜1,600万円」のカテゴリーの1,400万円超から1,600万円までの幅である200万円の2分の1の値である100万円を，「18．1,600万円超」の下限値1,600万円に加算した1,700万円を与える．

　④　評定尺度型

　量的測定を3段階以上のカテゴリーに分類し，測定する手法を評定尺度と呼ぶ．一般的に態度を測定する場合，その強弱の度合いまで必要とされることが多いため，4段階あるいは5段階以上の評定尺度型を用いることが多い．

　評定尺度にはさまざまなタイプがあり，また，用い方にもさまざまな留意点がある．

　(イ)　両極尺度と単純尺度

　「良い」と「悪い」などのプラスとマイナスの両方の極を示す尺度を両極尺度（bipolar scale）と呼び，プラス側ないしはマイナス側の片側のみを示す尺度を単純尺度（monopolar scale）と呼ぶ．

　態度測定では，「良い」，「悪い」や「賛成」，「反対」などの両極尺度を用いることが多い．

　(ロ)　バランス尺度とアンバランス尺度

　「非常によい」，「よい」，「どちらともいえない」，「悪い」，「非常に悪い」と

いったように，中立点の左右のカテゴリー数を等しくし，かつ等間隔にした
尺度をバランス尺度（balanced scale）と呼び，中立点の左右のカテゴリー数
が異なったり，間隔が異なる尺度をアンバランス尺度（unbalanced scale）と
呼ぶ．

　一般的にアンバランス尺度は回答の偏りを招くため，バランス尺度を用い
ることが多い．

　㈥　強制選択尺度と非強制選択尺度

　「非常によい」，「よい」，「どちらともいえない」，「悪い」，「非常に悪い」と
いったように中立点に「どちらともいえない」というプラス，マイナスどち
ら側も選択しない選択肢を設けた尺度を，非強制選択尺度（non-forced
choice scale）と呼び，中立点の「どちらともいえない」を取り去り，強制的
にプラス，マイナスいずれかの側の選択肢を選択させる尺度を，強制選択尺
度（forced-choice scale）と呼ぶ．

　中立点のカテゴリーを表示する非強制選択尺度では，中立点に調査対象者
の回答が集まってしまい，対象者の態度が鮮明に分かれない傾向がある．他
方，中立点を取り去った強制選択尺度では，調査対象者の曖昧な回答もむり
やりプラス，マイナスのいずれかへ導くこととなり，対象者の実際の姿を的
確に反映しない恐れがある．調査対象者の回答が鮮明に分かれていないと解
析段階で問題が生じる場合などは強制選択尺度を用いることもあるが，とり
あえず対象者の態度を的確に把握しようとする場合は，非強制選択尺度を用
いるのが妥当であろう．

　㈣　相対尺度と絶対尺度

　ＰとＱのふたつの測定対象を明示して比較評価を得る尺度を，相対尺度
（comparative scale）と呼び，比較対象なしにひとつの測定対象について評価
を得る尺度を，絶対尺度（noncomparative scale）と呼ぶ．また，相対尺度の
ように，測定対象をふたつ取り出して一組にして比較する手法を一対比較法
（paired comparison）という．

164

例：

相対尺度（PよりQが）　　　1　　　2　　　3　　　4　　　5　　（QよりPが）

　　　　　　　　　　　　　非常に　　　　どちら　　　　非常に
　　　　　　　　　　　　　よい　　よい　ともい　よい　よい
　　　　　　　　　　　　　　　　　　　　えない

絶対尺度（Pについて）　　　1　　　2　　　3　　　4　　　5

　　　　　　　　　　　　　非常に　　　　どちら　　　　非常に
　　　　　　　　　　　　　よい　　よい　ともい　悪い　悪い
　　　　　　　　　　　　　　　　　　　　えない

　　　　　　（Qについて）　　　1　　　2　　　3　　　4　　　5

　　　　　　　　　　　　　非常に　　　　どちら　　　　非常に
　　　　　　　　　　　　　よい　　よい　ともい　悪い　悪い
　　　　　　　　　　　　　　　　　　　　えない

(ホ)　ワーディング

　評定尺度のカテゴリーの名称のワーディングにも，さまざまな手法がある．

(a)　カテゴリーの名称の表示方法

　例1：（カテゴリーの名称をまったく表示しない）

　　　　＋2　　　＋1　　　±0　　　－1　　　－2

　例2：（カテゴリーの名称の一部しか表示しない）

　　　　＋2　　　＋1　　　±0　　　－1　　　－2

　　　　よい　　　　　　　　　　　　　　　　悪い

　例3：（カテゴリーの名称をすべて表示する）

　　　　＋2　　　＋1　　　±0　　　－1　　　－2

　　　　よい　　やや　　どちら　　やや　　悪い
　　　　　　　　よい　　ともい　　悪い
　　　　　　　　　　　　えない

V. 調査票の設計　　165

(b)　カテゴリーの両極を強調する場合としない場合

　同じ内容の質問で両極を強調すると，強調しない場合より中立点寄りに回答が集まることが考えられる．調査対象者の回答をなるべく両極に分散させようとするならば，両極を強調しないワーディングを採用する方がよかろう．

例1：（両極を強調する場合）

＋2	＋1	±0	－1	－2
非常によい	よい	どちらともいえない	悪い	非常に悪い

例2：（両極を強調しない場合）

＋2	＋1	±0	－1	－2
よい	ややよい	どちらともいえない	やや悪い	悪い

㈠　カテゴリー数

　中立点の左右のカテゴリーを対称型にするバランス尺度で，かつ中立点の選択肢を設ける非強制選択尺度の場合，カテゴリー数は中立点のカテゴリーを含めて3以上となる．

　カテゴリー数を3とすると，両極のカテゴリーはそれぞれひとつずつとなり，調査対象者の態度の強弱を測定することはできない．このため，態度測定の場合は中立点の左右にふたつずつ以上のカテゴリーを設けた5段階以上の尺度が用いられることが多い．

　7段階以上の尺度を用いることもあるが，経験的には両極の回答分布が極端に少なくなる傾向があることがわかっている．そこで，重要な質問や質問内容によっては7段階以上の尺度を用いることがあるが，多くの場合5段階の尺度を用いるのが一般的である．

⑶　その他の回答形式

　その他の回答形式として投影法（projective technique）があげられる．投影法は，調査対象者自身を自分以外の人やモノなどに投影させて，自身の姿をより自由に表明させる心理学の手法である．

　投影法には，調査対象者に途中に空白を設けた短い文章を提示し，空白を埋めさせる文章完成法（sentence completion），略画を提示し補完させる略画完成法（cartoon completion），語句を提示し連想させる語句連想法（word association test），調査対象者に本人のことを聴かずに周囲の人の行動や動機を聴き，対象者の本心を探り出す推測法（guess test）などがある．

　投影法は，少人数を対象に心理学などの専門家が設計・実施・解釈するならばよいが，大量の標本を対象に定量的手法で実施する調査には向かないし，まして設計・解釈を専門家以外が行うと，結果の解釈が困難となる点に留意する必要がある．

　　例：（語句連想法）次にあげる企業について，それぞれ連想する動物の名前
　　　　をあげてください．

　　　　　　○○商事　→　象30％，ライオン10％，虎5％…

　　　　　　△△物産　→　キリン25％，馬15％…

　　　　　　××興産　→　くじら40％，象10％…

　　　　　　　　　　　　⋮

8．尺度構成の実際

　尺度（scale）とは，調査対象を測定するための仕組み，つまり物差しにあたるものであり，尺度を使って調査対象を数値化して測定する方法を尺度構成（scaling）という．すなわち，特定の事項に関して測定するために検討・作成された質問・選択肢の組み合わせは，尺度構成である．

　特定の事項に関する尺度構成は，当初，調査者がその事項に関連するさまざまな知識・情報や資料に基づいて作成するが，それをそのまま調査に用い

ることは不適切である．これまで何回も調査に用いられ，一定の妥当性と信頼性が保証された尺度構成はともかく，調査者が頭の中で作りあげただけの尺度構成には，偏りや欠落などがないとはいえないからである．

尺度構成について理解を深めるためには，実例をあげて説明するのがよかろう．しかし，尺度構成の作成から妥当性と信頼性の検討過程は千差万別であり，すべてを紹介することは困難である．

そこで，まずもっとも単純な尺度構成の事例をあげる．

現代社会では，マス・コミュニケーション，とくに新聞とテレビが人びとに与える影響は大きい．この新聞とテレビというふたつのメディアを比較すると，新聞は文字をもって論弁的形式に従って編集されるのに対して，テレビは映像・音声をもって現示的形式に従って編集されるものであり，その特性は異なるものである．したがって，同じ事象のメッセージ内容であっても，編集されたものは，一方は新聞的事実であり，他方はテレビ的事実である．したがって，受け手の受容のしかたは異なったものとなる．受け手は新聞的事実を論理的に解読・受容しようとし，テレビ的事実は情緒的に受容することとなる．そこで，受け手の中に形成される事実も異なったものとなるのである．

ここで，受け手である人びとのマス・メディアへの接触・選好・評価などに目を転じ，検討してみる．人びとの中には，このような点で新聞に偏った人とテレビに偏った人，いずれにも偏りのない人がいることは，容易に予見できるであろう．ところで，受け手のマス・メディアからのメッセージの受容過程は，まずメディアへの接触から始まる．そこで，調査では受け手の新聞とテレビの接触についての尺度構成を行い，この尺度を層別基準として，各層のメディア選好や評価などの異同を計測しようとした．

そこで，次のふたつの質問を作成し，調査を行った．

問1　あたなはふだんどのくらいの時間，新聞を読んでいますか．回答欄

に具体的に記入してください.

　　　1日あたり　□□□□　分程度　　　×　新聞は読まない

問2　あたなはふだんどのくらいの時間，テレビを見ていますか．回答欄
　　に具体的に記入してください.

　　　1日あたり　□□□□　分程度　　　×　テレビは見ない

　調査の結果得られたデータを，新聞・テレビ別に最大値から最小値（読ま
ない，見ない）に順に並べ，中央値を用いて，新聞・テレビそれぞれについ
て「接触の多いグループ」と「接触の少ないグループ」に分類する．さらに，
新聞（2分類）とテレビ（2分類）の分類をかけあわせて，次のパターン
（4分類）を作成し，尺度を構成する．

新聞閲読

		多　い	少ない
テレビ視聴	多い	新聞閲読多い テレビ視聴多い	新聞閲読少ない テレビ視聴多い
	少ない	新聞閲読多い テレビ視聴少ない	新聞閲読少ない テレビ視聴少ない

　このような手法を用いた尺度構成の実例を示しておく．表Ⅴ-7に示すデー
タは，首都圏で実施した調査の日常のテレビ視聴時間と新聞閲読時間の回
答結果をクロス集計したものである．

　この調査では，テレビ視聴時間，新聞閲読時間とも，時間を階級化した選
択肢を与えた尺度法を用いて回答を得ている（尺度法については，Ⅴ-7-
(2)-③「尺度型」を参照）．このため，視聴時間の多少，閲読時間の多少によ
ってそれぞれふたつに分類するにあたっては，中央値を用いることができな
いので，分布上ほぼ真ん中にあたる階級を用いて2分類した．結果は以下の

表Ⅴ-7 新聞閱読時間 × テレビ視聴時間

各セル：上段＝横100%、中段＝縦100%、下段＝n数

テレビ視聴時間	計	0～10分未満	～20分未満	～30分未満	～40分未満	～50分未満	～1時間未満	～1時間30分未満	～1時間30分以上
計	100.0 / 100.0 / 2455	8.8 / 100.0 / 215	23.1 / 100.0 / 567	25.9 / 100.0 / 636	17.6 / 100.0 / 431	6.1 / 100.0 / 149	10.1 / 100.0 / 247	6.9 / 100.0 / 170	1.6 / 100.0 / 40
0～30分未満	100.0 / 3.9 / 95	20.0 / 8.8 / 19	26.3 / 4.4 / 25	26.3 / 3.9 / 25	12.6 / 2.8 / 12	5.3 / 3.4 / 5	4.2 / 1.6 / 4	2.1 / 1.2 / 2	3.2 / 7.5 / 3
～1時間未満	100.0 / 12.3 / 303	7.9 / 11.2 / 24	27.1 / 14.5 / 82	31.4 / 14.9 / 95	15.2 / 10.7 / 46	4.6 / 9.4 / 14	7.3 / 8.9 / 22	6.6 / 11.8 / 20	— / — / —
～2時間未満	100.0 / 28.1 / 690	9.6 / 30.7 / 66	26.2 / 31.9 / 181	26.2 / 28.5 / 181	17.8 / 28.5 / 123	3.8 / 17.4 / 26	10.0 / 27.9 / 69	5.9 / 24.1 / 41	0.4 / 7.5 / 3
～3時間未満	100.0 / 28.1 / 690	5.9 / 19.1 / 41	20.6 / 25.0 / 142	27.7 / 30.0 / 191	18.3 / 29.2 / 126	6.8 / 31.5 / 47	11.7 / 32.8 / 81	7.0 / 28.2 / 48	2.0 / 35.0 / 14
～4時間未満	100.0 / 14.5 / 356	8.7 / 14.4 / 31	20.2 / 12.7 / 72	21.9 / 12.3 / 78	19.7 / 16.2 / 70	7.6 / 18.1 / 27	9.3 / 13.4 / 33	9.8 / 20.6 / 35	2.8 / 25.0 / 10
～5時間未満	100.0 / 7.2 / 177	13.0 / 10.7 / 23	22.0 / 6.9 / 39	19.2 / 5.3 / 34	14.1 / 5.8 / 25	10.2 / 12.1 / 18	11.9 / 8.5 / 21	6.8 / 7.1 / 12	2.8 / 12.5 / 5
～6時間未満	100.0 / 3.4 / 83	9.6 / 3.7 / 8	22.9 / 3.4 / 19	14.5 / 1.9 / 12	20.5 / 3.9 / 17	7.2 / 4.0 / 6	12.0 / 4.0 / 10	10.8 / 5.3 / 9	2.4 / 5.0 / 2
6時間以上	100.0 / 2.5 / 61	4.9 / 1.4 / 3	11.5 / 1.2 / 7	32.8 / 3.1 / 20	19.7 / 2.8 / 12	9.8 / 4.0 / 6	11.5 / 2.8 / 7	4.9 / 1.8 / 3	4.9 / 7.5 / 3

上段：横100%、中段：縦100%、下段：n数

通りである.

・テレビ視聴時間による2分類

テレビ接触が少ないグループ（2時間未満）　　　1,088人（44.3%）

テレビ接触が多いグループ（2時間以上）　　　　1,367人（55.7%）

・新聞閲読時間による2分類

新聞接触が少ないグループ（30分未満）　　　　1,418人（57.8%）

新聞接触が多いグループ（30分以上）　　　　　1,037人（42.2%）

さらに，テレビ接触の多少の2分類と新聞接触の多少の2分類をかけ合わせると，次の4分類に分類できる.

テレビ・新聞ともに接触が少ないグループ　　　698人（28.4%）

テレビ接触に偏っているグループ　　　　　　　720人（29.3%）

新聞接触に偏っているグループ　　　　　　　　390人（15.9%）

テレビ・新聞ともに接触が多いグループ　　　　647人（26.4%）

この尺度を用いて，性，年齢などの個人属性をクロス集計すれば，新聞・テレビ接触の各パターンを構成する人びとの属性の違いが明らかになるし，メディア選好や評価などの質問結果をクロス集計すれば，人びとのメディアに対する心理的傾性が明らかになる.

次にテレビの利用・評価態度を測定する尺度を，因子分析を用いて構成する過程を紹介する.

人びとの一つひとつのテレビの利用・評価態度はいくつかの要素から成り立っており，人によって要素が異なるため，そのパターンは多様であり，多次元構造であると想定される．そこで，多次元解析を用いることを前提とした（多次元解析―多変量解析については，IX.「データ分析(2)」を参照）.

ところで，ここで測定しようとするのは態度である．態度は強弱の程度の差まで測定することが望ましいので，「1．そう思う，2．まあそう思う，3．どちらともいえない，4．あまりそう思わない，5．そう思わない」の5段階の評定尺度を用いることとした（評定尺度法については，Ⅴ－7－(2)「プリ・

V．調査票の設計　171

表Ⅴ－8　メディアの利用・評価態度の測定項目

1	家に帰ると，まずテレビをつける
2	テレビは，みていなくてもつけている
3	テレビがないと生きていけない
4	見たい時だけテレビをつける
5	仕事や勉強のときに，何となくテレビをつけておく
6	テレビをつけてから，みたい番組をさがす
7	コマーシャルの時間は，別のチャンネルに切り換える
8	面白い番組がなくて，チャンネルをいろいろ変える
9	他の人のみている番組をおつきあいでみてしまう
10	つまらない番組だと思ってもついみてしまう
11	見たい番組がない場合は，テレビをこまめに消す
12	家族と一緒にテレビを見る
13	家族と一緒に見ていても，自分が見たいチャンネルがあると変える
14	その日の重要なできごとを詳しく知ることができる
15	テレビは，楽しい気分にさせてくれる
16	テレビから刺激や興奮を得られる
17	テレビで流行やファッションを知ることができる
18	テレビは，学習に便利である
19	テレビで自分の視野が広まったように感じる
20	テレビから政治や社会の問題を考えるヒントが得られる
21	テレビは，ひまつぶしになる
22	家族とテレビをみていて，話題が増す
23	テレビでみたことが，知人・友人との話題に役立つ
24	テレビは，家族とみていて楽しい
25	地震や災害があった時，テレビをまずつける
26	テレビは，情報が早い
27	テレビの情報は本当だ
28	テレビは，映像がありリアルだ
29	テレビは，編集により事実がゆがめられていると思う
30	テレビは，娯楽番組が増えた
31	深夜テレビをよくみる
32	テレビ番組は，やらせが多い
33	テレビは，出演者だけで楽しんでいるように思う
34	テレビの娯楽番組では，テロップにより笑いを強要されている気がする
35	テレビは，双方向メディアになれば便利
36	テレビは，時計代わりである
37	テレビでは，報道番組といってもワイドショーと変わらない
38	テレビは，ほとんど見ない
39	テレビは，天気予報だけ見ている
40	最近は，地上波放送より衛星放送をみることが多くなった
41	報道番組は，キャスターが情報を操作している
42	テレビは，国民の意見を反映していない
43	テレビは，低俗だ
44	民放局はどれも似たり寄ったりだ

コード形式」を参照).

　この評定尺度は間隔尺度であり，数量として扱えるので，多次元構造を解析するのに主成分分析（principal component analysis）や因子分析（factor analysis）といった技法を用いることができる（間隔尺度についてはV－5－(3)「間隔尺度」を参照．主成分分析については，IX－2－(1)「主成分分析」を参照．因子分析については，IX－2－(2)「因子分析」を参照）.

　次に，テレビの利用・評価態度の測定項目であるが，表V－8に示すように，当初，44項目を作成した．この44項目について，東洋大学の学生を対象として，前掲の通り，5段階の評定尺度法による調査を実施した.

　その調査結果を，全体の構造を明らかにするために因子分析を用いて解析した．この結果，固有値（eigenvalue）が1.0以上の因子が14検出されたが，各因子を構成する因子負荷量（factor loading）が±0.4以上の項目を用いて因子の意味が解釈できるものは，表V－9に示す7因子であった.

　各因子の意味は，下記のように解釈できる.

　　　　第1因子：テレビ依存←→非依存にかかわる因子
　　　　第2因子：テレビの利用・満足にかかわる因子
　　　　第3因子：番組視聴態度にかかわる因子
　　　　第4因子：家族団欒視聴にかかわる因子
　　　　第5因子：番組内容批判にかかわる因子
　　　　第6因子：テレビ非視聴的態度にかかわる因子
　　　　第7因子：テレビの娯楽的利用にかかわる因子

　この因子分析の結果で，7因子のいずれでも因子負荷量が±0.4未満の項目が11項目あった．また，ふたつ以上の因子で因子負荷量が±0.4以上の項目が3項目あった．これらの計14項目を除外すると，第7因子は「つまらない番組だと思ってもついみてしまう」の1項目のみとなるため，この項目も含めて計15項目を除外し，29項目，6因子で再度因子分析を行った.

　表V－10に示す29項目による因子分析の結果と，表V－9の44項目による

V．調査票の設計　　173

表Ⅴ－9　テレビ利用・評価態度44項目による因子分析の結果（7因子）

		因子						
		1	2	3	4	5	6	7
	固有値	8.161	3.870	3.301	2.528	2.253	1.783	1.717
	パターン行列							
1	見たい時だけテレビをつける	−0.885						
2	テレビは，みていなくてもつけている	0.785						
3	テレビがないと生きていけない	0.495						
4	見たい番組がない場合は，テレビをこまめに消す	−0.478			0.351			
5	家に帰ると，まずテレビをつける	0.462					−0.432	
6	仕事や勉強のときに，何となくテレビをつけておく	0.400						
7	テレビは，情報が早い	−0.358						
8	テレビで流行やファッションを知ることができる		0.866					
9	テレビでみたことが，知人・友人との話題に役立つ		0.635					
10	テレビから刺激や興奮を得られる		0.620					0.402
11	テレビは，楽しい気分にさせてくれる		0.590					0.442
12	テレビから政治や社会の問題を考えるヒントが得られる		0.533					
13	テレビ番組は，やらせが多い		0.504					
14	テレビは，ひまつぶしになる		0.483					
15	家族とテレビをみていて，話題が増す		0.427		0.316			
16	テレビをつけてから，みたい番組をさがす			0.772				
17	面白い番組がなくて，チャンネルをいろいろ変える			0.768				
18	コマーシャルの時間は，別のチャンネルに切り換える			0.557				
19	深夜テレビをよくみる	0.309		0.537				
20	テレビで自分の視野が広まったように感じる		0.363	0.427				
21	その日の重要なできごとを詳しく知ることができる							

22	テレビは，双方向メディアになれば便利						
23	家族と一緒にテレビを見る			0.804			
24	テレビは，家族とみていて楽しい			0.671			
25	他の人のみている番組をおつきあいでみてしまう			0.578			
26	テレビは，時計代わりである			0.418			
27	地震や災害があった時，テレビをまずつける						
28	テレビは，学習に便利である						
29	テレビは，娯楽番組が増えた						
30	家族と一緒に見ていても，自分が見たいチャンネルがあると変える						
31	テレビは，国民の意見を反映していない				0.649		
32	報道番組は，キャスターが情報を操作している				0.558		
33	テレビは，出演者だけで楽しんでいるように思う				0.529	0.300	
34	民放局はどれも似たり寄ったりだ				0.508		0.390
35	テレビは，低俗だ				0.478		
36	テレビは，編集により事実がゆがめられていると思う				0.477		
37	テレビの娯楽番組では，テロップにより笑いを強要されている気がする		0.322		0.459		
38	テレビでは，報道番組といってもワイドショーと変わらない						
39	テレビは，ほとんど見ない					0.930	
40	テレビは，天気予報だけ見ている					0.644	
41	最近は，地上波放送より衛星放送をみることが多くなった						
42	つまらない番組だと思ってもついみてしまう	0.359					0.737
43	テレビは，映像がありリアルだ						0.362
44	テレビの情報は本当だ						

因子抽出法：最尤法　　回転法：Kaiser の正規化を伴うプロマックス法　　10回の反復で回転が収束.

因子負荷量±0.3以上を表示.

V. 調査票の設計　175

表Ⅴ-10　テレビ利用・評価態度29項目による因子分析の結果（6因子）

		因子					
		1	2	3	4	5	6
	固有値	7.086	3.243	2.943	2.326	1.895	1.476
	パターン行列						
1	見たい時だけテレビをつける	-0.996					
2	テレビは，みていなくてもつけている	0.735					
3	テレビがないと生きていけない	0.471					-0.302
4	見たい番組がない場合は，テレビをこまめに消す	-0.428					
5	仕事や勉強のときに，何となくテレビをつけておく	0.393					
6	テレビで流行やファッションを知ることができる		0.797				
7	テレビでみたことが，知人・友人との話題に役立つ		0.684				
8	テレビから政治や社会の問題を考えるヒントが得られる		0.664				
9	テレビ番組は，やらせが多い		0.527				
10	家族とテレビをみていて，話題が増す		0.519				
11	テレビは，ひまつぶしになる		0.402				
12	テレビで自分の視野が広まったように感じる		0.389	0.367			
13	面白い番組がなくて，チャンネルをいろいろ変える			0.888			
14	テレビをつけてから，みたい番組をさがす			0.708			
15	コマーシャルの時間は，別のチャンネルに切り換える			0.612			
16	深夜テレビをよくみる			0.412			
17	テレビは，国民の意見を反映していない				0.678		
18	報道番組は，キャスターが情報を操作している				0.537		
19	民放局はどれも似たり寄ったりだ				0.530		
20	テレビは，出演者だけで楽しんでいるように思う				0.476		

No.	項目	第1因子	第2因子	第3因子	第4因子	第5因子	第6因子
21	テレビは，低俗だ				0.437		
22	テレビは，編集により事実がゆがめられていると思う				0.425		
23	テレビの娯楽番組では，テロップにより笑いを強要されている気がする			0.338	0.425		
24	家族と一緒にテレビを見る					0.782	
25	テレビは，家族とみていて楽しい					0.672	
26	他の人のみている番組をおつきあいでみてしまう					0.558	
27	テレビは，時計代わりである					0.363	
28	テレビは，ほとんど見ない						0.942
29	テレビは，天気予報だけ見ている						0.586

因子抽出法：最尤法　　回転法：Kaiser の正規化を伴うプロマックス法　　8回の反復で回転が収束.
因子負荷量±0.3以上を表示.

因子分析の結果を比較すると，両者の6つの因子構造は，下記に示すように近似しており，項目が減少しても元の構造は維持されているといえよう.

	44項目因子分析	29項目因子分析
①テレビ依存←→非依存因子	第1因子	第1因子
②テレビの利用・満足因子	第2因子	第2因子
③番組視聴態度因子	第3因子	第3因子
④家族団欒因子	第4因子	第5因子
⑤番組内容批判因子	第5因子	第4因子
⑥テレビの非視聴的態度因子	第6因子	第6因子

ただし，「テレビで自分の視野が広まったように感じる」は，44項目の因子分析では第3因子（番組視聴態度因子）を構成する項目のひとつ（因子負荷量0.427）であったが，29項目の因子分析では，因子負荷量が共に0.4未満で第2因子（テレビ利用・満足因子）と第3因子（番組視聴態度因子）にかかわっている．そこで，この項目を除いて，28項目で再度因子分析を実施した．
　その結果は表Ⅴ－11に示す通りで，表Ⅴ－10の29項目による因子分析の結

V．調査票の設計　177

表Ｖ－11　テレビ利用・評価態度28項目による因子分析の結果（6因子）

		因子					
		1	2	3	4	5	6
	固有値	5.446	3.033	2.838	1.922	1.712	1.306
	パターン行列						
1	見たい時だけテレビをつける	−0.995					
2	テレビは，みていなくてもつけている	0.742					
3	テレビがないと生きていけない	0.478					−0.302
4	見たい番組がない場合は，テレビをこまめに消す	−0.426					
5	仕事や勉強のときに，何となくテレビをつけておく	0.392					
6	テレビで流行やファッションを知ることができる		0.753				
7	テレビでみたことが，知人・友人との話題に役立つ		0.731				
8	テレビから政治や社会の問題を考えるヒントが得られる		0.600				
9	家族とテレビをみていて，話題が増す		0.553				
10	テレビ番組は，やらせが多い		0.533				
11	テレビは，ひまつぶしになる		0.383				
12	面白い番組がなくて，チャンネルをいろいろ変える			0.891			
13	テレビをつけてから，みたい番組をさがす			0.688			
14	コマーシャルの時間は，別のチャンネルに切り換える			0.604			
15	深夜テレビをよくみる			0.425			
16	テレビは，国民の意見を反映していない				0.676		
17	報道番組は，キャスターが情報を操作している				0.540		
18	民放局はどれも似たり寄ったりだ				0.535		
19	テレビは，出演者だけで楽しんでいるように思う				0.479		
20	テレビは，低俗だ				0.440		

#	項目						
21	テレビの娯楽番組では，テロップにより笑いを強要されている気がする			0.325	0.425		
22	テレビは，編集により事実がゆがめられていると思う				0.422		
23	家族と一緒にテレビを見る					0.782	
24	テレビは，家族とみていて楽しい					0.653	
25	他の人のみている番組をおつきあいでみてしまう					0.562	
26	テレビは，時計代わりである					0.366	
27	テレビは，ほとんど見ない						0.940
28	テレビは，天気予報だけ見ている						0.581

因子抽出法：最尤法　　　回転法：Kaiser の正規化を伴うプロマックス法　　　8 回の反復で回転が収束.
因子負荷量±0.3以上を表示.

果と同様の構造が維持されているといえる．したがって，当初の44項目が28項目に圧縮され，この28項目で学生のテレビ利用・評価態度は測定可能となったのである．即ち，このような手続きによって，学生のテレビ利用・評価態度の測定に，28項目の尺度構成を適用することが妥当であると判断できる[9].

　この後，多くの学生標本を対象に28項目の尺度を用いて調査を実施し，その結果を因子分析にかけて，前掲の因子分析の結果とほぼ同様の因子構造が検出されれば，この尺度構成の妥当性と信頼性が検証されたこととなる．ここでは，尺度構成の実際的方法を紹介することが目的であり，したがってこの学生のテレビ利用・評価態度の尺度の妥当性と信頼性の検証は省略した．

注
1) 西田春彦，新睦人編著『社会調査の理論と技法（I）アイディアからリサーチへ』251ページ．
2) 同書，253ページ．
3) 林英夫，上笹恒，種子田實，加藤五郎『体系マーケティングリサーチ事典』57，219ページ．

4） 安田三郎, 原純輔『社会調査ハンドブック』〔第3版〕, 300ページ.

5） 同書, 223ページ.

6） 同書, 225〜228ページ.

7） 同書, 228〜230ページ.

8） 同書, 230〜234ページ.

9） 信頼性を表す Cronbach の α 係数は下記の通りであり, 一定の信頼性が検証された.

	項目数	Cronbach の α 係数	標準化された項目に基づいた Cronbach の α 係数
第1因子	5	.786	.784
第2因子	6	.746	.746
第3因子	5	.719	.724
第4因子	7	.706	.706
第5因子	4	.660	.668
第6因子	2	.727	.743

参考文献

① 青井和夫監修, 直井優編集『社会調査の基礎』サイエンス社, 1983年

② 飽戸弘『社会調査ハンドブック』日本経済新聞社, 1987年

③ 西田春彦, 新睦人編著『社会調査の理論と技法(I) アイディアからリサーチへ』川島書店, 1976年

④ （社）日本マーケティング・リサーチ協会『市場調査白書'98』（社）日本マーケティング・リサーチ協会, 1998年

⑤ （社）日本マーケティング・リサーチ協会被調査者の調査研究委員会編「平成18年度調査技術研究部会報告書」（社）日本マーケティング・リサーチ協会調査技術研究部会, 2007年（http://www.jmra-net.or.jp/index.html からダウンロード）

⑥ 林英夫, 上笹恒, 種子田實, 加藤五郎『体系マーケティングリサーチ事典』同文館, 1993年

⑦ 安田三郎, 原純輔『社会調査ハンドブック』〔第3版〕有斐閣, 1982年

VI. 調査の実施

1. 調査実施の手順

面接調査や留置き調査の場合,一般的に次のような手順にしたがって調査を実施する.

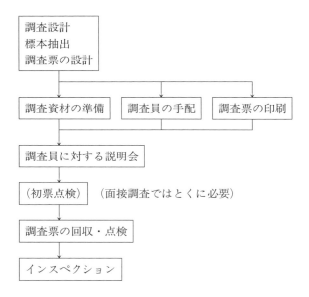

調査資材,準備作業や調査の実施方法は,調査手法によって異なるので,調査方法別の実施の項で詳述する.インスペクション (inspection) は,調査員を使って調査を実施する面接調査や留置き調査で,調査が正しく実施されたかどうかを点検する作業のことで,これについてもその項で詳述する.

2. 調査資材の準備

調査手法によって準備する資材は異なるので,手法別に準備する資材のリス

VI. 調査の実施　　181

トを掲げる.

(1) 面接調査

面接調査では，一人ひとりの調査員が担当する標本が異なる（確率比例2段抽出では，調査地点が異なる）ので，調査員別に資材を整える．そこで，調査員単位に必要な資材のリストを掲げておく.

① 調査票

調査員ひとりずつについて，担当する標本の数だけ調査票を用意する．必要があれば，予備の調査票も若干数加える.

② 調査対象者に提示する回答選択肢カード

質問によっては，調査対象者に回答選択肢を提示して選んでもらう必要がある．このため，質問別に1枚のカードで回答選択肢を一覧できるものを用意する（表VI-1を参照）．調査員一人あたり，1セットを用意する.

表VI-1　回答選択肢カードの例（巻末調査票問2-6）

問2-6〔新聞を読んでいる方に〕あなたがふだんよく読む記事は，次のどれですか．（あてはまる記事をいくつでもあげてください.）

1	国内政治	16	趣味・娯楽・レジャー
2	国際政治	17	囲碁・将棋
3	経済	18	教育・しつけ
4	株式・商況	19	婦人・家庭
5	財テク・貯金	20	社説・論説
6	社会記事	21	連載記事
7	地域ニュース	22	常設コラム
8	天気予報	23	新聞・メディアの批評
9	科学・技術	24	投書・相談
10	学芸・文化・芸術	25	こころ・宗教・信仰
11	俳句・短歌・詩歌	26	医療・健康
12	読書・書評	27	小説
13	ラジオ・テレビ欄	28	漫画
14	映画・演劇・芸能	29	その他(具体的に　　　)
15	スポーツ		

表Ⅵ－2　調査対象者一覧表の例

第16地点　東京都目黒区平町1丁目　→　移動地　平町2丁目

No.	氏名	性別	生年月日	住所	訪問状況	調査結果	調査不能理由
01	○田○子	女	昭和50年○月○日	平町1丁目○番○号			
02	○山○夫	男	昭和32年○月○日	平町1丁目○番○号			
03	○川○男	男	昭和58年○月○日	平町1丁目○番○号○○荘○号			
04	○藤○子	女	昭和22年○月○日	平町1丁目○番○号			
05	○島○美	女	昭和51年○月○日	平町1丁目○番○号○○○マンション○号			
06	○本○江	女	昭和35年○月○日	平町2丁目○番○号			
07	○中○雄	男	昭和45年○月○日	平町2丁目○番○号			
08	○崎○子	女	平成元年○月○日	平町2丁目○番○号			
09	○井○郎	男	昭和63年○月○日	平町2丁目○番○号			
10	○部○明	男	昭和37年○月○日	平町2丁目○番○号			

③　調査対象者一覧表

事前に調査対象者の抽出を行っている場合は，調査員ごとに担当する調査対象者の一覧表を用意する．

一覧表には，調査員の調査対象者宅訪問状況や調査対象者との面会の約束などの調査の進展状況や，調査の完了状況，調査不能の場合の理由などを記入する欄を設けておく（表VI－2を参照）．

調査員が調査地点で，調査対象者を抽出し，同時に調査を実施する割当抽出法を用いる場合は，調査員が担当する調査地点を指示する表を調査員ごとに用意する．

この一覧表には，訪問した調査対象者の氏名，住所，訪問状況，調査完了状況，調査不能理由などを記入する欄を設けておく．

④　調査協力証明書（面接証明書）

調査対象者が確かに調査に協力したことを証明する書類で，調査が完了した時点で，調査対象者に署名・捺印してもらう（表VI－3を参照）．

事前に調査対象者を抽出している場合は省略することもあるが，割当抽出法を用いた場合は必ず用意する．後に，調査が正しく実施されたかどうかを点検するインスペクションを行うためには，氏名のほかに，住所，電話番号を記入してもらう欄も必要となる．面接証明書を省略する場合は，調査対象者一覧表に電話番号の記入欄を設けておく．

⑤　調査対象者に対する事前の調査協力依頼状

調査対象者に対して，事前に調査協力の依頼状を郵送する．依頼状には，調査の趣旨，調査結果の利用方法，調査主体の名称・住所・電話番号・担当者氏名を明示する（表VI－4を参照）．

ただし，たとえば新聞閲読調査のように事前に調査の実施を予告すると調査結果に影響を及ぼすことが予測されるような場合は，事前に依頼状を送らない．

⑥　調査対象者に対する手持ちの挨拶状

調査対象者に調査協力を求めるために，調査の趣旨，調査結果の利用方法，

表Ⅵ－3　調査協力証明書（面接証明書）の例

第16地点　東京都目黒区平町１丁目　→　移動地　平町２丁目

No.	氏　名	住　　　所	電　話　番　号	捺印
01				
02				
03				
04				
05				
06				
07				
08				
09				
10				

表Ⅵ－4　調査協力依頼状（事前依頼）の例

調査ご協力のお願い

　はや秋霜の候となりましたが，あなた様には益々ご清祥のこととお慶び申し上げます．

　さて，私ども東洋大学社会学部社会調査室では，このたび学術研究の一環として，**一般の方々のマス・コミュニケーションの利用状況と評価について研究する目的で，調査を実施することとなりました**．この調査は首都圏に居住する15歳から69歳の方々500人から，日常のマス・コミュニケーション行動や意見，生活意識についておうかがいするものです．今回，調査を行うにあたり，15歳から69歳の方々を代表するように，くじ引きのような方法で無作為に調査対象者を選んだところ，あなた様にご協力をあおぐこととなりました．

　そこで，**〇月〇日から〇月〇日の間に，調査員がお宅にお伺いいたします**．お忙しいところを恐縮ですが，ご協力の程，よろしくお願いいたします．

　調査結果は統計的に処理し，お名前やご意見を直接公表するなどしてご迷惑をおかけすることはいたしません．また，調査結果は学術研究以外の目的で使用しないことを申し添えます．

　なお，調査員には調査ご協力のお礼に粗品を持参させますので，ご笑納ください．

2004年　　　月　　　日

東洋大学社会学部社会調査室
東京都文京区白山 5 -28-20
電話：03-〇〇〇〇-〇〇〇〇
担当：〇〇〇〇

調査主体の名称・住所・電話番号・担当者氏名，調査協力に対する謝礼（品）などについて記載した挨拶状を調査員が持参する．調査員ごとに，担当する標本の数だけ用意する．

⑦　調査対象者が不在の時に用いる挨拶状

　調査員が調査対象者宅を訪問したが不在であった時，調査協力の依頼と再訪の予告を記載した挨拶状を郵便ポストなどに投函しておけば，再訪時に対象者

の協力を得やすい．そこで，面会時に調査対象者にわたす挨拶状の記載項目（前項⑤ 挨拶状を参照）に加えて，調査員が自身の氏名や再訪日時をその場で記入する欄を設けた挨拶状も用意する．調査員ごとに，担当する標本の数だけ，あるいはそれ以上用意するべきであろう．

⑧ 個人情報保護法に基づく調査対象者への告知状

（内容は，「Ⅰ－7－(1) 個人情報保護の強化」および「Ⅴ－4－(4) その他の調査票記載事項」を参照）

⑨ 地図

調査員が調査対象者宅を見つけ出すために用いる周辺地図を用意する．住宅地図があれば，なおよい．

⑩ 調査対象者に対する協力謝礼（品）

調査に協力してもらった謝礼として調査対象者に贈る謝礼（品）を用意する．謝礼（品）は，現金や金券（図書券やテレホン・カードなど）の場合もあるし，物品の場合もある．どのようなものを用いるかは，調査対象者の特性などを考慮して決める．いずれにしても，調査はあくまで調査対象者の協力心に依存して行うものであるから，調査対象者の射倖心を煽るような高額な謝礼（品）は避けるべきである．謝礼（品）は，調査員が担当する標本の数だけ，調査員ごとに用意する．

なお，世論調査や選挙結果の予測調査など一部の調査では，調査協力に対する謝礼（品）を用いないのが慣例となっている．

⑪ 調査員に対する調査実施要領の説明書

調査員が滞りなく調査を実施できるように，調査実施要領を記載した説明書（instruction guide book）を用意する．説明書は，調査員が誤りなく調査を実施できるように，調査の趣旨と調査実施の方法，回答方法を理解させるための項目と，調査実施のスケジュールなど調査実施の手続上の問題を調査員に指示する項目を記載する．その詳細は，下記の通りである．

(イ) 調査対象者に対する協力依頼の要点

調査員が，以下の項目を的確に調査対象者に対して説明し，調査協力の依頼が行えるようにする．

- 調査の趣旨と内容
- 調査対象者の抽出方法
- 調査結果の利用方法
- 調査主体
- 調査対象者が不審を抱いたり，疑問が生じた時の問い合わせ先
- 調査協力に対する謝礼（品）　　　　　　　　　　　　　　　　など

㈑　質問票の内容と回答方法に対する理解に関する事項

調査員が正しく調査を実施するためには，各質問の内容と回答方法について理解しておかねばならない．そこで，下記の項目を説明書に記載しておく．

- 各質問の趣旨
- 各質問の回答方法（複数回答・単一回答の別，回答欄への記入方法，回答回路・非該当質問など）
- 調査終了時の回答ミス，回答漏れの確認　　　　　　　　　　など

㈐　調査実施時の禁止事項

調査員が正しい方法で調査を実施するために，調査員がしてはいけないことを説明書に明示しておく．

- 調査対象者の回答がなかなか得られない時に，回答を引き出そうとして誘導してはいけない．
- 質問の順番を変更してはいけない．
- 調査票を調査対象者に預けて，留置きしてはいけない．
- 調査票を調査対象者に見せてはいけない．
- 指定された本人以外の家族などを調査対象としてはいけない．　など

㈑　調査対象者宅の訪問に関する注意事項

調査員がスムーズに調査対象者宅を捜し出すための方法や調査対象者が不在時の対応方法，さらに調査対象者に対する応接方法についての注意事項を記載

しておく.

・地図を参照しながら,調査対象者宅を捜す.

・調査対象者宅を捜し出せない時は,交番や配達をしている商店などで尋ねる.

・クォーター抽出法を用いた場合は,調査地点における調査対象者宅の抽出方法について詳しく説明しておく.

・調査対象者宅が全員不在の場合は,日にちのみならず時間も変えて再訪問する.

・調査対象者本人は不在だが家族などが在宅している場合は,訪問の趣旨を説明し,本人の在宅日時を尋ね,再訪問する.

・調査対象者が在宅している場合は,まず本人であることを確かめてから,調査の趣旨などを説明し,協力を求める.

・調査は調査対象者の協力を得て実施するものであるから,態度や言葉遣いに配慮する. など

(ホ)　調査実施のスケジュールなどの事務的事項

各調査員が,担当する標本について滞りなく期日までに調査を完了できるように,下記の項目を説明書に明示しておく.

・調査実施の開始日時

・調査の進展状況の報告について

　報告内容,報告日,電話受信の時間帯,電話番号,報告する担当者名

・調査実施の途中で本部に問い合わせる必要が生じた場合の対処について

　電話受信の時間帯,電話番号,問い合わせる担当者名

・初票点検の実施日時と場所

・調査本部での調査員からの調査票回収の日時 など

(ヘ)　交通費などの経費明細書

(2)　**留置き調査**

留置き調査は,面接調査と同様,一人ひとりの調査員が担当する標本が異なるので,調査員別に資材を用意する.資材の内容は面接調査と似通っているの

で，面接調査と異なる部分について詳しく説明する．

① 調査票

面接調査の場合と同様である．

② 調査対象者一覧表

面接調査の場合と同様である．調査の進展状況の欄には，留置きや回収状況を記録する欄を設けておく（前掲表VI－2を参照）．

③ 調査協力証明書

面接調査の場合と同様である（前掲表VI－3を参照）．

④ 調査対象者に対する事前の調査協力依頼状

面接調査の場合と同様である（前掲表VI－4を参照）．

⑤ 調査対象者に対する手持ち挨拶状

面接調査の場合と同様である．

⑥ 調査対象者が不在の時に用いる挨拶状

面接調査の場合と同様である．

⑦ 個人情報保護法に基づく調査対象者への告知状

面接調査の場合と同様である（VI－2－(1)－⑧を参照）．

⑧ 地図

面接調査の場合と同様である．

⑨ 調査対象者に対する協力謝礼（品）

面接調査の場合と同様である．

⑩ 調査員に対する調査実施要領の説明書

面接調査の場合と異なる点のみを記載する．

(イ) 質問票の内容と回答方法に対する理解に関する事項

留置き調査は，調査対象者が調査票を読み，自ら回答を調査票に記入していく．調査員は面接調査のように調査票を読み上げる必要はないが，調査対象者に対する調査内容の説明や対象者が抱く疑問に答えるためには，調査の内容を理解しておく必要がある．そこで，面接調査と同様に，調査員は各質問の趣旨，

各質問の回答方法などを理解しておくために，必要な事項を説明書に記載しておく．

　(ロ)　調査実施時の禁止事項

　調査実施時における禁止事項は，ほぼ面接調査と同様であるが，留置き調査の場合，調査対象者が望んでも面接で調査を実施してはならない点が面接調査と異なる．

　(ハ)　調査対象者宅の訪問に関する注意事項

　調査対象者宅を捜す方法は，面接調査と同様である．本来，調査対象者本人に対して調査協力の依頼を行うのが望ましいが，調査対象者が不在で家族などが在宅している場合は，家族を通じて対象者に調査協力の依頼を行うことも許される．この時，調査票に対する回答は，必ず調査対象者本人に行ってもらうことを強調しておく必要がある．いいかげんな依頼をすると，対象者本人以外が回答する代人記入が発生する．

　(ニ)　調査実施のスケジュールなどの事務的事項

　面接調査とほぼ同様であるが，初票点検は必ずしも実施するものではない．

(3)　郵送調査

　郵送調査は面接調査や留置き調査と異なり，調査員を使わないで調査を実施する．そこで，調査資材については，ひとつの調査全体について記述する．

　①　調査票

　標本の数だけ用意する．ただし，回答を返送してこない調査対象者に再度調査票を発送するリマインダー（reminder）を実施するならば，さらに総標本数から第1回目の調査票発送数に対する回答予測数を減じた数だけ調査票を加える．

　なお，郵送料を安価におさえるために調査票は両面印刷とすることが多く，時には裏の印刷が透きとおらない程度の薄い紙を用いる場合もある．

　②　調査対象者に対する挨拶状

　調査票と同封する挨拶状で，調査の趣旨，調査結果の利用方法，調査主体の名称・住所・電話番号・担当者の氏名，調査協力に対する謝礼（品）などのほか，

VI. 調査の実施　191

回答済み調査票の返送期限を明示しておく.

　リマインダーの発送や調査協力に対する謝礼（品）の発送のためには, 回答済み調査票を返送してきた調査対象者を把握しなければならない. そこで, 調査対象者一覧表のそれぞれの標本に付けた固有の管理番号と同じ番号を調査票上に記入しておく必要がある.

　調査票の重量があり, 挨拶状を加えると規定の郵便物の重量を超えてしまい郵送料がかさむ場合は, 必要事項を調査票の1ページ目に記入して挨拶状を省略する場合もある.

　③　個人情報保護法に基づく調査対象者への告知状

　面接調査の場合と同様である（VI－2－(1)－⑧を参照）.

　④　調査票発送用封筒

　標本の数だけ用意する. リマインダーを実施する場合は, さらに予測されるリマインダーの数だけ加える.

　郵送料に留意して, あまり厚手の封筒を用いない方がよい.

　また, 標本数が多い場合は, 切手を貼らずに料金別納郵便を利用すると作業が軽減できる.

　⑤　回答済み調査票の返送用封筒

　調査票発送用封筒と同様の返信用封筒を用意する. 返信用封筒には, 宛先を明記しておく.

　調査票や挨拶状と同封して調査対象者宛郵送するので, 郵送料に配慮して厚手の封筒を用いない方がよい.

　一般的に回答済み調査票の返信率は低いので, 返信の郵送料をおさえるため, 切手を貼らずに料金受取人払いの郵便を利用するとよい.

　⑥　調査対象者に対する協力謝礼（品）

　現金, 金券, 物品など, 調査対象者の射倖心を煽らない程度のものを用いる点は, 面接調査や留置き調査と同様である. 郵送調査の場合, 謝礼（品）は調査票と同封して発送する方法と, 回答を返送してきた対象者のみに後日発送す

る方法がある．謝礼（品）を調査票と一緒に調査対象者に送れば調査票の回収率が向上すると考えられるが，回収率の低さを考慮すると謝礼（品）を後送した方が経費は節減できる．

⑦　調査対象者一覧表

調査対象者一覧表には，発送した調査票の未着（住所不明）や，回答済み調査票の回収状況を記録する欄を設ける．リマインダーの発送や謝礼（品）を後日発送する場合に必要となる．

⑧　調査進展状況の管理表

日別の調査票回収数と累積回収数を記入する管理表を用意して，回収状況を把握する（表VI−5を参照）．その状況によってリマインダーの必要性を判断する．

(4)　電話調査

電話調査の実施は，会場に調査員を集合させ一斉に実施するのが原則であるが，電話調査に習熟した調査員に各自の自宅で実施させる方法もある．この方法は，現在のような在宅率の低さや帰宅時間の遅さを顧慮すると，有効な方法であるといえよう．

電話調査は，調査員を使うがひとつの会場で一斉に実施するのが原則であるので，調査資材についてはひとつの調査全体について記述する．

表VI−5　郵送調査回収状況の一覧表の例

マス・コミュニケーションの利用と評価についての調査　回収状況一覧表　発送数 500

月/日	O/O	O/O	O/O	O/O	O/O	O/O	O/O	O/O	O/O	O/O	O/O	O/O	O/O	O/O	O/O
回収数	22	40	59												
有効回収数	20	38	58												
累積有効回収数	20	58	116												
回収率	4.0%	11.6	23.2												

① 調査票

標本の数だけ用意する．必要があれば，予備の調査票も若干数加える．

② 個人情報保護法に基づく調査対象者への告知文

面接調査の場合と同様である（Ⅵ－2－(1)－⑧を参照）．

③ 調査対象者一覧表

事前に電話番号まで調べて，氏名，電話番号を記載したものを，調査員ごとに分けて用意する．

この一覧表には，電話をかけた日時，その結果，次回電話をかける予定日時，調査完了状況などを詳細に記載できる欄を設けておく．

④ 調査対象者に事前に郵送する挨拶状

電話調査の場合，調査対象者の住所が判明していれば，事前に調査協力の依頼状を対象者に郵送する．調査結果への影響が予測される場合は，事前に依頼状を送らない．この点は，面接調査，留置き調査と同様である．

⑤ 調査対象者に対する協力謝礼（品）

面接調査，留置き調査と同様であるが，電話調査の場合謝礼（品）は後日郵送するので，住所が判明していなかったり不確かな場合は，調査完了時点で確認する必要がある．

⑥ 調査員に対する調査実施要領の説明書

調査対象者に対する協力依頼の要点，質問票の内容と回答方法に対する理解に関する事項，調査実施時の禁止事項の基本的部分は，面接調査と同様である．ただし，電話調査は調査員と調査対象者が電話による音声のみでつながっているので，対象者が嫌気がさしたり，なかなか回答しなかったりした時の対処について，詳細な対応方法を指示しておく必要がある．

(5) 電子調査

電子調査にはさまざまな手法があり，それぞれの手法によって準備する資材と作業の内容は異なる．ここでは，代表的な電子調査の手法であるインターネット調査をとりあげる．なかでもよく利用されている，調査対象者に対してE

図Ⅵ－1　インターネット調査の調査画面の例

　　今回の参議院議員選挙の比例代表区では，どの政党に投票する予定ですか．（こたえはひとつです）

　　1　自由民主党　　　　6　社民党
　　2　民進党　　　　　　7　生活の党
　　3　公明党　　　　　　8　日本のこころを大切にする党
　　4　共産党　　　　　　9　諸派
　　5　おおさか維新の会　10　決めていない
　　　　あてはまる番号と＃をおしてください

メールで通知し，メール内に表示したアドレスから調査票のホーム・ページに誘導する方式を想定して，その調査票の作成について述べる．

　①　調査画面

　調査対象者がメール内の誘導に従ってホーム・ページにアクセスすると，対象者宅のモニター画面に調査票が表示される方式が採用されている．そこで，調査票を1画面ずつ分割し（原則1質問1画面，長い質問や多くの選択肢を有する質問は，画面をスクロールさせるか，2画面以上に分割する），画面作成用プログラムを使って作成する（図Ⅵ－1を参照）．前問の質問の回答によって次問の回答を必要としないなどの回答回路については，プログラムによって画面（質問）の表示を統制し，対象者が誤答しないように作成する．

　なお，調査対象者の回答は，上り回線を通じてホスト・コンピュータに自動的に保存・蓄積される．

　②　個人情報保護法に基づく調査対象者への告知画面

　面接調査の場合と同様である（Ⅵ－2－(1)－⑧を参照）．

　③　調査対象者に対する協力謝礼（品）

　郵送調査の場合と同様である．

3．調査実施環境の変化

調査完了率（回収率）は，首都圏の大規模個人調査の場合，1970年代には80％前後であったのが，現在では60〜65％に低下している．このことは，調査実施環境が長期にわたって悪化してきたことを物語っているといえよう．

また，2003年に成立し，2005年に施行された個人情報の保護に関する法律（個人情報保護法）の影響を受けて，近年，調査協力率は頓に悪化している．

このような回収率の低下の主な要因は，調査対象者の不在と調査協力に対する拒否の増加である．それらが増加した理由を検討してみる．

① 調査対象者の不在が増加した理由

(イ) 核家族化と単身世帯の増加

かつて世帯の構成員数が多かった時代には，調査員が調査対象者宅を訪れると，家族の誰かが在宅していた．核家族化が進展した現在では，調査員が調査対象者宅を訪れても，家族の誰かが在宅している確率が低下した．また，若年層や高齢層の単身世帯も増加しており，とくに若年層の単身世帯では在宅率が極端に低く，調査対象者と会うことは非常に困難である．

(ロ) 有職主婦の増加

女性の社会進出の進展に伴い，有職主婦が増加した．核家族の主婦の在宅率が低下したのであるから，家に誰もいない状況が増えるのは当然である．

(ハ) 都市化の進展

都市化の進展により，24時間稼動する都市機能にあわせて労働時間も多様化した．勤め人は，平日の夕方以降や日曜日・祝祭日に在宅しているとは限らない．このため，調査員が調査対象者と会うことが困難となった．

(ニ) その他の社会変動

労働時間の減少と経済的余裕の増大から，余暇活動が盛んになった．また，社会規範の変化から，深夜まで帰宅しない人びとが増加した．さらに，受験戦争の激化により，放課後，予備校・塾に通う子どもが増えた．このようなこと

もまた，家族の在宅率低下の要因となっている．

　②　調査対象者の調査協力拒否が増えた理由

　㈪　調査実施頻度の増加

　国・自治体の調査から企業のマーケティング・リサーチまで，社会調査の実施頻度が増加した．社会のあり方からみれば，民意や消費者の指向を知ろうとする努力は評価されるべきことであるが，一般の人びとにとっては被調査者となる回数が増えたことを意味している．とくに，大都市部において，このような傾向が顕著である．しかも，被調査者にとって関心がないような課題を詳細に聴こうとする調査が増えている．このような被調査者の経験が，人びとの調査協力心を減退させているのではないかと考えられる．

　㈹　プライバシー意識の変化

　近年の日本人のプライバシー意識の変化については，ここで多言を要する必要はなかろう．一般的なプライバシー意識からみれば，調査の内容にこの意識に抵触するような質問が含まれているのは事実である．このようなことが，調査拒否率を増大させる要因のひとつとなっていると考えられる．とくに，2003年（一部2005年）の個人情報保護法施行の数年前から，プライバシー意識の高まりと共に，調査拒否の傾向が強まっている．（調査対象者が答えたくない質問についてはⅤ－4－⑶の表Ⅴ－1「調査対象者が答えたくない質問項目」を参照．調査拒否の理由についてはⅤ－4－⑷の表Ⅴ－3「調査を拒否する理由」と表Ⅴ－4「調査を拒否する条件」を参照）．

　㈺　調査を装う販売・勧誘の増加

　1970年代から，調査を装った勧誘や販売が増加していった．そのような経験が，人びとの間に調査というが勧誘・販売ではないか，たとえ調査であったとしても，後日勧誘や販売目的の訪問があるのではないかといった猜疑心を喚起し，調査拒否率を高める要因のひとつとなったと考えられる．

　㈻　調査に対する価値意識の変化

　一般的に，人びとの価値意識が個人化してきたといわれる．この価値意識の

変化もまた，調査協力心に影響を与えていると考えられる．

かつては，調査への協力は一種の社会参加として人びとに位置づけられていた．たとえば，高度成長期には，世論調査への協力は社会改革への参加であり，商品開発調査への協力は豊かさの実現への参加であると受けとめられていたと考えられる．

このような意味をもつ調査への協力も，価値意識が個人化した現在では，人びとにとって単に煩わしいものとなってしまったのかもしれない．

1990年代以降のIT（information technology）の発展と，それを利用した詐欺などの個人情報の悪用の拡大の中で，個人情報の保護に関する法律（個人情報保護法）が2003年に成立し，2005年に施行された．この法律の成立以前から，一般の人びとの間で個人情報秘匿の動きが高まり，調査環境は一段と悪化するに至った．

近年では2005年に実施された国勢調査ですら，協力を拒否するものが目立ち，話題となった．ここ2～3年の動向をみると，東京都が調査主体の東京都居住の個人を対象とした調査で回収率が50％強，中央官庁が調査主体の全国の企業を対象とした調査で80％強といった状況である．後者の企業調査は，回収率アップのために，未回収企業にコール・センターによる督促を行ったり，調査票を再送するなど，多大な労力と経費を投入した上での結果である．

4．回収率と推計

母集団を構成する調査単位をすべて調査対象とする悉皆調査では，一部の調査対象が調査不能となれば，調査結果はその分だけ歪むこととなる．母集団の一部を抽出して行う標本調査でも，一部の標本が調査不能となれば，標本調査の結果から推計される母集団の傾向は歪むこととなる．したがって，悉皆調査でも標本調査でも，またどのような調査手法においても，可能な限り高い回収率（完了率：completion rate）を確保することは，調査の精度を高めることに通じる重要な課題である．

ところで，調査対象者全体の回収率さえ高ければよいわけではない．たとえば，年齢別にみて若年層の回収率が低く，中高年齢層の回収率が高ければ，調査の結果は中高年齢層の行動や態度をより大きく反映したものとなる．実際，面接調査，郵送調査，電子調査のひとつであるビデオテックス調査の回収率を比較研究した結果で，面接調査では若年層と中高年齢層の回収率に大きな差があることが判明している[1]．留置き調査でも同様の傾向が生じることは想像に難くない．

同じ研究で，郵送調査の回収率の問題点も判明している．第1に面接調査に比べて回収率が極端に低いこと[2]，第2に回収が調査課題に関心がある対象者に偏っていることである[3]．

郵送調査の回収率に起因する失敗事例として，「第Ⅳ章 標本抽出と推計」の冒頭にもあげた1936年のアメリカ大統領選挙のリテラリーダイジェスト誌による事前の選挙予測調査があげられる．この選挙は，民主党の現職フランクリン・ルーズベルト（Roosvelt, F. D.）と共和党の候補ランドン（Landon, A. M.）の間で争われた．リテラリーダイジェスト誌はランドンの勝利を予測したが，結果はルーズベルトの大勝利に終わった．この失敗の原因について，標本構成

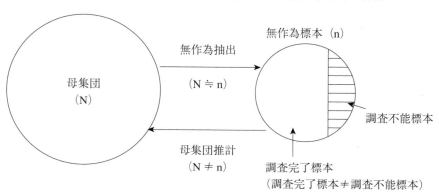

図Ⅵ－2　標本調査における母集団と標本の関係と回収率の影響

などが問題にされたが，マンジョーニ（Mangione, T. W.）は原因は回収率の低さと回収票の偏りにあると指摘している．この郵送調査の回収率は23％であり，回収票がランドン支持者に偏っていたのである[4]．

　郵送調査はこのような特性をもつため，母集団の傾向を推計することを目的とする定量調査の手法としては妥当性に欠ける面があるといえよう．

　調査票が回収された標本の特性と，回収不能となった標本の特性の間に差がなければ，回収率は問題とならず，回収標本が少なくてもそのデータから母集団の傾向は推計できる．ところが，回収不能の標本のデータは，回収不能ゆえに入手することができない．したがって，回収された標本の特性と，回収不能の標本の特性の間に差があるかどうかは，厳密には検証できない．標本抽出段階で判明している性，年齢程度しか比較検証できないが，面接調査の例で示したように，両者の間には差がある．また，郵送調査の例で示したように，そのほかの特性でも両者の間に差があることが推測される．

　したがって，第1に全体の回収率を高めること，第2に回収された標本のどの部分の特性を取り出してみてもその回収率が均等であるようにすることが，調査実施段階における重要な課題のひとつであるといえる（図VI-2を参照）．

　なお，回収率の計算（及び調査報告書への記載）については，次のような方法をとらねばならない．回収率の計算にあたっては，予備標本を用いた場合は，使用した予備標本数を正規標本数に加えたものを母数として算出すること．割当抽出法の場合は，調査依頼を行ったすべての調査対象者数を母数として算出すること．

5．調査員の手配と訓練

　面接調査，留置き調査や電話調査では，調査実施にあたって調査員を使うこととなる．いずれの調査手法においても，調査員一人あたりの担当標本数が多すぎるときめ細かな調査が実施できなくなり，回収率が低下したり，調査結果が粗雑になるか，担当分の調査が完了するまでに時間を要し，調査実施期間を

越えてしまうこととなろう.

経験的には，面接調査や留置き調査では調査員ひとりあたりの担当は20〜30標本程度，電話調査では調査員ひとり一日あたり20〜40標本程度が妥当であると考えられる.

このような基準を目安に，調査に必要な調査員数を算出し，手配する必要がある.

ところで，調査員は調査対象者の信頼を得て調査に対する協力心を喚起させ，的確な方法で調査を実施する能力を要求される．このような調査員としての適性は個人のパーソナリティにも影響されるが，主として訓練によって修得されるものである.

では，実際に調査員として働いている人びとがそのような適性を有しているかというと，疑問が生じる．また，（社）日本マーケティング・リサーチ協会の調べによれば，調査員一人あたりの平均年収は36万円程度であり，家計を維持できるような収入にはならない.[5] その結果，調査専門機関を例にとると，調査員の主力はアルバイトの学生，パートの主婦，フリーターなどであり，しかもその定着率は低い．彼らは最初から調査員としての能力を有しているわけではなく，調査に従事しているうちにトレーニング・オン・ザ・ジョブで能力を身につけているのが実態であり，同じ調査の中で担当する調査員の能力の差によって回収率が若干異なったり，調査結果に影響が生じたりしているのが実態である.

また，初心者の調査員の能力不足が問題とされるだけではなく，ベテランの調査員もまた慣れすぎて，調査の実施方法が粗雑になったり，回答を誘導するなどの問題が生じるといわれている．そこで，調査員には，初心者，ベテランを問わず業務内容を的確に理解させ，それに基づく行動ができるように教育するための不断の研修が必要となる．しかし，アルバイト学生，パートの主婦，フリーターなどの定着率の低い人材を調査員として用いる場合，このような研修を行うことは困難であろう．そこで，せめて調査員に対する説明会で調査員

VI. 調査の実施　201

の役割について詳細な説明を行ったり，調査員としての実際の行動を演じさせるロール・プレイング（role playing）を行うなどの教育を実施する必要があろう．

いずれにせよ，調査員の質は調査結果の品質を左右する重要な要素である点に留意する必要がある．

6．面接調査・留置き調査の実施

(1)　説明会

調査員に対する説明会は，調査が的確な方法で実施できるように調査員教育を行い，同時に調査が期日内にスムーズに実施されるように手順やスケジュールを周知させるために行うものである．

説明会は，調査員を一堂に集め，説明書を用いて実施するのが原則である．しかし，調査員の多くはアルバイト学生，パートの主婦，フリーターであるため，特定の日時に一堂に集めることが困難な場合がある．そのような場合は説明会を2回，3回と実施することになるが，その場合でも各回とも同じように説明を行わねばならない（説明会の内容については，VI-2「調査資材の準備」を参照）．

(2)　初票点検

初票点検（initial check）とは，各調査員が調査を実施した一票目の調査票を調査本部に持参させ，正しい方法で調査が実施されているかを点検することである．

とくに，面接調査の場合は，調査員が各質問の実施手順を理解していないと，誤った方法で調査を実施してしまう．初票点検では，各調査員が実施した一票目の調査票を点検して，この誤りを正し，以降の調査を正しい方法で実施するように指導する．この初票点検を行わないと，誤った方法で調査を実施した調査員は，その誤りに気づかずに，担当する調査票をすべて誤った方法で実施してしまうであろう．初票点検は，このような意味で調査実施過程で重要な意味

をもっている.

(3) 調査票の回収

面接調査では，調査完了時に調査員は調査票の回答に誤りや漏れがないかを点検し，そのようなものがあれば，その場で聴き直し，修正する．留置き調査の場合は，調査員が調査対象者宅を訪問し調査票を回収する際に，回答に誤りや漏れがないか点検し，そのようなものがあれば調査票を再度預けて，回答の修正などを依頼する.

このように調査票が調査本部に回収される前に調査員による点検が実施されるが，それでも誤答や回答漏れは残るので，調査員が調査票を調査本部に持参した際に，本部員の手で再度の点検を行う．この時点で誤答や回答漏れが発見された場合は，調査員に再調査を指示する.

同時に，調査員が調査票に回答を記入する（一般的にメイキングと呼ばれる）などの不正が行われていないかどうかの点検（inspection）も行う．（inspection については，VI-12「インスペクション」を参照）.

(4) 調査の実施期間

調査対象者の不在率が高まるにつれて，調査の実施期間は長期化してきた．かつて1970年代には，首都圏の個人を対象とした面接調査や留置き調査は，1週間から10日間で80％前後の回収率に達した．現在では土・日曜日を3回含む3週間をかけて回収率は60～65％どまりであり，これ以上の日数をかけても回収率はほとんど上昇しない.

回収率の悪化は調査拒否率の上昇にも起因するものであるが，調査実施期間の長期化の主な原因は調査対象者の不在率の上昇にあるといえる.

一般的な社会調査では，調査の実施に長期間をかけても，その間に調査対象者の意見や態度が大きく変化することはないと考えられるが，タイムリーな政治的課題に関する世論調査や選挙結果の予測調査では，長期間をかけて調査を実施すると，その間に調査対象者の意見や態度を大きく変化させるような事件が勃発しないとは限らない．そのようなことがあれば事件の前と後で調査対象

者の意見や態度がまったく異なるものとなり，調査結果は使いものにならなくなる．そこで，この種の調査は2〜4日間で調査を完了する．このため，この種の調査の回収率は，首都圏では50％前後にしか達しない．また，新聞閲読調査の場合は，翌日には次の新聞が発行され，調査対象者の記憶は忘却されていく．そこで，この種の調査は新聞発行直後に実施する必要がある．実際には，新聞発行日の深夜に読む人もいるので，発行日の翌日1日間で調査を実施する．

このように，調査期間は調査の内容に規定されるので，調査の課題ごとに十分に検討する必要がある．

7．郵送調査の実施

郵送調査の実施にあたって留意しなければならないのは，調査の実施期間，返信のない調査対象者に対するリマインダー実施の有無，それに調査協力者に対する謝礼（品）の送付時期の問題である．

(1) 調査の実施期間

一般の人びとを対象とした調査の場合，調査対象者に数多く含まれる勤め人が回答可能な時間的余裕を考慮して，土・日曜日を1回は含む調査実施期間を設定するべきであろう．

調査票はそれ以前に調査対象者の手元に到達していなければならないが，あまり早く配達されると忘れられてしまう恐れもある．そこで，週半ばに発送し，木曜日あるいは金曜日までに調査対象者の手元に届くようにするのが妥当であろう．したがって，調査票発送日は火曜日か水曜日となる．

回答済み調査票の投函締め切りの期日も，調査対象者に明示しておく必要がある．投函締め切り日を明示しないと，調査対象者からの調査票返送がいつまでも続き，長期間にわたって調査を終了することができなくなる．投函締め切り日は，土・日曜日に回答する調査対象者が多いことを想定すると，翌月曜日か火曜日あたりが妥当であろう．調査票が調査本部に返送されるピークは，水

曜日か木曜日になる.

このように，火曜日か水曜日に調査票を対象者に発送し，翌週の水曜日か木曜日に返送されるとすると，調査実施期間は短くても10日間程度となる.

(2) リマインダー

第1回目の調査実施の際に，回答済み調査票を返送しない調査対象者に対して，再度調査協力の依頼を行うのがリマインダーである.

リマインダーによる調査票の返送率は，経験的には数％程度と極めて低いことが知られており，郵送料などの費用に対する効果からみれば，有効性に乏しいといえる．しかし，第1回目の郵送に対する返送率が十分でない以上，たとえ数％でも回収数を増やすことは，標本調査の結果から母集団の傾向を推計するといった観点からは重要なことである.

リマインダーの手法には，調査票は再送せずにはがきなどで督促を行う方法と，調査票を再送する方法がある．はがきなどで督促する方が経費はかからないが，調査票を返送しない調査対象者はすでに調査票を廃棄・紛失した可能性があるので，調査票を再送する方が効果があるといえよう.

リマインダーの発送時期は，第1回発送分の記入済み調査票の投函締め切り日の数日後，第1回の返送がピークを越え返送数が少なくなった頃が妥当である．調査票を再送した場合もリマインダーの返送の投函締め切り日までに土・日曜日を1回入れて，締め切り日は翌月曜日か火曜日にするのが妥当であろう.

したがって，リマインダーを含む調査実施期間は，最短で2週間程度となる.

(3) 調査協力謝礼（品）の発送

郵送調査の場合，調査協力謝礼（品）を調査票と同封して郵送する方法と，回答記入済み調査票の返送者に後日郵送する方法がある.

前者の場合，調査対象者に調査に対する協力心を喚起するにはある程度の有効性があると考えられるが，調査協力謝礼（品）の重量によっては調査票の郵送費が高額になり，経費が嵩む．また，一般的に郵送調査は低回収率であるため，多くの調査非協力者に謝礼（品）を郵送する結果となり，このために後者

に比べて調査経費がさらに嵩むこととなる.

後者の場合，調査対象者に調査協力心を喚起するという点では前者に劣るが，回収率が低い程謝礼（品）の発送が少なくなるため，経費は節減できる.

8. 電話調査の実施

(1) 電話番号の照合

調査対象者を電話帳から抽出するか，電話番号も記載されている母集団リストから抽出する場合は，対象者の電話番号をあらためて調べる必要はない. それ以外の電話番号の記載のない母集団リスト，たとえば住民基本台帳などから調査対象者を抽出した場合は，電話番号を調べる作業が必要となる. 電話番号を調べる作業は，電話帳やコンピュータ・ネットワークを利用して行うこととなる.

ところで，近年セールス電話やいたずら電話の増加などが原因で，電話番号を電話帳に記載しない人が増えている. 電話帳に記載がない人の電話番号は，104番の問い合わせなどいかなる方法を用いても，判明させることができない. また，電話番号の登録者名と世帯主名が異なる場合もあり，電話帳に記載されていても，調査対象者との照合ができない場合もある. このような原因から，首都圏50km圏での住民基本台帳から抽出した調査対象者の電話番号判明率は60%程度である.

したがって，調査実施以前に，40%近い標本が調査不能となる. 電話番号を公開しない人は，若年層の単身者などに多く，また，最近はこれらの単身者の中に携帯電話しか持たないものも増えている. このように，特定の特性を有する標本が，調査実施以前に調査対象者から欠落することとなる. さらに，調査の実施段階で調査不能標本が発生するので，電話調査には，当初抽出した標本に対して回収率がかなり低くなるという問題がある.

電話帳から調査対象者を抽出した場合も，最初から母集団に電話番号非公開者が含まれていないのであるから，電話番号を照合する方法と同様の問題から逃れることはできない. さらに，個人調査の場合は，電話帳では個人を特定で

きないという問題もある．

　電話番号が記載されていない母集団リストから標本を抽出した場合，調査対象者に調査協力依頼状を郵送し，応諾者には電話番号を返信してもらうという方法もある．もちろん，すべての調査対象者が調査協力を応諾し，電話番号を返信してくれるわけではないので，応諾率をいかに上昇させるかが問題となる．しかし，調査協力を応諾し電話番号が判明した対象者については，調査実施段階で調査不能となるものはほとんどないので，他の方法に比べれば妥当性があるといえよう．

⑵　調査の実施曜日と時間

　平日の昼間の在宅率が高いのは商工自営層や専業主婦層であり，勤め人の大半は土・日曜日の在宅率が高く，平日は夕方以降でないと不在率が高い．したがって，調査は土・日曜日を含めた期間に実施すること，夕方以降の時間帯にも実施することとなる．

　調査の終了時刻は，帰宅時刻が遅い首都圏などの大都市部では遅くならざるを得ない．といっても，深夜の電話は許されるものではないし，調査の協力も得られまい．そこで，調査対象者宅に夕方ごろに電話をかけ，対象者本人の帰宅時刻を確認し，在宅している家族からその時刻に電話をかける許可を得ておく．このような方法を用いても，一般的に22時が限界であろう．調査期間が1〜2日間と短い調査では，家族に頼み込んで23時まで調査を行う場合もある．

⑶　調査協力謝礼（品）の発送

　電話調査の調査協力者に対する謝礼（品）は，一般的に調査実施後に発送する場合が多い．

　電話帳から標本抽出を行った場合，電話帳の住所は不完全な表記が多いので，調査実施時に住所の確認を行う必要がある．

9．電子調査の実施

(1)　電子機器の利用とパネル調査（モニター制）

インターネット調査などの電子調査で一般的な世帯調査や個人調査を実施する場合，使用する端末が隈なく普及しない限り，調査を実施する側が端末を用意し，対象者に貸与または供与しなければならない．このように端末を調査対象者宅に設置する必要があるが，調査の度に標本を抽出し調査を依頼し，端末を設置し直す作業を行うわけにはいかないので，電子調査の多くの手法はひとりの調査対象者に繰り返し調査を行うパネル（モニター制）を採用することとなる．

ところで，パネルとなることを許諾した調査対象者に繰り返し調査を行うと，対象者は次第に調査に回答することに慣れていき，いい加減な回答をしたり，調査設計者の期待を先取りして回答するなどの傾向が生じることがある．一種の学習効果である．このため，調査協力が一定回数に達したパネルを除外し，新しいパネルを入れ替えるのが，パネルを維持していくための必須条件である．

パネルの入れ替え時期は，調査の内容によって異なるので一概にいえない．例えば，広告注目率を電子調査で実施した場合は，経験によれば調査回数20回を超えると，パネルが疲弊することがわかっている．

(2)　調査の実施期間

電子調査の利点のひとつは，深夜も含めて調査対象者が都合のよい時刻に回答できる点であり，したがって短期間で調査を終了することができる．一般的には，調査実施の告知と無回答者への督促を電話などを利用して的確に行えば，土・日曜日を含む4〜5日間で調査を完了することが可能である．新聞閲読調査などの1日で完了しなければならないような調査への対応も容易である．

(3)　調査協力謝礼（品）の発送

調査協力謝礼（品）は，調査終了後に発送することが多い．パネルを採用している場合は，一定期間中の調査協力回数に応じて謝礼（品）の内容を変えるのが妥当であろう．

10. 個人情報に配慮した調査の実施

調査対象者の回答が記入された調査票は，多かれ少なかれ対象者の個人情報が記載されており，調査実施時の個人情報秘匿に慎重な配慮を必要とする．中でも，回答内容が漏洩した場合に，対象者個人に大きな影響を及ぼす恐れがある調査では，調査の実施段階においても漏洩防止のための十分な施策が必要となる．

たとえば，企業の社員を対象とした上司や組織を評価する調査では，回答内容と回答者名が直接関係のある他人に知られれば，その社員は報復人事の対象とされる恐れもある．

このような場合，調査票は必ず無記名とする．その調査票を社内で調査対象者に配布するとしても，記入済み調査票の回収は決して社内では行わず，返信用封筒を調査票とともに配布して，対象者と面識がない調査実施委託先などの第三者機関に郵送させるなどの方策を用いる必要がある．

このような配慮と施策は，上記の企業内調査にとどまらず，犯罪や性，医療や福祉などのさまざまな領域の調査で必要とされるものである．

11. 調査票の点検

回答済み調査票には，誤記入や記入漏れが頻発する．したがって，調査票を回収する時点で，記入状況の点検を行う必要がある．面接調査では，調査員は調査対象者宅から引き上げる前に調査票の記入状況を確認し，誤記入や記入漏れがあればその場で再調査を行う．留置き調査では，誤記入や記入漏れがあれば再度調査票を調査対象者の手元に留め置き，再度回答を依頼するのが原則である．

それでも，すべての誤記入や記入漏れをフォローできるとは限らない．そこで，調査票を調査員から調査本部に回収する時点で，調査本部員の手で再度記入状況を点検する必要がある．この時点で誤記入や記入漏れが発見されれば，調査員に再調査を指示するのが原則である．

調査票の点検にあたっては，調査対象者の回答内容を尊重し，点検者の判断で変更してはならない．人びとはすべての事象に対して合理的な判断を行い，論理的な整合性に貫かれた態度を形成しているわけではない．したがって，たとえば調査対象者がふたつの質問の間で整合性のない回答をすることも間々ある．調査は事実を探ることが目的のひとつであり，このような不整合もまた事実のひとつである．もし誤答と考えられるならば，調査対象者本人に確認するべきであり，点検者の手で修正することは以ての外である．調査票の点検にあたっては，このような点に十分に留意する必要がある．

12．インスペクション

調査結果の品質は，第1に調査設計の優劣にかかわるが，第2に調査がいかに設計に忠実に実施されるかに左右される．そこで，調査が正しく行われたか，不正がなかったかを点検するインスペクション（inspection：妥当性検証，validation）は，調査結果の品質を保持するための重要な作業のひとつである．

（一社）日本マーケティング・リサーチ協会では，インスペクションに関して独自の規定[6]を設けていたが，2019年にはこの規定が廃止され，調査の国際標準 ISO20252：2019[7]の規定が準用されることとなった．同規定では，調査員は調査機関が直接雇用し専属性が高いパートまたは契約社員扱いの「常用調査員」，調査機関に直接登録されている「登録調査員」，調査プロジェクトごとにその都度募集・採用する「アルバイト調査員」に分類される．インスペクションは，調査の品質管理を目的に，調査実施時に管理者の同行等の方法で実施されるモニタリングを前提に，その実施割合を定めている．「アルバイト調査員」については，モニタリングが75％実施されていれば，インスペクションは担当調査対象者の5％以上，モニタリング実施がそれ以下であれば，インスペクションは10％以上について実施するとしている．「常用調査員」と「登録調査員」については，熟練度によりインスペクションの頻度を調整するとしている．

インスペクションの方法は，対面，電話，郵送，電子メール等の方法を用い，

内容は，調査所用時間，デモグラフィック項目，重要な質問の回答等をあげている．

インスペクションの結果，1票でも不正票が発生した場合は，その調査員が担当したすべての調査票についてインスペクションを実施する．不正票については，すべて再調査を行うのが原則であり，再調査が不可能であった調査票は集計から除外する．

不正票の主な内容は，次のようなものである．

①　調査員が自分で調査票に記入してしまう．

調査を実施せずに調査員が自分で調査票に記入し，完了調査票を作成してしまう不正で，俗にメイキングと呼ばれる．

②　調査員が調査票の一部について自分で記入してしまう．

調査は実施するが，面接調査で調査票の一部しか調査対象者に質問せず，残りの質問については調査員が自分で記入してしまったり，留置き調査で記入漏れ箇所を調査員が自分で記入してしまう不正で，俗にスキッピングと呼ばれる．

③　調査対象者以外の人が回答してしまう．

調査対象者以外の家族などが回答してしまうケースで，代人記入と呼ばれる．面接調査や留置き調査で調査対象者が不在などの理由で回答できないため，調査員が代わりの人に回答を依頼する不正のほかに，調査員の依頼のしかたが曖昧なために発生する場合や，依頼された側が調査対象者指定の意味を認識していないために発生する場合がある．

なお，2005年に実施された日本銀行の「第23回生活意識に関するアンケート調査」で，集計結果の発表後に不正票の混入が発覚した．この事態を防げなかったのは，調査実施機関がインスペクションを怠ったためである．インスペクションは，必ず実施するべきである．

注
1）　鈴木裕久，島崎哲彦「情報機器を利用した調査法の検討（その2）」『東京大学社会情報研究所調査研究紀要』No.5，136~141ページ．

VI. 調査の実施　　211

2）　同論文，135ページ．
3）　同論文，143〜147ページ．
4）　マンジョーニ，T. W., 林英夫監訳『郵送調査法の実際』4〜5ページ．
5）　（社）日本マーケティング・リサーチ協会公的統計基盤整備委員会『公的統計
　　市場に関する年次レポート2009―魅力ある公的統計市場の確立を目指して―』
　　161ページ．
6）　（社）日本マーケティング・リサーチ協会『調査マネージメント・ガイドライ
　　ン』（III　実査管理　3　インスペクション（実査監査）），1998年9月1日施行,
　　34ページ．
7）　（一社）日本マーケティング・リサーチ協会マーケティング・リサーチ規格認
　　証協議会『ISO20252市場・世論・社会調査及びインサイト・データ分析―用語
　　及びサービス要求事項 規格解釈のガイドライン』Ver.4.0（ISO20252：2019年
　　版対応），109〜110，124〜127ページ．

参考文献
①　鈴木裕久，島崎哲彦「情報機器を利用した調査法の検討（その2）」『東京大学
　　社会情報研究所　調査研究紀要』No. 5，東京大学社会情報研究所，1995年
②　西田春彦，新睦人編著『社会調査の理論と技法(I) アイディアからリサーチへ』
　　川島書店，1976年
③　（社）日本マーケティング・リサーチ協会『調査マネージメント・ガイドライ
　　ン』1998年9月1日施行（http://www.jmra-net.or.jp/）
④　（社）日本マーケティング・リサーチ協会公的統計基盤整備委員会『公的統計
　　市場に関する年次レポート2009―魅力ある公的統計市場の確立を目指して―』
　　（社）日本マーケティング・リサーチ協会公的統計基盤整備委員会，2010年.
⑤　（一社）日本マーケティング・リサーチ協会マーケティング・リサーチ規格認
　　証協議会『ISO20252市場・世論・社会調査及びインサイト・データ分析―用語
　　及びサービス要求事項 規格解釈のガイドライン』Ver.4.0（ISO20252：2019年版
　　対応），（一財）日本規格協会，2019年
⑥　マンジョーニ，T. W., 林英夫監訳『郵送調査法の実際』同友館，1999年
　　（Mangione, T. W., *MAIL SURVEYS*：*Improving the Quality*, Sage Publica-
　　tions, 1995.）
⑦　森岡清志編著『ガイドブック社会調査』日本評論社，1998年

VII. 集　　計

1. 集計とは

　調査が終了し調査票の回収，点検，インスペクションが終了すると，次は集計作業である．

　集計作業とは，データの構造化からカウントに至る一連の作業をいう．この一連の作業と最終的な集計結果表は，定量的手法であるか定性的手法であるかにより大きく異なる．本章における集計は，社会調査法の代表的方法であり，本書が一貫して述べている質問紙による社会調査法により収集されたデータの集計作業に限定する．

　回収された個々の調査票は，一票ごとに重要な情報を提供してくれる．しかしながら個々の調査票の，個々の回答を全体として概観することは不可能である．そこで，全体的な傾向を概観するために，個々の回答を集約する作業が必要となる．このようなデータの集約作業を集計作業と呼ぶ．広義における集計作業は，エディティング（editing），コーディング（coding），データ入力，データ・チェック（データクリーニング），カウント，統計量の計算という一連の作業をいう．

　集計作業には，手集計と呼ばれる方法と，コンピュータを使用した機械集計と呼ばれる方法がある．現在手集計は，きわめてサンプル数が少ない場合や，何らかの事情で機械集計が不可能な場合などに限られて用いられている．手集計には，数え間違い，クロス項目の変更，2元クロス以上のクロス集計を正確かつ迅速に行うのが難しいといった問題点がある．機械集計を行うには，コンピュータの使用がその前提となる．以前は，コンピュータ（汎用機）を使用した機械集計が高コストであったこともあり，手集計が経験的なノウハウを蓄積してきた．しかし，ここ数年，パーソナル・コンピュータ（以下パソコン）や

SAS, SPSS に代表されるような信頼性の高いパソコン向け集計・統計分析ソフトウェアはめざましい普及をとげた．また，SAS, SPSS などの集計・統計分析専門のソフトウェアだけではなく，MS Excel などの表計算ソフトウェアや MS Access といったデータベース・ソフトウェアも，集計やデータ分析を行うに十分な機能をもつまでになった．たとえば，MS Excel は統計関数だけではなく，アドインの分析ツールという機能を有し，基本統計量の他に母平均値の差の検定（t 検定）や分散分析，回帰分析などのデータ分析も可能になっている．このように，近年のパソコンの普及や集計・統計分析ソフトウェアの充実により，機械集計＝高コストという従来の図式は改善された．むしろ，現在では標本数が多い質問紙による社会調査において，機械集計を行わないことは現実的ではない[1]．とくに，集計作業以後の統計的仮説検定や多変量解析法を適用したデータ分析において，パソコンを使用しないという状況は想定しにくい．そこで，本章では機械集計に限定して検討することにする．手集計については西田，新に詳しい[2]．

集計作業は，正確かつ迅速に行われなければならない．機械集計は，具体的には機械操作の積み上げであって，標本抽出法，質問のワーディング，質問の配列などとは異なり理論展開には乏しい．むしろ，経験的に積み上げられたノウハウやパソコン操作の習熟度が重要となる．

機械集計を前提にした集計作業は，以下のような作業手順をふむことになる．
エディティングからデータチェックまでは，得られた調査データを構造化す

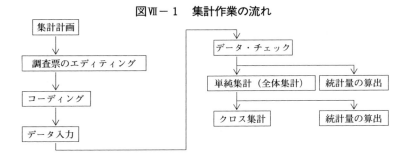

図Ⅶ-1　**集計作業の流れ**

る作業である.

単純集計（marginal count）とは，個々の調査票の回答を調査項目ごとに回答度数をカウントする作業である．クロス集計（cross tabulation）は，何らかの分類項目（break down item）ごとに回答度数をカウントするものである．これを集計結果表としてまとめる．また同時に，平均値や標準偏差などといった統計量も求める．

以下，集計作業について順を追って検討する.

2. 集計計画

集計作業を正確かつ迅速に進めるためには，集計計画が必要となる．最終的にこの集計計画は，集計計画表となる（詳細は後述）.

集計作業は，調査が終了したあとの作業である．しかし，すべての作業が調査終了後に行われるわけではない．調査企画段階においても，集計計画が必要である．とくに，調査企画段階ではクロス集計計画を立てることが重要である．このクロス集計計画は，個々の作業仮説を調査票の質問項目に沿って表現したものである．たとえば，性，年齢別に新聞閲読時間に差があるという仮説は，性と年齢という質問項目を組み合わせた部分集団を分類項目として，新聞の閲読時間をブレイクダウンしたクロス集計表として表現される.

調査企画段階で確認されなければならないのは，以下の2点である.

1点目は，いくつかの質問項目を組み合わせて部分集団を作成した場合，個々の部分集団の標本数がどの程度になるか，あるいはどのような統計量，クロス集計表を得ることができるかについて検討することである.

調査全体の標本数は，まずは標本誤差を考慮して全体の標本数が決定される（IV－8－(2)「標本誤差と標本数の設計」を参照）．この時，部分集団ごとの標本数を予測し，仮説を検証するのに十分な標本数が確保され得るかを検討する必要がある．仮説の検証に十分とはいえない標本数しか存在しない部分集団があった場合，全体の標本数を多くする必要がある．たとえば，東京都の20歳～69

VII. 集 計 215

表VII－1　1999年1月1日現在住民基本台帳による東京都の人口

	20歳代	30歳代	40歳代	50歳代	60歳代	計	男女比
男性	1,096,439	941,065	810,338	854,133	633,440	4,335,415	
（％）	25.3%	21.7%	18.7%	19.7%	14.6%	100.0%	51.0%
女性	998,849	832,953	761,737	866,038	704,965	4,164,542	
（％）	24.0%	20.0%	18.3%	20.8%	16.9%	100.0%	49.0%
合計	2,095,288	1,774,018	1,572,075	1,720,171	1,338,405	8,499,957	
（％）	24.7%	20.9%	18.5%	20.2%	15.7%	100.0%	100.0%

歳の一般男女を母集団として，全体で1,000標本の調査を計画し，性，年齢別に新聞閲読時間に差があるという仮説を検証しようとした場合，回収率を60%と予測するならば，回収標本数は600標本となる．1999年の東京都の住民基本台帳による性，年代別人口は表VII－1の通りである．

　表VII－1から600標本の内訳を予測すると，表VII－2の通りとなる．

　もっとも標本数が少ないのは，男性60歳代の45サンプルである．標本誤差の立場から標本数を決定する場合，もっとも標本数が少ない部分集団に合わせて標本数を決めることになる．ただし，標本数は，調査費用との関連もあり，標本誤差の立場のみで決めることはできない．とくに，部分集団を基準に標本誤差の立場から標本数を決めると，全体の標本数は膨大なものとなってしまう．現実には，標本数を多くできないケースが往々にして存在するであろう．標本数を多くできない場合は，分析に対する割り切りと工夫が必要とされる．上記の例でいえば，分析にあたり20歳代を若年層，30～40歳代を中年層，50歳以上

表VII－2　性×年代別予想サンプル数

	20歳代	30歳代	40歳代	50歳代	60歳代	計
男性	78	66	57	60	45	306
女性	70	59	54	61	50	294
合計	148	125	111	121	95	600

を高齢層というような再カテゴリー化を行うことにより，標本数を確保するという方法も考えられる．ただし，この場合分析者の主観のみによる再カテゴリー化は慎まなければならない．誰もが了解できる方法で再カテゴリー化が行われなければならない．また，本来は5歳階級での分析が求められる場合でも，標本数から5歳階級は傾向の記述にとどめ，分析の中心は10歳階級によるといった割り切りも必要である．

標本誤差の立場を離れて，分析に必要な標本数は，理論的な背景はないが経験的には100標本程度といわれている．先の例でいえば，男性60歳代で100標本を確保するための全体の標本数は，回収レベルで約1,270標本程度が必要となる．さらに，年代階級を5歳で分析したい場合は約2倍の2,500標本程度が必要となる．

次に，得られる統計量やクロス集計表について検討する．先の仮説例でいえば，性，年齢により説明される新聞閲読時間を実数値で測定しているのであれば，尺度水準は比例尺度であり，平均新聞閲読時間を算出することが可能である．さらにいくつかの階級に分割した上で集計すれば，その分布を比較することも可能となる．プリ・コード化されたカテゴリーで測定している場合，尺度水準は順序尺度であり，中央値を算出することが可能である．また，分布の比較を行うことも可能である．このように，集計から得られる統計量や，クロス集計表は測定方法や尺度水準の制約を受けることになる．このことは，集計後に行うデータ分析の方法も制約を受けることを意味している．

このように調査企画段階で集計計画を立てることにより，標本数，得られる統計量，クロス集計表，あるいはそこから可能なデータ分析の方法を確認することができる．こうした確認のためにもこの段階で集計計画を立てることが必要となる．

2点目は，調査仮説を検証するための質問項目が網羅されているかを検討することである．

目的は，調査仮説を検証するための作業仮説が網羅されているかを確認する

ことである．とくに，部分集団だけでなく質問間の関連により仮説を検証する場合，必要な質問が網羅されているかを確認することが必要である．具体的には，クロス集計を行う項目を確認することになる．たとえば，性別，年齢別に新聞の閲読時間が異なるという仮説で考えてみる．この場合，性，年齢が測定されているのは当然である．このほか個人属性だけではなく，支持政党や情報関心程度といったような態度を測定することが，調査目的に照らし妥当であるならば，これを測定する必要がある．これらの変数は，性別，年齢別に新聞閲読時間が異なるという結果が得られた場合，それが真の因果関係といえるか，何故そうした関連が見出されたのかを検討する際にも利用することができる．これは，後述するエラボレイション（elaboration）を行う際に必要となる第3変数である．この第3変数が測定されているか否かの確認も重要である（Ⅶ－5「クロス集計表による分析」を参照）．

　少なくとも上記2点を確認する上から，調査企画時に集計計画を立案することが求められる．この時点では，詳細な計画というよりはラフな計画でもよいから計画を立て，標本数や第3変数が測定されているかについて確認することがより重要である．

　実際の集計作業に入ってから集計計画が必要となるのは，とくに調査企画者自らが集計を行わない場合である．当然調査企画者自らが集計する場合も，確認の上からも集計計画を作成するべきである．

　社会調査の場合，データ入力，集計を第3者や専門の業者に委託する場合がある．この場合，調査目的にあった集計を行う上で集計全体の枠組みを示す必要があり，具体的に，各調査項目ごとの集計結果表作成の枠組みを示す集計計画表を提示する必要がある．次に，この集計計画表について検討する．

　集計計画表の一例を示す．

　集計計画表には，次のような内容を記載する．

カラム No.：どのカラム（column）に，どの質問項目のデータが入力されているかを示している．事前に，調査票にカラムを指定した数字を記入

表Ⅶ-3　集計計画表の例

		アイテムNo.	1	2	3	4	~	50	51	52
		カードNo.	1				~			
		カラムNo.	1~3	4	5	6~11	~			
		質問No.		Q1	Q2	Q3	~	Q25	Q26	K1
		質問項目	サンプル	新聞閲読有無	新聞閲読時間	閲読新聞紙	~	性別	年齢	性×年齢
		カテゴリー数		5	5	6	~	2		15
		質問形式		SA	SA	MA	~	SA	実数	
	質問No.	質問項目					~			
BD項目	K1	性×年齢		○	○	○	~	○	○	○
							~			
							~			
	統計量						~		M SD	
	基数						~			
	備考						~		5歳階級化	Q25とQ26で作成

VII. 集 計 219

表VII－4 指示書の例

| | | | | 年 月 日 指示者 |

○○○調査 指示書

Q26 年齢 16～19歳
20～24歳
25～29歳
30～34歳
35～39歳
40～44歳

K1 性×年齢 男性 計
16～19歳
20～24歳
25～29歳
30～34歳
35～39歳
40～44歳

女性 計
16～19歳
20～24歳
25～29歳
30～34歳
35～39歳
40～44歳

しておくのが一般的である．記入していない場合は，集計作業に入る前にカラム設計を行う．

　最近では，表計算ソフトウェアを用いてデータ入力を行うことも多く，この場合，どのセルにどの質問が対応するかを明確にしておく必要がある．

質問 No.：質問票の質問番号．

質問項目：各質問の測定内容（内容を単文で的確に示す必要がある）．

カテゴリー数：プリ・コード化された質問の場合はその選択肢の数．

質問形式：質問の形式（SA は単一選択型，MA は多項選択型，OA（FA）は自由回答型）．

BD 項目：どの質問項目あるいは分類項目でどの質問項目をブレイクダウンするかの指定．

　BD（break down）項目とブレイクダウンされる項目の関係は，原因と結果の関係である．原因と思われる項目で，結果と思われる項目をブレイクダウンする．つまり原因に当たるのが BD 項目である．

　たとえば，年齢と年収で考えてみる．この場合，年齢の加齢が年収の増加をもたらすと考えられる．年収の増加が年齢の加齢をもたらすと考えることはできないからである．このため，年齢が原因で，年収は結果であると考え，年齢で年収をブレイクダウンする．つまり，BD 項目は年齢である．原因変数を説明変数，結果変数を被説明変数ともいう．この場合，年収は年齢で説明できるというように表現する．

統計量：算術平均（arithmetic mean），中央値（median），標準偏差（standard deviation），範囲（range）など，算出する必要がある統計量を指定する．

　この表では，Q26の年齢に対し算術平均と標準偏差を求めるよう指

示されている.

基数：相対度数（総度数に対する各値の度数の比）を算出する際の基数の基準
　　　を指定する.

備考：この表では以下のような指示がされている.

　　　　年齢を5歳きざみで階級化する. くわしい作成内容は指示書に記載さ
　　　　れている. 性と年齢を組み合わせて,「性×年齢」という新しい分類項
　　　　目を作成する. くわしい作成内容は, 指示書に記載されている.

　おおむね, このような内容が盛られているのが一般的である. その他, 必要
のある事項や注意を要する内容については, 適宜指示をする.

　集計計画表のみでは的確に指示内容が伝えられない場合, 補助的にその内容
を指示する指示書が必要である. 上記の例では, 年齢の階級化と, 性と年齢を
組み合わせてどのようなカテゴリーにするかが具体的に指示されている. とく
に複数の質問を組み合わせて部分集団を作成する場合, 調査企画者でない者は
具体的なイメージをもちにくいことから, できるだけ具体的な指示が必要とな
る.

3．調査票のエディティングからデータ・チェックまで

⑴　エディティング

　調査票の点検（checking）は, 調査実施段階では調査票の回収時点で行われ
る. エディティング（editing）は, 集計作業の中の準備段階として最初に行わ
れる. このため集計段階におけるエディティングと調査実施段階における点検
は, 目的と方法において明確に区別されなくてはならない. 集計におけるエデ
ィティングは, 回答の誤記入, 記入漏れ, 不備, 矛盾といった, 記入された回
答に直接関わる点検を行うことが目的ではない. この点検は, 調査実施段階で
行われる. エディティングは, 次の作業であるコーディング, データ入力に向
けて, 読みにくい文字・記号や不明瞭な回答番号への○の付け方の修正, 回答
の単位が不揃いなものの統一（たとえば, 住居の広さを㎡あるいは坪のどちら

かで回答を得るといったような場合，どちらかの単位に統一する必要がある）などを行うことである．エディティングに際し回答の誤記入，記入漏れ，不備，矛盾が発見された場合は，調査実施の管理者に戻すのが原則である．

エディティング時に，回答形式による回答個数のチェック（単一選択型では回答がひとつになっているか．制限回答型では指定された回答数になっているか），異常値チェック（常識の範囲を大きく逸脱する回答があるか），該当チェック（スクリーニング質問などにより回答する該当者を制限した質問に対し該当者だけが回答しているか）を行う方がよい場合と行わなくてもよい場合とがある．これは，集計に使用するソフトウェアによる．たとえば，表計算ソフトウェアやエディタと呼ばれるソフトウェアを使用してデータ入力する場合は，これらのチェックを行う方が望ましい．たとえば，回答個数チェックを例にみてみると，単一選択型の質問の場合，入力するセルは1セル分が指定されている．もし2個の〇があった場合ふたつのセルにデータが入力され，1セル分ずれることになる．このため，最初に質問ごとに指定したセルとデータが入力されたセルがずれてくる．カラム設計と入力されたデータがずれているわけであるから，調査票と入力データをチェック（読み合わせ）した後で再入力しなければならない．

このようなミスや煩わしさを避ける意味からも，入力前のエディティング時に再点検する方が望ましい．その他の異常値チェック，該当のチェックは，次に行う機械チェック時でも問題はない．

エントリーマシーンを使って入力する場合，こうしたチェックをソフトウェア側で行うものがある．これらのソフトウェアでは，入力前に質問ごとに回答個数やカテゴリー数，該当の有無と該当する回答番号などを設定し，異なる条件のデータは入力できないという機能をもつ．こうした機能をもつソフトウェアを使用する場合は，エディティングでのチェックは不要である．

このように集計におけるエディティングは条件により多少異なるが，基本的にはデータ入力作業に向けた内容にとどまるものであり，回答内容をチェック

することではない．また，機械チェックが可能な場合，機械チェックを利用した方が効率的である．

　調査票には，調査実施段階で記入された管理番号が付けられている．集計作業においても基本的にはこの管理番号で個票を識別するが，桁数が多いなど扱い難い時は集計作業用に連続番号などのID番号（identity number）を記入する場合もある．

(2)　コーディング

　コーディング（coding）には，プリ・コーディング（pre-coding）とアフター・コーディング（after-coding）がある．これは回答形式と関連しており，プリ・コーディングは選択回答型であり，アフター・コーディングは自由回答型の回答に対して行う作業である．ただし，選択回答型でも，「その他」への回答が多い場合には，回答内容を検討し新しいカテゴリーを起こす場合があり，アフター・コーディングと同様の作業となる．本節では，アフター・コーディングについて検討する．

　コーディングとは，得られた回答をいくつかのカテゴリーに分類し，各カテゴリーごとに一定の記号（code）を定め，その記号により回答を記号化する作業である．作業の内容は，回答のカテゴリー化，コード表（code book）の作成，コード表に基づいた記号化である．実際のコーディングに際しては，調査実施にあたって調査員の手引きを作成するように，コーディングの手引きを作成し，誰がコーディングしても同じ基準でコーディングが行われるようにすることが重要である．[3]

カテゴリー化の基本

① 回答の全体をカバーしていなくてはならない．

② カテゴリーは互いに排他的でなくてはならない．

③ カテゴリーの内容は明確でなくてはならない．

④ カテゴリーの内容は単一の内容を指し示していなくてはならない．

　これらの内容は，プリ・コーディングを行う際の留意点と同様であることが

わかる．アフター・コーディングの際留意することは，カテゴリー数である．カテゴリーの意味的重複を避けるという上からは，カテゴリー数が多くなる．他方，分析という視点からみると，カテゴリー数の多さは回答度数を分散させ，全体の傾向の把握を困難にする．標本数にもよるが，経験的には10～15カテゴリー前後といわれている．ただし，カテゴリー化の基本を満たすようにカテゴリーを作成すれば，カテゴリー数は多くなる．こうした場合，無理にカテゴリーを集約するのではなく，カテゴリー化の基本を優先すべきである．分析に際し，再度カテゴリーを集約することも可能である．とくに，機械集計では，カテゴリーの集約（re-category）作業は機械上でできることから，煩わしい作業ではない．

コーディングは，記号化という作業とは別に，調査票に記入された回答をコーディング・シート（coding sheet）に転記する作業も指す．コーディング・シートへの回答内容の転記は，コンピュータへのデータ入力のために行う作業である．コーディング・シートは別の専用用紙がある場合と，調査票の空いている部分に設けられている場合とがある．当然のことながら，転記後に転記ミスをチェックする上から，読み合わせを行わなくてはならない．

(3) データ入力

エディティング，コーディングが終了するとデータ入力作業となる．データ入力の方法は，コーディング・シートから入力する方法と，調査票から直接入力するダイレクト・パンチという方法がある．

データ入力では，入力ミスをチェックするために複数回データ入力を行い，機械上でデータ・マッチングを行って入力ミスをチェックするベリファイ（verify）を行う必要がある．ベリファイを行っても経験的には0.2%程度のミスパンチが発生するといわれている．[4] 現在では，入力の専門業者に限らずダイレクト・パンチを行うことが多いが，データ入力に不慣れな者がデータ入力を行う場合，手間はかかるがコーディング・シートからデータ入力を行う方が，入力ミスを減らすことができるという点から薦められる方法である．

VII. 集 計　225

図VII−2　データ行列

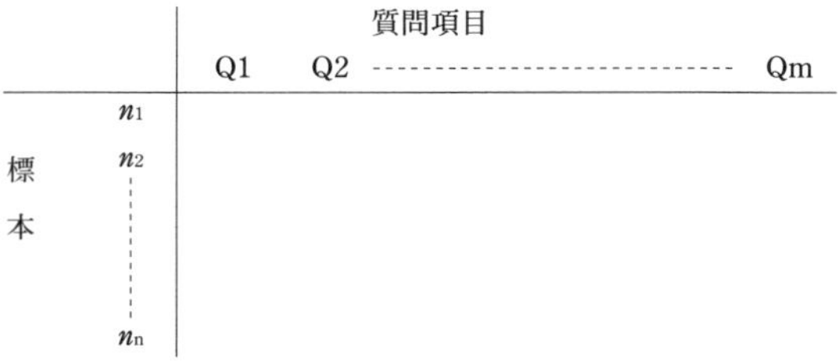

質問項目

| | | Q1 | Q2 | -------------------------- | Qm |

標本： n_1, n_2, …, n_n

　データ入力は，調査票に記入された回答を機械集計が可能な形に構造化する作業であり，図VII−2に示すように，行側に標本，列側に質問項目を配した形式でデータ行列化する．

　入力形式で注意を要するのは多項選択型回答（multiple answer）の入力である．形式としては，バイナリー形式（binary data）とキャラクター形式（character data）の2種類がある．

　以下のような回答例で入力形式の違いを説明する．

〈回答例　n_1〉

　Q2）あなたが現在お読みになっている雑誌にすべて○をお付け下さい．

　　　　①．年刊誌　　③．月刊誌　　⑤．その他

　　　　2．季刊誌　　4．週刊誌

〈回答例　n_2〉

　Q2）あなたが現在お読みになっている雑誌にすべて○をお付け下さい．

　　　　1．年刊誌　　3．月刊誌　　5．その他

　　　　②．季刊誌　　4．週刊誌

　回答例では，カテゴリー数が5つの質問（Q2）に対し，n_1が1，3，5に回答があり，n_2は2に回答がある．バイナリー形式は，表VII−5に示すように入力する．回答選択肢ごとに，回答がある場合には「1」，回答がない場合には「0」を入力する．入力する数字は，回答がある場合「1」，ない場合「0」に決まっているわけではない．要するに，回答のあるカテゴリーとないカテゴ

表Ⅶ－5　バイナリー形式のデータ

カラム	1	2	3	4	5	6	7	8
質問No.・カテゴリーNo.	Q1	Q2-1	Q2-2	Q2-3	Q2-4	Q2-5	Q3	Q4
n_1		1	0	1	0	1		
n_2		0	1	0	0	0		

表Ⅶ－6　キャラクター形式のデータ

カラム	1	2	3	4	5	6	7	8
質問No.・カテゴリーNo.	Q1	Q2					Q3	Q4
n_1		1	3	5				
n_2		2						

リーに異なる記号が割り当てられていれば問題はない．ただ，データ処理上は「1」と「0」で入力した方が便利である．

　キャラクター形式は，回答のあった回答選択肢の番号が前詰めで入力される形式である．入力のためのカラム数は5カラム用意されている．このため，回答が3つである場合，後ろの2カラムはブランクとなる．

　両方の形式の違いは，ともに入力に必要なカラム数は5カラムであり，そこに入力される数字が，回答の有り無しを入力する形式か，回答のあった番号を入力する形式かの違いである．

　どちらの形式で入力するかは，使用する集計ソフトウェアの指定に従う必要がある．しかし，一般的にはバイナリー形式で入力する方がよい．とくに表計算ソフトウェアの使用を考えているのであればバイナリー形式で入力する必要がある．

　また，集計後にデータ分析を考えている場合，たとえば多変量解析法は，バイナリー形式によるデータで分析を行うソフトウェアが大多数である．

　このように，データの入力形式は使用するソフトウェアの制約を受ける．とくに集計ソフトウェアとデータ分析のソフトウェアが異なる場合は注意を要す

る．事前に入力形式をチェックしておく必要がある．

⑷ **データ・チェック（データ・クリーニング）**

本節で述べるデータ・チェックは，いわゆる機械チェックと呼ばれるものであり，人の目によるチェックではない．

データ・チェックは，① 回答個数チェック（たとえば，単一選択型では当然回答はひとつである．制限回答型では指定された回答数になっているか），② カテゴリーオーバー・チェック（選択肢の数を超えた番号が入力されていないか）といった調査票の指示通りの回答がなされているかをチェックするものと，③ 該当チェック（スクリーニング質問などにより回答する該当者を制限した質問に対し該当者だけが回答しているか），④ 論理（関連）チェック（質問間の論理的思考からの整合性が保たれているか），⑤ 異常値チェック（常識の範囲を大きく逸脱する回答があるか）といったチェックがある．

実際の作業は，単純集計（ダンプ・リスト：dump list）（質問ごとに入力データの個数が出力される），テスト・クロス（関連があると思われる質問間のクロス集計）を出力してチェックすることになる．

これらのチェックは，エディティング時，ないしデータ入力時にも実施可能である．さらに，調査実施の点検でもチェックされている．機械チェックを行う目的は，それらチェックでのチェック漏れの発見と，多元的視点からのチェックを行うことにある．また数量型自由回答で測定された実数データがある場合，平均値，標準偏差，範囲（レンジ）などの基本統計量を参考に，いくつかの階級に分割（具体的な分割方法はⅤ－7－⑵「プリ・コード形式」を参照）する際の参考にするという目的もある．

該当チェックの例をあげる．たとえば，現在新聞を宅配で定期購読しているかと質問し，次にどの新聞を定期購読しているかを質問した場合，後者の質問は前者の質問で「定期購読している」と回答した人に限られる．そのため，定期購読していない人で後者の質問に回答があるかをチェックする．回答がある場合，現在新聞を宅配で定期購読していないと回答しているにもかかわらず，

定期購読している新聞紙名を答えていることになる．この場合，まずそうした回答をしている調査票を直接調べ，入力ミスがないかを調べる．入力ミスがない場合，そうした回答になった理由を推測することはできない．このため調査実施の管理者に戻し再調査を依頼することになる．調査票の回答を推測し，訂正することは慎まなければならない．

論理チェックの例をあげる．たとえば，性と職業でテスト・クロスを行った際，男性の専業主婦がいたとする．主婦は女性であることから，この回答では性と職業に矛盾があることになる．この場合，まずそうした回答をしている調査票を直接調べ，入力ミスがないかを調べる．入力ミスがない場合，そうした回答になった理由を推測することはできない．この場合，調査実施の管理者に戻し再調査を依頼することになる．調査票の回答を推測し，訂正したりすることは慎まなければならない．

データ・チェックにより，回答の不備や矛盾が発見された調査票については，データ入力の誤り以外は調査実施の管理者に戻し再調査を依頼することが原則であり，推測で調査票の回答を訂正してはならない．また，論理チェックは論理的関連が想定されるすべての質問間で行うものではない．個人特性や実態を測定している質問に限るべきである．態度や意識を測定しているような場合，論理的一貫性が保たれないことは，常識的な範囲でも起こりうる問題である．過度の機械チェックは慎まなければならない．

入力データのデータ修正に関し，（社）日本マーケティング・リサーチ協会では，その方法を「原票点検型」（原票とは回答済の調査票である）と「強制型」にわけ，原票点検型は，論理矛盾がある場合調査票にさかのぼってチェック行う，強制型は，コンピュータプログラムによって行われる，としている[5]．

前述のごとく，データ修正は調査票のチェック，再調査を優先させるべきである．場合によっては，調査票チェック，再調査が不可能な場合がある．こうした場合，強制型にならざるを得ない．この場合，データ修正のルールが問題となる．ルールは，なるべく推測を含まず，妥当性があることが求められる．

妥当性のあるルールが設定できない場合は，無回答とするのが妥当であろう．

4．単純集計とクロス集計

(1)　単純集計

データ入力が終了し，データ・チェック（データ・クリーニング）が完了すると，クリーンデータによる単純集計（全体集計），クロス集計を行うことになる．ここでは，どのような目的，視点から単純集計やクロス集計を行うかを検討する．単純集計やクロス集計は，分析的視点が必要であり，単純な作業の積み重ねというわけにはいかない．データ分析の第一歩としてのクロス集計は，VII— 4 —(2)「クロス集計」で詳述する．

単純集計は，調査票の各質問の回答選択肢ごとの回答頻度をカウントすることである．ただし，自由回答型で実年齢を測定しているような場合は，平均値，標準偏差，範囲（レンジ）などの基本統計量を計算することになる．

つまり，単純集計はデータの尺度水準により集計方法が異なり，

カテゴリーデータ（質的データ）：各選択肢に回答した人数とその人数の全体に占める割合を算出する．

数量データ（量的データ）：平均値，標準偏差などの基本統計量を算出する．階級化を行い，各階級の人数とその人数の全体に占める割合を算出する．

といった集計となる．

単純集計の目的は，全体の回答傾向を把握することにある．また，性，年齢階級，職業といったデモグラフィック特性の分布と，国勢調査や住民基本台帳による人口データや職業データの分布とを比較検討することも，単純集計を求める重要な目的である．時系列調査などでは，過去の調査との比較をすることになる．たとえば，国勢調査や住民基本台帳データ，過去の調査データに比べて高齢層の回収率が高い，女性の回収率が高い，有職率が低いといった認識は，実際の分析作業に入った際大いに役立つ情報となる．

このように全体の分布を記述することは，全体の回答傾向を把握することになる．この時，度数分布表（table of frequency distribution）や相対度数表（table of relative frequency）（総度数に対する各調査項目の度数の比）の観察とともに，ヒストグラム（histogram）（変数ごとに，どの測定値に，どの程度の度数が観測されたかを柱状図として描いた図であり，面積と度数を比例させて描かれたグラフ）や棒グラフ（棒の長さと度数を比例させて描かれたグラフ）などによるデータ分布の観察が有効である．

(2) クロス集計

単純集計から調査結果の全体的把握が終了すると，クロス集計表を作成することになる．クロス集計表の作成は，2変数間の関係を分析する目的で行うものである．

性，年齢，職業，年収などの対象者属性で調査項目を分類し，各分類ごとに回答結果を集計することをクロス集計という．対象者属性ではなく，調査項目同士でクロス集計を行うこともある．また，まず性別で分類しさらに年代別に分類したうえで回答結果を集計することがある．このように，複数の属性や調査項目で分類したうえで回答結果を集計することを多重クロス集計という．例えば，性×年代×調査項目の場合3元クロス集計という．

クロス集計では，相対度数を算出するさい，回答者数を基数とする場合と回答個数を基数とする場合がある．回答形式が単一選択型では，回答者数だけを基数とする．一方，多項選択型では，回答者数を基数とする場合と，回答個数を基数とする場合とがある．

多項選択型の質問を用いてクロス集計表を作成する場合，以下のような回答形式の場合にはクロス集計表を作成し，2変数間の関連性を探索することに意味がない．V－4－(3)「質問・選択肢の配列」を例に検討してみる（調査票例はV－4－(3)「質問・選択肢の配列」参照）．

問1）あなたがほとんど毎日お読みになっている新聞はどれですか．スタンド買いや自宅，職場，学校などで読む新聞も．すべて含めてお答え下

さい．（あてはまるものにいくつでも○印）

1．朝日新聞　　　4．産経新聞

2．毎日新聞　　　5．日本経済新聞

3．読売新聞　　　　　⋮

問2）新聞について，次にあげる17項目のうちあてはまるものをあげてくだ
　　さい．（あてはまるものにいくつでも○印）

1．世の中の動きを正確に報道している

2．社会人として当然知っていなければならない情報を，十分提供し
　　ている

3．日常生活に役立つ情報を，十分提供している

4．いろいろな立場の意見を公平に取り上げている

5．読者の意志を反映している

　　　　　⋮

15．大衆に迎合している

16．自分にとって，身近なメディアである

17．その他（具体的に）

　問1は現在の閲読新聞を測定している．また，問2は新聞の評価を測定している．回答形式は，問1，問2ともに複数回答を認める多項選択型の質問である．

　この2つの質問から，閲読している新聞の評価を探索するために問1を表側，問2を表頭に配したクロス集計表を作成し，分析することは間違いである．

　仮に問1で1．朝日新聞と4．産経新聞に○が付いたとする．問2では「1．世の中の動きを正確に報道している」「3．日常生活に役立つ情報を，十分提供している」「5．読者の意志を反映している」に○が付いたとする．クロス

表Ⅶ−7　Q1とQ2のクロス集計表

	1．世の中の動きを正確に報道している	2．社会人として当然知っていなければならない情報を十分提供	3．日常生活に役立つ情報を，十分提供している	4．いろいろな立場の意見を公平に取り上げている	5．読者の意志を反映している
1．朝日新聞	1		1		1
2．毎日新聞					
3．読売新聞					
4．産経新聞	1		1		1

集計表を作成すると，表Ⅶ−7のようなクロス集計表が得られる．この表から
は，朝日新聞，産経新聞は「世の中の動きを正確に報道している」「日常生活
に役立つ情報を，十分提供している」「読者の意志を反映している」と評価し
ていると読み取れる．しかし回答者は，朝日新聞に対しては「世の中の動きを
正確に報道している」「読者の意志を反映している」と評価し，産経新聞に対
しては「日常生活に役立つ情報を，十分提供している」と評価しているとしよ
う．この場合，問1の閲読新聞では1．朝日新聞，4．産経新聞に○が付く，
問2では「1．世の中の動きを正確に報道している」「3．日常生活に役立
つ情報を，十分提供している」「5．読者の意志を反映している」に○が付く
ことになる．つまり，問1と問2が質問として対応していないために生じる
間違いである．多項選択型の質問どうしのクロス集計はこのような間違いを犯
すことがある．この場合閲読新聞ごとにその評価を測定しなくてはならない．
　相対度数を算出するさい表側側を100％として計算する横構成比（行構成比），
表頭側を100％として計算する縦構成比（列構成比），回答者数全体（総標本
数）を100％として計算する全体構成比（表構成比）とがある．
　横構成比（行構成比）は，クロス集計表の各行に対する行方向の構成比，つ

VII. 集 計 233

表VII−8 商品購入時の態度（数値は
相対度数）

	人から羨ましいと思われる消費をしたい	モノの購入は，必要か不必要かを考えてから購入する
10歳代	53.3	69.2
20歳代	44.4	78.0
30歳代	34.6	82.2
40歳代	26.6	86.7
50歳代	15.6	85.9
60歳代	16.9	86.5
合計	31.8	82.0

まり行方向の合計を1とした場合の各セルの相対度数である．横構成比（行構成比）のクロス集計表からは，たとえば表VII−10であれば，性別による支出意識の違いを読み取ることができる．一方，縦構成比（列構成比）は，クロス集計表の各列に対する列方向の構成比，つまり列方向の合計を1とした場合の各セルの相対度数である．表VII−11の最初の項目「支出予定金額内で買い物をする」であれば，男性よりも女性で肯定的回答をすることが読み取れる．横構成比（行構成比）は行方向の合計が100％になっていることがわかるであろう．

縦構成比（列構成比）では，列方向の合計が100％になっている．縦構成比を算出しデータを読むさい，ブレイク・ダウン項目の分布に偏りがあるか否かを確認する必要がある．表VII−11では，性がブレイク・ダウン項目であるが，母集団での男女比は概ね5：5である．このとき，性比が5：5からずれている場合，相対度数の違いは男女の標本数の違いの影響も受けることになる．このため縦構成比を算出する場合は，ブレイク・ダウン項目の分布が母集団分布とずれていないかをチェックする必要がある．

数値の読み取りに当たっては，合計（全体集団）の相対度数と比較して乖離が大きい，あるいは小さいセルの数値を読み取る．たとえば表Ⅶ－8であれば，「人から羨ましいと思われる消費をしたい」の合計の相対度数は31.8％である．この合計を全体効果（列効果）といい，これに対し，行と列の組み合わせ効果（行と列の交互作用）があるかないかを分析することになる．つまり，全体効果を超えて差があるか，ないかにより判断することになる（たとえば，10歳代では全体より21.5％高い）．では，どの程度数値が大きいないし小さければ，数値が高いないし低いと記述することができるのかである．この基準については，統計的仮説検定（Ⅷ－6「統計的仮説検定」を参照）を用いて統計的に差があるかないかを検討する方法と，簡便的には標本誤差（Ⅳ－8－⑴「標本誤差と推計」を参照）を計算し，標本誤差を超えて数値に差があれば，数値が高いないし低いと記述することができる．

全体構成比（表構成比）は各セルの人数を，回答者数全体（総標本数）で除したものである．つまり，総標本数を1とした場合の各セルの相対度数である．全体構成比のクロス集計表は，同時分布ともいい，列，行の合計欄は周辺度数

表Ⅶ－9　商品購入時の態度（数値は頻度）

	人から羨ましいと思われる消費をしたい	モノの購入は，必要か不必要かを考えてから購入する	合　計
10歳代	57	74	107
20歳代	95	167	214
30歳代	72	171	208
40歳代	54	167	203
50歳代	31	171	199
60歳代	15	77	89
合計	324	827	1020

VII. 集 計　235

表VII-10 横構成比（行構成比）

性別	支出予定金額内で買い物する	月々の収入に見合った支出をすべき	支出よりは貯蓄を優先すべき	毎月の収入は使い切ってしまう	欲しいものは貯蓄を取り崩してでも買う	月賦での購入には抵抗がある	高額品でも現金で購入	毎月の支出は計画を立てて支出	欲しいものは借金をしてでも支出	本当に欲しいものがあると食費を切りつめても購入	合計
男	84.5	85.1	35.1	29.8	26.2	53.0	34.5	48.8	11.3	27.4	100.0
女	94.1	95.9	50.0	36.5	17.1	58.8	32.9	51.8	7.6	20.6	100.0
合計	89.3	90.5	42.6	33.1	21.6	55.9	33.7	50.3	9.5	24.0	100.0

表VII-11 縦構成比（列構成比）

性別	支出予定金額内で買い物する	月々の収入に見合った支出をすべき	支出よりは貯蓄を優先すべき	毎月の収入は使い切ってしまう	欲しいものは貯蓄を取り崩してでも買う	月賦での購入には抵抗がある	高額品でも現金で購入	毎月の支出は計画を立てて支出	欲しいものは借金をしてでも支出	本当に欲しいものがあると食費を切りつめても購入	合計
男	47.0	46.7	41.0	44.6	60.3	47.1	50.9	48.2	59.4	56.8	49.7
女	53.0	53.3	59.0	55.4	39.7	52.9	49.1	51.8	40.6	43.2	50.3
合計	100.0	100.0	100.0	100.0	100.0	100.0	100.0	100.0	100.0	100.0	100.0

表VII-12 全体構成比（表構成比）

性別	支出予定金額内で買い物する	月々の収入に見合った支出をすべき	支出よりは貯蓄を優先すべき	毎月の収入は使い切ってしまう	欲しいものは貯蓄を取り崩してでも買う	月賦での購入には抵抗がある	高額品でも現金で購入	毎月の支出は計画を立てて支出	欲しいものは借金をしてでも支出	本当に欲しいものがあると食費を切りつめても購入	合計
男	42.0	42.3	17.5	14.8	13.0	26.3	17.2	24.3	5.6	13.6	49.7
女	47.3	48.2	25.1	18.3	8.6	29.6	16.6	26.0	3.8	10.4	50.3
合計	89.3	90.5	42.6	33.1	21.6	55.9	33.7	50.3	9.5	24.0	100.0

という.

相対度数の重要な機能のひとつは,2つ以上の数値がある場合,絶対的な相違を無視し,相対的な割合に着目することで,それらの相対的な大きさを明確にしめすということがある.

表Ⅶ-9を例に説明する.たとえば「人から羨ましいと思われる消費をしたい」をみると,10歳代では57人,20歳代では95人が「そう思う」と回答している.一方,10歳代の標本数は107人,20歳代は214人であり20歳代の方が多い.このため,57人と95人ではその数値をみただけでは,どちらの年代で肯定的かをすぐに判断することはできない.これを表Ⅶ-8のように,相対度数化することで,10歳代の方が20歳代に比し肯定的であることが一目でわかる.このように,頻度(回答人数)という絶対的な大きさではなく,年代ごとに標本数に対する比を計算することで,相対的な大きさの違いを明確に示すことができる.

とくに社会調査では,標本数は調査者が任意に決めた数である.そのため,ある選択肢に反応した人数(頻度)に意味はない.標本数と,ある選択肢に反応した人数の比に意味があるだけである.

5.クロス集計表による分析

クロス集計は,まず集計計画表に沿ってクロス集計を行う.ただし,クロス集計は,集計計画表通りの集計を行えばそれで終了するというものではない.研究目的に関する知識に基づいた質問間のクロス集計や部分集団の作成は調査結果から有意味な情報を引き出す.これは仮説が検証された場合,仮説が否定された場合ともにいえることである.

仮説が検証された場合,それが真の関係といえるか,その関連の理由は何か,といった視点からクロス集計を重ねることが必要である.単純にクロス集計表を観察するだけで,仮説が検証されたと結論づけることはできない.仮説が否定された場合も同様である.本当は真の関係が存在するにもかかわらず,何らかの変数の影響により擬似的に関連が見出されていないかもしれない.その変

数を見出す努力をしなくてはならない．つまり，探索的なクロス集計を行う必要があるということである．集計計画時には気づかなかったアイデアが，クロス集計表を観察することにより生まれることがある．こうした場合，積極的にクロス集計を行い関連を分析する必要がある．

しかし，過度の探索的なクロス集計は慎まなければならない．いわゆる事後解釈の問題である．これは，調査項目を作成する際，測定しようとする構成概念を操作的に定義した枠組みを超えて解釈してはならないということであり，常に測定の枠組みを意識する必要があるということになる．

クロス集計表は，分析の出発点である．2変数間あるいは3変数間の関連を分析する上で，クロス集計表の吟味は欠かせないものである．クロス集計表は，原因と考えられる表側側の項目（ブレイクダウン項目）と，結果であると考えられる表頭側の項目からなる集計表である（ブレイクダウン項目を説明変数，表頭の項目を被説明変数ともいう）．

このため，構成比を計算する方向が重要となる．たとえば表VII−11をみると，縦構成比は，合計は支出意識に関係なく男女の割合だけを示している．また，支出意識ごとにみると，それぞれの男女による肯定率の違いを示している．この場合，支出意識が原因となって性別に影響を与えていると考えることができない．このため縦構成比は，項目ごとに男女どちらで肯定的回答が多いかを読むことができるだけである．極端ないい方をするならば，人気投票ということができる．表VII−10横構成比は，合計は男女に関係なく支出意識ごとの肯定率の割合を示している．また男女ごとにみると，性によりどのような支出意識に肯定的かがわかる．この場合，性が支出意識に影響を与えていると考えている．基本的には原因を表側，結果を表頭に配しクロス集計表を作成する場合，原因から結果の方向，つまり横構成比を計算するのが基本である．

仮説検証的調査では，調査実施前に立てた仮説は集計計画表にまとめられているから，仮説を表現した変数間に関連が認められれば，仮説は検証されたことになる．あるいは探索的なクロス集計を行い，何らかの関連が認められる項

目が存在した場合，そこには何らかの理由が存在するはずである．探索的クロス集計を行った場合，この理由の解釈が仮説となる．そこで，関連が真の関連か，その関連はいかなる理由によるのかを検討する方法について検討する．

ザイゼル（Zeiselha）は，クロス集計から因果分析を行う方法を提案している[6]．ザイゼルの提案は，クロス集計の結果を解釈する上で示唆に富んでいる．そこで，その中からいくつかを引用し，クロス集計の分析について検討してみる．

クロス集計表に現れた現象を，第3変数を導入することで説明することができる（以下の数値例はザイゼルからの引用であり，仮想データである）．

ザイゼルのデータは，自動車運転における事故率である．表Ⅶ−13からは，男性より女性で事故率が低いことがわかる．このクロス表に対し走行距離という変数を導入し，表Ⅶ−14に示すクロス集計表を作成する．

表Ⅶ−14に示すように，走行距離別にみると男女間の事故率に差はみられない．実数をみると，1,000マイル以上という走行距離の長い人は男性で多く，男女間に走行距離の差がみられる．そこで，男女別の走行距離のクロス集計を行ってみる．

表Ⅶ−15から，男性で走行距離が長いことがわかり，性と年間走行距離に関連がみられる．

これらのクロス集計から，表Ⅶ−13でみられた，男性で事故率が高いという現象は，走行距離が長いと事故率が高くなる傾向があり，走行距離は男性で長

表Ⅶ−13　男女別事故率（％）

性別＼事故回数	なし	1回以上	計（実数）
男性	56.0	44.0	100.0(7,080)
女性	68.0	32.0	100.0(6,950)

（出典：ザイゼル，（木村定，安田三郎訳）『数字で語る』169ページ）

VII. 集 計　239

表VII-14　走行距離別男女別事故率（%）

		1回以上の事故経験有	1回も事故経験無	計（実数）
男性	1,000マイル以上	52.0	48.0	100.0(5,010)
	1,000マイル未満	25.0	75.0	100.0(2,070)
女性	1,000マイル以上	52.0	48.0	100.0(1,915)
	1,000マイル未満	25.0	75.0	100.0(5,035)

（出典：ザイゼル，（木村定，安田三郎訳）『数字で語る』182ページ）

表VII-15　男女別走行距離

	1,000マイル以上	1,000マイル未満	計
男性	5,010(71.0%)	2,070(29.0%)	7,080(100.0%)
女性	1,915(28.0%)	5,035(72.0%)	6,950(100.0%)

（出典：ザイゼル，（木村定，安田三郎訳）『数字で語る』183ページ）

いことから現れたと説明できる．このように第3変数を導入することで，クロス集計表に現れた現象を説明することができる．

　先の分析例は，クロス集計表に現れた現象を説明するものである．これ以外にザイゼルは，クロス集計表に現れた関連が擬似的な関連であり，第3変数を導入することで関連がみられなくなる分析例，逆にクロス集計表には関連がみられないが，第3変数を導入することで関連が見出される分析例などを紹介している．このように，ザイゼルの提案は第3変数を導入することでクロス集計表を詳細に検討しようとするものである．

　第3変数の導入による3重クロス集計表からの分析は，測定水準が名義尺度である場合や，階級化した上でのクロス集計表である場合，偏相関係数（partial correlation coefficient）に相当する統計量が開発されていないため，分割相関に対応する方法として取られる分析方法であり，エラボレイション（elaboration）と呼ばれる．

具体的には，先にみたように，X，Y という2変数の2元クロス集計表に対
し，Z という第3変数を導入し，Z ごとに X，Y の2元クロス集計表を作成す
る．Z ごとに作成されたクロス集計表（いわゆる3元クロス集計表）から連関
係数（Ⅷ－5－(4)「連関係数」を参照）を求め関連を検討する．このエラボレイ
ションを行うことにより，関連の有無，関連の理由を検討することができる．

エラボレイションは，ラザースフェルド（Lazarsfeld）とケンドール（Ken-
dall）により定式化された[7]．エラボレイションの具体的な方法は，さまざまな
著書により紹介されている[8]．ここでは，5つのタイプの紹介にとどめる．

タイプⅠ（no effect）は，どのような第3変数を導入しても X と Y の間の
関係が変化しないものである．この場合，X と Y の因果関係の確実性が増し
たと解釈できる．タイプⅡ（explanation, interpretation）は，X と Y の間に関
連が見出せたが，それは Z という変数の影響であり，本来 X と Y の間には関
連がないというタイプ（explanation）である．このタイプには，X → Y とい
う因果連鎖の中間に第3変数が存在するタイプ（interpretation）もある．前者
は擬似相関であるが，後者は擬似相関ではない．タイプⅢ（additional effect）
は，X と Y の間に因果関係が存在すると同時に，第3変数を媒介とした因果
関係も存在するというものである．タイプⅣ（specification）は，第3変数に
よって X と Y の様相が異なるタイプである．たとえば，男性では X と Y の
間に関連があるが，女性では関連がないというようなケースである．この関係
を交互作用（interaction）という．男女全く逆の関連があるという擬似無相関
もこのタイプである．タイプⅤ（compound effects）は，交互作用に間接効果
が存在するパターンである．第3変数を導入したエラボレイションは，因果関
係を分析する上で有効な方法である．しかし，第3変数の選択は非常に難しく，
研究課題に対する深い知識と洞察力が求められる．

クロス集計表の分析は極めて有効である．しかし，クロス集計表による分析
にも限界がある．最大の問題は，3変数以上の関連を同時に分析することがむ
ずかしいということである．たとえば，性，年齢，職業などといったデモグラ

フィック特性は，それぞれが単独で原因になっているとは考えにくい．こうした場合，すべての変数の影響を考慮するには，組み合わせだけで膨大な数のクロス集計表を作成し，分析する必要が生じる．これはきわめて煩雑であり，時間のかかる作業となる．このような場合，多変量解析（IX「データ分析(2)」を参照）などを利用することが有効となる．ただし，限界はあるもののクロス集計表は，見やすい，説得力が高いといった特徴がある．そこで多変量解析を用いて影響の強い変数を選択し，その変数により再度クロス集計を行うといった方法などが有効である．

6．欠損値

(1)　欠損値の処理

社会調査では，当然のことながら欠損値（missing data）が生じることがある．社会調査で生じる欠損値は，回答拒否，質問内容がわからないことによる無回答，回答のし忘れなどさまざまな要因から生じる．ここでは，欠損値が生じた場合，どのような取り扱いをするかを検討する．

まず，データ入力後のダンプ・リストから，回答拒否や無回答といった欠損値の頻度を観察する必要がある．回答拒否と無回答は，質問に対する回答態度が異なる．このため，回答拒否と無回答を別のものとして，それぞれの理由を考察する必要がある．あまりに回答拒否や無回答といった欠損値が多い質問項目については，再調査を行うか，分析を諦めることになる．欠損値になった理由を分析せず，無批判的にデータ分析を行うのは危険である．

実際には，社会調査の場合標本数が多いため，回答拒否や無回答がほんの数パーセントであればあまり問題にはならない．しかし，10%を超えていたり，はなはだしい場合には20〜30%といった値にならないとも限らない．こうした場合，すぐに単純集計やクロス集計から分析を行うことは問題である．まずは，欠損値になった理由を考察する必要がある．さらに，欠損値の発生が分析を行おうとする変数に従属しているかいないかを検討する必要がある．たとえば，

個人年収と年齢のクロス集計から，年収と年齢の関係を考察しようとした時，年収に欠損値が多い場合を想定してみる．年収の欠損値が，年齢に対しランダムに発生しているケースは，あまり問題にならない．しかし，若年層や高齢層，あるいは特定の年齢層で欠損値が多いという場合には，問題がある．たとえば，年齢と年収には相関がみられ，高齢になるにしたがい年収が高くなる傾向があるとする．もし若年層で欠損値が多ければ，低年収の分布が少なくなり，平均年収は高くなる．このように，欠損値が何らかの変数と相関をもつ場合の問題は，分析結果が欠損値がないデータで分析した場合と異なることにある．

社会調査では，欠損値がない完全なデータを得ることは難しいであろう．とくに，郵送調査などでは，かなりの確率で欠損値が生じ，完全なデータを得ることはまずないといえる．面接法では欠損値が生じる確率は低いが，回答を拒否されることがないわけではない．そこで，欠損値が生じた場合の代表的な処理方法をあげておく[9]．欠損値の処理にはいくつかの方法が提案されているが，ここでは，特別な計算やソフトウェアの使用をともなわない方法をあげる．

欠損値の処理は，基本的には欠損値を欠損値のまま分析する方法と，欠損値に何らかの値を代入（補定，imputation）する方法とがある．

（イ）　欠損値のまま分析する方法

もっとも単純で納得できる方法である．しかし，欠損値のある標本が分析時に除かれるため，標本数が減るというリスクがある．1変数ごとの分析であればあまり問題にはならないが，多変数による分析時には標本数がかなり減少してしまうことも起こりうる．欠損値を欠損値のまま分析を行う際の，コンピュータ処理上の留意点は後述する．

（ロ）　値を代入する方法

　a．平均値を代入する

平均値の代入法は一見合理的であるようにみられるが，データの分散を過小に評価することになる．

　b．最悪のデータを代入する

たとえば，5段階や7段階の評定尺度による測定の場合，評価がもっとも悪い値を代入する．この方法では，データの分散を過大に評価することになる．（マーケティング・リサーチの場合では，リスクを避けるという意味から，評価がもっとも悪い値を代入するケースがみられる．）

c．類似対象者代替法

欠損値以外の中からデータ（回答パターン）が類似している標本を捜し，その標本のデータを代入する方法である．

簡単な方法は，以上のような処理方法である．一般的に利用されることが多い方法は，ホット・デック法（Hot Deck 法）である．これ以外にも，回帰推定による値の代入法やEMアルゴリズムによる代入法，多重代入法などが知られている．

これらの方法をみると，最適な方法が無いのが現実であるといえよう．社会調査のように多くの調査員を使い，多くの人びとからデータを収集する場合には欠損値が生じやすい．欠損値が生じた場合は，欠損値の処理に多くの労力が必要となる．大事なことは，欠損値が生じないようにすることである．この点は，もっぱら調査票設計と調査実施の管理の問題である．

(2) 欠損値がある場合のコンピュータ処理

データ行列に欠損値があり，欠損値を欠損値のまま分析を行う場合のコンピュータ処理を検討する．

統計分析ソフトウェア，あるいは表計算ソフトウェアを利用してデータ分析を行う場合，欠損値のある標本に対し「リストごとに除外」（complete data）を行うか，「ペアごとに除外」（available data）のどちらかを行う．統計分析ソフトウェアのデフォルト（default）は「リストごとに除外」であることが多い．たとえば，X，Y，Z の3変数間の相関係数を求める場合，X，Y，Z のひとつにでも欠損がある場合，欠損のある標本を分析から除外するのが「リストごとに除外」である．他方，ある標本が X だけに欠損があるとする．この場合，X－Y，X－Z 間の相関係数の計算からは除外するが，Y－Z 間の相関係数の計

算では除外しないのが「ペアごとに除外」である.

　統計分析ソフトウェアは欠損値の処理としてリストごとに除外をデフォルトとしている，あるいはその処理を推奨している[10].

7．ウエイト・バック集計（ウエイト付き集計）

　母集団と抽出条件（層別）ごとの標本数が比例抽出されていない場合，母集団全体を分析する場合，抽出条件（層別）の母集団での比率に応じて重み（ウエイト）を与えて集計する．抽出条件（層別）ごとの分析だけであればウエイトを与えて集計する必要はない．ウエイト付き集計は，母集団状況が明確にわかっている場合に限られる．

表Ⅶ−16　ウエイト・バック集計の例

層　　別	実　　数	構　成　比	標　本　数	ウ　エ　イ　ト	
専業農家数	447,000	15.8	200	2,235	1
第1種兼業	429,000	15.1	200	2,145	1
第2種兼業	1,959,000	69.1	200	9,795	4.6(5)
合　　　計	2,835,000	100.0	600		

　表Ⅶ−16のウエイト欄左側のウエイトは，集計後度数が実数を表す数値となる．度数を実数値として分析したいときなどにもちいられる（たとえば，自動車の販売台数を分析したい）．右側は，実数の割合に合わせてウエイトを与える方法であり，度数は実数の割合だけを反映している．

注
1）　盛山和夫，近藤博之，岩永雅也『社会調査法』68ページ．
2）　西田春彦，新睦人『社会調査の理論と技法（Ⅱ）アイディアからリサーチへ』22〜27ページ．
3）　(社)日本マーケティング・リサーチ協会『マーケティング・リサーチ実施のための品質管理基準』44ページ．
4）　(社)日本マーケティング・リサーチ協会，前掲書，16〜17ページ．
5）　原純輔，海野道郎『社会調査演習』67〜79ページ．

6） ザイゼル，木村定，安田三郎訳『数字で語る』182～183ページ．

7） Kendall, Patricia L. and Lazarsfeld, Paul F., 1950, Problems of Survey Analysis, in Robert K. Merton and Paul F. Lazarsfeld (eds.), *Continuities in Social Research* : pp. 135～167.

8） 森敏昭，吉田寿夫編著『心理学のためのデータ解析テクニカルブック』246～248ページ．安田三郎，海野道郎『社会統計学』2版，132～137ページ．

9） 岩崎学「ミッシングのあるデータの分析」『日本行動計量学会　第2回春の合宿セミナー　資料集』119～120ページ．

10） 岩崎，前掲論文，120ページ．

参考文献

① 岩崎学「ミッシングのあるデータの分析」『日本行動計量学会　第2回春の合宿セミナー　資料集』1999年

② ザイゼル，木村定，安田三郎訳『数字で語る』東洋経済新報社，1962年（佐藤郁哉訳『数字で語る　社会統計学入門』第6版，新曜社，2005年）

③ 盛山和夫，近藤博之，岩永雅也『社会調査法』日本放送出版協会，1992年

④ （社）日本マーケティング・リサーチ協会『マーケティング・リサーチ実施のための品質管理基準』（社）日本マーケティング・リサーチ協会，2001年

⑤ 西田春彦，新睦人『社会調査の理論と技法（II）アイディアからリサーチへ』川島書店，1976年

⑥ 原純輔，海野道郎『社会調査演習』東京大学出版会，1984年

⑦ 福武直，松原治朗編『社会調査法』有斐閣，1967年

⑧ 森敏昭，吉田寿夫編著『心理学のためのデータ解析テクニカルブック』北大路書房，1990年

⑨ 安田三郎，海野道郎『社会統計学』改訂2版，丸善，1977年

⑩ Kendall, Patricia L. and Lazarsfeld, Paul F., Problems of Survey Analysis, in Robert K. Merton and Paul F. Lazarsfeld (eds.), *Continuities in Social Research*, Free Press, 1950.

Ⅷ. データ分析（1）

1. 統計的説明

本章では，調査仮説に基づき収集されたデータから，調査仮説の検証を行う場合，あるいはデータ探索から意味のある知見を引き出そうとする場合のデータ分析について検討する．

データ分析の検討に先立ち，データから社会現象を説明することについて考えてみる．たとえば，新聞の閲読時間にはどのような特徴があるのかという問題意識から，社会調査を行ったとする．この場合，男女により差があるのではないか，年齢により差があるのではないかといった仮説に基づき，クロス集計を行う．何らかの変数により閲読時間に差があることが確認されることによって，仮説は採択される．差がなければ，仮説は採択されない．このように，差（分散）があることが前提となる．社会現象の研究方法としての社会調査は，社会現象に対し統計的説明を加えるという側面をもつ．

先の例で，新聞の閲読時間は男性で長く，女性で短いという結果が得られたとする．閲読時間には性差がみられるということになる．では，なぜ性差があるのかという新たな問いが生じる．このように，統計的説明はある問いが統計的に説明できると，さらにそれに対する新たな問いが生じるという繰り返しになる．最終的には，差が生じた理由を説明しない限り，この「なぜ」を終わらせることはできない．統計的には，エラボレイションや多変量解析などの統計的分析を用いてその理由を説明することになる．その説明は，統計的立場からではなく，実質科学として了解できることが重要である．このためには，調査仮説に対する知識や周辺諸科学の理論の援用などによる深い洞察力が必要となる．

そこで本章では，社会現象を記述したり，調査仮説を検証する場合に必要な

VIII. データ分析 (1)　247

データ分析の実際を検討する．本書は，統計学の解説を行うことが目的ではない．前章の冒頭でも指摘したように，現在のデータ分析は統計分析ソフトウェアや表計算ソフトウェアに負うところが大きいため，データさえあれば比較的容易に何かしらの結果を導き出すことができる．本章は，調査企画者や分析者が，実際にデータを前にしたとき何に気を付ければよいのか，結果をどのように読んだらよいのかという視点から記述している．このため，数学的理解を望む方や，本章では紹介にとどまっている統計量や多変量解析の学習を望まれる方は章末の参考文献の参照を薦める．

データ分析は，データから有意味な情報を効率的に取り出す方法論であり，けっしてゴミ（誤差の多い）のようなデータから有意味な情報を取り出す方法論ではない．データ分析の正否は，ひとえに信頼性と妥当性の高いデータ収集にかかっている．データ分析は，ゴミからダイアモンドを生み出す打ち出の小槌ではけっしてないのである．

統計学は，記述統計 (descriptive statistics) と推測統計 (inferential statistics) に大別される．『統計用語辞典』によれば，記述統計は収集されたデータが表す統計集団の特性を簡潔に記述し，一意的な意味を伝達しようとする立場に立つものであり，推測統計は母集団からの無作為標本より得られたデータから，母集団を推計しようとするものであるとされている[1]．記述統計と推測統計はそれぞれ担う役割が異なり，相互に重要な役割を果たしている．ただ，近年の傾向として，母集団推計や多変量解析を偏重する傾向がみられる．データ分析では，まず得られたデータを簡潔かつ明確に記述する必要がある．その上で，母集団推計や多変量解析の適用を考えるべきである．データが得られた条件（調査設計）や，データ全体に対する理解は，たとえば文献史学者が行う史料批判（解題）に当たるものであり，必要不可欠の作業である．いきなり母集団推計を行ったり，多変量解析を適用することは避けねばならない．

データ分析の第一歩は，度数分布表 (table of frequency distribution) の観察である．しかし，度数分布表は直感的に全体を把握しにくいことから，全体の

把握にはグラフ化が有効である．こうした度数分布表やそのグラフ化は，データの分布を観察するという点において優れている．しかし，人に伝えるにはデータの分布を簡潔に記述する必要がある．また簡潔に記述できれば，異なるデータの分布を比較することも容易になる．このために，できる限り効率よくデータを記述する必要がある．

分布を特徴づける統計量としては，

① 分布の中心的傾向を表す測度

② 分布の散らばりを表す測度

③ 分布の歪みを表す測度

が重要である．とくに，①と②はよく使われる統計量である．

そこで，度数分布表，分布の中心的傾向を表す測度，分布の散らばりを表す測度について検討する．

統計学では，統計量とくに平均値と分散を表す記号の使い方が比較的まちまちであり，論文や本を読む際戸惑うことがある．本書では，次のように記号を使い分けている．

$\bar{x}$：定義式内の平均値

μ：母平均値

M：標本平均値

σ^2：母分散

s^2：標本分散

2．度数分布表とグラフ化

度数分布表の観察は分析の第一歩である．表Ⅷ－1は平日の朝刊閲読時間，表Ⅷ－2は平日のテレビ視聴時間の度数分布表である[2]．これらの表では，相対度数は欠損値がある標本を含んで計算をし，有効相対度数では欠損値がある標本を除いて計算している．度数分布表を作成する際に欠損値を除くか除かないかは分析者が決めることであり，理論的背景はない．クロス集計表では分類項

VIII. データ分析 (1)　　249

表VIII－1　平日の朝刊閲読時間

	度数	相対度数	有効相対度数	累積相対度数
～10分	86	25.4	27.7	27.7
～20分	87	25.7	28.1	55.8
～30分	69	20.4	22.3	78.1
～40分	25	7.4	8.1	86.1
～50分	7	2.1	2.3	88.4
～1時間	22	6.5	7.1	95.5
～1時間30分	6	1.8	1.9	97.4
1時間30分超	3	0.9	1.0	98.4
読まない	5	1.5	1.6	100.0
合計	310	91.7	100.0	
欠損値	28	8.3		
合計	338	100.0		

表VIII－2　平日のテレビ視聴時間

	度数	相対度数	有効相対度数	累積相対度数
～30分	12	3.6	3.6	3.6
～1時間	51	15.1	15.1	18.7
～2時間	90	26.6	26.7	45.4
～3時間	71	21.0	21.1	66.5
～4時間	57	16.9	16.9	83.4
～5時間	28	8.3	8.3	91.7
～6時間	15	4.4	4.5	96.1
～7時間	7	2.1	2.1	98.2
～8時間	4	1.2	1.2	99.4
～9時間	1	0.3	0.3	99.7
見ない	1	0.3	0.3	100.0
合計	337	99.7	100.0	
欠損値	1	0.3		
合計	338	100.0		

表Ⅷ－3　男女別平日朝刊閲読時間

		性別 男	性別 女	合計
～10分	度数	37	49	86
		23.4%	32.2%	27.7%
～20分	度数	44	43	87
		27.8%	28.3%	28.1%
～30分	度数	36	33	69
		22.8%	21.7%	22.3%
～40分	度数	15	10	25
		9.5%	6.6%	8.1%
～50分	度数	2	5	7
		1.3%	3.3%	2.3%
～1時間	度数	14	8	22
		8.9%	5.3%	7.1%
～1時間30分	度数	6	0	6
		3.8%	0.0%	1.9%
1時間30分超	度数	2	1	3
		1.3%	0.7%	1.0%
読まない	度数	2	3	5
		1.3%	2.0%	1.6%
合計	度数	158	152	310
		100.0%	100.0%	100.0%

目ごとに欠損値が異なることから，直接相対度数を比較する際には注意を要する．

　カテゴリーをみると，閲読時間は短い時間から長い時間に並んでおり，カテゴリーに順序がある．こうした場合は，表Ⅷ－1や表Ⅷ－2にあるように，累積の相対度数を求めておくと便利である[3]．累積を求めることに意味があるのは，カテゴリーに順序が存在する場合である．

VIII. データ分析 (1)　251

図VIII-1　平日の朝刊閲読時間

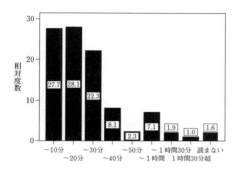

図VIII-2　平日のテレビ視聴時間

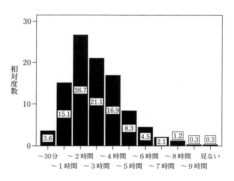

図VIII-3　男女別平日朝刊閲読時間

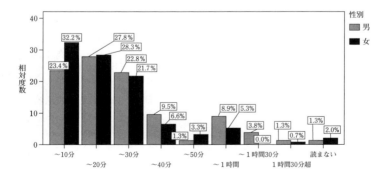

全体の度数分布であれば，それぞれの閲読時間や視聴時間ごとにどの程度の標本が分布しているかを観察することができる．しかし，表Ⅷ－3のように男女別に観察する場合には，男女で標本数が異なるため比較がしにくい．こうした場合は，相対度数表（総度数に対する各値の度数の比の一覧表）にした方が観察しやすい．

度数分布表や相対度数表は直感的に全体を把握しにくい．全体の傾向を的確に把握するためには，グラフ化が効果的である．表Ⅷ－1をグラフ化したものが図Ⅷ－1，表Ⅷ－2をグラフ化したものが図Ⅷ－2である．

図Ⅷ－1と図Ⅷ－2は，横軸に閲読時間または視聴時間をとり，縦軸をパーセント（相対度数）とした棒グラフである．グラフ化により，分布の特徴が視覚的に理解しやすくなることがわかる．平日の朝刊閲読時間，テレビの視聴時間ともに非対称分布であり，右に歪んだ分布となっている．とくに，平日の朝刊閲読時間で歪みが大きいことがわかる．

図Ⅷ－3は表Ⅷ－3をグラフ化したものである．グラフを観察すると，女性に比べて男性で平日の朝刊閲読時間が長い傾向があることがわかる．このように，グラフ化により男女の違いを理解することができる．

3．分布の中心的傾向を表す測度

(1) 算術平均

算術平均は分布の中心的傾向を表す測度であり，測定尺度の水準が間隔尺度，比例尺度である場合に適用される代表値（分布の中心的傾向を表す測度を代表値ともいう）である．ここで扱うのは，一般的に平均値（mean）と呼ばれている算術平均である．社会調査では，態度や意識を5段階や7段階などの評定尺度を用いて測定することがある．一般的には，量的データとみなして分析することが多く，平均値（以下とくにことわりがない限り，平均値は算術平均を指す）や相関係数により，データを記述したり分析したりすることが多い．しかし，評定尺度は厳密な意味では順序尺度である．この問題について萩生田・繁

桝は，因子分析を利用する際，評定尺度のような離散型の順序尺度データに対し，5件法ないし7件法を薦めており，分析に際しいわゆる簡便法（間隔尺度とみなす）で十分であると述べている[4].

平均値は一般的には，$\bar{x}$（エックスバー）または M と略記され，(8.1) 式によって定義される．

$$\bar{x}=\frac{1}{n}\sum_{i}^{n}x_i \cdots\cdots\cdots\cdots (8.1)$$

つまり平均値は，データの総和を標本数で割ることで計算される．

たとえば，10，15，17，22，29，33，40，42，49，50という10個のデータの平均値は，

$$M=\frac{10+15+17+22+29+33+40+42+49+50}{10}=30.7$$

となる．

平均値は，偏差の総和を0にする，偏差の2乗和を最小にする数値であり，これらは平均値の重要な性質である．

具体的には，

$(10-30.7)+(15-30.7)+(17-30.7)+(22-30.7)+(29-30.7)+(33-30.7)$
$+(40-30.7)+(42-30.7)+(49-30.7)+(50-30.7)=0$ となる．

また，$(10-30.7)^2+(15-30.7)^2+(17-30.7)^2+(22-30.7)^2+(29-30.7)^2$
$+(33-30.7)^2+(40-30.7)^2+(42-30.7)^2+(49-30.7)^2+(50-30.7)^2$
$=1,868.1$

となり，偏差の2乗和である1,868.1は，他のどの値を使用したときよりも小さくなる．ちなみに，メディアンを使用したときは1,869.0になる．

(2) メディアン（中央値）

メディアン（median）は，中央値あるいは中位数とも呼ばれる．順序尺度以上の水準で測定されているデータに適用できる代表値であり，M_e と略記される．メディアンは，すべてのデータを大きさの順に並べたとき，ちょうど真ん

中に位置する値である.

データ数が奇数の場合は，8.2式により定義される.

$$Me = x\frac{n+1}{2} \cdots\cdots\cdots\cdots (8.2)$$

データ数が偶数の場合は，8.3式により定義される.

$$Me = \frac{1}{2}(x_{\frac{n}{2}} + x_{\frac{n}{2}+1}) \cdots\cdots\cdots\cdots (8.3)$$

データが10個の場合，5番目のデータと6番目のデータを足して2で割るということになる.

平均値の計算例で使用した10個のデータの中央値は，データ数が偶数であることから8.3式により $Me=31$ となる.

メディアンは8.4式（記号は表Ⅷ-4参照）により度数分布表からも計算できる.

$$Me = C_{i-1} + \frac{\left(\frac{n}{2} - F_{i-1}\right)h}{f_i} \cdots\cdots\cdots\cdots (8.4)$$

8.4式をことばで表現すると以下のようになる[5].

$$Me = \begin{array}{c}\text{メディアンに対応する}\\\text{測定値を含む階級の下限}\end{array} + \frac{\dfrac{\text{データ数}}{2} - \begin{array}{c}\text{その下の階級まで}\\\text{の累積度数}\end{array}}{\text{その階級の度数}} \times 階級幅$$

定義式からもわかるように，ひとつの階級の中で観測値は一様に分布していると仮定し，階級を比例配分し，累積相対度数が50％になる値を求めている.

表Ⅷ-4　度数分布表の一般的表現

階級 (C)	度数 (f)	累積度数 (F)
$C_0 - C_1$	f_1	F_1
$C_1 - C_2$	f_2	F_2
$\sim$	f_{i-1}	F_{i-1}
$C_{i-1} - C_i$	f_i	F_i
$C_{n-1} - C_n$	f_n	F_n

VIII. データ分析 (1)　　255

表Ⅷ－5　上限・下限を記した度数分布表

階級の 上限／下限	度数	相対度数 （%）	累積度数	累積相対度数 （%）
0.0～0.5	5	1.6	5	1.6
0.5～10.5	86	27.7	91	29.3
10.5～20.5	87	28.1	178	57.4
20.5～30.5	69	22.3	247	79.7
30.5～40.5	25	8.1	272	87.7
40.5～50.5	7	2.3	279	90.0
50.5～60.5	22	7.1	301	97.1
60.5～90.5	6	1.9	307	99.0
90.5以上	3	1.0	310	100.0
合計	310	100.0		

　表Ⅷ－1の平日の朝刊閲読時間の度数分布表からメディアンを求めてみる．
表Ⅷ－1の各カテゴリーの隣接カテゴリーとの境界値から上限と下限（表Ⅷ－
5）を定める．表Ⅷ－5の度数分布表では，読まないを0分とした．

　表Ⅷ－5の度数分布表と8.4式から

$$Me = 10.5 + \frac{\frac{310}{2} - 91}{87} \times 10 = 17.9$$

となり，メディアンは17.9分であることがわかる．

(3)　モード（最頻値）

　モード（mode）は，最頻値あるいは並み数と呼ばれる．もっとも度数の多
い測定値（カテゴリー）であり，M_oと略記される．モードは，どの尺度水準で
測定されていても用いることができる代表値である．名義尺度で測定されてい
る場合，代表値の中でモードだけを用いることができる．

　注意を要するのは，順序尺度以上で測定された変数をいくつかの階級に分け

た場合，階級幅の決め方によってモードが変化する点である．

　表Ⅷ－1の平日の朝刊閲読時間のモード（有効相対度数）は「～20分」（28.1％）である．ただし，「～10分」（27.7％）とはほとんど差がないことから，両者をモードとすることが望ましい．表Ⅷ－2の平日のテレビ視聴時間では，「～2時間」（26.7％）がモードである．

　代表値は，測定尺度の水準や分布の状態により最適なものを選択する必要がある．では，どのようなときどの測度を用いるのがよいのであろうか．分布の形と各測度の特徴を検討してみる．

　正規分布では，平均値，メディアン，モードが一致する．このためどの測度を用いても問題がない．こうした場合，全データの情報を利用していることから平均値を用いるのが妥当である．

　他方，図Ⅷ－4に示すような双峰性分布ではどうであろうか．平均値，メディアンともにデータが少ないところになってしまう．実際に計算してみると，平均値は756万円，メディアンは200万円となる．平均値を含むカテゴリーの相対度数は0となっている．モードはこの分布の場合，左右2カ所の値（カテゴリー）をモードとして記述するのがもっともよい方法である．双峰性分布は，異なる集団を一つの分布で表した場合などにみられる分布である．このデータは20歳代の借入金の残高である．分布の左側は借入金なし，あるいは極めて少額ないし数百万円といった人々であろう．一方分布の右側は，1000万円を超える高額な借入金を持つ人々である．借入金の種類や目的などを測定しているのであれば，そうした変数ごとに分布を分けて代表値を計算する必要がある．

　図Ⅷ－5に示すような非対称分布の場合，メディアンないしモードを代表値とすることが一般的であり，とくにメディアンを用いることが多い．非対称分布で平均値を用いると，少数の極端な値（外れ値）の影響を受けることから，こうした分布ではメディアンが用いられる．実際に計算してみると，平均値は364万円，メディアンは250万円となる．この分布の，モード，メディアン，平均値をみると左からモード，メディアン，平均値の順に並び平均値以上の人々

VIII. データ分析 (1)

図VIII-4 双峰性分布

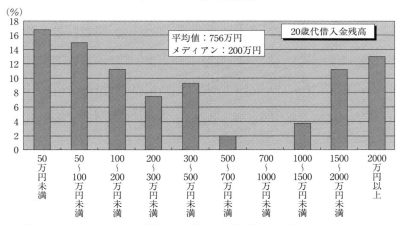

(出典:「平成12年貯蓄と消費に関する世論調査」貯蓄広報中央委員会)

図VIII-5 非対称分布

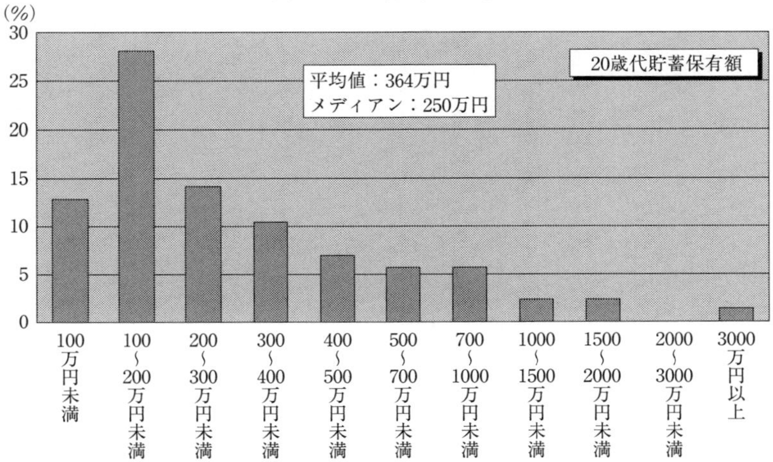

(出典:「平成12年貯蓄と消費に関する世論調査」貯蓄広報中央委員会)

は僅かとなってしまうことがわかる．表VIII-1の平日の朝刊閲読時間の分布でも検討してみる．この分布も，右に歪んだ非対称分布である．メディアンは17.9分，モードは「〜10分，(〜20分)」である．このデータは階級化されたカテゴ

リーによって測定されているため平均値は計算できないが，代表値は左からモード・メディアン・平均値の順に並ぶため，平均値以上の閲読時間がある人はわずかということになる．メディアンを使い，閲読時間のメディアンは17.9分と記述する方が分布とよく合うことがわかる．表Ⅷ－2の平日のテレビ視聴時間も朝刊の閲読時間ほどではないが，右に歪んだ分布となっている．平日テレビ視聴時間のメディアンは192.8分，モードは「～2時間」である．

4．分布の散らばりを表す測度

(1) 分散と標準偏差

　代表値だけで分布の特徴が記述されるわけではない．平均値が同じであってもデータの散らばり具合が異なれば分布の形も異なる．こうしたことから分布の散らばり，散布度を記述する必要がある．分散（variance）と標準偏差（standard deviation）には，標本分散，標本標準偏差と不偏分散，不偏標準偏差がある．本章では，とくにことわらない限り，標本分散と標本標準偏差を指す．

　分散，標準偏差は間隔尺度，比例尺度で測定されたデータの散布度の測度であり，分散は σ^2（s^2），標準偏差は SD で略記される．分散は8.5式，標準偏差は8.6式によって定義される．

$$\sigma^2 = \frac{1}{n}\sum_{i}^{n}(x_i - \bar{x})^2 \quad \cdots\cdots\cdots (8.5)$$

$$SD = \sqrt{\frac{1}{n}\sum_{i}^{n}(x_i - \bar{x})^2} \quad \cdots\cdots\cdots (8.6)$$

　定義式からもわかるように，分散は各データの平均値からの偏差の2乗和を標本数で除したものである．つまり偏差2乗和の平均ということになる．分散が大であるということは分布が拡がっていることを意味し，小であるということは平均値付近に集中していることを意味している．分散は2乗されているため，測定の単位とは異なっている．そこで，一般には分散の平方根を計算した標準偏差が使われることが多い．標準偏差が意味するところは，個々のデータ

が平均値からどの程度ずれているか，逆にいえば平均値の周りにどの程度集まっているかを，データと同じ単位で表したものである．

平均値を計算した際の10個のデータから分散と標準偏差を求めると，

$$s^2 = \frac{\sum_{1}^{10}(x_i - 30.7)^2}{10} = 186.81$$

$$SD = \sqrt{186.81} = 13.67$$

分散は186.81，標準偏差は13.67となる．

統計分析ソフトウェアを利用した場合，偏差2乗和を標本数ではなく（標本数－1）で除すものがあり，これは不偏分散と呼ばれるものである．自分が使用する統計分析ソフトウェアが，標本分散を計算しているのか，不偏分散を計算しているのかを確認する必要がある[6]．

(2) 四分位偏差

四分位偏差（quartile deviation）（四分偏差・四分領域）は，順序尺度以上で測定されたデータの散布度の測度であり，Q で略記される．四分位偏差はメディアンとセットで用いられる．

データを大きいものから順に並べ一定の間隔でいくつかの群に分割した場合，その境界値のことを分位数（quantile）と呼ぶ．全体を4つに分割する場合，その境界値は四分位数という．それぞれは，第1四分位数（その値より小さい値が全体の25%になる値），第2四分位数（メディアンと一致する），第3四分位数（その値より大きい値が全体の25%になる値）という．

四分位偏差は8.7式により定義される．

$$Q = \frac{1}{2}(Q_3 - Q_1) \quad \cdots\cdots\cdots\cdots (8.7)$$

四分位偏差は，メディアンと同様に度数分布表から求めることができる．まず，第1四分位数（Q_1）と第3四分位数（Q_3）を以下の式で求める．その上で8.7式から四分位偏差を求める[7]．

$$Q_1 = \substack{\text{下位 25 \% に対応する} \\ \text{測定値を含む階級の下限}} + \cfrac{\cfrac{\text{データ数}}{4} - \substack{\text{その下の階級まで} \\ \text{の累積度数}}}{\text{その階級の度数}} \times \text{階級幅}$$

$$Q_3 = \substack{\text{上位 25 \% に対応する} \\ \text{測定値を含む階級の下限}} + \cfrac{\cfrac{3 \times \text{データ数}}{4} - \substack{\text{その下の階級まで} \\ \text{の累積度数}}}{\text{その階級の度数}} \times \text{階級幅}$$

表Ⅷ－1の平日の朝刊閲読時間の度数分布表から四分位偏差を求めると,

$$Q_1 = 0.5 + \cfrac{\cfrac{310}{4} - 5}{86} \times 10 = 8.9$$

$$Q_3 = 20.5 + \cfrac{\cfrac{3 \times 310}{4} - 178}{69} \times 10 = 28.4$$

$$Q = \frac{28.4 - 8.9}{2} = 9.8$$

となる.

　四分位偏差は,データ分布範囲の中央部分(第1四分位点から第3四分位点)においてデータが分布している範囲の1/2を示している.

　第1四分位点は8.9分,第3四分位点は28.4分であることから,8.9分から28.4分の間にデータ全体の50％が分布している.四分位偏差は9.8分であり,これは第1四分位点と第3四分位点の真ん中にあたる.

　分布を,中心的傾向を表す代表値で記述する場合と同様に,散布度も測定尺度の水準や分布の状態により最適なものを選択する必要がある.とくに,代表値でも指摘した非対称分布のときに注意を要する.所得分布や賃金分布といった非対称分布では,代表値についてはメディアンを用いる方が妥当であると指摘した.こうした非対称分布では,平均を中心として左側に多くの標本が分布するが,右側にはあまり分布していない.分散や標準偏差は,平均の周りにどの程度データが集中しているかを表す測度であり,正規分布に近い分布のときに適用するのが原則である.非対称分布では,順位に基づいた四分位偏差を用いる方がよい.

5．2変数間の関連の分析

(1) ピアソンの積率相関係数

これまでは，1変数データの要約について検討してきた．ここでは2変数間の関連を表す測度について検討する．

たとえば，人びとは収入が多いほど消費意欲が高いのだろうか，高額消費財を購入する人は所得が高いのだろうかといった仮説がある．こうしたふたつの変数間の関係を考察する場合，一方の値が高くなれば，もう一方の値も高くなる，あるいは一方の値が高くなれば，もう一方の値は低くなるといった直線的な関係を検討するのが一般的である．このような直線的関係の強さと方向を表す測度としてピアソンの積率相関係数（Pearson's product-moment correlation coefficient）がある．ピアソンの積率相関係数（以下，相関係数（correlation coefficient））は，間隔尺度以上の尺度水準に適用される測度であり，2変数間の直線的な関係の強さと方向を表す測度である．r で略記され，8.8式により定義される．

$$r = \frac{\sum_{i}^{n}(x_i - \bar{x})(y_i - \bar{y})}{\sqrt{\sum_{i}^{n}(x_i - \bar{x})^2 \sum_{i}^{n}(y_i - \bar{y})^2}} \quad \cdots\cdots\cdots\cdots (8.8)$$

定義式の分子は共分散（covariance）と呼ばれ，相関係数と同様に2変数間の直線的関係の強さと方向を表す測度である．

2変数の関係が最大限に強いときは，図Ⅷ－6のように，一直線上に並んでいるときである．このような状態を完全な正の相関があるという．このような状態にあるとき，2つの変数の共分散は標準偏差の積で与えられる．ピアソンの積率相関係数は，観測変数から得られる共分散を2つの変数によって得られる共分散の最大値で除していることになり，観測変数から得られる共分散が最大値の何割程度になるかを表していることになる．また，共分散は変数の単位の大きさの影響を受けることから，これを取り除いた．規準化された値にする

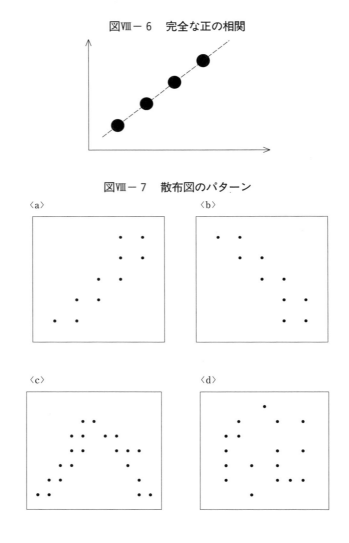

図Ⅷ-6　完全な正の相関

図Ⅷ-7　散布図のパターン

〈a〉　〈b〉

〈c〉　〈d〉

ということにもなる．

　2変数の関連を把握するためには，個々の調査対象者ごとに2変数が同時に測定されている必要がある．2変数に対する個々の調査対象者の回答パターンは多様であろう．これを全体として概観するには，グラフ化が有効である．2

Ⅷ. データ分析 (1)　263

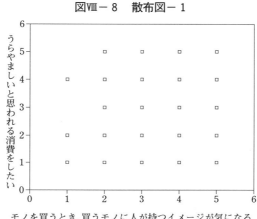

図Ⅷ－8　散布図－1

モノを買うとき，買うモノに人が持つイメージが気になる

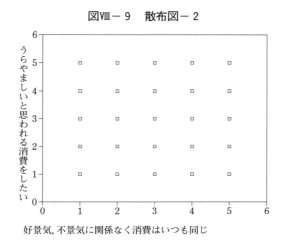

図Ⅷ－9　散布図－2

好景気，不景気に関係なく消費はいつも同じ

　変数間のグラフは，一方の変数を x，もう一方の変数を y とした2次元座標平面にプロットした散布図（scatter diagram）で描く．代表的なパターンを図Ⅷ－7に示す．

　図Ⅷ－7に示すように，＜a＞直線的な右上がり（変数 x の値が増えると変数 y の値も増えるパターン），＜b＞直線的な右下がり（変数 x の値が増える

と変数 y の値は減少するパターン), <c>湾曲したパターン(変数 x の値が増えると, 変数 y の値は一定の値までは増加するがその後減少するパターン), <d>全体が丸く分布(変数 x と y の間に関連がみられないパターン)といったパターンが代表的である. これらの相関係数を計算すると, <a>は $r = 0.89$, <b>は $r = -0.89$, <c>は $r = 0.13$, <d>は $r = -0.04$ となる. このように, 散布図を観察することにより2変数間の関連をおおよそつかむことができる.

しかし, 散布図は分析すべき変数の組み合わせが増えると, 非常に多くの散布図を作成しなくてはならないといった欠点がある. また社会調査では, 5段階や7段階の評定尺度が使用されることが多い. こうした尺度は, 本来順序尺度であり離散変数である. このため, 散布図を描くと図Ⅷ-6, 図Ⅷ-7に示すような散布図となる.

一見するとデータの散布状態は同様である. しかし, 相関係数を計算すると, 図Ⅷ-6は $r = 0.646$, 図Ⅷ-7は $r = -0.005$ と相関係数は大きく異なる. そこで, それぞれの散布図に対応するクロス集計を行ってみる.

クロス集計表を観察すると, 表Ⅷ-6では度数の多いセル(網掛けのセル)が比較的直線的に並んでいる様子がみられる.

他方, 表Ⅷ-7では, 直線的に並んでいない. このように, 評定尺度は本来離散型変数であることから, 散布図を観察しても2変数間の関連を観察することはできない. 評定尺度では便宜的に相関係数を計算するが, 関連の様子はクロス集計により確認する必要がある. 当然ながらクロス集計表であることから, 連関係数(coefficient of association)(Ⅷ-5-(4)「連関係数」を参照)を計算することができる.

次に, 相関係数の利用上の注意点を検討する.

① 相関係数の大きさの評価

相関係数は, $-1 \leqq r \leqq 1$ の値を取り, 2変数間に完全な正の相関がある場合1, 完全な負の相関がある場合に -1, 直線的な関係がまったくない場合に0

VIII. データ分析 (1)　265

表Ⅷ－6　表側（うらやましい消費）×表頭（イメージが気になる）

	そう思う	まあそう思う	どちらともいえない	あまりそう思わない	そう思わない	合　計
そう思う	13	3	4	5	3	28
まあそう思う	6	38	11	10	2	67
どちらともいえない	0	7	29	15	8	59
あまりそう思わない	1	10	14	48	17	90
そう思わない	0	4	6	11	70	91
合計	20	62	64	89	100	335

表Ⅷ－7　表側（うらやましい消費）×表頭（いつも消費は同じ）

	そう思う	まあそう思う	どちらともいえない	あまりそう思わない	そう思わない	合　計
そう思う	4	8	11	2	2	27
まあそう思う	10	25	15	13	5	68
どちらともいえない	1	16	28	8	4	57
あまりそう思わない	12	32	18	19	8	89
そう思わない	23	24	20	9	15	91
合計	50	105	92	51	34	332

となる．相関係数の評価については明確な基準はない．経験的には，

$0.0 \leqq |r| \leqq 0.2$　　ほとんど相関なし

$0.2 < |r| \leqq 0.4$　　弱い相関がある

$0.4 < |r| \leqq 0.7$　　中程度の相関がある

$0.7 < |r| \leqq 1.0$　　強い相関がある

というところが目安である．

　しかし，相関係数の大きさの評価は便宜的なものである．社会調査では，間

隔尺度以上の尺度水準でデータが取られることはまれであり，評定尺度など順序尺度で測定されているケースが多い．また，2変数間の関係というものの，その関係にはさまざまな要因が関係している（後述するように，第3変数を導入するなどして2変数以外の要因を除く必要がある）．そのため，相関係数の大きさの評価には注意を払う必要がある．

② 曲線相関

相関係数はあくまで，直線的な関係の強さと方向を表す測度である．2変数間の関連は直線的な関係に限られるわけではない．たとえば，図Ⅷ－7の＜c＞のパターンでは，相関係数は極めて低く直線的な関係はみられない．しかし，それは直線的な関係がないということであり，2変数間に関係がないということにはならない．＜c＞は散布図からもわかる通り，曲線的な関係が存在している．相関係数だけから2変数間の関連を分析していると，こうした曲線的な関連など，相関係数からだけではわからない関連を見逃してしまうことになる．

③ 分割相関

異質な集団をあわせて全体として相関係数を求めると，さまざまな問題が出る．たとえば，図Ⅷ－10にみられるように，本来個々の集団では無相関であるにもかかわらず全体として強い相関が生じるケースや，逆に個々の集団では相関があるにもかかわらず全体として無相関になるケースなどがみられる．こうした場合，集団ごとに相関係数を求める必要がある．このような層別の相関を分割相関という．

たとえばxに100m走のタイム，yに漢字書取能力とし，小学校1年生，3年生，6年生のデータを散布したとする．この場合，各学年ごとにはxとyの間に相関がみられなくとも，当然学年が上がれば100m走のタイムは早くなり，漢字書取能力も高くなる．

このため，図Ⅷ－10にみられるような散布図が得られる．この場合，各学年ごとの散布図を観察するべきであり，各学年ごとに相関係数を計算しなくては

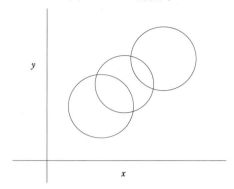

図Ⅷ-10 分割相関

ならない．

④ 外れ値の影響

相関係数は少数の外れ値（outlier）の影響を強く受ける．とくに，データ数が少ない場合に影響が大きい．仮想データでその影響を検討する．

表Ⅷ-8から相関係数を計算すると$r=0.89$と，強い相関があるという結果になる．しかし，fの値を除いて計算すると$r=0.08$となり無相関となる．このように，外れ値であるfの値が相関係数に強く影響することがわかる．こうした場合，順位相関係数を求める方がよい．スピアマンの順位相関係数（Spearman's rank correlation coefficient）（Ⅷ-5-(3)「順位相関係数」を参照）を求めると，$r_s=0.4$となり，xとyの間には弱い相関がみられるということになる．

⑤ 相関関係と因果関係

相関係数が高いということは，相関関係があるということになる．しかし，

表Ⅷ-8 外れ値の影響

	a	b	c	d	e	f
x	4	5	7	3	9	20
y	3	8	2	1	4	18

これは因果関係があるということではない．因果関係は，一方が原因となって
もう一方を変化させているということである．こうした関係は，単純な直線的
関係だけではなく，相関の有り様は多様である．因果関係があるが相関係数
（直線的関連）が低いこともあり得る．

　分析に際し，一方を原因変数，もう一方を結果変数として分析したとしても，
それは仮説的に因果関係を仮定しただけである．そこに相関関係が認められた
からといって，短絡的に因果関係があると結論づけることはできない．相関関
係と因果関係の見極めは極めて難しい問題であるが，両者の違いを認識してお
くことが重要である．さらには，社会調査は直接因果関係を同定するための方
法論ではない．因果関係の探索・検証は分析に委ねられている．このため，分
析に際し相関関係を分析しているのか，因果関係を分析しているのかを認識す
ることが重要である（因果分析の詳細についてはIX−4「因果分析」を参照）．

(2)　偏相関係数

　2変数間の相関関係において，第3変数の影響により見かけ上相関が見出さ
れないことがある．いわゆる擬似無相関（spurious noncorrelation）である．逆
に，見かけ上関連が見出されたが，それは第3変数の影響であり，その影響を
取り除くと関連が見出されないことがある．いわゆる擬似相関（spurious cor-
relation）である．

　測定水準が間隔尺度以上（社会調査では，評定尺度による測定も便宜的に間
隔尺度として取り扱っている）であれば，偏相関係数（partial correlation co-
efficient）を計算することによりこうした擬似無相関や擬似相関を見破ること
ができる．あるいは，第3変数ごとに相関係数を求めるといった分割相関（層
別相関）を計算することでも，見破ることができる（IX−3−(1)「重回帰分析と
数量化I類」を参照）．

　ここでは，擬似無相関や擬似相関を見破る方法のひとつである偏相関係数を
紹介する．x, y, zという3つの変数があるとき，r_{xy}, r_{xz}, r_{yz}という3つの
相関係数が計算される．このとき，zを固定し，つまりzの影響を取り除いて

x と y の相関係数を計算しようとするものであり，8.9式で定義される．

$$r_{xy \cdot z} = \frac{r_{xy} - r_{xz} r_{yz}}{\sqrt{1 - r_{xz}^2} \sqrt{1 - r_{yz}^2}} \quad \cdots\cdots\cdots\cdots (8.9)$$

偏相関係数を計算することは，因果関係を分析する上で有効な方法である．しかし，第3変数の選択は非常に難しく，研究課題に対する深い知識と洞察力が求められる．偏相関係数は，IX－3－(1)「重回帰分析と数量化Ⅰ類」で説明している残差間の相関係数ということになる．2つの変数から，第3変数の影響を取り除いた上での関係を記述することを統計的統制という（因果分析については，IX－3－(1)「重回帰分析と数量化Ⅰ類」，IX－4「因果分析」を参照）．

(3) 順位相関係数

順位相関係数 (coefficient of rank correlation) は，一方の変数の値が増加（減少）するとき，もう一方の変数の値も常に増加（減少）するという単調増加（減少）の関係が存在するか否かを表す測度である．この測度では，変化量は問題とされない．

順位相関係数は，以下のような場合に適用される．

① 順序尺度で測定されている．

② 外れ値が存在する．

③ 単調増加（減少）だけを問題としたい．

④ データが数値によって表されていない．

といった場合に用いられる測度である．③の場合について西平は，日本と米国での国際比較調査で，多項選択型での質問に対し，日本人に比べて米国人が多くの項目をあげることがわかっていることから，構成比を比較するよりも順位を比較する方が面白いという例を紹介している[8]．

順位相関係数はスピアマンによって開発された測度であり，r_s と略記され8.10式により定義される．

$$r_s = 1 - \frac{6 \sum d^2}{n \times (n^2 - 1)} \quad \cdots\cdots\cdots\cdots (8.10)$$

d は対応する順位の差

表Ⅷ－9　　男女別興味のあるスポーツ番組（平均値）

	プロ野球	アマ野球	サッカー	大相撲	バレーボール	バスケットボール	アメリカンフットボール	ラグビー
男性	1.74	3.54	2.53	2.63	3.65	3.67	4.00	3.66
女性	3.02	4.12	3.18	3.10	3.52	4.01	4.46	4.28
合計	2.39	3.83	2.86	2.87	3.59	3.84	4.23	3.98

表Ⅷ－10　　順位化

	プロ野球	アマ野球	サッカー	大相撲	バレーボール	バスケットボール	アメリカンフットボール	ラグビー	2乗和 (d^2)
男性	1	4	2	3	5	7	8	6	
女性	1	6	3	2	4	5	8	7	
d	0	−2	−1	1	1	2	0	−1	12

　スピアマンの順位相関係数は，各ケースの順位が2変数間でどの程度一致しているかという考えに基づいている．r_sは順位が完全に一致しているときに1，完全に逆転しているときに−1をとる．r_sの大きさの評価は，ピアソンの積率相関係数に準じる．

　表Ⅷ－9は，スポーツ番組ごとにどの程度興味があるかを測定した結果である（1．興味ある～5．興味がないの評定尺度で測定した平均値）．平均値を観察すると，男女で平均値が大きく異なり，すべてのスポーツ番組について男性で興味度が高く女性で低い．男女間のスポーツ番組の興味度順序の一致度を考察するため，これを順位化し（表Ⅷ—10），スピアマンの順位相関係数を求めてみる．

　8.10式から順位相関係数を計算する．

$$r_s = 1 - \frac{6 \times 12}{8(8^2 - 1)} = 0.857$$

順位相関係数は $r_s = 0.857$ と計算され，男女間で興味のあるスポーツ番組には強い相関がみられる．

⑷ 連関係数

連関係数（coefficient of association）とは，カテゴリー化された2変数間の関連の強さを表す測度である．測定尺度の水準が名義尺度の場合，2変数間の関連は連関係数によりその強さを評価することになる．これは順序尺度での順位相関係数，間隔尺度以上でのピアソンの積率相関係数に対応する統計量である．順序尺度以上で測定されている場合でも，階級化を行いクロス集計を行った場合，2変数間の関連は連関係数によりその強さを評価することができる．たとえば，年収と年齢の関係を分析しようとすれば，階級化された年収を表頭に，さらに階級化された年齢を表側に配したクロス集計を行い，連関係数を計算することにより2変数間の関連を評価することができる．

ピアソンの積率相関係数やスピアマンの順位相関係数では，2変数間の値が完全に対応している場合に，1ないし−1となる．2×2のクロス表において，2変数が完全に対応しているという状態は，表VIII−11にみられるような状態である（一方の対角要素が0になる）．

ただし，入学試験や選挙のように，予め定員が決められているような一方のカテゴリーに属すことができる人数が決められている場合，完全関連の状態にならない．この場合は，表VIII−12にみられるように，ひとつのセルだけが0の状態になる．これを最大関連という．

表VIII−11　2×2のクロス表における完全関連

	A	B	合計
X	c	0	c
Y	0	d	d
合計	c	d	c+d

表Ⅷ-12　2×2のクロス表における最大関連

	A	B	合計
X	c	d	c+d
Y	e	0	e
合計	c+e	d	c+d+e

表Ⅷ-13　3×3のクロス表における完全関連

	A	B	C	合計
X	c	0	0	c
Y	0	0	d	d
Z	0	e	0	e
合計	c	e	d	c+d+e

　2×2のクロス表で話をしてきたが，それ以上のクロス表では最大関連を明確に定義できない．完全関連は，表Ⅷ-13に示すような状態である．

　連関係数は，最大値が完全関連を想定している測度と，最大関連を想定している測度がある．クロス集計表の極限状態が，最大関連になる場合は最大関連を想定した連関係数を適用した方がよい．

　完全な関連とは，一方の変数からもう一方の変数の値を完全に予測できることをいう．逆に，関連がないというのは，両変数が互いに独立であるということである．2×2のクロス表の各セルの記号は表Ⅷ-14に示す通りである．

　連関係数には，相関の原理に基づいた測度と，予測の原理に基づいた測度が

表Ⅷ-14　2×2のクロス表

	A	B	Σ
X	n_{11}	n_{12}	$n_{1.}$
Y	n_{21}	n_{22}	$n_{2.}$
合計	$n_{.1}$	$n_{.2}$	n

ある．ピアソンの積率相関係数は相関と予測両方の原理に基づいた測度である．

① 四分点相関係数

四分点相関係数（ϕ）は，完全関連を想定した測度である．このため，最大関連の場合1にならないことから，周辺度数が固定されている場合には不向きである．四分点相関は$-1 \leqq \phi \leqq 1$の値をとり，8.11式により定義される．

$$\phi = \frac{n_{11}n_{22} - n_{12}n_{21}}{\sqrt{n_1.n_2.n_{.1}n_{.2}}} \cdots\cdots\cdots (8.11)$$

表Ⅷ－15の2×2のクロス表から四分点相関係数を計算してみる．

$$\phi = \frac{133 \times 92 - 30 \times 74}{\sqrt{163 \times 166 \times 207 \times 122}} = 0.383$$

$\phi = 0.383$と，性（男女）とプロ野球番組への興味の間には弱い関連がみられる．四分点相関係数は，$\phi = r$となることから，相関と予測両方の原理に基づく測度といえる．

② ユールの連関係数

ユールの連関係数（Yule's coefficient of association）は，最大関連，完全関連ともに1または-1になる．Qで略記され，8.12式により定義される．

$$Q = \frac{n_{11}n_{22} - n_{12}n_{21}}{n_{11}n_{22} + n_{12}n_{21}} \cdots\cdots\cdots (8.12)$$

表Ⅷ－15の，2×2のクロス表からユールの連関係数を計算してみる．

$$Q = \frac{133 \times 92 - 74 \times 30}{133 \times 92 + 74 \times 30} = 0.693$$

$Q = 0.693$と，性（男女）とプロ野球番組への興味の間には関連がみられる．

表Ⅷ－15　男女別プロ野球番組への興味

	興味あり	興味なし	計
男性	133	30	163
女性	74	92	166
合計	207	122	329

四分点相関係数，ユールの連関係数ともに $1 \sim -1$ の値をとる．しかし，2変数のうちどちらか一方が名義尺度の場合，符号は意味をもたない．2変数ともに順序尺度以上の場合に意味をもつ．ユールの連関係数は，相関の原理に基づく測度である．

③　クラメールの連関係数

2×2 のクロス表以外のクロス表について，その関連はクラメールの連関係数（Cramer's coefficient of association）により評価できる．クロス表の独立性の検定（Ⅷ－6－(7)「χ^2検定」を参照）では χ^2 値によって検定される．しかし，2×2 のクロス表以上の場合，χ^2 の最大値は総度数とカテゴリー数に影響される．そこで，χ^2 の値を最大値で除すことにより，$0 \sim 1$ の範囲を取るように定義したものがクラメールの連関係数であり V で略記される．クラメールの連関係数は完全関連を想定した測度であり，最大関連の場合1にならない．

$k \times l (k \leqq l)$ 分割表の x^2 の最大値は，$n(k-1)$ である．そこで，

$$V = \sqrt{\frac{x^2}{n(k-1)}} \cdots\cdots\cdots\cdots (8.13)$$

とすることにより，$0 \sim 1$ の範囲の値をとる．x^2 を直接計算しない場合には，

$$V = \sqrt{\frac{\sum\limits_{i}^{k} \sum\limits_{j}^{l} \dfrac{n_{ij}^2}{n_i . n_{\cdot j}} - 1}{k-1}} \cdots\cdots\cdots\cdots (8.14)$$

により，計算することができる．クラメールの連関係数は，相関の原理に基づいた測度である．

④　グッドマン・クラスカルの予測指数（λ）

グッドマン・クラスカルの予測指数（Goodman-Kruskal's index of predictive association）は，予測の原理に基づいた測度である．

表Ⅷ－15を例に，性別からプロ野球番組への興味の有無を予測する場合で検討してみる．何の情報もなしにプロ野球番組への興味の有無を予測する場合，モード（最頻値）を選択するのが合理的である．この場合「興味あり」と予測することになる．正しい予測は329名中207名（62.9%）であり，予測が外れて

いるのは122名（37.1%）である.

　ここで，性別という情報が追加されることで予測の精度はどのようになるか.

　　男性のモードは「興味あり」：163名中133名（正しい予測は81.6%）

　　女性のモードは「興味なし」：166名中92名（正しい予測は55.4%）

正しく予測された標本は，225名である. 性別という情報を追加する前に正し
く予測された標本は207名であった. 性別という情報を追加することで，正し
い予測が18名増えたことになる. つまり，予測が外れた122名中18名，18/122
で14.8%予測の精度が向上したことになる. これが，グットマン・クラスカル
の λ といわれる予測指数である.

　この係数は，0〜1の値をとり追加情報が予測の精度をどの程度向上させた
かを表している.

　先の例では，性別からプロ野球番組への興味有無を予測した. 逆に，プロ野
球番組への興味有無から性別を予測する場合を考えてみる. プロ野球番組への
興味有無という情報がない場合，モードである女性と予測したとき，正しい予
測は329名中166名（50.4%）である. プロ野球番組への興味有無という情報を
追加することで，予測の外れた163名中59名，59/163で36.2%予測の精度が向
上している.

　前者の例は，表側を x，表頭を y としたとき x から y を予測したことになり，

$$\lambda_{yx} = \frac{x の情報を利用したときの正しい予測個数 - x の情報がないときの正しい予測個数}{x の情報がないときの誤りの個数}$$

と表され，

$$\lambda_{yx} = \frac{(133+92)-207}{329-207} = 0.148$$

となる.

　後者の例では，y から x を予測したことになり，

$$\lambda_{xy} = \frac{y の情報を利用したときの正しい予測個数 - y の情報がないときの正しい予測個数}{y の情報がないときの誤りの個数}$$

と表され，

$$\lambda_{xy} = \frac{(92+133)-166}{329-166} = 0.362$$

となる.

λ_{yx} と λ_{xy} は周辺度数がすべて等しいという場合を除いて,$\lambda_{yx} = \lambda_{xy}$ とならない非対称な係数である.そこで,

$$\lambda = \frac{\lambda_{yx} \text{ の分子} + \lambda_{xy} \text{ の分子}}{\lambda_{yx} \text{ の分母} + \lambda_{xy} \text{ の分母}}$$

として,平均的係数として対称な係数とする λ が考案されている.例題の場合は,

$$\lambda = \frac{(133+92)+(92+133)-207-166}{2 \times 329 - 207 - 166} = 0.27$$

となる.

6.統計的仮説検定

(1) 統計的仮説検定

　これまでは,代表値や散布度,2変数間の関連についてその特徴を記述する方法について検討してきた.これらは記述統計と呼ばれるものである.しかし,社会調査によりデータ収集を行うのは,データを記述することだけが目的ではない.仮説検証的調査における仮説は,母集団に対する一般化した仮説であろう.また,探索的調査においても,探索された事実が母集団に対し一般化できるかが検討される.こうした,得られたデータに基づいて母集団に対し一般化した推計を行う方法が推測統計である.

　データを記述した際,たとえばプロ野球番組に対する興味率が,興味あり53%,興味なし47%というデータが得られたとする.この場合,プロ野球番組に興味がないと回答した人に対し,興味があると回答した人が多いといえるだろうか.ある人は興味ありが多いと結論するであろう,他方差がないと結論する人もいるであろう.このように,個人の主観に基づいた判断では結論がまちまちになる.こうした場合,誰もが同じ判断を下せるように,確率論に基づいた

統計的仮説検定（statistical test）が用いられる．本節ではこの統計的仮説検定について検討する．

　統計的仮説検定は，計算自体それほど難しい計算をするわけではない．重要なのは，用語を正しく理解し，結果を正しく読むことにある．用語は，

　帰無仮説と対立仮説

　有意水準

　第一種の過誤と第二種の過誤

　標本対応のあり，なし

　両側検定と片側検定

　自由度

　期待値（χ^2 検定で使われる用語）

上記7種類を理解する必要がある．ことにいかなる帰無仮説下で検定がかけられているのかを理解することが重要となる．帰無仮説が何であるかがわからなければ，どのような仮説を棄却し，どのような仮説を採択したかがわからないことになる．

　① 帰無仮説と対立仮説

　統計的仮説検定は，標本から得られた結果が母集団についてもいえるかを検討するものである（このため平均値差については平均値の差の検定あるいは母平均値の差の検定と呼ばれている．本書では平均値の差，比率の差の検定としている）．たとえば，表Ⅷ－15の男女別プロ野球番組への興味の 2×2 クロス表から興味率を計算すると，女性では興味あるが44.6％，興味なしが55.4％と興味なしが11ポイントほど多い．これは偶然得られた結果であり，その差は意味のないものなのか，それとも意味のある差なのかを検討するものである．

　この例を統計的仮説の論法でいえば，検証したいのは「プロ野球番組に興味がある人より興味のない人が多い（興味あり率と興味なし率には差がある）」という仮説が正しいかどうかである．そのため「興味がある人数と興味のない人数に差があるとはいえない（興味あり率と興味なし率に差があるとはいえな

い)」という仮説を立て，「差があるとはいえない」という仮説が棄却されれば「差がある」という仮説を採択する．このように，統計的仮説検定は背理法（帰謬法）の理論に基づいている．この場合，「差があるとはいえない」という仮説は棄却されることが期待される仮説であり，「帰無仮説（null hypothesis）」（H_0と略記される）という．

　他方，本来採択されることが期待される「差がある」という仮説は「対立仮説（alternative hypothesis）」（H_1と略記される）と呼ばれる．先の例で，興味があるの相対度数をP_1，興味がないの相対度数をP_2としたとき，一般的には以下のように表記する．

$$H_0 : P_1 = P_2$$
$$H_1 : P_1 \neq P_2$$

帰無仮説を棄却するということは，帰無仮説のもとでは，得られたデータは滅多に得られることがない値であるという意味である．

　② 有意水準

　統計的仮説検定は確率に基づいた判断をする．その確率は0.05ないし0.01を採用するのが一般的である．この確率0.05や0.01を有意水準（level of significance）という．つまり，得られた値の帰無仮説のもとでの出現確率は5％（1％）以下と滅多に出現しない値であると判断し，帰無仮説を棄却する．しかし，5％（1％）の確率で帰無仮説が正しいにもかかわらず，これを棄却してしまうこともあるということにもなる．

　③ 第一種の過誤と第二種の過誤

　統計的仮説検定は，確率をもとに仮説の棄却ないし採択を判断する．このため，当然ながら判断に過誤が生じる可能性をもつ．

　第1に，帰無仮説が真であるにもかかわらずこれを棄却してしまうことがある．これを第一種の過誤（type I error）という．第2に，帰無仮説が偽にもかかわらずこれを採択してしまうことがある．これを第二種の過誤（type II error）という．つまり第一種の過誤とは，本当は差がないのに差があると判断する誤

りであり，第二種の過誤とは，本当は差があるのに差がないとする誤りである．

有意水準を高くすると第一種の過誤は小さくなるが第二種の過誤の確率が高くなる．逆に，有意水準を低くすると，第一種の過誤の確率が高くなる．

④　標本対応のあり，なし（要因の対応あり，なし）

検定を行おうとする統計量が，同じ標本により測定されたデータからの統計量なのか，異なる標本により測定されたデータからの統計量なのかということである．たとえば，ある調査で，先月の収入と先々月の収入を聞いたとする．この2ヵ月の平均収入を比較し，高くなったか否かを知りたいといった場合，同じ調査で2ヵ月分を聞いていることから，2ヵ月の平均値は同じ標本から得られたデータで計算されている．つまり標本対応ありということになる．では，先月の平均収入は男女で差があったのか否かを知りたいといった場合，男女であるから平均値は異なる標本から得られたデータで計算されている．つまり標本対応なしということになる．標本対応のあり，なしは検定統計量を求める際，計算式が異なるので，注意を要する．

分散分析では要因の対応あり，なしが重要となる．

⑤　両側検定と片側検定

社会調査では，調査実施前に，高低，優劣，強弱といった差があることがわかっているケースはほとんどない．このため，基本的には両側検定（tow-tailed test）を使うことが多い．片側検定（one-tailed test）は，たとえば市場調査では，個人の識別能力を判定することがあり，そうした場合に用いられる．仮に甘さの識別力を判定するとした場合，5％の砂糖溶液と3％の砂糖溶液を作り，これをブラインドで複数回試飲させ，一定回数以上5％砂糖溶液の方が甘いと指摘できるかといったテストを行う．この場合，5％砂糖溶液は3％砂糖溶液より甘いことはテスト実施前に客観的に決まっていることから片側検定を用いる．片側検定の場合，対立仮説は $P_1 > P_2$ あるいは $P_1 < P_2$ というように不等号となる．

⑥　自由度

　標本の場合で考えてみると，たとえば 3 人に身長を聞いたところ回答は170cm，165cm，175cm であったとする．平均値は170cm である．平均偏差は (170cm−170cm)＝ 0 ，(165cm−170cm)＝− 5 cm，(175cm−170cm)＝ 5 cm であり，偏差の総和は 0 となる．つまり平均偏差の総和は 0 になる．これは平均値の重要な性質である．このため，3 人の身長データがあるが，平均身長が170cm であることから，たとえばいずれか 2 人の身長が180cm，160cm であったとすると，3 人目は自動的にその身長が170cm となる．180cm の人の平均偏差は＋10cm，160cm の人の平均偏差は−10cm である．平均偏差の総和は 0 であるから，3 人目の身長は170cm となる．つまり自由にその値を取ることができるのは「n − 1」人ということになる．

　カテゴリー（回答選択肢）の場合で考えてみると，たとえば100人にある意見への賛否を賛成，反対の 2 つのカテゴリーで聞いたとする．この場合，合計は100人であるから，賛成という回答が仮に60人であれば，反対は自動的に40人となる．カテゴリー数が賛成，どちらともいえない，反対の 3 つの場合もいずれか 2 つのカテゴリーは自由にその値を取ることができるが，いずれか 1 つのカテゴリーは自動的にその値が決まってしまう．つまり，自由にその値を取ることができるカテゴリー数は「カテゴリー数− 1」ということになる（クロス集計表の場合は計算式が異なる）．これを自由度（df）（degree of freedom）という．

⑦　期待値

　ここでの説明は，χ^2 検定で使われる用語としての期待値である．χ^2 検定で使われる期待値は帰無仮説の状態である．つまり差がない，関連がない状態ということになる．

　検定には，さまざまな方法が開発されている．基本的にはパラメトリック検定（parametric test）といわれる母集団分布に特定の分布を仮定して行う検定方法と，ノン・パラメトリック検定（non parametric test）といわれる母集団分布を仮定しない検定法に大別される．パラメトリック検定は，間隔尺度以上

VIII. データ分析 (1)　　281

表Ⅷ−16　本書で取り扱う検定法の一覧

要因数	1要因	2要因		3要因以上
標本対応		標本に対応なし	標本に対応あり	
平均値の差の検定		2組の平均値の差の検定　(p.293) (正規分布への近似法) 2組の平均値の差の検定　(p.295) (t検定) 等分散検定　　　　　　　(p.281)	2組の平均値の差の検定　　　　　(p.296) (t検定)	分散分析 (等分散検定)
比率の差の検定	1組の比率の差の検定 (p.297)	2組の比率の差の検定　　(p.296) (正規分布への近似法)	2組の比率の差の検定　(p.297) (一部対応あり:注15)	
度数の差の検定	1組の度数の差の検定 (p.298) (2カテゴリーの場合) 1組の度数の差の検定 (p.300) (3カテゴリー以上の場合) 多重比較法(ライアン検定) (p.301)	独立性の検定 　(2×2のクロス表)　(p.303) 　($k×l$のクロス表)　(p.310) フィッシャーのExact test (p.306) ＊適合度検定　　　　　　(p.311)	マックネマー検定 (p.309) (2×2のクロス表)	

検定方法の後ろ（　）内の数字は本書のページ数を表す

分散の検定	2条件	3条件以上		
	F検定 (p.281)	Bartlett検定　　　(p.283) Hartley検定　　　(p.283) Levene検定　　　(p.283)		
		要因対応なし	要因対応あり	多重比較
分散分析 (ANOVA)		一元配置の 分散分析 (p.287)	一元配置の 分散分析 (p.288)	Tukey's HSD検定 (p.291) Bonferroni検定 (p.291) Holme検定 (p.292)

検定方法の後ろ（　）内の数字は本書のページ数を表す

での測定が必要であるが間隔尺度以下で測定されることの多い社会調査ではノン・パラメトリック検定が有効である．

　表Ⅷ−16は，本書で取り扱っている検定法の一覧である．検定法はこれ以外にも多くの方法がある．その他の検定法については参考文献を参照されたい．

(2)　分散の差の検定

①　F検定（F-test）（対応がない2つの分散の差の検定，2群の等分散検定）

　等分散（正規分布）である母集団から2組の標本を独立に抽出し，それぞれ母分散の不偏推定量（注13を参照）を計算し，その比をとったものは F 分布に従う．F 分布が2つの分散の差の検定に用いられるのはこのためである．

　F 検定は2群の母平均値の差の検定（t 検定）を行う場合，前提である等分散性のチェックとしての検定として利用される．

具体的に F 検定を行ってみる．以下の平均値と標準偏差は平成25年度学校保健統計調査の都道府県別平均値データから計算した17歳男女の身長の平均値と標準偏差である．

	平均値	標準偏差	標本サイズ
男性（M）	170.5cm	0.59	47
女性（F）	157.8cm	0.56	47

このデータから，男性と女性の身長の標準偏差（分散）に差があるといえるかを検定してみる．帰無仮説は $H_0: \sigma_M = \sigma_F$，対立仮説は $H_1: \sigma_M \neq \sigma_F$ として両側検定を行う．このとき帰無仮説下では2つの独立な不偏分散の比は F 分布に従う．このため，もし帰無仮説が正しければ比は1に近い値となる．

$$F = \frac{n_x s_x^2 (n_y - 1)}{n_y s_y^2 (n_x - 1)} \cdots\cdots\cdots (8.15)$$

標本サイズが同じ場合は8.16式になる．

$$F = \frac{s_x^2}{s_y^2} \cdots\cdots\cdots (8.16)$$

上記データの場合，標本サイズが同じであることから8.16式により計算をする．

$$F = \frac{0.59^2}{0.56^2} = 1.11$$

＊ F 値が1より大きくなるよう分子＞分母とする．

両側検定なので付表7の上側5％の臨界値と比較する．付表7の v_1，v_2 それぞれが46（v_1，v_2 に46はないので40をみる：こうした場合小さい自由度の臨界値をみる）の交点の臨界値は1.693である．実際のデータから計算された F 値は1.11であり1.693よりも小さい．このため帰無仮説を棄却することができず，男女の身長の分散（標準偏差）に差があるとはいえない．つまり等分散といえるという結果である．母平均値の差の検定を行うならば，t 検定を行うことが

できる．仮に F 検定の結果，帰無仮説が棄却された場合（等分散ではないという結果），welch 検定ないし Cochran-Cox 検定を用いることになる．

② 多群の分散の差の検定（多群の等分散検定）

ここでは 3 群以上の多群の等分散検定について検討する．本書では利用頻度の高い Bartlett 検定，水準ごとの標本サイズが等しい（くり返し数が同じ）場合に使われる Hartley 検定，データが正規分布に従わない可能性がある場合にも使われる Levene 検定について検討する．

等分散検定の結果帰無仮説が棄却された場合は，ノンパラメトリック分散分析の Kruskal-Wallis 検定（対応のない場合）ないし Friedman 検定（対応のある場合）を用いることになる．

Bartlett 検定は水準ごとの標本サイズが等しくない（くり返し数が同じではない）ときにも利用できる．ただし非正規性に関し頑健ではないとされている．

$$-2\log\lambda$$
$$=((\textstyle\sum_{i=1}^{k} n_i)-a)\Big(\log\frac{\sum_{i=1}^{k}(n_i-1)S_i^2}{(\sum_{i=1}^{k} n_i)-a}-\frac{1}{(\sum_{i=1}^{k} n_i)-a}\textstyle\sum_{i=1}^{k}(n_i-1)\log S_i^2\Big)$$

$$\cdots\cdots\cdots\cdots（8.17）$$

8.16式は，すべての母分散は等しいという仮説のもとで近似的に自由度 $k-1$ の χ^2 分布に従うことが知られている．また8.17式の結果に8.18式の修正をした方が近似が良い．

$$\mathrm{B}=\frac{-2\log\lambda}{1+\dfrac{1}{3(k-1)}\Big(\sum_{i=1}^{k}\dfrac{1}{n_i-1}-\dfrac{1}{(\sum_{i=1}^{k} n_i)-a}\Big)}\cdots\cdots\cdots（8.18）$$

8.18式の修正 B を Bartlett の検定統計量という．

水準ごとの標本サイズが等しい（くり返し数が同じ）ときには Hartley 検定を用いることができる．Hartley 検定ではまず各群の s_i^2 を大きさの順 $\min(s_i^2)$ から $\max(s_i^2)$ に並べる．このときすべての母分散は等しいという仮説下では，

$$F_{max} = \frac{max(s_i{}^2)}{min(s_i{}^2)} \cdots\cdots\cdots (8.19)$$

8.19式の値は 1 になる．母分散が異なっていれば 1 より大きくなる．この F_{max} を検定統計量とする検定が Hartley 検定である．

Levene 検定は，正規性に関し頑健であることから，正規性が疑われるケースでも用いられる．

$$L = \frac{(N-k)}{(k-1)} \frac{\sum_{i=1}^{k} n_i \overline{(z_i} - \overline{z)} z^2}{\sum_{i=1}^{k} \sum_{j=1}^{n} (z_{ij} - \overline{z_i})^2} \cdots\cdots\cdots (8.20)$$

N：総標本サイズ　k：群数　$z_{ij} = |x_{ij} - \overline{x_i}|$　$\overline{z} = \frac{1}{N} \sum_{i=1}^{k} \sum_{j=1}^{n} z_{ij}$

表Ⅷ-17のデータを Levene 検定により等分散検定を実施してみる．

$N=15$, $k=3$, $\overline{z_i}$：携帯・スマホ（0.3656）音漏れ（0.2408）飲食（0.2336） $\overline{z}=0.28$

$(\overline{z_i} - \overline{z})^2$：（携帯・スマホ0.03667，音漏れ0.007683，飲食0.010765）

$$L = \frac{0.055085}{0.396195} = 0.834207$$

$L < F(k\text{-}1,\ N\text{-}k,\ \alpha)$ ならば帰無仮説を棄却することができない．上記結果

表Ⅷ-17　データ

	携帯・スマホ通話（混雑時）	音漏れ（混雑時）	飲食（混雑時）	個人の平均値
20歳代	2.94	2.44	2.19	2.52
30歳代	2.33	1.97	2.00	2.10
40歳代	1.87	1.78	1.95	1.87
50歳代	1.91	1.66	1.61	1.73
60歳代	1.84	1.67	1.51	1.67
平均値	2.18	1.90	1.85	
総平均値	1.98			

の Levene 統計量は0.834, 自由度, α (2, 12, 0.05) の F 値は3.885である
から0.834<3.885であり帰無仮説を棄却することができない, つまり等分散を
仮定することができる (計算された p 値は0.458) という結果である.

Bartlett 検定に比し Hartley 検定, Levene 検定は表計算ソフトや手計算に
よる計算が容易である. また Levene 検定は正規性に関し頑健であり, 用いや
すい検定法である. Levene 検定では各群の平均値が使われるが, 平均値の代
わりに中央値を用いる方法を Brawn-Forsythe 検定という.

(3) 分散分析 (ANOVA)

たとえば, 3要因から得られた母平均値の差を検定する時, t 検定を3回
(n 要因から得られた平均値の差の検定をすべての組み合わせについて行うと $_nC_2$回の検定を行うことになる), 1回あたり有意水準5％で検定を実施しても
3回繰り返すと, $1-(1-0.05)\times(1-0.05)\times(1-0.05)\fallingdotseq0.143$と14.3％となっ
てしまう. これを検定の多重性という. たとえば, 電車内での通話の迷惑度の
20歳代, 30歳代, 40歳代の母平均値の差の検定を行ったとする. 検定結果が,

　　　20歳代と30歳代：有意差あり

　　　20歳代と40歳代：有意差なし

　　　30歳代と40歳代：有意差なし

となったとする. 「20歳代と30歳代の間には有意差がある」という結論だけで
あれば問題はない. ところが, 「20歳代と30歳代の間には有意差があるが, 20
歳代と40歳代, 30歳代と40歳代の間に有意差はない」という20歳代から40歳代
までのすべての組み合わせについて有意水準5％で主張することはできない.
通常仮説は20歳代から40歳代までの複合的な仮説であることが多く, こうした
複合的な仮説を検討するためには分散分析を行う必要がある.

分散分析は線型モデルであり, 独立変数 (質的変数) の値により従属変数の
平均値が異なるかを分析する. 分散分析は心理学や社会心理学などの実験研究
で多用される分析方法である. 独立変数は実験条件 (従属変数の値を変動させ
る要因) であり, 実験条件間による平均値を比較 (検定) することで実験条件

の影響を分析する．社会調査や市場調査といった調査研究は実験ではないため独立変数を操作することはないが，こうした調査研究でも分散分析は利用される．たとえば，性別によって車内でのある行動に対する迷惑程度が異なるか，年代によってある商品の購入意向が異なるか，といった独立変数（性別や年代）により従属変数（迷惑程度や購入意向）の平均値が異なるかを比較（検定）することで独立変数の影響を分析する．

　質的な独立変数は「因子」や「要因」などと呼ばれる（本書では「要因」）．またその独立変数の値は「水準」と呼ばれる．たとえば，車内での通話，飲食では迷惑程度が異なるかでは，「車内での行動」は「要因」であり，「通話」と「飲食」という2水準ということになる．

　分散分析にはさまざまなバリエーションがある．そのバリエーションは「要因」に対応があるか対応がない（独立）か，その「要因」が「対応のある要因」（被験者内要因）か「対応のない要因」（被験者間要因）かによっている．その他標本サイズが等しいか等しくないかという区別もある．

　要因の対応とは，たとえば，電車内で迷惑と感じる行動は，刺激される五感によって異なるのか，それともいずれも迷惑と感じるのかという仮説から「聴覚（イヤフォンからの音漏れ）」「視覚（車内での化粧）」「嗅覚（香り用品）」の3つの感覚に注目してデータを取ったとする（3水準ということになる）．3水準ともに同じ標本からデータが取られている場合，「対応のある要因」という．一方，それぞれ異なる標本からデータを取った場合，「対応のない要因」という．t検定での「標本対応のあり，なし」と同じである．

　対応のない要因の場合，3水準に異なる標本が割り当てられていることから水準間の比較は異なる標本（被験者）間での比較になる．こうした場合要因は「被験者間要因」である．一方，すべての水準に同じ標本（被験者）を割り当てた場合，水準間の比較は同じ標本（被験者）間での比較になり，要因は「被験者内要因」である．「被験者内要因」であれば「対応のある要因」ということになる．

VIII. データ分析 (1)　　287

表VIII−18　対応のない要因の場合の原理

	全体変動				要因による変動				誤差による変動		
	携帯・スマホ通話（混雑時）	音漏れ（混雑時）	飲食（混雑時）		携帯・スマホ通話（混雑時）	音漏れ（混雑時）	飲食（混雑時）		携帯・スマホ通話（混雑時）	音漏れ（混雑時）	飲食（混雑時）
20歳代	0.96	0.46	0.21		0.20	−0.08	−0.13		0.76	0.54	0.34
30歳代	0.35	−0.01	0.02		0.20	−0.08	−0.13		0.15	0.07	0.15
40歳代	−0.11	−0.20	−0.03	=	0.20	−0.08	−0.13	+	−0.31	−0.12	0.10
50歳代	−0.07	−0.32	−0.37		0.20	−0.08	−0.13		−0.27	−0.24	−0.24
60歳代	−0.14	−0.31	−0.47		0.20	−0.08	−0.13		−0.34	−0.23	−0.34
偏差平方和(ss)	1.93				0.30				1.63		
自由度(df)	14.00				2.00				12.00		
平均平方(MS)(ss/df)	0.14				0.15				0.14		

　分散分析では2対間以上の母平均値の差の検定を行うことができるが，3対間以上の母平均値の差の検定を実施する場合分散分析を用いなければならない．

　分散分析の帰無仮説と対立仮説は以下の通りである[9]．

　帰無仮説：いずれの対間にも差がない

　対立仮説：いずれかの対間に差がある

　本書では，社会調査や市場調査で利用されることが多い一元配置の分散分析（対応のある要因，対応のない要因）について検討する．その他の方法は参考文献を参照されたい．

　①　対応のない一元配置の分散分析法（独立な一要因の分散分析）

　対応のない一元配置の分散分析の原理を検討する．分散分析では，測定値全体の分散は，要因による分散と誤差による分散とが複合したものであり，要因による分散の方が誤差による分散よりも大きければ，要因が有意であることを意味する．分散分析を視覚的に表現してみる．

　全体変動は，全データの総平均（1.98）からの偏差平方和である．この値を自由度で除した値は全変動に基づく分散の不偏推定量である．要因による変動は，要因ごとのデータの総平均からの偏差と考えることができる．つまり「携

帯・スマホ通話」は総平均より0.2点平均を高くし,「音漏れ」は0.08点,「飲食」は0.13点平均を低くする.要因による変動の偏差平方和（ss）は0.30，自由度（水準数－1）＝2で除した分散の不偏推定量は0.15である．誤差による変動は，要因ごとのデータと平均との差である．これは，要因ごとにさまざまなデータをとっているのは，個人差や測定誤差によると考える．個人差や測定誤差がなければ，すべて同じ値（たとえば「携帯・スマホ通話」であれば，すべて2.18）をとるはずである．そこで，その差を誤差と考える．

要因間に対応がない場合は，分散分析表からも明らかなようにデータ全体の変動と要因，誤差の変動には次のような関係がある．

全体変動の平方和＝要因による変動の平方和＋誤差による変動の平方和

そこで2つの変動の比を取ることで要因間に差があるか否かを検定している．実際には偏差平方和を自由度で除した要因変動の平均平方（MS）を誤差変動の平均平方（MS）で除す．その比は自由度（要因の自由度（v_1），誤差の自由度（v_2））の F 分布に従う．実際に分散分析を行ってみる（表Ⅷ-19）．

表Ⅷ－19　分散分析表（対応のない要因）

変動要因	ss	自由度	MS	F 値
要因	0.32	2	0.15	1.13
誤差	1.63	12	0.14	
合計	1.94	14		

自由度2，12のときの上側確率5％の F の臨界値は付表7をみると3.885である．したがって，分散分析表の F 値は3.885以下であることから帰無仮説を棄却することができず，いずれの対間にも差があるとはいえないという結果である．

②　対応のある一元配置の分散分析（対応のある一要因の分散分析）

一方，要因間に対応がある場合は，データ全体の変動を要因による変動，個

表VIII−20　対応のある要因の場合の原理

	全体変動			要因による変動			個人差による変動			誤差による変動		
	携帯・スマホ通話（混雑時）	音漏れ（混雑時）	飲食（混雑時）	携帯・スマホ通話（混雑時）	音漏れ（混雑時）	飲食（混雑時）	携帯・スマホ通話（混雑時）	音漏れ（混雑時）	飲食（混雑時）	携帯・スマホ通話（混雑時）	音漏れ（混雑時）	飲食（混雑時）
20歳代	0.96	0.46	0.21	0.20	−0.08	−0.13	0.54	0.54	0.54	0.22	0.00	−0.20
30歳代	0.35	−0.01	0.02	0.20	−0.08	−0.13	0.12	0.12	0.12	0.03	−0.05	0.03
40歳代	−0.11	−0.20	−0.03	0.20	−0.08	−0.13	−0.11	−0.11	−0.11	−0.20	−0.01	0.21
50歳代	−0.07	−0.32	−0.37	0.20	−0.08	−0.13	−0.25	−0.25	−0.25	−0.02	0.01	0.01
60歳代	−0.14	−0.31	−0.47	0.20	−0.08	−0.13	−0.31	−0.31	−0.31	−0.03	0.08	−0.03
偏差平方和(ss)	1.93			0.32			1.43			0.19		
自由度(df)	14.00			2.00			4.00			8.00		
平均平方(MS)(ss/df)	0.14			0.16			0.36			0.02		

表VIII−21　分散分析表（対応のある要因）

変動要因	ss	自由度	MS	F 値
要因	0.32	2	0.15	6.62
個人誤差	1.44	4	0.36	15.56
誤差	0.19	8	0.02	
合計	1.94	14		

人差による変動，誤差による変動に分けることができる．個人差は，個人ごとの3要因の平均からの変動である．対応がない場合と異なり，誤差分散のなかから個人差による変動を取り出すことができる．このため誤差分散の値を小さくすることが可能となり，検定力を高めることができる．

　実際に分散分析を行ってみる．

　自由度2，8のときの上側確率5％の F の臨界値は付表7をみると4.459である．

　したがって，分散分析表の F 値は4.459より大きいことから，帰無仮説を棄却しいずれかの対間に有意差があるという結果である．

　対応のない要因と対応のある要因とは同じ数値を使っている．対応のない要因では帰無仮説を棄却することができなかったのに比し，対応のある要因では

帰無仮説を棄却することができた．これは誤差分散から個人差を取り出すことができるか否かによっている．対応のある要因の分散分析表を見てもわかるとおり，個人差は大きな変動をもっている．

(4) 多重比較法（multiple comparison tests）

対応のある分散分析の例では帰無仮説（いずれの対間にも差がない）を棄却し対立仮説（いずれかの対間に差がある）を採択した．対立仮説は「いずれかの対間に差がある」であり，すべての対間に差があるわけではない． 3対以上の平均値の差を検定している場合，分散分析の結果が有意である場合，どの対間に差があるかを検定する必要がる．このとき多重比較を行う．

多重比較にはふたつの考え方がある．調査（実験）実施前に平均値間の差について仮説が設けられている場合と平均値間に何らかの効果（差）があることだけを仮定する場合がある．前者を事前比較(a priori comparisons)といい，分散分析を行わずに多重比較を行うことができる．後者を事後比較（a posteriori comparisons/post hoc comparisons)といい，分散分析を行い主効果が有意であることを確認したあとで多重比較を行う（主効果が有意でなければ多重比較を行うことができない）．

また分散分析と多重比較については，検定としての整合性の問題がある．分散分析の結果が有意であるにもかかわらず，多重比較の結果はいずれの対間も有意ではないということが起こりうる．これは検定方法そのものが全く別の検定方法であり計算方法も異なるため，分散分析で全体の要因では有意であるが，多重比較で個別の平均値間では有意ではないということが起こりうる（本書の Bonferroni 検定，Holm 検定による多重比較もこの例であり，分散分析の結果は有意であるが多重比較の結果はいずれの対間にも有意差がない）．

多重比較が必要な理由は，複数回くり返された検定全体において帰無仮説が棄却される可能性を，familywise error rate と呼び（一連の検定を Family という），くり返される検定すべてを含めた有意水準が最初の設定（以下5％とした場合で書いている）以下になっていなければならない．つまり多重比較は，

2対の検定をくり返した時のfamilywise error rateを5％以下に抑える方法である．familywise error rateを調整する方法には，統計量に基づく方法とp値（有意水準）を調整する方法がある．統計量に基づく方法にはFisher's least significant difference （Fisher's LSD）検定，Newman Keuls検定[10]，Tukey's honestly significant difference （Tukey's HSD）検定，Dunnet検定（この検定は1つの対照（コントロール）群と複数の処理（実験）群間の平均値の差の検定を対照群と処理群の対比較のみを同時に検定するための多重比較法であり，各処理群の平均が対照群の平均と比べ「差があるか否か」だけでなく「大きいといえるか」あるいは「小さいといえるか」を検定することができる）などがある．p値（有意水準）を調整する方法にはBonferroni検定，Holm検定，Ryan検定（「Ⅷ—6—(7)—②「1組の度数の差の検定」を参照）などがある．p値（有意水準）を調整する方法は統計量に依存していないため汎用性の高い方法である．以下，統計量に基づく方法のTukey's HSD，p値（有意水準）を調整する方法のBonferroni検定とその改良版であるHolme検定について解説する．

　統計量に基づく方法であるTukey's HSD検定は第一種の過誤に対し厳格である（このため検定力が低い）．また計算手続きが簡単であることから多用されている．Tukey's HSD検定は，要因間ですべての対比較を同時に検定するための多重比較法であり，スチューデント化された範囲（Studentized range）[11]を使用する検定である．Tukey's HSD検定はすべての要因の標本サイズが同じ場合に適用される（近似的方法として要因ごとの標本サイズの調和平均を代入する方法がある）．標本サイズが異なる場合はTukey's HSD検定を拡張したTukey-Kramer検定が提案されている．

　p値（有意水準）を調整する方法であるBonferroni検定は検定全体の有意水準を検定回数で除した値を有意水準とする．たとえば全体の有意水準5％で3対間の検定を行う場合5％÷3＝1.67％を有意水準に設定する．これだと1－$(1-0.0167)\times(1-0.0167)\times(1-0.0167)\fallingdotseq0.0492$と，いずれかの対間に有意差

がある確率は5％以下に抑えられている．Bonferroni検定は第一種の過誤に対し厳格であり（このため検定力が低い），とくに検定対の数が多くなるとその傾向が顕著である．以下，対応のない一元配置の分散分析の多重比較で用いられることの多い Tukey's HSD 検定と Bonferroni 検定，Holme 検定（この検定法はほとんど知られていないようであるが，Bonferroni 検定がきわめて保守的方法ということもありここで取り上げた）について検討する．

Tukey's HSD 検定では，8.22式から差の臨界値を求める．ただし Tukey's HSD 検定は対応のある分散分析の多重比較としては問題がある．

$$\mathrm{HSD}=q_{a \cdot k \cdot df}\sqrt{\frac{誤差の平均平方}{n_i}}\cdots\cdots\cdots(8.22)$$

$q_{a \cdot k \cdot df}$はスチューデント化された範囲，aは有意確率，k は群数，df は誤差変動の不偏分散の自由度である．

比較する2つの平均値の差の絶対値が HSD 以上であればその要因間は5％水準で有意差があると判断される．対応のない一元配置の分散分析の結果から計算してみると，付表9から $q_{0.05.3.12}=3.773$を得る．

$$\mathrm{HSD}=3.773\sqrt{\frac{0.14}{5}}=0.631$$

HSD＝0.631なので，2つの平均値の差の絶対値が0.631以上であれば5％水準で有意差があると判断される（対応のない一元配置の分散分析の結果は有意ではないため実際の有意差の検討は行われない）．

対応のある一元配置の分散分析の結果は帰無仮説を棄却し「いずれかの対間に有意差がある」という結果だった．そこで Bonferroni 検定により多重比較を行ってみる．全体の有意水準を5％とし3対間の検定を行う．この場合5％÷3＝1.67％を有意水準に設定することになる．3対間の対応のある t 検定の結果と Bonferroni 検定の結果，いずれの対間にも有意差がみられない（表Ⅷ-22）．Bonferroni 検定は非常に保守的であり，また k が大きくなると極端に検出力が落ちることから改良版の Holme 検定が提案されている．Bonferroni 検定は

VIII. データ分析 (1)　293

表VIII-22　対応のある t 検定の結果と Bonferroni 検定の結果

	平均値差	t 値	p 値	Bonferroni 検定の結果
携帯・スマホ – 音漏れ	0.28	3.805	0.019	有意差なし（p 値：0.057）
携帯・スマホ – 飲食	0.33	2.481	0.068	有意差なし（p 値：0.204）
音漏れ – 飲食	0.05	0.711	0.516	有意差なし（p 値：1.000）

すべての対間を α/k で検定するが，Holme 検定は p 値の小さい順に並べその順に従って $\alpha/(k-1$順位$)$ を計算する．前記の例だと，

　　順位 1　　0.019⇨0.05/3−0＝0.016（調整後の p 値：0.057）

　　順位 2　　0.068⇨0.05/3−1＝0.025（調整後の p 値：0.136）

　　順位 3　　0.516⇨0.05/3−2＝0.05　（調整後の p 値：0.516）

となる．実際には順位 1 で有意差がなければそこで計算は打ち切られる（実際に有意差はみられない）．

(5)　平均値の差の検定

①　2 組の平均値の差の検定（平均値が互いに独立な場合）

表VIII-23から，男女別にプロ野球番組への興味度を観察すると，平均値の差は，$|1.74-3.02|＝1.28$ である．この結果からプロ野球番組への興味は，男女で差があるか，という仮説を検定する．

帰無仮説は，プロ野球番組への興味度の平均値は男女で差があるとはいえない．対立仮説は，プロ野球番組への興味度の平均値は男女で差がある．

　　H_0：男性の平均値＝女性の平均値

　　H_1：男性の平均値≠女性の平均値

表VIII-23　男女別プロ野球番組興味度

	平均値	標本数	分　散
男性	1.74 $(\bar{x})$	163 (n_x)	1.09 $(s_x{}^2)$
女性	3.02 $(\bar{y})$	166 (n_y)	1.19 $(s_y{}^2)$
合計		329	

となる．この場合，仮説として男性で高いといえるだろうかという仮説であるならば片側検定となり，対立仮説は H_1：男性の平均値＞女性の平均値となる．

標本平均の差を，

$$d = \bar{x} - \bar{y}$$

とすると，d は以下のような性質をもつ．

・d の標本分布は正規分布[12]に近似する．

・d の標本分布の平均（期待値）は母平均の差に一致する[13]．

$$E(d) = \overline{X} - \overline{Y} \qquad \overline{X},\ \overline{Y}：母平均$$

・d の標本分布の分散は，x と y の標本平均の分散の和になる．

$$V(d) = \sqrt{\frac{N_x - n_x}{N_x - 1}\frac{\sigma_x^2}{n_x} + \frac{N_y - n_y}{N_y - 1}\frac{\sigma_y^2}{n_y}} \cdots\cdots\cdots (8.23)$$

$\qquad N$：母集団数

$\qquad n$：標本数

$\qquad \sigma^2$：母分散

したがって，帰無仮説が正しければ，

$$E(d) = \overline{X} - \overline{Y} = 0$$

となる．有意水準5％とすると，$d > 1.96\,V(d)$ ならば帰無仮説を棄却し，対立仮説を採択する．実際に検定を行うためには，母分散が必要となる．しかし，母集団の大きさ，標本数が十分大きい場合は，標本分散で代用することができる．また，母集団が標本数に比し十分に大きい場合は，$N_x - n_x / N_x - 1$，$N_y - n_y / N_y - 1$ は≒1となることから，

$$V(d) = \sqrt{\frac{s_x^2}{n_x} + \frac{s_y^2}{n_y}} \cdots\cdots\cdots (8.24)$$

$\qquad n$：標本数

$\qquad s^2$：標本分散

とすることができる．

表Ⅷ－23の平均値の差を検定すると，

$$V(d) = \sqrt{\frac{1.09}{163} + \frac{1.19}{166}} = 0.118$$

$$|d| = |1.74 - 3.02| = 1.28$$

$$1.96\,V(d) = 0.231$$

したがって，$|d| = 1.28 > 0.231 = 1.96\,V(d)$ となり，プロ野球番組への興味度の平均値には，有意水準 5 ％で男女に差がある（有意水準 1 ％の場合は2.56 $V(d)$）（統計的仮説検定では，5 ％水準で有意差がある場合は＊，1 ％水準で有意差がある場合は＊＊と，アスタリスクの数で表示する．表示は，値の右肩に付けることが多い）．

② t 検定

母分散が未知の場合のパラメトリック検定である，検定統計量 t（t 分布[14]）を用いる t 検定（t-test）について検討する．t 検定でも母分散の代わりに標本分散が利用される．標本分散は，2 組の標本それぞれから計算される．通常，それらは同一ではない．そこで，2 組の分散が大きく異ならなければ，それらの平均を共通の標本分散とできる．このため，t 検定を行う前に等分散検定（Ⅷ－6－(2)「分散の差の検定」を参照）を行い，等分散性を検定する必要がある．

t 検定を行うには，2 組の標本分散は等分散でなくてはならない．そのため等分散検定では，帰無仮説が棄却されない場合（等分散である）に t 検定を行う（t 検定では，等分散を前提とするという条件から，有意水準を 5 ％より大きな値に設定した方がよいという考えがある：有意水準を大きな値にするということは，帰無仮説が棄却されやすくなる）ことになる．帰無仮説が棄却された場合は，Welch 検定あるいは Cochran-Cox 検定を用いなければならない．t 検定では，標本に対応がある場合とない場合で，計算式が異なるので注意が必要である．

標本に対応があるというのは，たとえば，表Ⅷ－24に示すように，月平均支出金額の変化を知るため，時間をおいて第 1 回調査と第 2 回調査を同一の標本

表Ⅷ−24　標本に対応がある	
	月平均支出金額
第1回調査	M_1
第2回調査	M_2

表Ⅷ−25　標本に対応がない	
	月平均支出金額
男性	M_m
女性	M_f

に対し実施し，月平均支出金額の平均に変化があるかを検討するといったような場合である．他方，標本に対応がないというのは，表Ⅷ−25に示すように，異なる標本間の平均値の差を検討する場合である．

(イ)　対応がない2つの平均値の差の検定（等分散な場合）

$$t=\frac{\bar{x}-\bar{y}}{\sqrt{\dfrac{n_x s_x{}^2+n_y s_y{}^2}{n_x+n_y-2}\left(\dfrac{1}{n_x}+\dfrac{1}{n_y}\right)}} \quad\cdots\cdots\cdots（8.25）$$

(ロ)　対応がある2つの平均値の差の検定（等分散検定は必要ない）

2つのデータセットの相関係数を利用した計算は8.26式によって定義される．

$$t=\frac{\bar{x}-\bar{y}}{\sqrt{\dfrac{s_x{}^2+s_y{}^2-2rs_x s_y}{n-1}}} \quad\cdots\cdots\cdots（8.26）$$

r：2回のデータ間の相関係数

観測値より計算する場合は，8.27式によって定義される．

$$t=\frac{\bar{d}}{\sqrt{\dfrac{n\sum\limits_{i}^{n}d_i{}^2-\left(\sum\limits_{i}^{n}d_i\right)^2}{n^2(n-1)}}} \quad\cdots\cdots\cdots（8.27）$$

d：x_i-y_i（データの差）

(6)　比率の差の検定

①　2組の比率の差の検定（比率が互いに独立な場合）

比率の差の検定には，2組の比率の差の検定と，1組の比率の差の検定がある．まず，2組の比率の差の検定について検討する．2組の比率の差の検定についても，平均値の差の検定と同様に考えることができ，8.28式により定義される．

$$V(d) = \sqrt{p(1-p)\left(\frac{1}{n_x}\frac{N_x-n_x}{N_x-1}+\frac{1}{n_y}\frac{N_y-n_y}{N_y-1}\right)} \quad\cdots\cdots\cdots\cdots (8.28)$$

p については母比率が未知であることから，x と y の標本比率から加重平均を求め推定値とする．

$$\hat{p} = \frac{n_x p_x + n_y p_y}{n_x + n_y} \cdots\cdots\cdots\cdots (8.29)$$

母集団数が標本数に比し十分大きい場合は，N_x-n_x/N_x-1，N_y-n_y/N_y-1は≒1となることから，8.30式を用いることができる．

$$V(d) = \sqrt{\hat{p}(1-\hat{p})\left(\frac{1}{n_x}+\frac{1}{n_y}\right)} \quad\cdots\cdots\cdots (8.30)$$

ここで，$|d| > 1.96\,V(d)$ ならば，有意水準5％で帰無仮説を棄却し対立仮説を採択する．表VIII−26を検定してみる．$H_0 : p_x = p_y$，$H_1 : p_x \neq p_y$

$$\hat{p} = \frac{163 \times 0.816 + 166 \times 0.446}{163 + 166} = 0.63$$

$$V(d) = \sqrt{0.63(1-0.63)\left(\frac{1}{163}+\frac{1}{166}\right)} = 0.053$$

$|d| = |0.816 - 0.446| = 0.37$

$1.96\,V(d) = 0.104$

したがって $|d| = 0.37 > 0.104 = 1.96\,V(d)$ となり，有意水準5％で男女間の興味率には差があるといえる．

②　1組の比率の差の検定（比率が互いに従属な場合）[15]

1組の比率の差の検定は，比率の合計が1となるため各比率は互いに独立ではないことから，$d = p_1 - p_2$ の分散は8.31式により定義される．

$$V(d) = \sqrt{\frac{N-n}{N-1}\frac{1}{n}\{p_1(1-p_1)+p_2(1-p_2)+2p_1 p_2\}} \quad\cdots\cdots\cdots\cdots (8.31)$$

母集団数が標本数に比し十分大きい場合は，$N-n/N-1$が≒1となることから，8.32式を用いることができる．

$$V(d) = \sqrt{\frac{2}{n}\frac{p_1+p_2}{2}} = \sqrt{\frac{p_1+p_2}{n}} \cdots\cdots\cdots\cdots (8.32)$$

表Ⅷ－26　プロ野球番組への男女別興味

	興味あり	興味なし	合計	標本数
男性	81.6%　(p_x)	18.4%	100.0%	163　(n_x)
女性	44.6%　(p_y)	55.4%	100.0%	166　(n_y)
合計	62.9%　(p_t)	37.1%	100.0%	329　(n_t)

　表Ⅷ－26を検定してみる．ここでは，H_0：興味あり率＝興味なし率，H_1：興味あり率＜興味なし率という片側検定を行ってみる．

　8.32式から，

$$V(d)=\sqrt{\frac{(0.446+0.554)}{166}}=0.078$$

$|d|=|0.446-0.554|=0.108$

　$1.64V(d)=0.128$（巻末の付表3正規分布表から有意水準5％のz値は1.64）

　したがって$|d|=0.108<0.128=1.64V(d)$となり，有意水準5％でみると，帰無仮説は棄却できない．女性のプロ野球番組への興味は，興味あり率より興味なし率が高いとはいえない．片側検定の方が両側検定よりも検定力が高い．

　比率の差の検定を行う際，式からも分かる通り率を用いて計算していることを忘れないように注意してほしい．

　また，8.30式，8.32式には，著書によっては変形した式が用いられている場合がある[16)]．

(7)　χ^2検定

①　1組の度数の差の検定（カテゴリー数が2）（一様性の検定）

　これまで検討してきた検定法は，標本平均あるいは標本比率の差を表す確率変数が近似的に正規分布に従うという性質を利用した検定法と，t分布を用いた検定法である．

　質的データでは，カテゴリーの度数について検定することも多い．こうした

場合，χ^2検定（chi-square test）が用いられる．本章では社会調査で多用される，観測度数（observed frequency）と期待度数（expected frequency）を用いて検定する方法について検討する．

観測度数と期待度数を用いた検定法は，次式で定義される．定義式からもわかる通り，観測度数と期待度数が一致すると χ^2 値は 0 となり，食い違いが大きくなると χ^2 値は大きくなる．この検定法は計算が簡単であることもあり，社会調査により収集されたデータの統計的仮説検定で多用されている検定法である．

$$\chi^2 = \sum_i^k \frac{（観測度数－期待度数）^2}{期待度数}$$

1 組の度数の差の検定（カテゴリー数が 2 ）の場合の χ^2 検定の基本的な手続きを，表Ⅷ－27 を例に検討する．

(イ) 帰無仮説；H_0：興味あり＝興味なし．対立仮説；H_1：興味あり ≠ 興味なし．

(ロ) 有意水準 α を決める．

(ハ) 観測度数から χ^2 値を計算する．

1 組の度数の差の検定では，8.33式により χ^2 を計算する．（f_i はどちらか一方のカテゴリーの度数）

$$\chi^2 = \frac{\left(f_i - \frac{n}{2}\right)^2}{\frac{n}{2}} \times 2 \quad \cdots\cdots\cdots\cdots\cdots （8.33）$$

1 組の度数の差の検定では，8.33式によるイェーツの連続修正[17]が必要である．しかし期待度数が大きい場合，効果はほとんどない．期待度数に 5 以下のセルがある場合には，フィッシャーの Exact test（Fisher's exact test）を用いる方

表Ⅷ－27　プロ野球番組への女性の興味率

	興味あり	興味なし	合計	標本数
女性	44.6%　（p_1）	55.4%　（p_2）	100.0%	166　（n）

がよい（詳細はⅧ－6－(7)－④「フィッシャーの Exact test」を参照）.

イェーツの連続修正（Yate's correction）

$$\chi^2 = \frac{\left(\left|f_i - \dfrac{n}{2}\right| - 0.5\right)^2}{\dfrac{n}{2}} \times 2 \quad \cdots\cdots\cdots (8.34)$$

カテゴリー数が2の場合，ふたつのカテゴリー間に差がないという状態は，それぞれのカテゴリーに $n/2$ ずつ分布する状態である．そこで期待度数は $n/2$ となり，観測された度数がその期待度数からどの程度離れているかにより検定を行う．

㈡ 自由度（$df = k-1$）を計算し，付表6の χ^2 分布表から自由度に対応した χ^2 の値を調べる．

自由度1，有意水準5％に対応する χ^2 は3.8414である（以下3.8414＝$\chi^2(1, 0.05)$ と記す）.

㈢ $\chi^2 > \chi_a^2$ ならば帰無仮説 H_0：興味あり＝興味なしを棄却し，対立仮説 H_1：興味あり≠興味なしを採択する．$\chi^2 \leqq \chi_a^2$ ならば，帰無仮説を棄却できない．8.27式から χ^2 を計算すると1.74となる．

$$1.74 < 3.8414 = \chi^2 (1, 0.05)$$

したがって帰無仮説は棄却できない．有意水準5％でみると，女性ではプロ野球番組への興味率と非興味率に差があるとはいえない．

② 1組の度数の差の検定（カテゴリー数が3以上）（一様性の検定）

男性では主閲読紙に違いがあるかという仮説を検討してみる（表Ⅷ－28）.検定の手順は以下の通りである．

表Ⅷ－28　主閲読紙（度数）

	朝日	毎日	読売	日経	合計
男性	48	10	53	21	132
期待度数	33	33	33	33	132

カテゴリー数が3以上の期待度数は，n／カテゴリー数で計算される．この場合は，132／4＝33である．

(イ) 帰無仮説は，男性の主閲読紙は一様である．（H_0：朝日＝毎日＝読売＝日経，対立仮説はいずれかのカテゴリーについて H_1：$P_i \neq P_j$）

(ロ) 自由度3（$df = 4 - 1 = 3$），有意水準5％のときの χ^2 は7.8147である．

(ハ) χ^2 値の算出

$$\chi^2 = \frac{(48-33)^2}{33} + \frac{(10-33)^2}{33} + \frac{(53-33)^2}{33} + \frac{(21-33)^2}{33} = 39.333$$

(ニ) $39.333 > 7.8147 = \chi^2 (3, 0.05)$ で帰無仮説は棄却され，男性の主閲読紙は一様ではない（主閲読紙ごとに人数が異なる）．どのカテゴリー間に有意差があるかは，多重比較（ライアン検定）によらなければならない（詳細はⅧ－6－(4)「多重比較法」を参照）．

＜Ryan（ライアン）検定（Ryan's proce dure）[18]＞

この方法は，第一種の過誤をおかす確率を適切に統制しているといわれている．検定を行うステップ数に応じて，個々の比較における有意水準を直接変化させて多重比較を行う．検定手続きとして統計量に依っていないことから，比率，相関係数などの多重比較に適用することができる．

一様性の検定の結果，男性の主閲読紙に違いがみられた．そこで，次にどの閲読紙間に差があるかを多重比較で検定する．

(イ) データを大きいモノ順に並べる．（読売＞朝日＞日経＞毎日）

(ロ) 有意水準の計算

$$\alpha_c = \frac{2\alpha_t}{m(k-1)} \cdots\cdots\cdots\cdots (8.35)$$

α_t：検定全体の有意水準　　　　　m：比較する値の数

α_c：各ステップ数での有意水準　　$k-1$：ステップ数（k：比較すべき値とその間にはさまれる値の数）

(ハ) もっとも度数が高い読売新聞ともっとも度数が低い毎日新聞間の一組の度数の差の検定（カテゴリー数が2）を行う．8.34式から $\chi^2 = 28.0$ を得る．

有意確率は，8.35式から $\alpha_c = 0.0083$ を得る （$k-1$ は3）．

巻末の付表6 χ^2 分布表から，自由度1 （$df = 2-1 = 1$）の $\chi^2 = 28.0$ に対応する確率を求めると，0.001より小さい．有意確率5％水準に対応する確率 $\alpha_c = 0.0083$ より小であり，読売新聞と毎日新聞の差は有意である．

㈡ ㈣で有意差があるので，読売新聞対日経新聞，朝日新聞対毎日新聞の一組の度数の差の検定（カテゴリー数が2）を行う．（もし㈡で有意差がなければ検定をうち切る．）

有意水準5％に対応する確率は8.35式から $\alpha_c = 0.0125$ となる （$k-1$ は2）．

読売新聞対日経新聞間の一組の度数の差の検定（カテゴリー数が2）を行う．8.34式から $\chi^2 = 12.986$ を得る．これに対応する確率を巻末の付表6 χ^2 分布表からみると0.005より小さい．有意確率5％水準に対応する確率 $\alpha_c = 0.0125$ より小であり，読売新聞と日経新聞の差は有意である．

朝日新聞対毎日新聞間の一組の度数の差の検定（カテゴリー数が2）を行う．8.34式から $\chi^2 = 21.966$ を得る．これに対応する確率を巻末の付表6 χ^2 分布表からみると0.001より小さい．有意確率5％水準に対応する確率 $\alpha_c = 0.0125$ より小であり，朝日新聞と毎日新聞の差は有意である．

㈥ 最後に，読売新聞対朝日新聞，朝日新聞対日経新聞，日経新聞対毎日新聞間の一組の度数の差の検定（カテゴリー数が2）を行う．

有意水準5％に対応する確率は8.35式から $\alpha_c = 0.025$ となる （$k-1$ は1）．

読売新聞対朝日新聞間の一組の度数の差の検定（カテゴリー数が2）を行う．8.34式から $\chi^2 = 0.1584$ を得る．これに対応する確率を，巻末の付表6 χ^2 分布表からみると0.1より大きくなる．有意確率5％水準に対応する確率 $\alpha_c = 0.025$ より大であり，読売新聞と朝日新聞の差は有意ではない．

朝日新聞対日経新聞間の一組の度数の差の検定（カテゴリー数が2）を行う．8.34式から $\chi^2 = 9.797$ を得る．これに対応する確率を，巻末の付表6 χ^2 分布表からみると0.005より小さい．有意確率5％水準に対応する確率 $\alpha_c = 0.025$ より小であり，朝日新聞と日経新聞の差は有意である．

VIII. データ分析 (1)　303

表VIII-29　2×2クロス表の一般的表現

	カテゴリーa	カテゴリーb	合計
A	n_{11}	n_{12}	$n_{1.}$
B	n_{21}	n_{22}	$n_{2.}$
合計	$n_{.1}$	$n_{.2}$	n

表VIII-30　2×2クロス表における期待度数

	同居（1）	同居（2）	合計
年齢（1）	○（24）		40
年齢（2）			60
合計	60	40	100

　日経新聞対毎日新聞間の一組の度数の差の検定（カテゴリー数が2）を行う．8.33式から $\chi^2 = 3.226$ を得る．これに対応する確率を巻末の付表6 χ^2分布表からみると0.05と0.1の間にあり，有意確率5％水準に対応する確率 $\alpha_c = 0.025$ より大であり，日経新聞と毎日新聞の差は有意ではない．

　したがって，多重比較の結果，差が有意となったのは，読売新聞と毎日新聞，日経新聞間，それと朝日新聞と毎日新聞，日経新聞間である．結果は次のように書ける．読売＞朝日＞日経＞毎日（アンダーラインが切れているところに有意差がある）

③　2×2クロス表の独立性の検定（対応のない場合）

　対応がない2×2クロス表の独立性の検定も，一様性の検定と同様に計算された χ^2 が，あらかじめ決められた有意水準 χ_α^2 の臨界値以上であるか否かにより検定を行う方法である（標本対応のある，ないは279ページ参照）．

　クロス表（contingency table）における独立とは，表側にあるA，Bと表頭のカテゴリーa，bとが無関連である状態をいう．関連があるという状態は，VIII-5-(4)「連関係数」でも説明したように，2×2のクロス表において完全に関連している状態は，一方の対角要素が0になる状態をいう．

2×2クロス表における期待度数は，帰無仮説（関連がない）のもとでのセルの度数である．

期待値の考え方を，表Ⅷ－30を例に検討する．年齢（1）は40人，年齢（2）は60人，合計100人である．仮に，年齢（1）と書いたカードを40枚，年齢（2）と書いたカードを60枚用意し箱に入れる．その箱から1枚のカードを引いたとする．その時，年齢（1）のカードが引かれる，期待される確率は0.4である．同様に年齢（2）が引かれる期待される確率は0.6である．一方同居についても同様なことを行えば，同居（1）のカードが引かれる期待される確率は0.6であり，同居（2）が引かれる期待される確率は0.4である．さらに，年齢のカードと同居のカードをそれぞれの箱から同時に引いたとする．このとき，年齢と同居は独立事象であるから，年齢（1）と同居（1）を同時に引く期待される確率は0.4×0.6＝0.24である．総標本数を試行回数，表Ⅷ－24の場合100回である，とするならば，年齢（1）と同居（1）のカードを同時に引く，期待される回数は24回となる．実際の計算は，表Ⅷ－30の場合，○印のセルの期待度数（E_{ij}）は，$E_{ij}＝n_1.n_{.1}／n＝24$となる．2×2クロス表では，このセルの度数が決まれば，周辺度数が固定されているため，他のセルの度数は一意的に決まる．これが期待度数になり，観測度数がこの期待度数からどの程度ずれているかにより検定を行うことができる．実際の計算は，期待度数を直接計算しない8.36式（記号は表Ⅷ—29参照）を用いることが多い．ただし，2×2クロス表ではイェーツの連続修正を行う8.37式（記号は表Ⅷ—29参照）を用いることが多い．

$$\chi^2＝\frac{n(n_{11}n_{22}-n_{12}n_{21})^2}{n_1.n_2.n_{.1}n_{.2}}\cdots\cdots\cdots（8.36）$$

イェーツの連続修正

$$\chi^2＝\frac{n(|n_{11}n_{22}-n_{12}n_{21}|-0.5n)^2}{n_1.n_2.n_{.1}n_{.2}}\cdots\cdots\cdots（8.37）$$

・帰無仮説は，表側と表頭の項目はお互いに独立である．

VIII. データ分析 (1)　　305

表VIII-31　表VIII-15の期待度数

	興味あり	興味なし	計
男　性	102.56	60.44	163
女　性	104.44	61.56	166
計	207	122	329

・自由度は，$df = (k-1)(l-1)$ である．

　表VIII-15を例に，2×2クロス表の検定を行ってみる．まず，各セルの期待値を計算する．

　各セルの期待値は，周辺度数が固定されているため，男性・興味ありのセルの期待値が定まると他のセルは一意的に決まる．この期待値と観測値から χ^2 を計算することで検定を行うことができる（表VIII-31参照）．ここでは，8.37式により検定を行ってみる．

　帰無仮説，対立仮説，自由度は

H_0：表側の項目と表頭の項目は独立である（関連があるとはいえない）

H_1：表側と表頭の項目は独立ではない（関連がある）

　自由度：$df = (k-1)(l-1)$

　上記の通り．

　計算結果は，

$$\chi^2 = \frac{329(|133 \times 92 - 30 \times 74| - 0.5 \times 329)^2}{163 \times 166 \times 207 \times 122} = 46.73$$

となる．これは，イェーツの連続修正を行っている．連続修正を行わないと χ^2 は48.301となる．

　自由度 $df = (2-1)(2-1) = 1$，有意水準5％での χ^2 は，巻末付表6 χ^2 分布表からみると3.8414である．

　$46.73 > 3.8414 = \chi^2(1, 0.05)$ で帰無仮説は棄却され，性別とプロ野球番組への興味有無は独立ではない（関連がある）．

検定結果から性別とプロ野球番組への興味有無の間に関連がみられることがわかる．しかし，χ^2 検定の結果から関連の有無についての知見は得られるが，関連の強さについてはわからない．関連の強さについては，連関係数を計算する必要がある．クラメールの連関係数は0.387，グッドマン・クラスカルの λ は0.27である．

④　フィッシャーの Exact test

χ^2 分布は，Σ（観測度数－期待度数）^{2}／期待度数，の正確な分布に対するひとつの近似に過ぎない．このため χ^2 検定はこの近似が良好な場合に限らなければならない．経験的には，期待度数＜5では近似が悪いとされている．この場合，隣接するカテゴリーを合併して期待度数＞5の条件を満たすようにする方法とフィッシャーの Exact test により検定をおこなう方法がある．

そこで，フィッシャーの Exact test による検定について検討する．まず，2×2のクロス表に適用された場合について検討する．

周辺度数 $n_1.$，$n_2.$，$n._1$，$n._2$ を固定したクロス表は複数個考えられる．この場合，観察されたクロス表が得られる確率は次式で計算することができる．

$$P_{(a)} = n_1.Cn_{11} \times n_2.Cn_{21}/nCn._1 = (n_1.!n_2.!n._1n._2!)/(n!n_{11}!n_{12}!n_{21}!\ n_{22}!)$$

$$\cdots\cdots\cdots (8.38)$$

これを，以下のような2×2のクロス表を例に説明してみる．

①　まず，男性9人から7人を取り出す組み合わせは，$_9C_7 = 36$通りである．

②　次に，女性12人から3人を取り出す組み合わせは，$_{12}C_3 = 220$通りである．

③　性別の男性と女性は独立事象なので，男性9人から7人を，女性12人か

表Ⅷ-32　フィッシャーの Exact test

	興味あり	興味なし	合計
男性	7	2	9
女性	3	9	12
合計	10	11	21

ら3人を取り出す組み合わせは $_9C_7 \times _{12}C_3 = 7{,}920$通りあることになる.

④ 全体の人数21人から, 男性で興味ありの7人, 女性で興味ありの3人つまり10人を取り出す組み合わせは $_{21}C_{10} = 352{,}716$通りである.

⑤ 従って8.31式から表Ⅷ−32のような分割表が得られる確率は

$$P_{(a)} = {}_9C_7 \times {}_{12}C_3 \big/ {}_{21}C_{10} = 0.022454$$

である.

2×2クロス表の自由度は1である. そのため, n_{11} が0から9まで変化した場合の各セルの度数と, それぞれのクロス表の生起確率を表Ⅷ−33のようにまとめることができる.

実際に検定してみる.

片側検定では,

観察されたクロス表を含めて, それより偏りが大きなクロス表の生起確率を合計した確率を P とする. このとき $P > \alpha$ であれば帰無仮説「2要因は独立

表Ⅷ−33　分割表の生起確率

分割表	a	b	c	d	e
n_{11}	0	1	2	3	4
n_{12}	9	8	7	6	5
n_{21}	10	9	8	7	6
n_{22}	2	3	4	5	6
生起確率	0.00018711	0.00561358	0.05052223	0.18861633	0.33007859

分割表	f	g	h	i	j
n_{11}	5	6	7	8	9
n_{12}	4	3	2	1	0
n_{21}	5	4	3	2	1
n_{22}	7	8	9	10	11
生起確率	0.28292450	0.11788521	0.02245432	0.00168407	0.000034

でないとはいえない」を採択し，$P<\alpha$ であれば対立仮説「2要因は独立では
ない」を採択する．

　表Ⅷ－32をみてみると，1行1列目の度数は7であるから，それよりも偏り
が大きいクロス表は7，8，9の3表である．したがって，α を0.05とした場合，

$$P=P_7+P_8+P_9$$
$$=0.02245432+0.00168407+0.000034$$
$$=0.02417239$$

となり，$P=0.02417239<0.05$ となり帰無仮説を棄却し対立仮説を採択する．

　次に，両側検定についてみてみる．パラメトリック検定では有意水準 α で
検定を行うとき，分布の両側に $\alpha/2$ ずつ棄却域を取ることができる．これは
分布が歪んでいても同様である．しかし，分布が離散的なノン・パラメトリッ
ク検定では分布が歪んでいる場合，$\alpha/2$ だけ棄却域を取ることができない．
そこでいくつかの方法が考えられている．ここでは2つの方法を紹介する．

　片側検定と同様に観察された分割表を含めて，それより偏りが大きなクロス
表の生起確率を合計した確率を P とする．このとき $P>\alpha$ であれば帰無仮説
「2要因は独立でないとはいえない」を採択し，$P<\alpha$ であれば対立仮説「2
要因は独立ではない」を採択する．まず，$P_{(a)}$ の両端から確率が小さいものか
ら順に，P_7 までの確率より小さいものまでを加算する．

$$P=P_9+P_0+P_8+P_2+P_7$$
$$=0.000034+0.00018711+0.00168407+0.00561358+0.02245432$$
$$=0.02997308$$

となり，$P=0.02997308<0.05$ となり帰無仮説を棄却し対立仮説を採択する．

　もうひとつの方法は，まず表Ⅷ－33より，偏りの大きいのは i，j である．
一方小さい方で偏りが大きいクロス表がどれになるかということである．そこ
で，クロス表ごとに表頭と表側の関連性の指標を求める．ここでは，2×2 ク
ロス表から χ^2 統計量を計算するさいの，分子側の構成要素である $n_{11}n_{22}-n_{12}n_{21}$ を採用する．

VIII. データ分析 (1)　309

　表VIII-34をみると，観測値の表 h の関連性は60である．この値より絶対値が大きいのは h，b，i，a，j である．そこで，それらを加算した確率を P とする．結果は前者の方法と同様である．

　ここでは，2×2クロス表にフィッシャーの Exact test を適用した場合について解説した．当然のことながらフィッシャーの Exact test は k×l のクロス表への拡張が可能である．しかし，k×l のクロス表の場合，(k-1)(l-1) 個のセルを決定する必要があるため，2×2のクロス表の場合に比し計算量は比較にならないくらい多くなる．手続きは2×2クロス表と同様である．

　⑤　マックネマー検定（McNemar test）（2×2クロス表で2組の標本間に対応がある場合）

　たとえば，表VIII-35のように，何の説明もなしに地域開発への賛否を問う調査を住民に対し実施し，その後，行政が説明会を実施し再度地域開発への賛否を調査したとする．このような時，行政の説明に効果があったかなかったかを検討するような場合に用いられ，8.39式により定義される．

$$\chi^2 = \frac{(A-D)^2}{A+D} \quad \cdots\cdots\cdots\cdots (8.39)$$

この検定でも，イェーツの連続修正を行った8.40式が使われることが多い．
イェーツの連続修正

表VIII-34　分割表ごとの関連性

分割表	a	b	c	d	e	f	g	h	i	j
関連性	-90	-69	-48	-18	-6	15	36	60	78	98

表VIII-35　マックネマー検定の例

	第2回目反対	第2回目賛成	合計
第1回目の賛成	賛成から反対（A）	1回，2回とも賛成	1回目賛成
第1回目の反対	1回，2回とも反対	反対から賛成（D）	1回目反対
合計	2回目反対	2回目賛成	

$$\chi^2 = \frac{(|A-D|-1)^2}{A+D} \quad \cdots\cdots\cdots\cdots (8.40)$$

マックネマー検定での帰無仮説は，行政の説明は意見の変化をもたらさなかったであり，意見が変化した人の半分が賛成で，残りの半分が反対という状態と考えられる．

マックネマー検定の問題点は，A と D という意見が変化した度数（人数）だけしか考慮されていない点にある．全体の中で，意見が変化した度数（人数）が少なければ，変化自体への効果はないといえる．

⑥　$k \times l$ クロス表の独立性の検定（標本間に対応がない場合）

$$\chi^2 = \sum_{i}^{k} \sum_{j}^{l} \frac{(n_{ij} - E_{ij})^2}{E_{ij}} \quad \cdots\cdots\cdots\cdots (8.41)$$
$$E_{ij}：期待度数$$

対応がない場合の，$k \times l$ クロス表（k：表側，l：表頭）の独立性の検定も観測度数と期待度数がどの程度ずれているかにより検定を行うことができ，8.41式により定義される．期待度数を計算しない場合は，8.42式で計算できる．

$$\chi^2 = n\left(\sum_{i}^{k} \sum_{j}^{l} \frac{n_{ij}^2}{n_{i.} n_{.j}} - 1 \right) \cdots\cdots\cdots\cdots (8.42)$$

帰無仮説，対立仮説，自由度は

H_0：表側の項目と表頭の項目は独立である．（関連がない）

H_1：表側の項目と表頭の項目は独立ではない．（関連がある）

自由度は，$df = (k-1)(l-1)$

表Ⅷ-36を実際に検定してみる．

$$\chi^2 = 241 \times \left(\frac{39^2}{95 \times 105} + \frac{49^2}{95 \times 108} + \frac{7^2}{95 \times 28} + \frac{20^2}{48 \times 105} + \frac{25^2}{48 \times 108} \right.$$
$$\left. + \frac{3^2}{48 \times 28} + \frac{46^2}{98 \times 105} + \frac{34^2}{98 \times 108} + \frac{18^2}{98 \times 28} - 1 \right) = 10.719$$

自由度 $df = (3-1) \times (3-1) = 4$，有意水準 5 ％での χ^2 は，巻末の付表 6 χ^2 分布表からみると9.4877である．

$10.719 > 9.4877 = \chi^2(4, 0.05)$ で帰無仮説は棄却され，学歴と主閲読紙は独

VIII. データ分析 (1)　311

表VIII-36　学歴と主閲読紙（度数）

	朝日新聞	読売新聞	日本経済新聞	合　計
高校卒	39	49	7	95
短大・高専・専門学校卒	20	25	3	48
大学・大学院卒	46	34	18	98
合計	105	108	28	241

立ではない（関連がある）．どの学歴間に差があるかは，ライアン検定を用いて2×3クロス表ずつの検定を行う．

⑦　適合度の検定

この検定は，たとえば東京都の20歳～69歳を母集団とする無作為抽出による調査を行ったとする．調査実施後，得られた標本分布が母集団分布と一致しているかを検定する方法である．検定例として東京都の20歳～69歳の分布（VII-2「集計計画」の表VII-1を参照）で検討してみる（標本度数は仮想データ）（表VIII-37参照）．

期待度数は，総標本度数×住民台帳分布の年代別構成比で計算される．

$$\chi^2 = \frac{(550-506)^2}{506} + \frac{(450-434)^2}{434} + \frac{(300-374)^2}{374} + \frac{(400-394)^2}{394}$$
$$+ \frac{(300-292)^2}{292} = 19.368$$

帰無仮説は，H_0：標本の年代構成＝東京都の住民の年代構成，対立仮説は，H_1：標本の年代構成≠東京都の住民の年代構成である．

表VIII-37　適合度検定の例

	20歳代	30歳代	40歳代	50歳代	60歳代	合計
住民台帳による男性の分布	25.3%	21.7%	18.7%	19.7%	14.6%	100.0%
標本度数	550	450	300	400	300	2,000
期待度数	506	434	374	394	292	2,000

自由度 4 （$df=5-1=4$），有意水準 5 ％に対応する χ^2は巻末の付表 6 χ^2分布表をみると9.4877であり，$19.368 > 9.4877 = \chi^2 (4, 0.05)$ であるから，有意水準 5 ％で帰無仮説を棄却し，標本の年代構成と東京都の住民の年代構成は異なるといえる．

注

1） 芝祐順，渡部洋，石塚智一編『統計用語辞典』122ページ

2） 分析に使用するデータは，東洋大学社会学部「社会調査および演習」（島崎担当）により収集されたデータである．以下とくにことわりがない限り，上記調査で収集されたデータを使用した．

3） 表Ⅷ-1 では「読まない」，表Ⅷ-2 では「見ない」が最終カテゴリーになっている．これは調査票のカテゴリー順そのままである．「読まない」「見ない」を 0 分と考えるならば最初のカテゴリーとすることになる．

4） 萩生田伸子，繁桝算男「順序付きカテゴリーデータへの因子分析の適用に関するいくつかの注意点」『心理学研究』67　1～8ページ

5） メディアンの計算式のことばによる表現は，森敏昭，吉田寿夫編著『心理学のためのデータ解析テクニカルブック』15ページから引用した．

6） 不偏分散については本章注13）参照．

7） 四分位偏差の計算式のことばによる表現は，森，吉田前掲書，22ページから引用した．

8） 西平重喜『改訂版統計調査法』184～186ページ

9） 分散分析の帰無仮説は，「いずれの対間にも差がない」である．表Ⅷ-17のデータでいうと H_0：携帯・スマホ＝音漏れ＝飲食ということになる．これを包括的帰無仮説（overall null hypothesis）と呼ぶ．それぞれの平均値の比較における帰無仮説の全組み合わせは，

　　H_0：携帯・スマホ＝音漏れ

　　H_0：携帯・スマホ＝飲食

　　H_0：音漏れ＝飲食

である．これらの集合を Family という．Family ごとの有意水準を第一種の familywise error rate という．第一種の familywise error rate は正しい帰無仮説のうち，少なくともひとつが誤って棄却されてしまう確率である．多重比較法では第一種の familywise error rate が有意水準よりも小さくなるときには「保守的な手法」といわれる．第一種の familywise error rate が有意水準よりも大きくなるときには多重比較法として適切ではない．

　　対馬栄輝(弘前大学医学部保健学科理学療法学専攻)『多重比較法』

VIII. データ分析 (1) 313

10) Fisher's least significant difference（Fisher's LSD）検定はスチューデント化された範囲について考慮していない．Newman Keuls 検定は第一種の familywise error rate を有意水準以下に抑えることができない．このため多重比較法として使用する際には注意を要する．

11) 平均値のレンジ（範囲）の期待値は標本サイズが大きいほど大となる．つまり要因数が多いほど範囲（最大の平均値—最小の平均値）は大きくなる．このため，要因数を考慮せずに t 統計量をそのまま使いすべての対間の検定を行うことには問題がある．そこで要因数をパラメータに含むスチューデント化された範囲（8.21式）という統計量を用いる多重比較法が考案されている．

$$q = \frac{\overline{x}_{max} - \overline{x}_{min}}{\sqrt{\dfrac{MS_e}{n}}} \cdots\cdots\cdots (8.21)$$

MS_e は分散分析の誤差項の平均平方，n は各要因のデータ数であり，q 統計量の臨界値は有意水準，MS_e の自由度，要因数によって規定される．要因数2のときには，q と t には（$q = \sqrt{2}\,t$）という関係にある．

12) 正規分布（normal distribution）は，次のような性質をもつ．

(イ) 平均と分散により完全に記述される．

(ロ) 平均を中心に左右対称である．

(ハ) 変数 x の平均値を中心に，標準偏差の±1倍の範囲の値をとる確率は68.3%，±2倍の範囲の値をとる確率は95.4%，±3倍の範囲の値をとる確率は99.7%という区間確率をもつ．

(ニ) 平均値＝メディアン（中央値）＝モード（最頻値）となる．

平均0，標準偏差1の正規分布は，標準正規分布（standard normal distribution）と呼ばれ $N(0, 1)$ と表す．通常，標準正規変数は z で表され，確率変数 x は次式により標準正規変量に変換することができる．

$$z = \frac{x - \mu}{SD_x}$$

標準正規変量に対する累積確率が巻末の正規分布表に掲載されている．正規分布表から，

$(-1.64 \leq z \leq 1.64) = 0.90$

$(-1.96 \leq z \leq 1.96) = 0.95$

$(-2.56 \leq z \leq 2.56) = 0.99$

という確率が得られる．

13) 母数として重要であり広く使われるものに，母平均（μ）と母分散（σ^2）がある．標本平均は，期待値が母平均に一致することから標本平均は常に母平均の不偏推定量である．しかし，母分散の推定量として標本平均を使うと $(n-1)/n$ の分だけ過小推定することになる．このため $(n-1)$ で除すこと

になり，これが母分散の不偏推定量（不偏分散）となる．

14）　t 分布（t-distribution）は，1908年にゴセット（Gosset）により発表された．この時，スチューデントというペンネームで論文を発表したことから，スチューデントの t 分布と呼ばれている．正規分布は標本数に関係なく同じ確率密度を持つが，t 分布は自由度（df）によって確率密度が異なり，自由度が∞で正規分布に一致する（巻末の付表 5 スチューデントの t 分布表を参照）．

15）　比率が互いに独立な場合と比率が互いに従属な場合以外に，比率が一部従属している場合がある．たとえば，表Ⅷ−26プロ野球への男女別興味で考えてみる．合計での興味あり率と男性の興味あり率の差を考える場合，男性の回答は合計の回答の一部として含まれており，合計の比率は男性の比率に一部従属している．この場合以下の式により検定を行う．

$$V(d) = \sqrt{P_t(1-P_t)\left[\frac{1}{n_x} - \frac{1}{n_t}\right]}$$

表Ⅷ−26の合計と男性の比率の差を検定してみる．

$$V(d) = \sqrt{0.629(1-0.629) \times \left[\frac{1}{163} - \frac{1}{329}\right]} = 0.027$$

$|d| = |0.629 - 0.816| = 0.187$

$1.96\,V(d) = 0.053$

したがって，$|d| = 0.187 > 0.053 = 1.96\,V(d)$ となり，有意水準 5 ％で男性と合計の間の興味率に差があるといえる．

16）　8.30式には，以下のような式が用いられることがある．

$$V(d) = \sqrt{\hat{P}(1-\hat{P}) + \frac{n_x \times n_y}{n_x + n_y}}$$

また，直接 z の値を求める

$$z = \frac{|P_x - P_y|}{\sqrt{\hat{P}(1-\hat{P})\left[\frac{1}{n_x} + \frac{1}{n_y}\right]}}$$

上式がある．上式の場合，両側検定であれば z の値が1.96より大きければ帰無仮説を棄却し，対立仮説を採択する．

8.32式で直接 z の値を求める場合は，

$$z = \frac{|P_1 - P_2|}{\sqrt{\frac{P_1 + P_2}{n}}}$$

上式が用いられる．

　注の15）一部従属な比率の差の検定には，次の式が用いられることがある．

$$V(d) = \sqrt{P_1(1-P_1) \div \frac{n_t \times n_x}{n_t + n_x}}$$

17）　検定を行おうとする分布が，度数で表されるような離散変数に基づく分布に

もかかわらず，χ^2 分布や正規分布などの連続型分布に近似することにより統計的仮説検定を行おうとする場合に用いられる修正手続きであり，この連続の修正を行った方が近似がよくなる．

修正を行うことにより検定力が低下するが，χ^2 分布や正規分布への近似がよくなり，より正確な確率値が得られることから修正を行うほうがよい．

18）　森敏昭，吉田寿夫編著『心理学のためのデータ解析テクニカルブック』171〜172ページ．佐藤信『統計的官能検査法』127〜129ページ．

参考文献

① 　石村貞夫，石村光資郎『入門はじめての分散分析と多重比較』東京図書，2009年

② 　岡太彬訓，都築誉史，山口和範『データ分析のための統計入門』共立出版，1995年

③ 　木下宗七『入門統計学』有斐閣，1996年

④ 　佐藤信『統計的官能検査法』日科技連，1985年

⑤ 　芝祐順，渡部洋，石塚智一編『統計用語辞典』新曜社，1984年

⑥ 　対島栄輝（弘前大学医学部保健学科理学療法学専攻）『多重比較法』https://www.hs.hirosaki-u.ac.jp/~pteiki/research/stat/multi.pdf

⑦ 　東京大学教養学部統計学教室編『基礎統計学Ⅰ　統計学入門』東京大学出版会，1991年

⑧ 　西田春彦，新睦人『社会調査の理論と技法（Ⅱ）アイディアからリサーチへ』川島書店，1976年

⑨ 　西平重喜『改訂版統計調査法』培風館，1985年

⑩ 　萩生田伸子，繁桝算男「順序付きカテゴリーデータへの因子分析の適用に関するいくつかの注意点」『心理学研究』67，日本心理学会，1996年

⑪ 　原純輔，海野道郎『社会調査演習』東京大学出版会，1984年

⑫ 　肥田野直，瀬谷正敏，大川信明『心理教育　統計学』培風館，1961年

⑬ 　ホーエル，P.G.，浅井晃，村上正康訳『初等統計学』改訂版，培風館，1970年（Hoel, P.G., *ELEMENTARY STATISTICS*, John Wiley & Sons, Inc., New York, 1966）

⑭ 　森敏昭，吉田寿夫編著『心理学のためのデータ解析テクニカルブック』北大路書房，1990年

⑮ 　安田三郎，原純輔『社会調査ハンドブック』第3版，有斐閣，1982年

⑯ 　安田三郎，海野道郎『社会統計学』改訂2版，丸善，1977年

IX. データ分析 (2)

1. 多変量解析とは

(1) 多変量解析の分類

多変量解析（multivariate analysis）は，多変量データの相互関連を分析する[1]統計手法の総称である．多変量解析にはさまざまな手法があるため，分析目的に応じて手法を選択する必要がある．多変量解析の目的は，多変量データの簡潔な記述と，情報の圧縮，分類，変数間の影響の強さに大別することができる．また，形式から外的基準（criterion variable）の有無と尺度水準，説明変数（explanatory variable）の尺度水準により分類することができる[2]．多変量解析は，分析目的と形式から表IX－1のように分類できる．

要因分析は，本来量や分類を予測する分析方法である．しかし，社会学や心理学，マーケティングなどでは量や分類の予測といった本来の目的とは別に，変数間の影響の強さや方向を分析する目的で利用されることが多い．こうした

表IX－1　多変量解析の分類

目的	形式	外的基準の有無	説明変数が量的か質的か	
			量的データ	質的データ
構造分析	情報の圧縮	なし	因子分析 主成分分析	数量化III類 （コレスポンデンス分析）
			多次元尺度法（MDS）	
	分類（直接）	なし	クラスター分析	
要因分析	変数間の影響	量的	重回帰分析 正準相関分析	数量化I類
		質的	判別分析 多群判別分析	数量化II類

場合，要因分析あるいは影響分析といった呼ばれ方をする．

(2) 手法選択とデータ

　多変量解析を利用する上で，もっとも留意しなければならない点をあげる．多変量解析を利用する場合，事前に分析計画を立案しておく必要がある．これは，分析目的と形式にあったデータを取る必要があるということである．多変量解析は，クロス集計だけでは説明のつかない現象が出てきた，あるいは，同時に多数の要因の相互関連を分析したい，このような分析ニーズが発生したときに利用されることが多く，ともすると調査終了後に，「多変量解析でもやってみようか」という傾向がみられる．こうした後知恵的利用を避ける上からも，調査企画時に多変量解析の適用を計画すべきである．分析計画で重要なことは，研究仮説の検証，あるいは研究仮説の導出に役立つ利用を計画することである．仮説の検証や仮説の導出から遊離した適用は，単に多変量解析を解いたにとどまり，有意味な知見をもたらさない．

　多変量解析は，パーソナル・コンピュータと統計分析ソフトウェアの普及により，日常的に利用することが可能となった．これは，多変量解析の普及という点からは歓迎すべきことである．他方，安易な使用により多変量解析は役立たないという評価にもつながりかねないといった危惧もある．

　たとえば，クロス集計で十分な知見が得られるものを，多変量解析で分析するといった使い方には問題がある．多変量解析は数学モデルであることから，必要最低限の数学的理解は必要である．同時に重要なことは，数多くのデータを分析することにより多変量解析に慣れることである．数学的理解ばかりが先行し，結果を正しく読めないのでは有効な分析はできない．

　本章では，代表的な多変量解析の手法を，実際のデータを分析しながら検討することにより，多変量解析と調査仮説がどのように対応しているかを述べた．本書では，個々のモデルがもつ概念的な仮説を説明するにとどめ，分析事例を例に適用時の留意点を中心に述べた．本書では省略したが，より有効な利用のためにも，数学的理解を深めることを薦める．本来，多変量解析は数学モデル

であることから，データに対する仮説を数式として表現することが必要である．個々のモデルがもつ概念的な仮説は理解できても，それを数式として書き換えるところにアレルギーがある人が多い．しかし，多変量解析の高度な利用のためには，数学的理解が重要である．

多変量解析は，データの尺度水準（Ⅴ－5「尺度」を参照）により適用できる手法が制限される．また，データ分析(1)の冒頭でも指摘したように，データ分析は決して打ち出の小槌ではない．こうした意味では，多変量解析は「データ依存型の分析手法」ということになる．

表Ⅸ－1では，構造分析と要因分析という視点から分類した．それぞれの分析手法をデータの尺度水準という視点から分類してみる．

データの尺度水準は，比例尺度，間隔尺度，順序尺度，名義尺度の4種類がある．Ⅷ－3－(1)「算術平均」でも述べたように，社会調査で多用される評定尺度は，本来順序尺度であるが，便宜的に間隔尺度として取り扱っている．そのため，ここでは評定尺度は間隔尺度とした．順序尺度が除かれているのは，順序尺度をそのまま分析する手法が広く普及していないことによる．また，社会調査では比例尺度による測定は限られており主に間隔尺度と名義尺度による

表Ⅸ－2　構造分析

比例尺度　間隔尺度	名義尺度	クロス集計表
因子分析 主成分分析	数量化Ⅲ類	コレスポンデンス分析

表Ⅸ－3　要因分析

外的基準　＼　説明変数	比例尺度・間隔尺度	名義尺度
比例尺度・間隔尺度	重回帰分析 正準相関分析	数量化Ⅰ類
名義尺度	判別分析 多群判別分析	数量化Ⅱ類

測定が中心といえる．このため，多変量解析を適用した分析を行うには，間隔尺度か名義尺度による測定かを判断すればよいことになる．

多変量解析を適用する際，解析手法が前提としている尺度水準によるデータに対し解析を行うのが前提である．前提としていない尺度水準によるデータに対し解析を行っても，その結果は妥当なものとはいえない．

(3) 構造分析と要因分析の概要

構造分析と要因分析の概要を簡略的に述べる．構造分析はたとえば，数学，物理，化学が得意な学生について「彼は理数科目が得意だ」という表現をする．また，国語，社会，英語が得意な学生について「文科系科目が得意だ」という表現をする．これは，我々が数学，物理，化学の背後に共通の原因として「理数系学力」という原因を想定していることを意味している．我々は，こうしたことを日常的に行っている．たとえば，体力測定でどの種目も高い数値を示す人に対し「身体能力が高い」という表現をするし，ご飯，みそ汁，お造り，煮魚などの料理に対し「和風料理」などと表現する．このように，変数の背後に共通する原因を見出すことで，複数の変数を単純化することができる．構造を分析するということは，変数の背後の共通原因を探索することといってもよい．

変数の数が増えれば増えるほど現象は複雑になるが，共通原因を仮定することで効率よく現象を説明できる．数学と物理といった2変数の関連からイメー

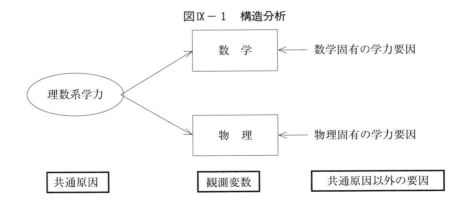

図IX-1 構造分析

ジすると，

　図IX－1のように考えることができる．図IX－1（パス図という）からもわかる通り，「共通原因」は直接観測されない変数である．つまり潜在的な変数ということになる（潜在変数あるいは構成概念という．潜在変数は統計モデルによって定義され，構成概念は思弁的に定義されるといった違いがある）．共通原因を仮定して，複数の観測変数を単純化して考えてみたが，観測変数に限って考えると，観測変数間の類似性を表していると考えることができる．

　変数間の類似性は，観測されたデータの振る舞いが類似していることを表している．また，類似性は変数間だけではなく，標本間の類似性を考えることもできる．

　このように，構造分析は類似した変数をまとめ，その背後にある共通した原因を抽出する方法と位置付けることができる．

　構造分析では，変数の背後に共通の原因があると仮定した．一方，変数間の関連に因果関係を仮定することができる場合がある．たとえば，ビールの消費量と気温の関係を考えてみる．この場合，気温が高くなるとビールの消費量が増えると考えても問題はなく，気温が原因でビールの消費量を結果とする因果関係を仮定できる．因果関係を仮定する上で大事なことは，一方の変数が，もう一方の変数に対し時間的，意味的に先行している点である．ビール消費量の場合，気温が上がったため消費量が増えたのであって，消費量が上がったから気温が上がったわけではない．

　このように時間的ないし意味的に前後関係が仮定でき，変数間に関連がみられる場合因果関係を仮定することができる．ここでいう因果関係は，あくまで統計的な因果関係である．因果関係が成立する条件は，時間的先行性とともに法則的結合が確認される必要がある．

　このように，変数間に因果関係を仮定して分析する方法が要因の分析であり，結果に対する要因を探索あるいは検証している．構造分析における「共通原因」という考え方との大きな違いは，一方の変数が，もう一方の変数に対し時

図IX−2　要因分析

気　温	→	ビールの消費量	←	気温以外の要因
観測変数		観測変数		誤　差

間的，意味的に先行している点である．気温とビールの消費量からイメージすると，時間的，意味的に先行している気温が，時間的，意味的に後行するビールの消費量を変動させる原因の一部になっていると，図IX−2のように考えることができる．

2．構造の分析

⑴　主成分分析

　主成分分析（principal component analysis）は，間隔尺度以上（Ⅷ−3−⑴「算術平均」でも述べたように，統計調査では本来順序尺度である評定尺度も，簡便的に間隔尺度として取り扱っている）で測定されたデータに適用できる構造分析の手法である．基本的な考え方は，多くの変数を少数の主成分に縮約することにある．たとえば，数科目のテスト得点を合成して総合成績という尺度を構成したり，各都道府県の数項目にわたる経済指標を合成し，総合経済指標といった尺度を構成するといった合成変数を作成する場合や，複雑な多くの変数を要約するときに用いられる．

　主成分分析では，分散共分散行列（covariance matrix）あるいは相関行列（correlation matrix）のどちらで分析を行うかを選択する必要がある．分析しようとする変数の単位が揃っており，変数がもつ分散に意味がある場合，分散共分散行列を用いることができる．他方，各変数の単位がまちまちである，あるいは単位が揃っていても分散が極端に異なる変数があり，この影響を取り除きたい場合は，相関行列により分析する．また，分散の情報を積極的に利用するという立場であれば，分散共分散行列を用いた分析を行うことになる．この

図IX−3　主成分分析のイメージ

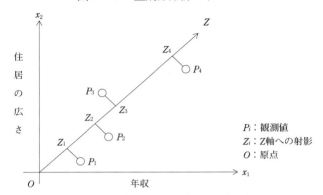

ように，この選択は研究目的に応じて選択する必要がある．

主成分分析のイメージは図IX−3の通りである．年収（x_1）と住居の広さ（x_2）というふたつの測定値があるとする．これを布置図として表現したのが図IX−3である．

2次元座標に新しくZ軸を仮定し，そのZ軸にデータを射影することで2次元のデータを1次元に縮約することができる．さらに，次元数が上がっても，同様に考えることができる．このZ軸をどのように定めたらよいかが問題となる．これは，2変数の情報ロスを少なくしながら2変数をZ軸に集約することであり，データP_iをZ軸に射影した点と原点（O）からの距離が最大になるようにZ軸を定めることになる．これは，Z軸の分散を最大化（図IX−3のOからZ_4までの距離を最大化する）することになる．

つまり，住居の広さと年収というふたつの変数をz軸を仮定することでまとめ上げるということは，年収をx_1，住居の広さをx_2とした場合，

$$z_1 = a_1 x_1 + a_2 x_2 \cdots\cdots\cdots\cdots (9.1)$$

上式のような合成変量（ウエイト付き総合得点）を考える．係数a_1，a_2はz_1がx_1，x_2をうまく表すことができるように定める．イメージとしては図IX−3のOZを係数a_1，a_2により定める．

つまり，Z軸の分散が最大になるように係数a_1，a_2を定めることになる．

IX. データ分析 (2)　　323

このとき，a_1，a_2 を大きくすれば Z 軸の分散はいくらでも大きくなる．このため，$a_1{}^2 + a_2{}^2 = 1$ という制約下で最大値を求めることとする．制約条件付き最大化問題はラグランジュの未定乗数法が用いられる．

　Z 軸の分散の最大化は，分析対象とする行列の固有値問題を解いて，最大固有値 λ_1 に対応する固有ベクトルを求めれば，それが Z 軸の分散の最大値を与える a_1，a_2 であり，λ_1 は Z 軸の分散の最大値となる．

　これが主成分分析のイメージである．図IX－3からもわかる通り，2変数間の相関が強ければ，ひとつの主成分にまとめても2変数の情報ロスは少ない．しかし，相関が弱いとひとつの主成分では情報ロスが多く，情報を縮約しきれないため，ふたつ目の主成分を抽出する必要がある．ふたつ目の主成分は，Z 軸に直交（直交するということは無相関を意味する）する軸である．

　主成分分析の結果を読むポイントは，固有値 (eigenvalue)，寄与率 (proportion)，主成分負荷量 (principal component lording)[4] の3点である．固有値は主成分の分散であり，固有値の総和は分析に用いた変数の分散の総和に一致する．寄与率は，固有値の総和に対する各主成分の固有値の占める割合であり，各主成分が分析に使用した変数の分散の総和の何％を説明しているかを表している．相関行列で分析を行うと，固有値の総和は変数の数と一致することから，寄与率は固有値／変数の数で求められる．主成分負荷量は，各変数と主成分の関連の大きさを表している．プラス，マイナスの絶対値が大きい変数が，その主成分との関連が強いことになり，そうした変数から主成分の意味を読みとる．相関行列で分析を行った場合，主成分負荷量は 1～－1 の値をとる．主成分負荷量の2乗和は固有値に一致する．

　次に，実際の分析例と，主成分分析を適用する際の留意点を検討する[5]．分析を行ったのは，支出に対する態度を測定した10変数である．測定は，「1．そう思う」～「5．そう思わない」までの5段階の評定尺度である．平均値は，「1．そう思う」に1点，以下1点きざみで「5．そう思わない」に5点を与えて計算した．

表IX－4　基本統計量

	平均値	標準偏差	分析 n
支出予定金額内で買い物をする	1.53	0.77	316
月々の収入に見合った支出をすべき	1.50	0.72	316
支出よりは貯蓄を優先すべき	2.65	1.05	316
毎月の収入は使い切ってしまう	3.12	1.39	316
欲しいものは貯蓄を取り崩してでも買う	3.60	1.24	316
月賦での購入には抵抗がある	2.36	1.28	316
高額品でも現金で購入する	2.86	1.25	316
毎月の支出は計画を立てて支出する	2.58	1.09	316
欲しいものは借金をしてでも購入する	4.05	1.08	316
本当に欲しいものがあると食費でも切りつめて購入	3.24	1.15	316

　表IX－4は，支出に対する態度を測定したデータの基本統計量である．このデータを主成分分析により解析してみる．この分析には，相関行列を用いている．

　表IX－5に示す固有値と寄与率から，採用する主成分の数を決める必要がある．主成分数の決め方は，経験的には累積寄与率が80％以上になる主成分まで，相関行列を用いた場合，固有値が1以上の主成分までといった基準が多く用いられている．これは，経験的にということで理論的な背景はない．

　固有値は，各主成分の分散である．データが標準化されていれば各変数の分散は1である．つまり，1×変数の数が全体の分散となる．この例では，10変数なので全体の分散は10である．

　各主成分の固有値は，その主成分が取り出した分散の大きさということになる．全体の分散が変数の数に一致することから，固有値／変数の数×100を寄与率と呼ぶ．

　累積寄与率による決め方には，分析に使用した変数の総分散の80％位の変動は説明する必要があるという意味がある．また，相関行列を用いた場合，固有

IX. データ分析 (2) 325

表IX－5　固有分解の結果

主成分	固有値	寄与率	累積寄与率
1	2.72	27.2	27.2
2	1.89	18.9	46.0
3	1.38	13.8	59.8
4	0.97	9.7	69.5
5	0.76	7.6	77.1
6	0.65	6.5	83.6
7	0.59	5.9	89.4
8	0.41	4.1	93.5
9	0.37	3.7	97.2
10	0.28	2.8	100.0

値が1以上という基準は，主成分分析の目的が情報の縮約にあることから，変数1個分の分散ももたない主成分は，分析目的からみて意味がないということである．実際には，社会調査で得られるデータは構造が複雑であることから，累積寄与率が80％を超える主成分まで採用すると，かなり多くの主成分を採用することになる．固有値が1以上という基準でも，固有値はだらだらと落下することが多く，かなり多くの主成分を採用することになるという傾向がある．少数の主成分に縮約するという主成分分析の目的を考えると，分析に利用した変数の数にもよるが，あまり多くの主成分を採用することには意味がないといえよう．累積寄与率がなかなか高くならず，固有値がだらだらと落下している．こうしたケースは，構造が複雑であることから生じる．そこで，クラスター分析（IX－2－(4)「クラスター分析法」を参照）などにより変数を分類してから，主成分分析を行うといった方法を考えてみることを薦める．このほかに，第1主成分の寄与率がきわめて高いというケースもみられる．これは，分析する変数間の相関係数が高い場合に生じる．また，テスト得点や経済指標などに対して主成分分析を適用すると，各変数が正（負）で大きな主成分負荷量となるこ

とがある．これは，パワー・ファクター（サイズ・ファクター）と呼ばれる主成分であり，テスト得点であれば，第1主成分得点（各標本がもつ，第1主成分に対応した得点）は分析に利用したテスト科目を総合した総合成績の順に並んでいる．

　分析例を検討する．累積寄与率が80％を超えるのは第6主成分からである．固有値が1以上という基準からは，第3主成分までということになる．主成分の数は，3〜6ということになる．次に主成分負荷量を観察してみる．

　表IX−6から各主成分を解釈してみると，第1主成分は「収入に見合った支出」，「支出予定金額内で買い物をする」「計画支出」といった等身大支出，貯

表IX−6　主成分負荷量

	主成分1	主成分2	主成分3	主成分4	主成分5
支出予定金額内で買い物をする	0.655	0.253	0.436	0.390	−0.041
月々の収入に見合った支出をすべき	0.732	0.151	0.357	0.365	−0.110
支出よりは貯蓄を優先すべき	0.570	0.123	0.253	−0.428	0.206
毎月の収入は使い切ってしまう	−0.446	0.446	0.192	0.402	0.443
欲しいものは貯蓄を取り崩してでも買う	−0.547	0.646	0.043	−0.006	0.125
月賦での購入には抵抗がある	0.460	0.379	−0.633	0.131	0.191
高額品でも現金で購入する	0.421	0.503	−0.569	−0.086	0.094
毎月の支出は計画を立てて支出	0.467	0.324	0.306	−0.525	0.122
欲しいものは借金をしてでも購入する	−0.557	0.478	0.363	−0.210	−0.009
本当に欲しいものは食費でも切りつめて購入する	−0.100	0.662	−0.083	−0.019	−0.653

蓄志向といった節約的態度が正の影響をもち，「欲しいものは借金をしても買う」，「貯蓄を取り崩しても買う」，「収入は使い切る」といった浪費的態度が負の影響をもっていることから，「節約的―浪費的」という支出への基本的態度を表している．第2主成分は，すべての変数で正の影響をもっていることから，支出（購買）欲求の強さを表している．なかでも欲求度が強い変数は，「欲しいものは食費を切りつめても買う」，「貯蓄を取り崩しても手に入れる」，「高額品でも現金で購入」といった態度であり，「浪費的態度で支出（購買）」を表す変数で欲求が強い．第3主成分は，購入時の支払い方法が負の強い影響をもっている．正の影響は，負の影響に比べて弱い影響しかみられない．支払方法としての「現金志向」を表している．第4主成分は，計画的で貯蓄志向といった態度が負の影響をもち，「収入を超えて支出はしない」，「手持ち金は使い切る」といった態度が正の影響をもっていることから，支出基準（計画性）を表している．第5主成分は明確ではないことから，第4主成分までを採用することができそうである．このように，経験的基準と分析目的（調査仮説）とを照らし合理的な解釈が可能か否かから主成分数を決めるのが現実的である．あるいは，分析に利用する変数を減らしたり増やしたりしながら，試行錯誤的に決定するのもひとつの方法である．主成分分析は，主成分数をいくつに指定して分析を行っても，主成分負荷量は変化しないので，主成分数を決めた後に再分析する必要はない．

　主成分は，必ず解釈しなくてはならないということはない．また，解釈する際，各主成分は直交しておりお互いに無相関であるという性質を考慮して解釈する．

　主成分分析の結果を，散布図（主成分負荷量を用いて，2次元ないし3次元図で表す）で表現すると，その構造が明確に把握できる．図IX－4，図IX－5からもわかる通り，散布図を描くために採用した主成分に影響をもたない変数は，原点付近に散布される．採用した主成分数が3個以下であれば散布図が有効である．しかし，主成分数が多くなると散布図によるグラフ化はあまり効果

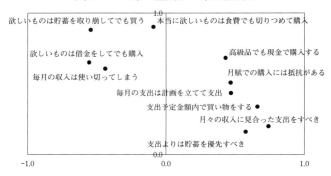

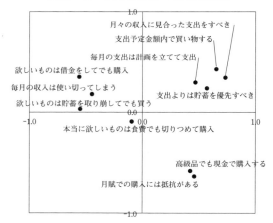

的ではない．主成分数が多い場合の散布図化は，研究仮説を代表する成分が抽出されているのであれば，その主成分による散布図化が有効である．むしろ，棒グラフ，折れ線グラフ，レーダーチャートなどのグラフ化を考えた方がよい．

　主成分の解釈には，主成分得点の検討も有効である．分析例の，性別（表IX－7）と年齢別（表IX－8）の主成分得点の平均を観察してみる．

　主成分得点の平均も，主成分負荷量と同様に，散布図などのグラフ化によりその構造が明確になる．散布図であれば，主成分負荷量で作成した散布図と見

IX. データ分析 (2)　　329

表IX－7　男女別主成分得点の平均

		第1主成分 得点	第2主成分 得点	第3主成分 得点	第4主成分 得点
男性	平均値	−0.119	0.055	−0.076	−0.059
女性	平均値	0.117	−0.055	0.075	0.058
合計	平均値	0.000	0.000	0.000	0.000
	度数	316	316	316	316
	標準偏差	1.0	1.0	1.0	1.0

表IX－8　年齢別主成分得点の平均

		第1主成分 得点	第2主成分 得点	第3主成分 得点	第4主成分 得点
15～19歳	平均値	−0.577	0.408	0.170	0.217
20～24歳	平均値	−0.431	0.379	−0.056	0.259
25～29歳	平均値	−0.295	0.145	−0.214	−0.337
30～34歳	平均値	−0.071	−0.005	0.211	0.061
35～39歳	平均値	−0.055	−0.076	0.065	−0.029
40～44歳	平均値	−0.097	0.092	0.436	−0.012
45～49歳	平均値	0.125	−0.246	−0.106	−0.100
50～54歳	平均値	0.296	−0.263	−0.212	0.340
55～59歳	平均値	0.605	−0.146	−0.274	−0.267
60～64歳	平均値	0.608	−0.261	−0.021	−0.314
欠損値	平均値	−0.273	−0.085	1.742	0.140
合計	平均値	0.000	0.000	0.000	0.000
	度数	316	316	316	316
	標準偏差	1.0	1.0	1.0	1.0

図IX－6　主成分得点（上段が男性，下段が女性）

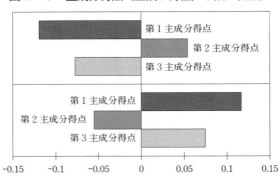

比べることにより，その対応関係が明確になる．性別については棒グラフ，年齢については散布図によりグラフ化した．

　図IX－6に示す男女別の主成分得点を観察すると，第1主成分の支出の基本的態度に対し，女性で節約的態度があり男性で浪費的態度があることがわかる．棒グラフ化することで，男女の主成分得点のパターンの違いが明確になる．

　図IX－7に示す年齢別の主成分得点を観察すると，第1主成分の支出の基本

図IX－7　第1主成分得点×第2主成分得点

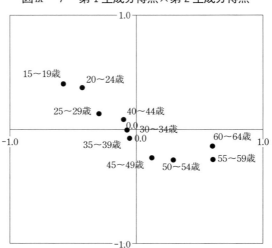

的態度に対し年齢が高くなるにしたがい節約的になることがわかる．第2主成分の支出欲求に対しては，年齢が高くなるにしたがい支出欲求が低くなる．このようにグラフ化により，性や年齢による特徴が明確になる．

表IX－7，表IX－8から第3主成分得点と第4主成分得点を観察すると，第3主成分の支払方法に対し，男性は現金志向であり，年齢別にみると20歳代後半と高齢層で現金志向であることがわかる．第4主成分の支払い基準（計画性）に対しては，男性で使いきりで無計画的，年齢別にみるとこれといった傾向はみられないが，55歳以上で無計画的であることかがわかる．なお，主成分得点の分析では，分散分析や t 検定による平均値の差の検定が用いられることがある．

個人属性ごとの主成分得点の平均が，研究仮説に照らして合理的に解釈できるならば，各主成分の解釈は妥当である．しかし，主成分の解釈はあくまでも分析者の主観であることを忘れてはならない．

(2) **因子分析**

① 因子分析

因子分析（factor analysis）は，間隔尺度以上（Ⅷ－3－(1)「算術平均」でも述べたように，統計調査では本来順序尺度である評定尺度も，簡便的に間隔尺度として取り扱っている）で測定されたデータに適用できる構造分析の手法である．

図IX－8 主成分分析のイメージ

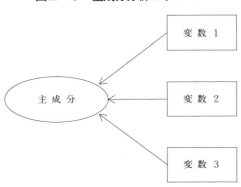

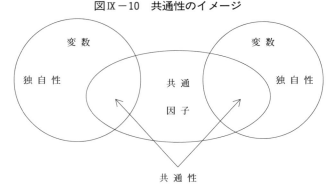

図Ⅸ－9　因子分析のイメージ

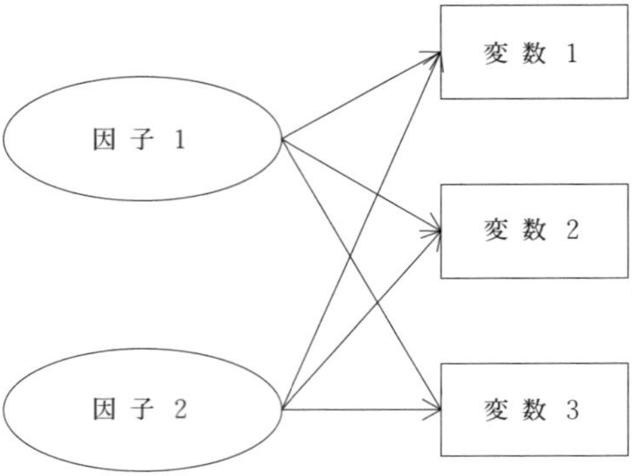

図Ⅸ－10　共通性のイメージ

基本的な考え方は，多くの変数の背後にある潜在因子の探索にある．

　因子分析は主成分分析と似ているが，考え方においてまったく逆の分析方法である．主成分分析は，変数をまとめ上げるという考え方である．他方因子分析は，変数に共通する部分を抽出する分析方法である．主成分分析と因子分析のイメージは，図Ⅸ－8と図Ⅸ－9に示すような関係にある．

　また，因子分析でいう共通性と独自性のイメージを図Ⅸ－10に示す．

　図Ⅸ－8，図Ⅸ－9でみると，主成分分析と因子分析の違いがイメージできるであろう．図からもわかる通り，主成分分析は各変数をまとめ上げる分析方法であり，因子分析は，各変数に共通する潜在的な因子を探索する方法である．

各変数のうち因子により説明される部分を共通性（communality）といい，説明されない部分を独自性（uniqueness）という．

主成分分析の分析例では，10個の支出に関する変数を「等身大支出・貯蓄志向」「支出欲求の強さ」「現金志向」「支出基準（計画性）」といった4つの主成分にまとめることができた．

これに対し，仮に因子分析を行った結果主成分分析と同様な4つの因子が確認されたとすると，因子分析では観測変数の背後，つまりデータの振る舞いの背後に「等身大支出・貯蓄志向」「支出欲求の強さ」「現金志向」「支出基準（計画性）」といった4つの共通原因があると考える．x_1 という観測変数を例に記述的に示す．

$$\underbrace{x_1}_{観測変数}=\underbrace{等身大支出・貯蓄志向＋支出欲求の強さ＋現金志向＋支出基準(計画性)}_{共通因子}＋\underbrace{独自性}_{独自因子}$$

直接測定されているのは，左辺の観測変数だけであり，右辺は直接測定することができない．上記の記述式を因子分析のモデル式にあてはめてみる．

$$x_1 = b_{11}\,f_{i1} + b_{12}\,f_{i2} + b_{13}\,f_{i3} + b_{14}\,f_{i4} + e_{i1} \cdots\cdots (9.2)$$

f_{i1} は等身大支出・貯蓄志向，f_{i2} は支出欲求の強さ，f_{i3} は現金志向，f_{i4} は支出基準（計画性）といった各共通因子の個人ごとの値であり，因子得点と呼ぶ．因子得点は，個人により値が異なる．b_{11} は観測変数と共通因子 f_{i1}（等身大支出・貯蓄志向因子）との関連の程度を表す係数であり，因子負荷量と呼ぶ．因子負荷量は，個人が異なっても値は同じである．e_{i1} は共通因子では説明できない量であり独自因子と呼ぶ．独自因子は，個人により値が異なる．独自因子は，観測誤差とともに観測変数独自の変動を表す．

因子分析では，変数間の関係つまりデータの振る舞いを生じさせている原因として，因子という潜在変数を仮定し，この潜在変数を抽出する分析法であるといえる．

因子分析は，因子数をいくつにするか，どのような方法で因子を抽出するかにより，分析結果は大きく異なる．また，因子分析には回転という方法がある．

図Ⅸ−11　回転のイメージ

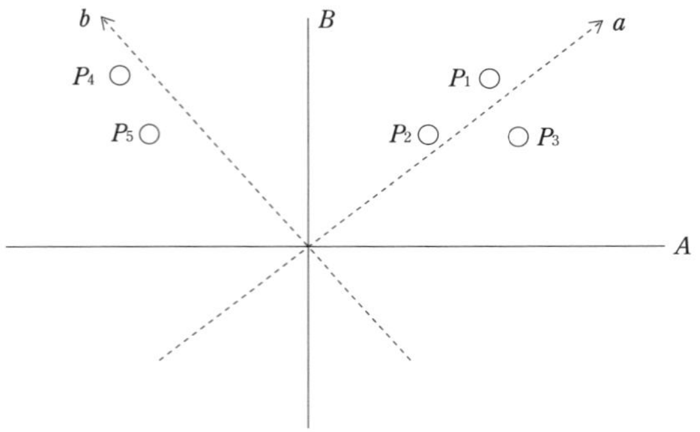

回転は，単純構造（simple structure）（各変数がひとつの因子だけに関連（高負荷）している状態）を実現するために行い，解釈を容易にする．

図Ⅸ−11に示すように，実線の座標は初期因子負荷量による座標である．この状態では，各変数ともに A，B の因子に負荷量が高く，解釈がしにくい．これを破線のように軸を回転することにより，P_1，P_2，P_3 は a 因子にだけ負荷量が高く，P_4，P_5 は b 因子にだけ負荷量が高くなり，解釈が容易となる．回転には，直交回転（orthogonal rotation）と斜交回転（oblique rotation）がある．

因子分析では，因子数の決定，因子の抽出法，回転方法の選択，因子の解釈を分析者が決めなくてはならない．

つまり，因子分析では以下の4点を決める必要がある．

(イ)　因子数の決定

(ロ)　因子抽出方法の決定

(ハ)　回転方法の決定

(ニ)　因子の解釈

まず，因子数を決める必要があり，これは非常に重要である．因子分析では，決められた因子数で回転を行うことから，因子数が異なると因子の解釈が異なることになる．因子数の決定法はこれといった決定的方法があるわけではない．経験的方法により決定される中で利用しやすいのは，

(a) 相関行列の対角要素を1のまま固有分解し，固有値が1以上の因子まで
を採用する.

(b) 相関行列の対角要素にSMC（squared multiple correlation[6]）により推定
された共通性を代入した行列の正の固有値までを採用する.

(c) 固有値の変化をグラフ化し，固有値が急激に落下する直前の因子までを
採用する（スクリー（scree）基準）.

といった基準が利用しやすい．現実的には，仮説因子がある場合はその仮説に
沿った因子数，探索的に分析を行っているのであれば，何通りか因子数を定め
(イ)から(ニ)までの分析を行い，結果が良好なものを採用するのが現実的方法であ
る．因子数を多く，あるいは少なく推定する問題は考えておく必要がある.

　因子数が決まると，次に因子を抽出することになる．因子の抽出方法には主
因子法，主成分法，最尤法，最小2乗法などさまざまな方法がある．よく利用さ
れているのは最尤法，主因子法である．主因子法は，相関行列の対角要素の推
定値を，共通性の推定値に置き換えて固有値と固有ベクトルを求める．このた
め，共通性の初期推定値が必要となる．共通性を推定する際，反復推定を行う
か行わないかにより，共通性の初期推定値に対する考え方が異なる．反復推定
は，一度求めた共通性の推定値を用いて，さらに共通性を推定し一定の値にな
るまで反復して推定する方法である．反復推定を行う場合，共通性の推定は大
きな問題にはならないが，反復推定を行わない場合は共通性の初期推定値の値
を何にするかが大きな問題となる．この場合，共通性の値により結果が大きく
異なる．共通性の初期推定値の求め方は，SMCで推定する，相関行列の非対
角要素の中から相関係数の最大値を推定値とするといった方法がある．よく利
用されているのは，SMCによる推定である．現在はコンピュータにより計算
を行うことから，主因子法により初期因子負荷量を推定する場合，SMCによ
り共通性の初期値を推定し，反復推定を行うことが多い.

　反復推定を行う場合，反復回数は最大可能な反復回数を，収束条件はもっと
も厳しい条件を指定する必要がある．収束条件は，その条件が満たされるとそ

こで反復推定を終わらせる基準であるから，正確な因子負荷量が求められていない状態が生じる恐れがある．また，初期因子負荷量の推定時にヘイウッド・ケース（Heywood case）が生じることがある[7]．

　因子負荷量が推定されると，解釈のために回転を行うことになる．前述の通り，回転には直交回転と斜交回転がある．直交回転は因子間に相関を仮定していない．他方，斜交回転は因子間に相関を仮定している（IX-2-(2)-②「因子の回転」参照）．因子分析は，分析者が選択しなければならないオプションが多いことから，多変量解析を使い慣れていない分析者には使いにくい分析法であ

表IX-9　固有分解の結果

因子	固有値	寄与率	累積寄与率
1	4.508	26.5	26.5
2	1.407	8.3	34.8
3	1.338	7.9	42.7
4	1.193	7.0	49.7
5	1.128	6.6	56.3
6	0.989	5.8	62.1
7	0.886	5.2	67.3
8	0.814	4.8	72.1
9	0.750	4.4	76.5
10	0.738	4.3	80.9
11	0.685	4.0	84.9
12	0.556	3.3	88.2
13	0.527	3.1	91.3
14	0.457	2.7	94.0
15	0.383	2.3	96.2
16	0.360	2.1	98.3
17	0.281	1.7	100.0

図IX-12 固有値のスクリープロット

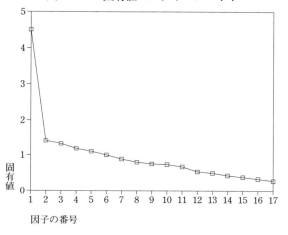

る．使用するオプションは，利用されることの多い方法を採用するのが無難である．

　因子分析では，分析に使用する変数を，共通性を観察して選択することがある．共通性は，分析に使用した変数が因子によって説明される比率である．共通性が低いということは，因子により説明されない独自性の比率が高いということである．こうした変数を除いて再分析を行う（因子数との関係は考慮）．

　回転後の因子負荷量（factor loading）から，因子の意味を解釈する．因子負荷量は，因子と変数の関連の強さを表している．プラス，マイナスの絶対値が大きい変数が，その因子との関連が強いことになり，そうした変数から因子の意味を読みとる．因子負荷量は1～-1の値をとる．

　次に，実際の分析例と，因子分析を適用する際の留意点を検討する．[8]

　表IX-9は，相関行列の対角要素を1にした相関行列の固有分解の結果である．因子数決定の基準からみると，5因子前後であろう．そこで，4因子，5因子，6因子で分析を進め結果の考察から最終的な因子数を決定する．

　初期因子負荷量の推定は主因子法を用いた．共通性の推定は，初期値をSMCで推定したうえで反復推定を行った．最終的に4因子解を採用する．回

表IX－10　4因子解の因子パターン

	因子1	因子2	因子3	因子4	共通性
友人・知人の消費生活が気になる	0.769	0.131	−0.239	−0.116	0.679
人の消費を見て羨ましいと思うことがある	0.614	0.233	−0.090	−0.322	0.543
モノを買うとき人が持つイメージが気になる	0.541	0.302	−0.108	−0.177	0.427
モノの購入は人にみられることを意識する	0.521	0.520	−0.148	−0.036	0.565
商品・サービスの購入はイメージを重視する	0.448	0.196	−0.104	0.131	0.267
景気がよいと聞くと消費が増える	0.328	0.022	−0.097	−0.173	0.147
消費を見れば地位や立場がわかる	0.346	0.195	0.006	0.005	0.158
羨ましいと思われる消費生活をしたい	0.383	0.336	−0.290	−0.245	0.404
他人と全く違うのもイヤだが同じもイヤだ	0.118	0.675	−0.021	−0.239	0.527
人と違うモノを持ちたい	0.194	0.522	−0.062	−0.046	0.316
一流といわれるモノを買う	0.202	0.438	−0.153	0.079	0.262
モノの購入は必要か不必要かを考えてから購入する	−0.020	−0.282	0.775	−0.080	0.687
流行に左右されない消費をしている	−0.217	−0.207	0.477	0.241	0.376
自分の消費パターンは何があっても変えない	0.056	−0.061	0.117	0.453	0.225
消費支出は好景気，不景気に関係なく同じである	−0.186	−0.026	−0.008	0.456	0.243
地位や立場を考えて消費する	0.233	0.132	0.178	0.033	0.104
商品・サービスの購入は品質を重視する	−0.143	0.044	0.231	0.105	0.087

転はバリマックス法によった．

　表IX－10に示す，因子ごとに変数の因子負荷量を配列した行列を因子パターンという．

IX. データ分析 (2)　　339

表IX－11　因子寄与と因子寄与率

因子	因子寄与	寄与率	累積寄与率
1	2.359	13.9	13.9
2	1.688	9.9	23.8
3	1.158	6.8	30.6
4	0.812	4.8	35.4

　共通性を観察すると，「景気がよいと聞くと消費が増える」「消費を見れば地位や立場がわかる」「地位や立場を考えて消費する」「商品・サービスの購入は品質を重視する」といった変数は共通性が低い．再分析をするのであれば，これらを削除して再分析を行うことになる．共通性は，変数ごとの因子負荷量の2乗和に一致する．

　表IX－11に示す因子寄与は，因子ごとの因子負荷量の2乗和である．因子寄与率は，因子寄与を変数の数で除して100倍したものである．寄与率をそれほど気にする必要はない．寄与率が低く気になるのであれば，因子数を増やす，あるいはどの因子にも高負荷していない変数を削除するといった方法を検討する必要がある．しかし，寄与率よりは研究仮説に寄与する知見を得ることが必要であり，数値的な適合度のみを求めるのは本末転倒である．

　回転解から各因子を解釈すると，第1因子は消費態度として，「友人・知人の消費生活が気になる」，「人の消費を見て羨ましいと思うことがある」といった他人志向消費因子といえる．第2因子は，「他人と全く違うのもイヤだが同じもイヤだ」「人と違うモノを持ちたい」といった差別化因子といえる．第3因子は「モノの購入は必要か不必要かを考えてから購入する」といった合理的消費因子，第4因子は「自分の消費パターンは何があっても変えない」といった自分志向消費因子と解釈できる．

　因子分析でも主成分分析と同様に，因子得点の分析や因子負荷量のグラフ化が有効である．因子数が4因子であることから，散布図ではなくレーダーチャートによるグラフ化を行った．

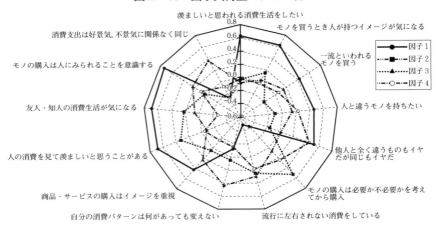

図IX-13　因子負荷量のグラフ化

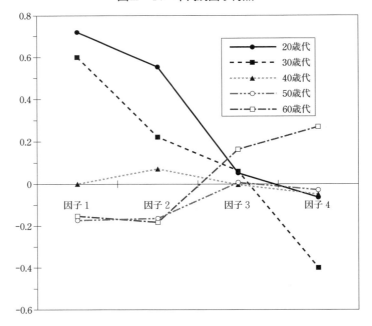

図IX-14　年代別因子得点

図IX−13は，因子負荷量をレーダーチャートによりグラフ化したものである．グラフ化により，それぞれの変数がどの因子に高負荷しているかが明確になる．

図IX−14は，年代別因子得点を折れ線グラフにしたものである．グラフを観察すると，20歳代，30歳代では他人志向消費因子（第1因子），差別化因子（第2因子）に対応する因子得点が高く，他人志向・差別化志向が強い．他方，50歳代，60歳代では他人志向・差別化志向は弱く，合理的消費因子（第3因子），自分志向消費因子（第4因子）に対する因子得点が高い．40歳代はとくに因子得点が高い因子はみられない．折れ線グラフ化することで年代別のパターンが明確になっている．

② 因子の回転

因子分析の回転には，直交回転と斜交回転がある．直交回転では，単純構造を求めるための代表的方法に，バリマックス法，エカマックス法，コーティマックス法，パーシマックス法，因子パーシモニー法と呼ばれる方法が提案されている．これらの方法はオーソマックス法と総称されている．この方法は，単純構造を測る基準（これをオーソマックス基準という）を最大化するという基準で回転解を求める．オーソマックス法のうちよく使われているのはバリマックス法である．バリマックス法は，すべての因子について同時に因子負荷の平方の分散を最大化するというバリマックス基準により単純構造を求める方法である．このとき，因子負荷の平方の分散は，全体に対する分散ではなく，因子ごとに求めた分散の和である．このため，因子数が異なると，得られる結果が異なる．また，バリマックス法には，ロー・バリマックス（row varimax）と呼ばれる方法と，因子負荷を対応する変数の共通性の平方根で除すことによって規準化してからバリマックス回転を行う，ノーマル・バリマックス（normal varimax）（規準化バリマックス法）と呼ばれる方法がある．通常，バリマックス法といった場合，このノーマル・バリマックス法のことを指すことが多い．

斜交回転についても直交回転同様，単純構造を求める基準がいくつか提案されている．代表的な方法にコーティミン法，コバリミン法がある．経験的には，

コーティミン法は斜交性が高く（因子間相関が高くなる），コバリミン法は直交性が高くなる（因子間相関が低くなる）といわれている．そこで，両者の折衷的基準が提案されている．この基準を最小化する方法を一般オブリミン法という．

斜交回転の場合，因子構造を単純構造化するか，因子パターンを単純構造化するかにより異なる．一般オブリミン法は因子構造を単純化する方法である．他方，直接オブリミン法，プロマックス法は因子パターンを単純化する方法である（直接オブリミン法では $\delta = 0$ が最適であり，マイナス方向で直交解に近づき，プラス方向で斜交性が強くなる．プロマックス法では，ベキ数 (κ) が大きくなるに従い単純構造が強調される）．プロマックス法は，プロクラステス回転[9]の下位モデルであり，ある行列をターゲット行列（目標行列）に近似させる方法である．このターゲット行列というのは，単純構造を満たした，とした場合の行列ということになる．通常，オーソマックス基準によるバリマックス回転の結果が利用され，結果の行列の各要素に係数（係数はベキ乗の値）をかけた行列をターゲット行列とし，この行列に近似するという基準で回転解を求める．結果の行列の各要素をベキ乗するのは，単純構造を強調するためである．

因子構造，因子パターンは，どちらも因子と変数の関連の強弱を表している．因子構造は，因子と変数の相関係数である．他方，因子パターンは，因子間の影響を除き（他の因子の影響を一定とする），変数についても他の因子の影響を除いて（他の因子の影響を一定とする）いるため，偏相関係数となっている．

直交回転では因子構造と因子パターンは一致する．斜交回転の場合，因子構造を単純構造化するか，因子パターンを単純構造化するかにより異なる．それぞれについてみると，因子構造を単純構造化する場合，因子パターンは単純構造化されない．他方因子パターンを単純構造化する場合，因子構造は単純構造化されない．そこで，単純構造化されない行列について以下の方法で単純構造化する方法が提案されている．

IX. データ分析 (2)　　343

　いま，2つの斜交因子があるとする．2つの因子の軸を f_1，f_2 とする．こ
のもともとの因子の軸は，プライマリ因子と呼ばれる．これらの因子は斜交し
ているが，原点を通りそれらの因子に直交する因子を考える．これらはプライ
マリ因子に対して，参考因子（準拠因子）と呼ばれる．このような因子に対し
て，因子構造と因子パターンを考える．斜交回転では，基本ベクトル（因子）
を座標軸とした場合，変数ベクトルの因子負荷は，座標軸における座標をあら
わしている．斜交回転はこのとき，基本ベクトルに直交性を仮定していないた
め，因子パターンは変数ベクトルから各座標軸への平行射影によってあらわさ
れるている．他方因子構造は正射影によってあらわされる．このため，プライ
マリ因子への因子構造は参考因子への因子パターンに比例し，プライマリ因子
への因子パターンは参考因子への因子構造に比例するという関係が成り立って

図IX-15　プライマリ因子と参考因子

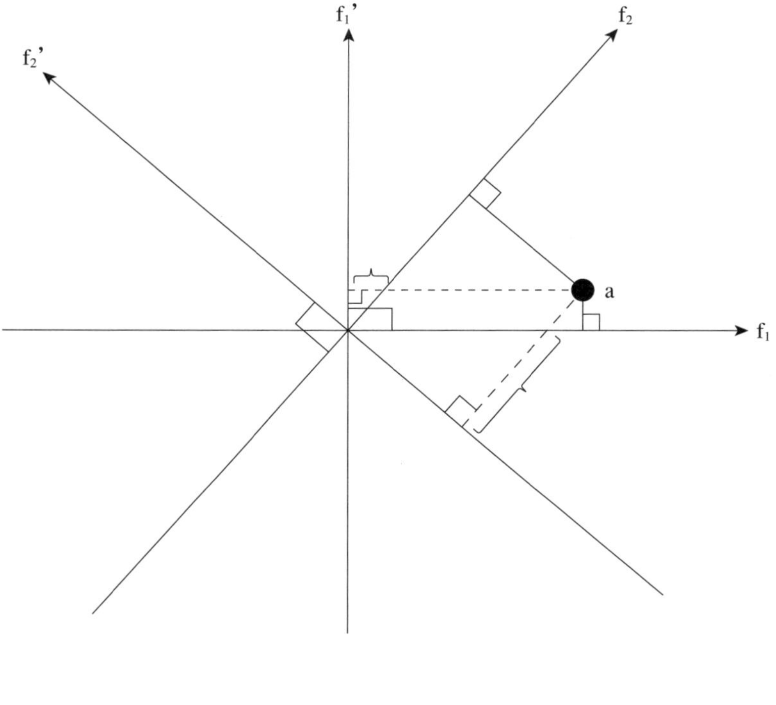

いる．この参考構造は，因子間の影響は除いて（他の因子の影響を一定とする）いるが，変数に関しては他の因子の影響を除いていないため部分相関係数となっている．

f_1，f_2 はプライマリ因子であり，プライマリ因子に対し直交するように引かれた因子 f_1'，f_2' は参考因子である．変数 a から f_1，f_2 への正射影（実線）は因子構造をあらわしている．また，f_1，f_2 への平行射影（破線）は因子パターンをあらわしている．f_1，f_2 への平行射影を f_1'，f_2' の参考因子へ延長する（｛の部分）と，正射影となっている．f_1' では 0 に近く，比して f_2' では大きな値になっており，単純構造化されていることが分かる．

斜交回転では，因子間相関が出力される．因子間相関が高いということは，両方の因子は同様の内容を測定している可能性がある．他方因子間相関が低いということは，両方の因子は独立な内容を測定していると考えられる．このような，因子間相関から因子間の関連を解釈することで，因子解釈に役立つ．また，因子数決定の一助にもなる．

因子寄与に関して，直交回転は「各因子寄与の和＝共通性」の合計となり，因子寄与は明確である．因子構造から寄与を求めると，単純に相関係数の 2 乗と定義することになる．他方参考構造に基づき寄与を求めると，部分相関係数の 2 乗と定義することになる．このように，斜交回転では因子寄与を明確に定義することができない．

因子寄与率については，直交回転では直交性を保ったまま回転するため，ある変数についてみると一方の因子に近づくと他方の因子からは遠ざかる，という関係になる．他方斜交回転では，各因子を個別に回転しているため，極端にいうと両方の因子に近づくということが起こる．このため，各因子寄与の和が共通性を越えてしまうということが起きる．このため，最大値を特定することができず寄与率を計算することができない．

直交回転と斜交回転ではどちらを利用するのがいいかという問題であるが，以前は直交回転を利用することが多く，とくにバリマックス法の利用が多かっ

た（さまざまな直交回転法の比較から，一概にバリマックス法の因子寄与の均
等化が優れているとはいえないといわれている）．現在では斜交回転を利用し
た研究発表が多くなってきている．ひとつには，因子が直交しているという仮
定じたいが不自然であるこということが大きいと考えられる．どちらを選択す
るかは，分析者が決めるべき問題である．

(3) 数量化Ⅲ類（コレスポンデンス分析）

社会調査は，名義尺度で測定されることが多い．このため質的データの分析
方法が求められる．数量化Ⅲ類（quantification method of the third type）は質
的データの構造を探索する方法である．クロス集計表を分析する方法であるコ
レスポンデンス分析（correspondence analysis），双対尺度法（dual scaling）な
どといわれる手法も数量化Ⅲ類と同様の原理に基づいている．

数量化Ⅲ類で用いるデータには，２種類のデータタイプがある．

(イ) アイテムカテゴリー・データ

単一選択型の質問から得られるデータで用いられる．たとえば，新聞 (X_1)，
週刊誌 (X_2) を１．読む，２．時々読む，３．読まない，のカテゴリーで測
定した質問を分析する場合，表Ⅸ－12に示す形式のデータをアイテムカテゴリ
ー・データ（item category data）という．質問ごとには，◯がひとつだけしか
ない形式である．

表Ⅸ－12は，データファイル形式としては，表Ⅸ－13のように作成される．

(ロ) 反応型データ

表Ⅸ－12　アイテムカテゴリー・データ(１)

質　　問	X_1			X_2		
標本 ＼ カテゴリー	1	2	3	1	2	3
n_1	1	0	0	0	1	0
n_2	0	0	1	1	0	0
n_3	0	1	0	1	0	0

表IX-13 アイテムカテゴリー・データ(2)

	X_1	X_2
n_1	1	2
n_2	3	1
n_3	2	1

表IX-14 反応型データ

標本 ＼ カテゴリー	X_1	X_2	X_3
n_1	1	0	0
n_2	0	1	1
n_3	0	1	0

　多項選択型の質問から得られるデータで用いられる．たとえば，1．新聞(X_1)，2．週刊誌(X_2)，3．月刊誌(X_3)の場合，表IX-14に示す形式のデータを反応型データという．それぞれのカテゴリーごとに，反応があるカテゴリーに1，反応がないカテゴリーに0という数値を割り当てるダミー変数を用いて反応の有無を表す．データファイルは，表IX-14の形式そのままである．

　数量化III類の基本原理は，行と列を同時に並べ替えることによりパターン分類するという考え方である．日常接するメディアを多項選択型で測定した場合を例に検討する．

表IX-15 日常接するメディア

	テレビ	新聞	雑誌
n_1		○	
n_2	○		
n_3		○	○
n_4	○		○

表IX−16 行と列の並び替え

	新聞	雑誌	テレビ
n_1	○		
n_3	○	○	
n_4		○	○
n_2			○

　表IX−15の行と列を同時に並び替えてみる．○は反応ありを表している．

　並び替えの結果である表IX−16をみると，標本側を x 軸，カテゴリー側を y 軸とみなすと，○が右下がりに直線的に並んでいることがわかる．　並び替えの結果をみると，n_1 と n_3 はともに新聞に接している．n_2 と n_4 はともにテレビに接している．一方メディアは，新聞と雑誌は同時に，雑誌とテレビも同時に接触されている．こうした並び替えにより，反応の似た標本は近くに，同時に反応のされ方が似たメディアも近くに配置することができる．これにより，標本，メディアの反応のパターンによるグルーピングが可能となる．

　表IX−15は，データ数が少ないこともあり簡単に並び替えを行うことができる．しかしながら，データ数が多くなると当然のことながら人間の感覚で並び替えを行うことはできない．表IX−16をみてもわかる通り，並び替えという問題は，視覚的には標本とカテゴリーの直線的な関連を表す相関係数として捉えることができる．しかしながら，標本，カテゴリーであるメディアはともに名義尺度であり数量は持っていない．相関係数を算出するためには標本，カテゴリーに数量を持たせる必要がある．そこで，ではどのような数量を与えればよいかということになる．具体的には，標本とカテゴリーの相関，つまり直線的関連が最大となるように数量を与えるということになる．測定された現象がどのような関連の様相であるかということではなく，直線的になるように数量を与えるということになる．

　与える数量は，カテゴリーへの反応が似た標本には近い数量を，また反応の

され方が似たカテゴリーには近い数量を与える必要がある．このとき，表IX－16を例にみるとメディア側では左から右に，標本側では上から下へ大きな数量から小さな数量（あるいは小さな数量から大きな数量）を与えることになる．そうした数量を与えることができれば，標本とメディアの相関係数を最大にすることができる．

相関係数（VIII－5－(1)「ピアソンの積率相関係数」を参照）は，9.3式で与えられる．

$$r = \frac{\sum_i^n (x_i - \bar{x})(y_i - \bar{y})}{\sqrt{\sum_i^n (x_i - \bar{x})^2 \sum_i^n (y_i - \bar{y})^2}} = \frac{Sxy}{\sqrt{Sxx\ Syy}} \quad \cdots\cdots\cdots\cdots (9.3)$$

数量化III類では，カテゴリーと標本間の相関を最大化するように並び替えを行う．仮に，カテゴリーの数量を x_i，標本の数量を y_i とすると相関係数は9.4式のように定義することができる．

$$r = \frac{\frac{1}{N}\sum_i^m \sum_j^p z_{ij}(x_i - \bar{x})(y_i - \bar{y})}{\sqrt{\frac{1}{N}\sum_i^m f_i(x_i - \bar{x})^2 \frac{1}{N}\sum_j^p g_j(y_i - \bar{y})^2}} \quad \cdots\cdots\cdots\cdots (9.4)$$

ただし，

$$z_{ij} = \begin{cases} 1 & （標本 i がカテゴリー j に反応あり） \\ 0 & （反応なし） \end{cases}$$

$f_i = \sum z_{ij}$（標本 j の反応カテゴリー数）

$g_i = \sum z_{ij}$（カテゴリー g の反応標本数）

$N = \sum\sum z_{ij}$（総反応数）

相関係数は x_i と y_i の分散の値に依存しないため，次のように平均を 0，分散を 1 に規準化する．

$$\bar{x} = 0 \quad \bar{y} = 0 \quad \frac{1}{N}\sum_i^m f_i(x_i - \bar{x})^2 = 1 \quad \frac{1}{N}\sum_j^p g_j(x_i - \bar{x})^2 = 1$$

規準化の結果から9.4式を整理すると，

IX. データ分析 (2)　　349

表IX−17　x と y の数量

	テレビ（x_1）	新聞（x_2）	雑誌（x_3）
n_1（y_1）		$x_2 y_1$	
n_2（y_2）	$x_1 y_2$		$x_3 y_2$
n_3（y_3）		$x_2 y_3$	$x_3 y_3$
n_4（y_4）	$x_1 y_4$		

表IX−18　x と y の整理

x	y
x_1	y_2
x_1	y_4
x_2	y_1
x_2	y_3
x_3	y_2
x_3	y_3

$$r=\frac{1}{N}\sum_{i}^{m}\sum_{j}^{p}z_{ij}x_{i}y_{j} \cdots\cdots\cdots (9.5)$$

9.5式のように整理できる．つまり9.5式の r を最大にするような x と y を求めればよいことになる．

表IX−15を例に，もう少し具体的に考えてみる．表IX−17のようにカテゴリー側のテレビ，新聞，雑誌に x_1，x_2，x_3 という数量を与え，標本側の n_1，n_2，n_3，n_4 に y_1，y_2，y_3，y_4 という数量を与えたとする．

表IX−17を反応ありのセルごとに整理すると表IX−18のようになる．

表IX−18から x，y の平均，偏差平方和，偏差積和を次のように求めることができる．

$$\bar{x}=\frac{2x_1+2x_2+2x_3}{6}$$

$$\bar{y} = \frac{y_1 + 2y_2 + 2y_3 + y_4}{6}$$

$$(x_i - \bar{x})^2 = Sxx = 2(x_1 - \bar{x})^2 + 2(x_2 - \bar{x})^2 + 2(x_3 - \bar{x})^2$$

$$(y_i - \bar{y})^2 = Syy = (y_1 - \bar{y})^2 + 2(y_2 - \bar{y})^2 + 2(y_3 - \bar{y})^2 + (y_4 - \bar{y})^2$$

$$(x_i - \bar{x})(y_i - \bar{y}) = Sxy = (x_1 - \bar{x})(y_2 - \bar{y}) + (x_1 - \bar{x})(y_3 - \bar{y}) + (x_2 - \bar{x})(y_1 - \bar{y}) +$$
$$(x_2 - \bar{x})(y_3 - \bar{y}) + (x_3 - \bar{x})(y_2 - \bar{y}) + (x_3 - \bar{x})(y_4 - \bar{y})$$

このとき，相関係数は原点の位置に依存しないため，x と y の平均を 0 と仮定することができることから，Sxx，Syy，Sxy は次のようになる．

$$Sxx = 2x_1^2 + 2x_2^2 + 2x_3^2$$

$$Syy = y_1^2 + 2y_2^2 + 2y_3^2 + y_4^2$$

$$Sxy = x_1 y_2 + x_1 y_3 + x_2 y_1 + x_2 y_3 + x_3 y_2 + x_3 y_4$$

さらに相関係数は x と y の分散にもよらないから $Sxx = 1$，$Syy = 1$ に規準化する．そのうえで整理すると，

$$r = Sxy = x_1 y_2 + x_1 y_3 + x_2 y_1 + x_2 y_3 + x_3 y_2 + x_3 y_4$$

となり，9.5式の r の最大化と同じことになる．つまり，$Sxx = 1$，$Syy = 1$ という制約条件下で Sxy の最大化を考えればよいことになる（具体的な計算は，本書の目的を越えるため，興味のある人は参考文献を参照されたい）．

数量化III類で得られる固有値は相関係数の 2 乗となっている．つまり，標本とカテゴリー間の反応の関連の程度ということになる．寄与率はすべての軸の固有値の和に対する各軸の割合として与えられる．

当然のことながら，1 次元の数量化だけで十分なパターン化を行うことができない場合が多い．こうした場合，2 次元以降の数量を利用することになる．実際の分析では，標本とカテゴリーの数量は，標本数あるいはカテゴリー数で「数の少ない側－1」個求まる．表IX－17の場合，カテゴリー側の数が少ないことから 3－1 で 2 次元まで求まることになる．求まった 2 次元の数量を座標として，2 次元空間にプロットすることで視覚的に分析できる．この時注意を要するのは，散布図を作成するとき，カテゴリーと標本を 1 枚の散布図に描く

IX. データ分析 (2)　　351

表IX-19　カテゴリー・スコアと固
有値

変数名	第1軸	第2軸
テレビ	1.061	−0.354
新聞	−1.061	−0.354
雑誌	0.000	0.707
固有値	0.75	0.25
寄与率	0.75	0.25
累積寄与率	0.75	1.00

表IX-20　サンプル・スコア（固有値で基準化）

サンプル	第1軸	第2軸
n1	−1.225	−0.707
n2	0.612	0.354
n3	−0.612	0.354
n4	1.225	−0.707

ときである（これを同時散布図という）．このときカテゴリー・スコア（カテ
ゴリーに与えられた数量をカテゴリー・スコアという）とサンプル・スコア
（標本に与えられた数量をサンプル・スコアという）の分散をどのように規準
化しているかが問題となる．カテゴリー・スコア，サンプル・スコアともに分
散を固有値で規準化しておけば，カテゴリー間の距離，あるいは標本間の距離
は直接分析することができる．ただし，カテゴリーと標本間の距離は分析でき
ない．通常標本とカテゴリー間の距離（親近性）は，標本については原点を通
るベクトルとして表現し，そのベクトルにカテゴリーの布置された位置から垂
線を引き，垂線の交点と標本の位置の距離（親近性）を分析する．
　具体的に表IX-15を分析してみる．[10] 結果は表IX-19，20の通りである．固有
値は2つまで求まっている．

図Ⅸ-16 カテゴリー・スコアの散布図

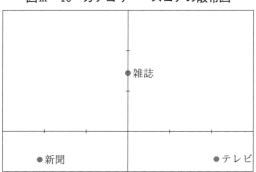

図Ⅸ-17 サンプル・スコアの散布図

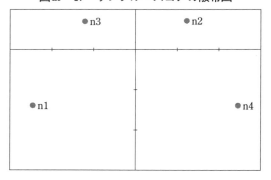

　分析は，カテゴリー・スコア，サンプル・スコアを，それぞれの座標値として2次元空間内に布置し，それぞれの位置関係を分析することが重要となる．

　図Ⅸ-18は，標本とカテゴリーの同時散布図である（n_1，n_4 をベクトルで表現してある）．

　同時散布図を作成する場合，カテゴリー・スコア（カテゴリーに与えられた数量）とサンプル・スコア（標本に与えられた数量）を規準化する必要がある（JUSE-StatWorksには1ないし固有値で規準化するオプション，SPSSでは対称解という方法で求めることができる）．同時散布図については恣意的であり，カテ

図Ⅸ-18 同時散布図

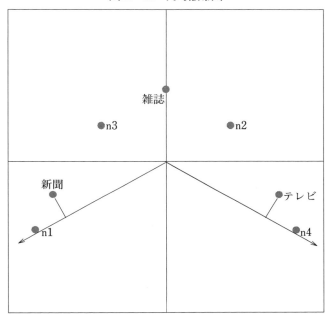

ゴリー・スコア，サンプル・スコアの表現として不適切とする研究者もいる．

　同時散布図を分析する場合，カテゴリーとサンプルの距離を直接分析することはできない（カテゴリー間，あるいはサンプル間の距離を分析することはできる）．カテゴリーとサンプルの関係は方向だけをみるという考え方と，標本を原点を通るベクトルとして表現し，そのベクトルにカテゴリーの付置された位置から垂線を下ろし，その交点と標本の位置の距離を分析するという考え方がある（図Ⅸ-18）．どちらにしても，同時散布図の分析については，表現方法を含め研究者間でも一致した見解がない．

　カテゴリー・スコア，サンプル・スコアを別々に散布図として表現した場合は，カテゴリーとサンプルの方向からその関係を分析することになる．

　数量化Ⅲ類の原理は，並べ替えからの説明とは別に，標本とカテゴリー間の

表IX-21　単純集計表

人からうらやましいと思われる消費をしたい	購入時友人知人が購入したモノに持っているイメージが気になる	購入時には一流といわれるモノを買うようにしている	自分の地位や立場を考えて消費をしている	人と違ったモノを持ちたい	他人と全然違うのも気になるが同じというのもイヤだ	モノの購入は必要か不必要かを考えてから購入する	流行に左右されない消費をしている	自分の消費パターンは何があっても変えない
31.0%	29.6%	21.7%	41.8%	38.0%	47.6%	82.8%	60.4%	31.2%

商品やサービス購入に際して品質を重視している	商品やサービス購入に際してイメージを重視している	人の消費を見てうらやましいと思うことがある	支出や消費に関してマスコミや他人から影響を受けることはない	友人知人の消費生活が黄になる	好景気・不景気に関係なく消費支出額はいつも同じようなもの	消費を見ればその人の地位や立場はおおよそわかる	モノの購入は使用という目的と同様に人に見られることも意識している
76.1%	34.0%	36.6%	31.2%	19.7%	46.1%	30.9%	32.7%

距離を最小にするという視点からも説明できる[11]．

　具体的な分析結果を検討する．分析は消費に対する意識を測定したデータ（n＝1,022）を用いた．　表IX-21は分析に使用したデータの単純集計である．事前に，いずれのカテゴリーにも反応なしの標本，いずれの標本からも反応されていないカテゴリー（実際には，こうしたカテゴリーはなかった）は分析から除外する．

　分析結果のうち，固有値，カテゴリー・スコアを表IX-22に示す．固有値をみると第1固有値は0.258，固有値の平方根は0.508であり，相関係数としてみると中程度の直線的関連があるというレベルである．以下第2固有値0.112（相関係数0.335），第3固有値0.1（相関係数0.316）となっている．一般に数量化III類では，個々の標本データに基づいた分析の場合，固有値は大きくならず，ダラダラと落下することが多い．固有値が大きくならないということは，

IX. データ分析 (2)　　355

表IX－22　カテゴリー・スコア表

変数名	第1軸	第2軸	第3軸	第4軸	第5軸
人から羨ましいと思われる消費をしたい	0.686	0.387	0.027	0.24	−0.376
モノを買う時，友人・知人がそのものにどのようなイメージを持っているか気になる	0.784	0.159	−0.242	0.191	−0.139
モノを買う時は一流といわれるモノを買うようにしている	0.443	−0.18	0.763	1.172	0.034
自分の地位や立場を考えて消費をしている	−0.088	−0.72	−0.137	0.38	−0.036
人と違ったモノを持ちたい	0.417	0.358	0.398	−0.352	0.21
他人と全然違うのも気になるが，全く同じというのもイヤだ	0.319	−0.077	−0.206	−0.32	0.133
モノの購入は，必要か不必要かを考えてから購入する	−0.326	−0.182	−0.16	−0.034	−0.183
流行に左右されない消費をしている	−0.632	−0.014	−0.131	0.038	−0.079
自分の消費パターンは何があっても変えない	−0.56	0.476	0.453	0.241	0.39
商品やサービス購入に際して品質を重視している	−0.326	−0.214	0.042	−0.061	−0.187
商品やサービス購入に際してイメージを重視している	0.129	−0.216	0.822	−0.561	−0.417
人の消費を見て羨ましいと思うことがある	0.678	−0.037	−0.371	−0.174	−0.061
支出や消費に関し，マスコミや他人から影響を受けることはない	−0.786	0.825	−0.243	0.269	−0.06
友人・知人の消費生活が気になる	0.984	0.326	−0.553	0.228	−0.105
好景気，不景気に関係なく消費支出額はいつも同じようなもの	−0.452	0.209	−0.08	−0.249	0.121
消費を見ればその人の地位や立場はおおよそわかる	0.09	−0.357	−0.065	−0.045	1.097
モノの購入もさること，人にみられることも意識している	0.636	0.073	0.119	−0.082	0.148
固有値	0.258	0.112	0.100	0.099	0.092
寄与率	0.191	0.083	0.074	0.073	0.058
累積寄与率	0.191	0.274	0.349	0.422	0.490

高い相関係数が得られないということになる．こうしたときは，第1軸，第2軸に重点を置いて分析することになる．また，数量化III類では，空間内でカテゴリーがどのように布置され，グルーピングできるかが重要となることから，あまり高次の次元まで採用するのは現実的ではない．思い切って2次元，3次元といった低次で分析するのが現実的である．

数量化III類の結果から得られたスコアは以下の視点で分析を行う．

①カテゴリー・スコア，サンプル・スコアを1次元的に観察し分析を行う．軸に解釈を与えることことは重要ではなく，スコアの相対的な遠近，位置関係を観察することが重要となる．

②2つの軸に着目し，散布図を描き布置の相対的な位置関係を観察する．この時，固有値の大きい順にいくつかの軸の組合せごとに散布図を描く．

③散布図を描くとき，カテゴリー・スコアとサンプル・スコア（サンプル・スコアの散布図については，標本数が多い場合個人属性によってスコアの平均値を算出し，その値を使って散布図を作成することが多い）を別々に描く，あるいは同時散布図を描き分析を行う（同時散布図の分析に当たっての注意点は前述）．

具体的に分析結果（表IX−22）を観察してみる，

第1軸：プラス方向に「友人・知人の消費生活が気になる」「モノを買う時，友人・知人がどのようなイメージを持っているか気になる」「人からうらやましいと思われる消費をしたい」，マイナス側に「支出や消費に関し，マスコミや他人から影響を受けることはない」「流行に左右されない消費をしている」といった意識がそれぞれ近い．

第2軸：プラス方向に「支出や消費に関し，マスコミや他人から影響を受けることはない」「自分の消費パターンは何があっても変えない」，マイナス側は「消費を見ればその人の地位や立場はおおよそわかる」「自分の地位や立場を考えて消費をしている」といった意識がそれぞれ近い．

第3軸：プラス方向に「商品やサービス購入に際してイメージを重視してい

IX. データ分析 (2)　　357

図Ⅸ−19　カテゴリー・スコアの散布図（横：第1軸×縦：第2軸）

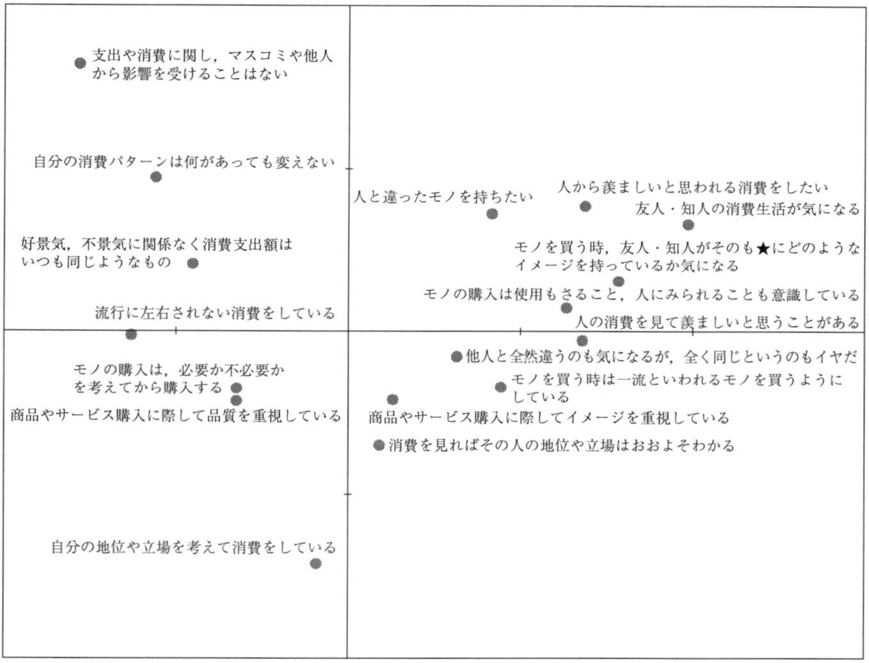

る」「モノを買う時は一流といわれるモノを買うようにしている」「自分の消費
パターンは何があっても変えない」，マイナス側に「友人・知人の消費生活が
気になる」「人の消費を見て羨ましいと思うことがある」といった意識がそれ
ぞれ近い．

　次に，第3軸までのカテゴリー・スコアを利用し散布図を描いてみる．散布
図は，第1軸×第2軸，第1軸×第3軸，第2軸×第3軸の組合せで，3枚の
散布図を描いた．

　まず，第1軸×第2軸（図Ⅸ−19）をみると，全体的には馬蹄形（Uの字
形）をしている．こうした形になることを馬蹄型効果という．馬蹄型効果はデ
ータの構造が線形的（直線的）である場合にみられる．

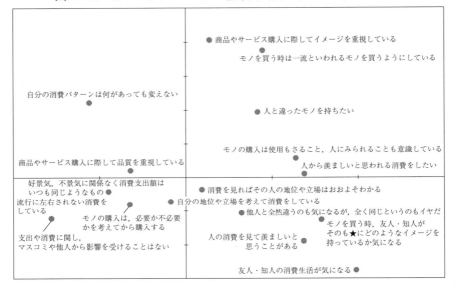

図IX−20　カテゴリー・スコアの散布図（横：第1軸×縦：第3軸）

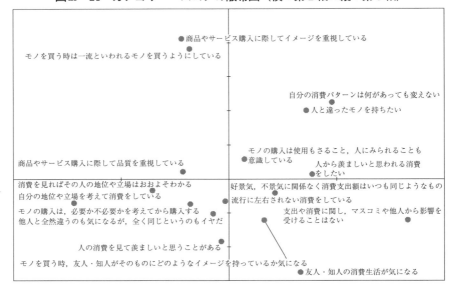

図IX−21　カテゴリー・スコアの散布図（横：第2軸×縦：第3軸）

IX. データ分析 (2)　359

図IX-22　カテゴリー・スコアのクラスター分析

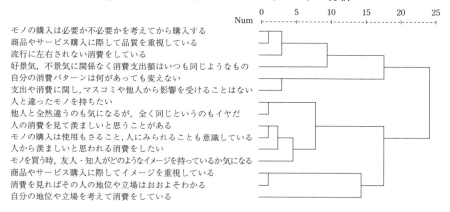

図IX-23　カテゴリーのクラスター化

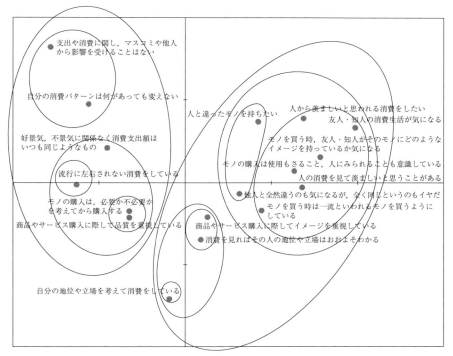

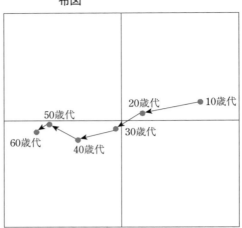

図IX-24 年代別サンプル・スコアの平均の散布図

　次に，第3軸つまり3次元でそれぞれのカテゴリー間の距離を分析する．最終的には，3次元空間内で，距離の近いカテゴリー同士をグルーピングする．こうした場合，階層的クラスター分析（IX-2-(4)-①「階層的クラスター分析」を参照）を利用する．

　デンドログラムをみると，最終的には2つのクラスターに分かれている．1つはデンドログラムの上方にある「モノの購入は必要か不必要かを考えてから購入する」から「支出や消費に関し，マスコミや他人から影響を受けることはない」であり，自分志向的な消費態度，もう1つはその下方にある「人と違ったモノを持ちたい」から「自分の地位や立場を考えて消費をしている」であり，他人志向的な消費態度である．それぞれは，3ないし4つのクラスターにわかれている．

　図IX-23は，カテゴリー・スコアのクラスター分析の結果を散布図に反映させたものであり，結合過程も表現している．こうすることで，数量化III類の結果とクラスター分析の結果を同時にかつ視覚的に表現することができる．デン

ドログラムの上方にあるカテゴリーは，散布図の第1軸マイナス側，下方にあるカテゴリーは第1軸プラス側に対応している．

その他数量化III類では，年齢，職業などといった個人属性別にサンプル・スコアの平均値を算出し，平均値を座標値とした散布図を作成すると，個人属性とカテゴリーの関係を分析することができる．図IX-24は年代別のサンプル・スコアの平均値の散布図である．これをみると，10歳代は第1象限（第1軸プラス方向）に布置されており，年代が高くなるにしたがって第3象限方向（第1軸マイナス方向）に移動していくことがわかる．第2軸のスコアの変動は小さい．第1軸プラス側は「友人・知人の消費生活が気になる」「モノを買う時，友人・知人がどのようなイメージを持っているか気になる」「人からうらやましいと思われる消費をしたい」，一方マイナス側は「支出や消費に関し，マスコミや他人から影響を受けることはない」「流行に左右されない消費をしている」といったカテゴリーが対応する．

また数量化III類では，カテゴリーの布置を観察したとき，反応度数が高いカテゴリーは原点付近に布置される．他方，反応度数が低いカテゴリーは原点から遠い位置に布置される．とくに，反応度数が極端に低いカテゴリーがあると，分析結果が歪むことになる．あらかじめ度数分布を確認する必要がある．経験的には，相対度数が5％を下回るカテゴリーは除外する方がよい．とくに基準があるわけではないため，10〜20％以下は削除した方がよいと述べている著書もある．しかし，こうした偏りがあるカテゴリーを事前にすべて除外すると，有効な知見を引き出せず，当たり前の結果になりやすい．最初は，すべてのカテゴリーで分析を行い，試行錯誤的にカテゴリーを削除しながら分析を繰り返すことを薦める．また，アイテムカテゴリー・データの場合は，極端に反応が偏っている項目があると分析を歪めることになる．この場合，カテゴリーを集約するなどして度数分布を調整する必要がある．カテゴリーの集約を行うとき，分析結果だけから集約作業を行うことは慎まなければならない．誰もが納得できる集約を行わなければならない．

表Ⅸ−23　クロス集計表（度数）

		支出意識											
		支出予定金額内で収まるように買い物をする	月々の収入に見合った支出をすべき	支出より貯蓄を優先すべき	毎月の収入は使い切ってしまうことが多い	欲しいものは貯蓄を切り崩してでも買う	毎月の消費支出は計画を立てて支出	本当に欲しいものは食費を切り詰めても買う	収入に見合った生活をしている	消費生活は簡素にすべきだ	気に入ったモノは借金をしてでも買う	生活を豊かにするためには借金も仕方がない	合計
年代	20歳代	47	53	14	16	13	13	8	15	13	7	4	66
	30歳代	33	34	19	11	9	10	6	9	10	1	2	43
	40歳代	29	39	15	4	5	6	2	15	5	1	1	48
	50歳代	33	39	8	5	5	9	10	21	10	1	0	49
	合計	142	165	56	36	32	38	26	60	38	10	7	206

表Ⅸ−24　クロス集計表（相対度数；構成比）

		支出意識											
		支出予定金額内で収まるように買い物をする	月々の収入に見合った支出をすべき	支出より貯蓄を優先すべき	毎月の収入は使い切ってしまうことが多い	欲しいものは貯蓄を切り崩してでも買う	毎月の消費支出は計画を立てて支出	本当に欲しいものは食費を切り詰めても買う	収入に見合った生活をしている	消費生活は簡素にすべきだ	気に入ったモノは借金をしてでも買う	生活を豊かにするためには借金も仕方がない	合計
年代	20歳代	71.2%	80.3%	21.2%	24.2%	19.7%	19.7%	12.1%	22.7%	19.7%	10.6%	6.1%	100.0%
	30歳代	76.7%	79.1%	44.2%	25.6%	20.9%	23.3%	14.0%	20.9%	23.3%	2.3%	4.7%	100.0%
	40歳代	60.4%	81.3%	31.3%	8.3%	10.4%	12.5%	4.2%	31.3%	10.4%	2.1%	2.1%	100.0%
	50歳代	67.3%	79.6%	16.3%	10.2%	10.2%	18.4%	20.4%	42.9%	20.4%	2.0%	0.0%	100.0%
	合計	68.9%	80.1%	27.2%	17.5%	15.5%	18.4%	12.6%	29.1%	18.4%	4.9%	3.4%	100.0%

　2元クロス表を分析する方法として，広く利用されているコレスポンデンス分析（correspondence analysis）は，フランスのベンゼクリ（J. P. Benzécri）により提案された方法である．ベンゼクリは，2元クロス表の独立性の検定に用いるピアソンのχ^2統計量に注目し，このピアソンのχ^2統計量とクロス表のカテゴリー間の対応を測る方法としてコレスポンデンス分析を提案した．コレスポンデンス分析と数量化Ⅲ類は数理的には同じ方法である．ただしアプローチは異なる発想によっており，簡単には以下のようにまとめられる．

　　数量化Ⅲ類→質的データの数量化（標本とカテゴリー間の直線的関連が最大になるように，標本とカテゴリーに数量を与える）

　　コレスポンデンス分析→クロス表データ（多次元データ）への主成分分析の適用

IX. データ分析 (2) 363

表IX－25 固有値とカテゴリー・スコア

	第1軸	第2軸	第3軸
支出予定金額内で収まるように買い物をする	−0.009	−0.003	0.008
月々の収入に見合った支出をすべき	−0.066	−0.030	0.075
支出より貯蓄を優先すべき	0.067	−0.335	−0.074
毎月の収入は使い切ってしまうことが多い	0.353	0.065	−0.076
欲しいものは貯蓄を切り崩してでも買う	0.241	0.008	−0.023
毎月の消費支出は計画を立てて支出	0.051	0.050	−0.086
本当に欲しいものは食費を切り詰めても買う	−0.156	0.311	−0.243
収入に見合った生活をしている	−0.346	0.053	0.058
消費生活は簡素にすべきだ	0.032	0.113	−0.132
気に入ったモノは借金をしてでも買う	0.521	0.416	0.404
生活を豊かにするためには借金も仕方がない	0.636	0.000	0.157
固有値	0.034	0.019	0.010
寄与率	0.542	0.302	0.155
累積寄与率	0.542	0.845	1.000

表IX－26 サンプル・スコア （固有値で基準化）

	第1軸	第2軸	第3軸
20歳代	0.957	0.782	0.699
30歳代	0.684	−0.850	−1.427
40歳代	−0.743	−1.425	1.193
50歳代	−1.433	0.976	−0.559

　コレスポンデンス分析は，表IX－23，24のような2元のクロス集計表を分析する場合に用いられる．支出意識を年代別（20歳代～50歳代）に集計したクロス集計表にコレスポンデンス分析を適用してみる（分析は表IX－23の度数表を用いる）．

図IX-25 同時散布図（分散を固有値で規準化）

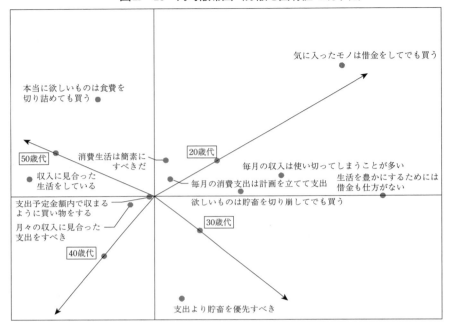

表IX-25，表IX-26は分析結果であり，図IX-25はカテゴリー・スコアとサンプル・スコアの同時散布図である．

分析結果，散布図の読み方は数量化III類と同様である．コレスポンデンス分析は，カテゴリー・スコア，サンプル・スコアを座標値として散布図を描き分析することが中心となる．コレスポンデンス分析の特徴を分析結果から考察してみる．カテゴリーの位置をみると，「気に入ったモノは借金をしてでも買う」「生活を豊かにするためには借金も仕方がない」は原点から遠くに布置されている．

表IX-23, 24をみると，この2つのカテゴリーは反応率（人数）が低いことがわかる．一方「支出予定金額内で収まるように買い物をする」「月々の収入に見合った支出をすべき」「消費生活は簡素にすべきだ」「毎月の消費支出は計

画を立てて支出」は原点付近に布置されている．表IX－23，24をみると，始めの2つのカテゴリーは反応率（人数）が高いことがわかる．一方，後の2つのカテゴリーは合計と比較して年代間で大きな差がみられない．つまり，コレスポンデンス分析では，反応率（人数）が高いあるいは層間での特徴があまりみられない場合原点付近に，一方，反応率（人数）が低いと原点から遠くに布置される傾向がある．これは標本ベースで分析を行う数量化III類でも同様である．

次に，標本とカテゴリー間の関係を分析してみる．各年代は4つの象限に分かれて布置されている．まず第1象限の20歳代から年代を追ってみてみる．20歳代方向にあるカテゴリーをみると，方向が一致しているのは「気に入ったモノは借金をしてでも買う」であり20歳代を特徴付ける．「毎月の収入は使い切ってしまうことが多い」「欲しいモノは貯蓄を切り崩してでも買う」も方向が一致する傾向がある．ただ，この2つのカテゴリーは30歳代との間にあり30歳代も特徴付けている．その30歳代をみると，「支出より貯蓄を優先すべき」が方向が一致しており30歳代を特徴付けている．40歳代は方向の一致するカテゴリーがみられず特徴付けるカテゴリーはないといえる．また第1象限にあるカテゴリーは方向が逆であり40歳代で反応が低いカテゴリーである．50歳代は「収入に見合った生活をしている」が，次いで「本当に欲しいモノは食費を切り詰めても買う」が50歳代を特徴付けるカテゴリーといえる．また第4象限にあるカテゴリーは方向が逆であり50歳代で反応が低いカテゴリーである．

(4) クラスター分析法

クラスター分析（cluster analysis）は，類似した対象（標本や変数）を同じクラスターにまとめ，類似していない対象は別のクラスターに属すようにクラスター分けする方法の総称である．

対象をクラスターやグループ分けする方法は，クラスター分析以外にIX－3－(2) 判別分析と数量化II類で説明する判別分析と数量化II類がある．判別分析や数量化II類は事前に対象のグループ分けに対する情報がある場合，その情報を利用してどのグループに属するかを判別する．その分析結果を利用し，ど

のグループに属するかが不明な対象が得られたとき，それらのグループ分けを行なう分析方法である．

一方クラスター分析は，事前に対象がどのクラスターに属するかが不明な場合，それらの類似性をもとにクラスター分けを行おうとするものである．

クラスター分析は，階層的クラスター分析（hierarchical method）と非階層的クラスター分析（nonhierarchical method）に大別される．

① 階層的クラスター分析

まず，階層的クラスター分析について検討する．

階層的クラスター分析では，対象間の距離とクラスター間の距離をどのように定義するかによりいくつかの方法がある．

階層的クラスター分析を行うには，対象の類似度（similarity）ないし非類似度（dissimilarity）が何らかの形で測定されている必要がある．類似度は，直接測定される場合と，何らかの類似度の指標を用いる場合がある．類似度の指標としては，相関係数や連関係数（Ⅷ—5「2変数間の関連の分析」を参照）などがある．クロス集計表での度数や相対度数は類似度を表している．度数や相対度数が高いということは，2変数間は関連している，つまり類似しているということになる．非類似度としてよく用いられるのは距離である．

階層的クラスター分析は，個々の対象がそれ自身だけからなるクラスターから始め，もっとも類似したクラスターを順にまとめ，最終的にひとつのクラスターになるまで併合が続けられる．階層的クラスター分析にはさまざまな方法がある．その方法の違いは，クラスター間（たとえば，図Ⅸ—26のクラスターAとクラスターBの距離を定義する場合）の類似度をどのように定義するかにより分けられる．代表的なものは，ふたつのクラスター間の類似度を，もっとも類似度が小さい値で定義するか，もっとも類似度が大きい値で定義するかによるものである．もっとも類似度が小さい値で定義する方法を図Ⅸ—26に示す．

クラスターA，クラスターB，クラスターCのそれぞれの間の距離を，類

図IX-26　クラスター間の距離

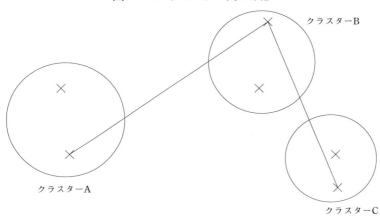

似度がもっとも小さい値，つまりもっとも距離が離れている値で定義した場合，図IX-26ではクラスターBとクラスターCが併合される．こうして最終的にひとつのクラスターになるまで併合が続けられる．

　階層的クラスター分析でよく利用される方法は，最近隣法（nearest neighbor method），最遠隣法（farthest neighbor method），ウォード法（ward method）である．最近隣法は，クラスター間の類似度をもっとも類似度が大きい値で定義し，最遠隣法は図IX-26で示したように，もっとも類似度が小さい値で定義する方法である．

　ウォード法は，クラスターを併合すれば当然クラスター内の級間変動は増える．この級間変動の増加が最小になるように，クラスターを併合していく方法である．級間変動は，クラスターの重心（平均）からの偏差2乗和で与えられる．どの方法を採用するかは，分析者が選択しなくてはならない．経験的には，ウォード法の結果が良好である．

　階層的クラスター分析の結果は，デンドログラム（dendrogram）といわれる樹状図（図IX-22を参照）で表される．これは，非空間的表現によって表現する方法である．クラスター数は，このデンドログラムを観察し分析者が決め

ることになる．階層的クラスター分析にはさまざまな方法があることから，いくつかの分析方法を試みた上で最適なクラスター数を決めるのが現実的である．

実際に，よく用いられる最近隣法，最遠隣法，ウォード法により同一のデータを分析すると，距離の算出方法を同一にして分析しても同じ結果が得られることはない．また，結果の特徴として，最近隣法は鎖効果（最初のクラスターに，対象が一つずつ順に結合してクラスターが形成されていく状態）が起きる．鎖効果が起きると，どの距離で切っても，そこまでに形成されているクラスターとクラスターに吸収されていない対象が一つずつで形成されたクラスターに分かれる状態になる．このため，いくつかのクラスターに分割するという目的は達成できないことになる．ただし分析に際し，この効果を利用する場合もある．一方最遠隣法やウォード法は鎖効果が起きにくい方法である．

こうした結果に対し，どの方法を採用すればよいのかという問題になる．階層的クラスター分析は，方法の選択やクラスター数に関し妥当性を測る基準がない．このため，対象間の類似性に対し全く知見や仮説がない場合，方法の選択とクラスター数の選択に迷うことになる．また，こうした場合妥当性を主張

図IX-27　散布図とクラスターの組み合わせによる表現

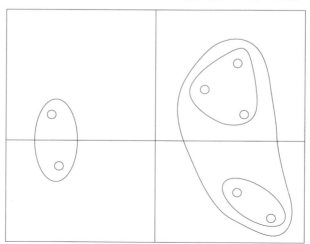

することも難しくなる．こうした意味では，対象間の類似性に対し知見や仮説のある場合に適用する方がよいといえる．最遠隣法やウォード法の結果が比較的良好であるという知見も，こうした適用範囲内での知見である．

　階層的クラスター分析では，分析の結果だけから有効な知見が引き出せることはあまりない．階層的クラスター分析は対象をグルーピングする方法である．グルーピング，つまりクラスターが得られたからといって，そのことだけではあまり意味がない．そのことから何がいえるかを分析しなければ，十分な知見が得られたとはとはいえない．

　階層的クラスター分析は，他の分析手法と組み合わせて用いられることが多い．とくに，数量化III類や主成分分析，因子分析の結果を空間表現した散布図と組み合わせて用いることで，それらの分析結果の解釈の一助となる（図IX－23，図IX－27参照）．

　② 非階層的クラスター分析

　クラスター分析は，多変量データの変数あるいは個体を分類する際に利用される．分類したい変数あるいは個体の数が少数であれば問題はないが，数百あるいは千を越えるような大規模データに対し，階層的クラスター分析を適用するのは現実的ではない．具体的に大規模データのデンドログラムを観察すればわかることであるが，結果の解釈あるいはクラスター数の判断は困難である．そうした場合，非階層的クラスター分析が利用される．とくに大規模データに適用することが多いということから，個体のクラスタリングに適用されることが多い．変数のクラスタリングであれば，常識的には階層的クラスター分析で十分であろう．

　非階層的クラスター分析の代表的方法に，K-means法がある．階層的クラスター分析は凝集法とも呼ばれ，類似度（非類似度）をもとに逐次的にクラスターを作成していく．この様子はデンドログラムを一見すればわかる．一方非階層的クラスター分析は，1つの対象を類似度（非類似度）をもとに，1つのクラスターに属すように分類する．以下に，非階層的クラスター分析（K-means 法）の手順を述べる.

＜非階層的クラスター分析（K-means 法）の手順＞

1．非階層的クラスター分析では事前にクラスター数を決める必要がある

2．データから事前に決めたクラスター数と同じ個数の初期値となるデータ
　を選択する（シード：seed ともいう）．方法としては，分析者が指定する，
　ランダムに選択，最も類似していないデータを選択するといった方法がある.
　各データをシードに対する距離を計算し最も距離の近いシードに割り当て
　る．（初期割当）

3．初期割当のクラスターの重心を求める（重心は分類に用いる変数それぞ
　れの平均）．この重心をシードとして，データを最近隣シードに再割り当
　てする.

4．以下 3．を反復する．当然ながら各反復でデータが異なるクラスターに
　割り当てられると重心が移動する.

5．反復の過程でクラスターの重心の移動が小さくなっていく．この変化が
　収束基準以下となったところで反復は停止される.

6．反復が停止した際，すべてのデータが最近隣シードに割り当てられ最終
　クラスターを形成する.

　上記のように，重心をもとめ，クラスタリングを反復しながら収束するまで
この手続きを反復することが K-means 法の基本的な考え方である.

　非階層的クラスター分析では，分析結果からクラスター数を判断する必要が
ある．クラスター数の判断は，かなり難しいといえる．とくに個体のクラスタ
リングの場合は難しい．変数のクラスタリングでは，クラスタリングされた変
数から，各クラスターの意味や特性を解釈することで意味づけすることができ
る．そこで同様な考え方から，個体のクラスタリングでは，クラスターの特性
を記述するために，性別，年齢，職業，収入などといったデモグラフィック特
性やその他クラスター分析に使用しなかった変数の基本統計量の算出やクロス
集計表を観察することでクラスターの記述を行う．この内容を解釈することで，

最適なクラスター数を試行錯誤的に探索する．また，非階層的クラスター分析と階層的クラスター分析を組み合わせる方法も考えられる．まず非階層的クラスター分析で少し多めのクラスターを抽出しておき，抽出されたクラスターに対し階層的クラスター分析を行うことでクラスター数を決める方法である．この場合も，デモグラフィック特性やその他クラスター分析に使用しなかった変数の基本統計量の算出やクロス集計表を観察することでクラスターの記述を行い，内容を解釈することで，最適なクラスター数を試行錯誤的に探索する．こうした方法論的手順からみると，クラスター数の判断は，実質科学的立場からの判断であり，きわめて探索的ということになる．最終的に採用されたクラスターは，前述同様に分析に使用した変数やデモグラフィック特性や，その他クラスター分析に使用しなかった変数の基本統計量やクロス集計表の解釈からクラスターの記述を行うとともに，クラスターの特性を反映した命名を行うことがある．こうした分析は，マーケティング戦略の立案過程で行われる，ライフスタイル分析やセグメンテーション・スタディ（顧客や消費者の細分化）で常套的方法として行われている．社会学や社会心理学では，態度や意識の構造に関心の中心があるが，人側に関心を向ける場合もある．そうしたとき，個体のクラスタリングが行われ，さらにクラスターの記述や命名が行われる．

3．要因の分析

(1)　重回帰分析と数量化Ⅰ類

　テレビニュースに対して人びとは信頼感を持っているのだろうか，その信頼感は何によって説明できるのだろうかという仮説をもつことがある．たとえば正確性，社会の一員として必要な情報の提供，最新情報の提供といった側面から信頼感を予測することができるだろうか．また予測するのにどの要因が重要なのだろうか．これらの要因で信頼感は十分予測できるのだろうか．こうした場合の仮説の検証に用いられる分析方法に，重回帰分析（multiple regression analysis）がある．

重回帰分析は多変量解析の中でもっともポピュラーな方法であり，計量経済学やマーケティングなどでも盛んに利用されている方法である．重回帰分析は，仮説として説明変数と外的基準が仮定されており，データがともに間隔尺度以上の量的データ（社会調査では評定尺度も便宜的に間隔尺度として取り扱っている）で測定されている場合に用いられる．重回帰分析の目的は，外的基準に対する説明変数の影響の大きさと方向を明らかにすることである．重回帰分析の目的は予測にあるが，社会調査データに用いられる場合，予測という視点もさることながら要因を分析するという視点が多い．重回帰分析では，説明変数間は無相関あるいは相関が低いことが前提である．また，説明変数間の交互作用は考慮されておらず，外的基準への影響は直線的かつ加算的であると仮定している．

Ⅷ－5－(1)でピアソンの積率相関係数について述べた．そこでは2変数間の関連という視点から述べている．相関係数を予測という視点からみると，

$$\hat{y} = a + bx \cdots\cdots\cdots (9.6)$$

と表すことができる．9.6式は因果の方向を示しており，左辺が結果，右辺が原因である．

x から y を予測する際，y の観測値と9.6式から予測される予測値（$\hat{y}$）の差を最小にする．これは，9.7式が最小になるように，9.6式の a と b を定めることになる．この方法を最小2乗法（method of least squares）という．

$$Q = \sum_{i}^{n} (y_i - \hat{y_i})^2$$
$$= \sum_{i}^{n} \{y_i - (a + bx)\}^2 \cdots\cdots\cdots (9.7)$$

次に分析事例を参考に検討してみる．データは，2000年のセントラル・リーグ打撃成績上位29名のデータである．

安打数と盗塁数，三振数などの間には相関関係がある．たとえば，安打数と四球数間の相関係数は0.467である（散布図は図Ⅸ－28）．

ここで，四球数を選球眼の良し悪しと考え，選球眼がよい打者は安打数も多

図IX-28　四球と安打の散布図

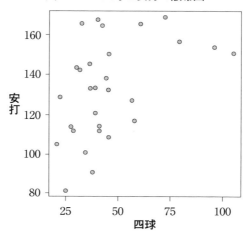

図IX-29　回帰直線への当てはめ

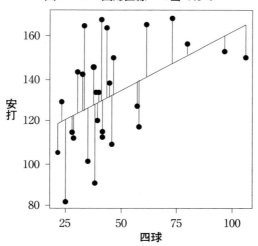

いと考えてみる．このように，一方の変数の値をもう一方の変数の値で予測する分析方法を単回帰分析という．回帰直線の求め方としてポピュラーな方法が，最小2乗基準である．

　最小2乗法は，図IX-29にみられるように予測値と観測値の差（回帰直線に

対し，観測値から Y 軸に平行に下ろした線の長さ）を最小にするという基準で直線を引く方法である．具体的には予測値と観測値の誤差を残差と呼び，9.7式で示した値をすべての観測値について加算した値を最小にする．この予測誤差 (e_i) を最小にするように，a と b を定める．予測誤差 (e_i) は正の値も負の値もとり得るため，9.8式のように平方和を最小にすることとする．

$$\sum_{i=1}^{n} e_i^2 = \sum_{i=1}^{n} \{y_i - (a+bx)\}^2 \cdots\cdots (9.8)$$

実際に，残差の平方和を最小にするような，a と b を求めると

$b = x$ と y の共分散 ÷ x の分散

$\quad = Sxy / Sxx$

$a = y$ の平均値 $- b \times x$ の平均値

$\quad = \bar{y} - b\bar{x}$

より与えられる．上式からもわかる通り，残差を最小にする基準で引かれた直線は x と y の平均を通る．

表IX－27　単回帰分析の結果

	回帰係数	標準化回帰係数	t 値	有意確率
（定数）	107.47		10.852	0.000
四球	0.543	0.467	2.746	0.011

分析結果を解釈してみる．表IX－27の分析結果から回帰式は，安打数の予測値 $= 0.543 \times$ 四球 $+ 107.47$ となることがわかる．0.543は回帰直線の傾きであり，107.47は切片である．回帰式は，四球が1個増えると安打が0.543本増えることを意味している．単回帰分析では，標準化回帰係数は相関係数に一致する．

表IX－28　（重）相関係数

（重）相関係数（R）	決定係数（R²）	自由度調整済み（重）相関係数
0.467	0.218	0.435

表IX－28にみるように，観測値と予測値の相関係数である（重）相関係数は0.467である．決定係数は，0.218であり安打の分散の21.8%を説明していることになる．決定係数は寄与率とも呼ばれる．

IX. データ分析 (2)　　375

　9.6 式は予測する変数がひとつの場合であるが，2 変数以上の変数から y を予測しようとする考え方が重回帰分析である．

　ここで，残差について考えてみる．残差の平均は，$\bar{e}=0$ となる．また，重要な点は，$r_{xe}=0$ という性質である．さらに，予測値 $\hat{y}$ と残差 e 間の相関も 0 であり，$r_{\hat{y}e}=0$ である．

　y は，$\hat{y}$ と e に分解されていることから，$y=\hat{y}+e$ となる．つまり，y の値はお互いに無相関な成分に分解されたことになる．

　このうち，$\hat{y}$ は独立変数 x によって完全に予測される成分であり，$r_{\hat{y}x}=1(or-1)$ である．一方残差 e は x とは無相関である．この性質は重要であるとともに，とても示唆的な性質である．たとえば浪費的消費意識を給与所得で分析しようとしたとき，年齢と給与所得の間には正の相関が予想される．そのため，その意識が年齢によるものなのか給与所得によるものなのか，その効果は交絡していてわからないということになる．そこで，給与所得を年齢から予測する式を想定すれば給与所得は年齢から完全に予測される成分と，年齢からは予測できない成分である残差に分解することができる．このときの残差は給与所得から年齢により予測できる成分が除かれており，年齢と相関する給与所得分が除かれた所得（能力給といったような性格か）といった性質の変数になる．この変数と浪費的消費意識との関連を分析することで，給与所得との関連が分析可能となる．この他，店舗の売上高を店舗面積から予測したとする（商圏の大きな地域には面積の大きな店舗が作られ，面積の大きな店舗では販売員の人数が多いことから店舗面積で予測できるのではないかと考える）．この場合，残差がプラスの店舗は面積から予測される売上よりも売上高が高い店舗である．一方残差がマイナスの店舗は，面積から予測される売上よりも売上高が低い店舗である．この例にみる残差は，売上高とは意味内容の異なる変数といえる．解釈するならば，マーチャンダイジング能力といったような内容と考えられる．このように残差変数を積極的に利用することで，分析のはばは大きく広がることとなる．

図IX-30 重回帰分析

単回帰分析では，四球の数から安打数を予測した．このとき，四球を選球眼のよさとしたが，これ以外に盗塁（足の速さ），三振（バットコントロールの良し悪し）といった要因を入れて予測してみる．パス図で考えてみると図IX-30のようになる．

表IX-29の分析結果は，次のように解釈できる．四球と三振数が同じならば，盗塁が1個増えると安打が1.1本増える．同様に，四球と盗塁数が同じならば，三振が1個減ると安打が0.238本増える．安打数への影響力は，標準化偏回帰係数をみる．外的基準である安打数への影響力は，四球，盗塁，三振の順に強い（偏回帰係数のt検定の結果をみると，三振は有意ではない）．注意を要するのは，三振数と安打数間の相関係数を計算すると0.172と正の値になる．にもかかわらず，非標準化(標準化)偏回帰係数は負の値となっており符号が逆転している．こうしたケースは，多重共線性が疑われる．今回の分析の場合，三

表IX-29 重回帰分析の結果

	偏回帰係数	標準化偏回帰係数	t値	有意確率
（定数）	112.364		7.473	0.000
四球	0.622	0.535	2.850	0.009
三振	−0.238	−0.200	−1.047	0.305
盗塁	1.141	0.393	2.423	0.023

表IX-30 重相関係数

重相関係数	決定係数	自由度調整済み重相関係数
0.612	0.374	0.547

振数と安打数が正の相関ということは，三振数が増えると安打数も増えるということである．しかし，安打を多く打つ選手は三振が少ないような気がする．分析結果は，四球と盗塁数が同じならば三振が少ない方が安打数が多くなるということであり，我々の感覚とも合うことから多重共線性ではないと考えられる（多重共線性は解釈の合理性だけから判断されるわけではないが，判断する上では重要な基準である）．

　ここで，偏相関係数（Ⅷ－5－(2)「偏相関係数」を参照）を再考しておく．三振数と安打数は本来負の相関が期待される．にもかかわらずここでは正の相関がみられる（図Ⅸ－31）．この相関係数をそのまま判断することはできず，必ずしも本来の本質的な関係を表しているわけではなさそうである．この2つの変数の背後に共通する原因があり，その原因を介して相関があると考えてみる．ここでは，打席数を共通原因と考えることができそうである．つまり三振数と安打数に共通する打席数によってひき起こされた擬似相関と考えることができる．そこで，打席数の影響を取り除いた（打席数を制御変数とする）偏相関係数を計算すると－0.364となる．三振数と安打数の相関は打席数を介した相関と考えることができそうである．当然打席数が多ければ三振も安打も多い（正の相関がみられる）．ここで打席数が同じならば，三振数と安打数には負の相関があるということになる．つまり，三振が少ない方が安打数が多いということになり我々の感覚とも合う．この偏相関係数をパス図を使って表現したものが，図Ⅸ－32である．このパス図からもわかる通り，三振数，安打数をそれぞれ外的基準，打席数を説明変数とした単回帰分析を行ない．三振数と安打数そ

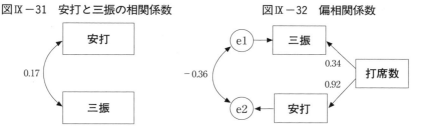

れぞれの残差間の相関係数を求めると，それが偏相関係数になる．残差は，打席数の影響を取り除いた値となっている．そのため，残差間の相関係数を求めると打席数の影響を取り除いた三振数と安打数の偏相関係数となる．

　相関係数が得られたとき，どのようなメカニズムから得られたかを考察することが重要となる．

　また，データは2000年年間の打撃成績である．安打数，三振数を1試合あたりの平均数としたデータで相関係数を計算すると，その値は負の値となる．

　重回帰分析によって出力される係数について検討する．重回帰式全体の適合度は，重相関係数（multiple correlation coefficient）によって評価するのが一般的である．重相関係数は，外的基準の観測値と重回帰式により与えられる予測値の相関係数であり，0〜1の値をとる．観測値と予測値が完全に一致すると1になる．重相関係数の2乗は決定係数（coefficient of determination）と呼ばれ，説明変数により外的基準の変動の何％が説明されるかを表している．決定係数は，回帰分析では「外的基準の分散＝予測値の分散＋残差の分散」となる．そこで，外的基準の分散に対する予測値の分散の比を求めることで，回帰式の説明力と考えることができる．これが決定係数であり「決定係数＝予測値の分散／外的基準の分散」で計算される．重相関係数と決定係数は定義は異なるが，重相関係数の2乗＝決定係数となる．重相関係数は，説明変数の数が増えると高くなり，説明変数の数が（標本数−1）で1となる．そこで，説明変数の数を考慮した自由度調整済み重相関係数（multiple correlation coefficient adjusted for the degree of freedom）が用いられることもある．

　説明変数の評価は，偏回帰係数（partial regression coefficient）によりなされる．偏回帰係数は，外的基準の観測値と予測値がなるべく一致するようにするという基準で推定されている．重回帰分析の目的である外的基準に対する説明変数の影響は，偏回帰係数を比較することで行われる．しかし，説明変数の測定単位がまちまちである場合，偏回帰係数の大きさを直接比較することはできない．この場合，標準化された標準化偏回帰係数（standard partial regression coefficient）を観察することになる．

　偏回帰係数は外的基準を予測する際に用いられ，説明変数がふたつの場合，
　　外的基準の予測値
　　　　＝定数＋説明変数１×偏回帰係数１＋説明変数２×偏回帰係数２
という式から求められる．

　たとえば，年齢，教育を受けた年数を説明変数とし，年収を外的基準とする
重回帰分析を考えてみる．この場合，どちらの説明変数が年収により影響を与
えているかは標準化偏回帰係数により判断される．偏回帰係数は，年齢が一定
であれば教育を受けた年数が１単位増加したとき（年数で測定されているので
あれば，１年長くなると），年収がどのくらい高くなるかを表している．また，
教育を受けた年数を一定としたとき，年齢が１単位増加したとき（年数で測定
されているのであれば，１歳高くなると）年収がいくら高くなるかを表してい
る．このように，偏回帰係数（標準化偏回帰係数）は，他の説明変数が変化し
ないと仮定したとき，その説明変数が外的基準をどの程度変動させるかを表し
ている．このように，偏回帰係数は他の説明変数が変化しなければという前提
であり，その変数がもつ固有の値ではない．

　個々の説明変数が外的基準にどの程度影響しているかは，偏回帰係数（標準
化偏回帰係数）により評価することは前述した．このとき，母集団においても
説明変数が外的基準の変動に影響を与えているかいないかは，偏回帰係数を検
定することにより検討する．この場合，帰無仮説「母偏回帰係数は０である」
のもとで，t検定が用いられることが多い．検定結果によって外的基準に影響
を与えているとはいえないという説明変数がある場合，その説明変数を除外し
て再分析することになる．重回帰分析ではこうした手続きを自動的に行う方法
がある．こうした説明変数の選択法には，総当たり法（all possible regression），
変数減少法（backward selection），変数増加法（forward selection），変数増減
法（stepwise forward method），変数減増法（stepwise backward method）とい
った方法がある．総当たり法は，分析に使用したい説明変数のすべての組み合

わせを検討する方法である．この方法では，たとえば説明変数が10個ある場合は，1,023通りの組み合わせすべてについて計算することになり，現実的ではない．変数減少法と変数増加法は，何らかの基準により回帰式に寄与しているかいないかを判定し，説明変数を回帰式に加えたり除外したりする方法である．この方法では，一度回帰式から除かれたり，加えられた説明変数は二度と考慮されることはない．しかし，説明変数は説明変数の組み合わせによって回帰式に寄与したり，しなかったりすることがある．こうした点を考慮する方法として，変数増減法と変数減増法がある．変数増減法は，新しい説明変数を加えたとき，すでに加えられている説明変数であっても，基準を満たさなくなれば除外する方法である．変数減増法は，すでに除かれた変数であっても，新しい説明変数を加えたとき基準を満たすようになれば，回帰式に加えるといった方法である．どの方法がよいかは，一意的に決められない．どの方法を用いても概ね同様の結果が得られる場合もあるし，異なる結果になることもある．減少法と増加法では，分析に使用したい説明変数を最初にすべて考慮している減少法の方が，分析的視点からは合理的といえる．説明変数を加えたり除外したりする基準は，F 値が用いられることが多く，基準は F 値 2 を採用することが多いようである．この値は絶対的なものではなく，分析者が自由に決めることができ，統計的仮説検定で採用されることが多い 5 ％や 1 ％にこだわる必要はない．

　重回帰分析の適用に際して大きな問題となるのは，多重共線性（multi colinearity）の問題である．重回帰分析では，説明変数間が無相関ないしは相関が弱いことを仮定している（重回帰分析では，説明変数を独立変数ということでもわかる）．しかし，統計調査データでは説明変数が無相関ないし弱い相関関係にあることはあまり考えられず，多重共線性の問題は深刻である．

　多重共線性の診断にはいくつかの方法がある．もっとも簡単な方法は，説明変数と外的基準の相関係数の符号と，偏回帰係数の符号が一致しているかを確認することである．一致していないようであれば，多重共線性を疑ってみる必

IX. データ分析 (2)　　381

表IX−31　重回帰分析の結果

	偏回帰係数	標準化偏回帰係数	t 値	有意確率	VIF	r
（定数）	0.745		4.783	0.000		
正確性	0.382	0.341	5.573	0.000	1.715	0.521
最新情報	0.208	0.158	2.701	0.007	1.569	0.421
情報提供性	0.187	0.159	2.579	0.010	1.742	0.432
性	0.09863	0.051	0.92	0.358	1.379	0.040
学歴	0.09649	0.047	0.875	0.382	1.346	−0.003

（相関係数（r）は外的基準との単相関係数）

要がある（符号の不一致は必ず多重共線性と結論することはできない，抑制変数の可能性もある）．その他，ソフトウェアによっては多重共線性診断を出力することがあり，それらを参考にする必要がある．また，事前に説明変数間の相関行列を観察して，多重共線性が疑われる場合は，主成分分析や数量化III類により似た項目をまとめるといった方法をとる必要がある．

　重回帰分析は量的データに適用する分析方法であると述べたが，名義尺度で測定された変数であっても，ダミー変数化することで分析に使用することができる．ダミー変数は，0と1のふたつの値で表した変数である．たとえば，性別であれば，男に0，女に1を与えればよい．この場合，性と体重の相関係数を算出したとき，負の相関になれば女性で体重が軽いことになる．

　ダミー変数を使用した分析例を検討する．分析例は，ニュース番組への評価を分析している．外的基準は，ニュース番組への信頼度（5段階の評定尺度）である．説明変数は，ニュース番組に対し，正確に報道しているか，最新の情報が入手できるか，社会の一員として知っていなければならない情報を提供し

表IX−32　重相関係数

重相関係数	決定係数	自由度調整済み重相関係数
0.563	0.317	0.553

ているかといった評価である．性（男＝1，女＝0）と学歴（高卒・専門学校卒＝1，大卒・大学院卒＝0）はダミー変数である．

モデル全体のあてはまりを重相関係数でみると，0.563，決定係数は0.317で外的基準の変動の32％が説明されている．社会調査データの分析結果，とくに外的基準への影響の強さと方向を分析するという目的からは，十分といえよう．ただし，心理学や実験によるデータ収集では，決定係数が50％以上は必要といわれている．また予測をするという目的からは，少なくとも80～90％程度の決定係数が必要であろう．

標準化偏回帰係数から説明変数の影響，寄与の程度をみると，正確性の影響がもっとも強く，情報提供性，最新情報は同程度の影響である．性と学歴はほとんど影響していない．検定結果をみると，正確性，情報提供性，最新情報は1％水準で有意であるが，性と学歴は有意ではない．VIF（variance inflation factors）は，この値が大きいということは，他の説明変数によりその変数のデータの変動が説明されることを意味しており，多重共線性が疑われる[12]．本分析での結果では，多重共線性を疑うほどVIFの値は大きいとはいえない．外的基準と説明変数間の相関係数の符号も変化していない．ちなみに，性と学歴を除外して再分析したときの重相関係数は0.561となり，性と学歴を除外してもほとんど重相関係数が変化しないことがわかる．ダミー変数の解釈例を性で検討してみると，男＝1，女＝0であるから，女性よりも男性で信頼度が高い（有意差がないことから，分析結果から高いとは解釈できない）と解釈できる．

相関係数と標準化偏回帰係数の積は，その変数が外的基準の分散をどの程度説明しているかを表している．表IX−31を例に計算すると，正確性(0.521（相関係数）×0.341（標準化偏回帰係数）＝17.8％)はニュース番組の信頼性に対する分散の17.8％を説明している．

重回帰分析は，外れ値の影響を強く受けることから外れ値の検出も重要である．外れ値の検出には，2変数間の散布図の観察が有効である．また，重回帰分析の分析結果に，てこ比が出力されてくるソフトウェアがある[13]．この場合て

こ比を検討する必要がある．てこ比は，各標本ごとに外的基準の値が1単位変化したときの予測値の変化量である．てこ比が大きいということは，その標本の観測値が予測値の変動に強く影響することを表している．

この他，回帰分析では残差の検討も重要である．残差は観測値と予測値のズレであるが，この値が非常に大きかったり，系統的に変化している場合何らかの問題があると考えられる．残差分析は，グラフ化して残差の変化を観察する方法と，標準化残差を求め，その値を検討する方法がある[14]．

重回帰分析は，説明変数・外的基準ともに量的データに適用される分析方法である（説明変数に量的データと質的データが混在している場合にも適用できることは分析例で示した通り）．説明変数が質的データ（主に名義尺度で測定されている場合）に適用される分析方法として，数量化Ⅰ類（multiple regression analysis of dummy variables）がある．数量化Ⅰ類は，名義尺度で測定された変数を説明変数として利用する．そこで，名義尺度で測定されている変数を数量化する必要がある．性（1．男，2．女），生活満足度（1．満足，2．どちらともいえない，3．不満足）といった変数とカテゴリーを例に考えてみる．各変数ごとに，反応のあるカテゴリーに1，反応がないカテゴリーに0を用いてダミー変数化する（これは，Ⅸ－2－(3)「数量化Ⅲ類」で用いた方法と同じである）．

数量化Ⅰ類も重回帰分析と同じように，9.7式を最小にすることで各カテゴリーの重み付けを推定する．この重みをカテゴリー・ウエイトという．生活満足度を例に回帰式を考えると，

$$y=a+満足の重み \times \begin{Bmatrix} 0 \\ 1 \end{Bmatrix}+どちらともいえないの重み \times \begin{Bmatrix} 0 \\ 1 \end{Bmatrix}+不満足の重み \times \begin{Bmatrix} 0 \\ 1 \end{Bmatrix}$$

となる．該当しないカテゴリーは0を掛けることにより値は0となり，該当する重みだけが足し合わさる．

このように説明変数が3つの重回帰分析と考えることができ，最小2乗法を用いて係数を推定することができる．つまり，質的データをダミー変数化することで重

表Ⅸ-33　ダミー変数化

| アイテム | 性別 | | 生活満足度 | | |
カテゴリー	男性	女性	満足	どちらともいえない	不満足
標本 n_1	1	0	0	1	0
標本 n_2	0	1	1	0	0
標本 n_3	0	1	0	0	1

回帰分析と同じモデルに帰着する.

　ただし，生活満足度のカテゴリーについて考えてみると，いずれか2つのカテゴリーが0であれば，残ったカテゴリーは必ず1になり，お互いに独立ではないことになる．つまり，満足＋どちらともいえない＋不満足＝1が常に成立し，多重共線性が生じる．このため，いずれか1つのカテゴリーを削除する必要がある．例えば，満足を削除すると，

　　　　$\hat{y}$＝定数＋どちらでもないの重み×（0か1）＋不満足の重み×（0か1）

となる．この場合，どちらともいえないが0で不満足も0のとき満足を意味することになる．つまり，ダミー変数は「カテゴリー数−1」個となる.

　説明変数として性別を加えてみる．性別のカテゴリー数は2なので，2−1＝1でダミー変数は1つである,

　　　　$\hat{y}$＝定数＋性別の重み×（女の場合0，男の場合1）

　　　　　＋どちらともいえないの重み×（0か1）＋不満足の重み×（0か1）

といった式になる.

　表Ⅸ-33の n_1 の回帰式は,

　$\hat{y}$＝定数＋性別の重み×1＋どちらともいえないの重み×1＋不満足の重み×0

となる．n_2 は,

　$\hat{y}$＝定数＋性別の重み×0＋どちらともいえないの重み×0＋不満足の重み×0

となる.

　生活満足度を説明変数として解析した場合，出力される係数は満足のカテゴリー・ウエイトが0となっている．定数は，外的基準に税込み年収を用いているのであれ

ば，生活満足度に対し満足と回答した人の平均的な税込み年収ということになる．しかし，解釈という面から考えると，ダミー変数化して求められた重回帰式では，いずれかのカテゴリー・ウエイトを外して分析をしているため解釈が若干面倒になる．重回帰分析では，偏回帰係数は各説明変数が外的基準をどの程度変化させるかを表していた．数量化Ⅰ類では，偏回帰係数が規準化されていない場合，カテゴリー・ウエイトは外的基準の変化量を直接表していない．そこで，カテゴリー・ウエイトを基準化することで，すべてのカテゴリー・ウエイトを回帰式に含めるのが一般的である．規準化されたカテゴリー・ウエイトの求め方は以下の通り．規準化されていないカテゴリー・ウエイトをサンプルベースで加算しその平均値を求める．規準化されていない係数からその平均値を引くことで得られた数値が規準化されたカテゴリー・ウエイトとなる．定数項は外的基準の観測値の平均値で与えられる．非規準化カテゴリー・ウエイトによる回帰式と規準化されたカテゴリー・ウエイトによる回帰式での定数項は意味合いが異なる．

　実際に計算をしてみる（データは仮想データである）．外的基準に生活の将来見通し（1：よくなる〜5：悪くなる），説明変数に性別（男性：1，女性：0）と生活

表Ⅸ-34　ダミー変数化したデータ（仮想データ）

標本 N.O	生活将来見通し	性　別	生 活 満 足 度	
1	4	0	0	1
2	2	1	0	0
3	3	0	1	0
4	5	1	0	1
5	3	0	1	0
6	3	1	0	0
7	4	0	0	1
8	1	0	0	0
9	4	1	0	1
10	3	1	0	0

満足度（0－0：満足，0－1：どちらともいえない，1－0：不満足）とした．

重回帰分析の結果は，表Ⅸ－35の通りである．

分析結果から，偏回帰係数は性別が男性の時1（女性の時0），生活満足度がどちらともいえないの時1.5，不満足の時2.25（満足の時0）である．回帰式は次のようになる．

$$\hat{y}=1.5+1.0×性別+1.5×どちらともいえない+2.25×不満足$$

表Ⅸ－35　重回帰分析の結果

	偏回帰係数	標準誤差	標準化偏回帰係数	t	有意確率
（定数）	1.5	0.408		3.674	0.010
性別	1.0	0.408	0.464	2.449	0.050
生活満足_どちらとも	1.5	0.559	0.557	2.683	0.036
生活満足_不満足	2.25	0.395	1.023	5.692	0.001

従属変数：生活見通し

表Ⅸ－36　カテゴリー・ウエイト

					非規準化カテゴリー・ウエイト	
標本 No.	生活将来見通し	性別	生活満足度		性別	生活満足度
1	4	0	0	1	0	2.25
2	2	1	0	0	1	0.00
3	3	0	1	0	0	1.50
4	5	1	0	1	1	2.25
5	3	0	1	0	0	1.50
6	3	1	0	0	1	0.00
7	4	0	0	1	0	2.25
8	1	0	0	0	0	0.00
9	4	1	0	1	1	2.25
10	3	1	0	0	1	0.00
総 合 計	32				5	12.00
平　　均	3.2				0.5	1.20

IX. データ分析 (2)　　387

　前述の計算方法から規準化されたカテゴリー・ウエイトを計算してみる.

　標本 No.1 の非規準化カテゴリー・ウエイトは, 女性で生活満足度は不満足であるから, 0 と2.25である. 以下, 表IX-36の右側非規準化カテゴリー・ウエイトの欄の通り. 各標本の非規準化カテゴリー・ウエイトの合計は性別が5, 生活満足度が12.00である. 標本数は10であるから, 平均は性別が0.5, 生活満足度は1.20である. 次に, 非規準化カテゴリー・ウエイトから平均を引いた値を求める.

＜性別＞

　男性　　1－0.5＝0.5

　女性　　0－0.5＝－0.5

＜生活満足度＞

　満足　　　　　　　　　　0－1.20＝－1.20

　どちらともいえない　　1.50－1.20＝0.3

　不満足　　　　　　　　2.25－1.20＝1.05

＜定数項＞

　定数項　3.2

という値を得る. これらの値が, 規準化されたカテゴリー・ウエイトということになる. 男性であると生活の見通しを0.5高く, 一方女性であると0.5低く予測することになる（生活の見通しは1がよくなるなので, 女性であるとよくなる, 男性であると悪くなるという方向に予測することになる）. 生活満足度は満足であると1.20低く, どちらともいえないであると0.3高く, 不満足であると1.05高く予測することになる（生活の見通しは1がよくなるなので, 生活に対する満足度が満足であるとよくなる, 不満足であると悪くなるという方向に予測することになる）. 規準化されたカテゴリー・ウエイトによる回帰式は次のようになる.

　　$\hat{y}＝3.2＋0.5×$男性$－0.5×$女性$－1.2×$満足$＋0.3×$どちらともいえない$＋$

　　　　$1.05×$不満足

　非規準化カテゴリー・ウエイトによる回帰式と規準化カテゴリー・ウエイトによる回帰式による推定値は同じ値になる. ちなみに, 標本 No.1 の推定値はいずれの回

帰式によっても3.75となる.

数量化Ⅰ類でも，モデル全体の評価は重回帰分析と同様に，重相関係数と決定係数で評価される．アイテムの有効性は，レンジ，偏相関係数で評価される．レンジは，各カテゴリー（性であれば男と女）ごとにカテゴリー・ウエイト（カテゴリー・ウエイトは，外的基準の数量をもっともよく予測するという基準に基づいて，アイテムの各カテゴリーに与えられた数量である）が算出され，もっとも大きなカテゴリー・ウエイトともっとも小さなカテゴリー・ウエイトとの差がレンジと呼ばれるものである．このレンジの大きい変数が，外的基準への影響の強い変数ということになる．

ただし，レンジは基準化された係数ではない．レンジは，アイテムのカテゴリー数やカテゴリー間の度数の偏りの影響を受けることから，影響を評価するさい注意が必要である．これに対し，偏相関係数（数量化Ⅰ類では，アイテム内のカテゴリーに数量を与えることができる．このため，反応のあるカテゴリーの数量を用いて，各アイテムと外的基準間の偏相関係数を定義することができる）は規準化された係数である．このため，レンジと偏相関係数の両方から有効性を評価する必要がある．レンジが大きい場合，偏相関係数も大きいのが通常である．レンジが大きい（小さい）のに偏相関係数が小さい（大きい）といったケースは，カテゴリー間の度数の偏りを確認する必要がある．

数量化Ⅰ類でも多重共線性の問題がある．多重共線性の検出は，クロス集計表の観察や連関係数（Ⅷ－5－(4)「連関係数」を参照）を算出することにより説明変数間の独立性を検討する．

(2) 判別分析と数量化Ⅱ類

判別分析（discriminant analysis）は重回帰分析と並ぶポピュラーな予測手法である．重回帰分析は，外的基準が量的データであるときに適用される手法であり，判別分析は外的基準が質的データ（分類を表している）であるときに適用される手法である．

対象を判別する基準を求めるにはいくつかの方法がある．ここでは，マハラ

IX. データ分析 (2)   389

図IX-33 マハラノビスの距離

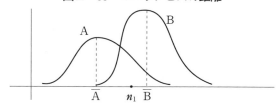

表IX-37 AとBの統計量

	A	B
平均	35	60
標準偏差	18	7

ノビスの距離による方法を検討する．

図IX-33で，仮に，A，B 2グループがあり，標本 n_1 がどちらのグループに属するかを予測する場合（各群のデータが正規分布に従うと仮定），判断基準として，A，Bそれぞれのグループの平均からの距離を用いれば，n_1 が50であるとすると，Aの平均からは15，Bの平均からは10だけ離れている．このため，n_1 はBに属すと判断することになる．

しかし，図IX-33の分布型を観察するとわかるように，ばらつきが異なっている．

ここで，分布のばらつきを考慮したマハラノビスの距離を計算してみる．仮に，AとBが正規分布であると仮定すると，マハラノビスの距離は，次のように定義される．

$$D = \frac{|x - \bar{x}|}{SD} \quad \cdots\cdots (9.9) \qquad SD : 標準偏差$$

定義式からも，マハラノビスの距離が，ばらつきを考慮した距離であることがわかる．

分布Aの平均からのマハラノビスの距離は，$\frac{|50-35|}{18} = 0.83$

分布 B の平均からのマハラノビスの距離は，　　　$\dfrac{|50-60|}{7}=1.43$

　計算結果からもわかる通り，マハラノビスの距離を比較したとき，n_1 は B よりは A に近く，母集団 A に属すると判別される．単純に平均からの距離で判断した場合と結果が異なることがわかる．

　この，マハラノビスの距離を利用した1変数の判別分析を検討する．標本から母集団までの距離としてマハラノビスの距離の2乗を次のように定義する．

$$D_A{}^2=\dfrac{(x-\overline{A})^2}{s_A{}^2}\qquad D_B{}^2=\dfrac{(x-\overline{B})^2}{s_B{}^2}\cdots\cdots(9.10)\qquad s^2：分散\cdots\cdots(9.10)$$

このとき，

　$D_A{}^2<D_B{}^2$ なら母集団 A

　$D_A{}^2>D_B{}^2$ なら母集団 B

に属すると定めることができる．

　このマハラノビスの距離を2変数に適用してみる．まず，1変数のマハラノビスの距離の2乗を次のように変形する．

$$D^2=\dfrac{(x-\bar{x})^2}{s_x{}^2}=(x-\bar{x})(s_x{}^2)^{-1}(x-\bar{x})\cdots\cdots(9.11)$$

　これを2変数に拡張し，2変数 $(x_1,\ x_2)$ のマハラノビスの距離の2乗を定義する．

$$D^2=[x_1-\bar{x}_1\quad x_2-\bar{x}_2]\begin{bmatrix}s_1{}^2 & s_{12}\\ s_{12} & s_2{}^2\end{bmatrix}^{-1}\begin{bmatrix}x_1-\bar{x}_1\\ x_2-\bar{x}_2\end{bmatrix}\cdots\cdots(9.12)$$

　3変数以上の場合も同様に考えることができる．

　このとき，

　$D_A{}^2<D_B{}^2$ なら母集団 A

　$D_A{}^2>D_B{}^2$ なら母集団 B

に属すと定めることができる．

　ここで，$z=D_B{}^2-D_A{}^2$ という関数を考える．

IX. データ分析 (2)　　391

母集団 A について，$x = [x_1,\ x_2]$　$\bar{x} = \begin{bmatrix} \bar{x}_1^{(A)} \\ \bar{x}_2^{(B)} \end{bmatrix}$　$\Sigma = \begin{bmatrix} s_1^2 & s_{12} \\ s_{12} & s_2^2 \end{bmatrix}$ とし，母集団 B も同様とする．

9.12式から 9.13式が成り立つ．

$$D_B{}^2 - D_A{}^2 = 2\begin{bmatrix} \bar{x}_1^{(A)} - \bar{x}_1^{(B)} & \bar{x}_2^{(A)} - \bar{x}_2^{(B)} \end{bmatrix} \begin{bmatrix} s_1^2 & s_{12} \\ s_{12} & s_2^2 \end{bmatrix}^{-1} \begin{bmatrix} x_1 - \bar{x}_1 \\ x_2 - \bar{x}_2 \end{bmatrix} \cdots\cdots (9.13)$$

ただし，$\bar{x}_1 = (\bar{x}_1^{(A)} + \bar{x}_1^{(B)})/2$，$\bar{x}_2 = (\bar{x}_2^{(A)} + \bar{x}_2^{(B)})/2$　である．

このとき，$z > 0$ ならば母集団 B，$z < 0$ ならば母集団Aに属すると判定することができる．この関数を判別関数と呼ぶ．2 つの母集団の分散共分散行列が等しい場合，2 つの母集団からの距離が等しい点（$D_B{}^2 = D_A{}^2$）を求めると直線（等分散が仮定できる場合，この判別関数を線形判別関数と呼ぶ）となる．この判別関数が使えるのは母集団 A と母集団 B の分散共分散行列が等しい場合である．このため，判別分析では母集団の等分散検定を行う必要がある．2 つの母集団の分散共分散行列が等しくない場合，2 つの母集団からの距離が等しい点は直線とはならず曲線となる．このため 2 つの母集団からの距離が等しい境界線を求める式（このケースで求められた判別関数を非線形判別関数と呼ぶ）が煩雑となる．このためハラノビスの距離を直接用いて判別する方法が簡単である．その場合の判別は，

　　　$D_A{}^2 < D_B{}^2$　なら母集団 A
　　　$D_A{}^2 > D_B{}^2$　なら母集団 B

に属すると定めることになる．

次に，分析例を検討する．分析例では，外的基準は性（男・女），説明変数はスポーツ番組に対する興味程度（「1．興味がある」〜「5．興味がない」）である．分析目的は，男女により興味のあるスポーツ番組が異なると考えられ，それぞれどのようなスポーツ番組を好むかを判別分析により明らかにしようとするものである．表IX−38に示す，6 種類のスポーツ番組により分析した．

表IX-38　標準化された判別係数

プロ野球	0.523
テニス	−0.324
ゴルフ	0.315
ボクシング	0.392
体操	−0.594
モータースポーツ	0.556

　判別結果全体の評価は，的中率により行うことができる．全体の的中率（表IX-39）は82.4％とかなり高い値を示している．男女別にみても，それぞれのグループで的中率は80％を超えている．このように，的中率は全体の的中率ばかりでなくグループごとの的中率を検討する必要がある．なお，グループ間の標本数が大きく異なる場合，標本数の少ないグループの的中率が悪くても，全体の的中率が高くなることがある．

　判別に用いた説明変数の影響度は，規準化された判別係数により評価される．判別に寄与しているかいないかは，統計的仮説検定により検定される．検定は，「母判別係数は0である」という帰無仮説のもとで，ウイルクスのΛ統計量の変化のF検定などが用いられる[16]．

　分析の結果これらのスポーツ番組に対する興味の程度から，男女を判別することができる．つまり，男女により興味があるスポーツ番組が異なるというこ

表IX-39　的中率（正判別率）

	性別	男性（観測群）	女性（観測群）	合計
度数	男性（予測群）	129	25	154
	女性（予測群）	30	129	159
相対度数	男性	83.8	16.2	100.0
	女性	18.9	81.1	100.0

（全体の的中率は82.4％）

IX. データ分析 (2)　　393

表IX-40　グループの重心

性　別	
男性	−0.816
女性	0.791

とになる.

　表IX-40は，判別空間におけるグループの重心であり判別得点の平均値である．男女の重心を観察すると，男性でマイナス，女性でプラスとなっていることから，判別係数がマイナスの値をとる説明変数（スポーツ番組）は男性で興味がもたれ，プラスの値をとる説明変数は女性で興味がもたれていることがわかる.

　個々の標本の判別得点は，規準化されていない判別係数により計算することができる.

　分析結果の規準化されていない判別係数は表IX-41の通りである.

　判別関数の値は,

$z = 0.396 \times$ プロ野球の値 $- 0.242 \times$ テニスの値 $+ 0.236 \times$ ゴルフの値 $+ 0.303 \times$ ボクシングの値 $- 0.499 \times$ 体操の値 $+ 0.438 \times$ モータースポーツの値 $- 1.843$

で求めることができる.

　分析例で使用したデータの第1番目の標本と第4番目の標本の回答は，表

表IX-41　標準化されていない判別係数

プロ野球	0.396
テニス	−0.242
ゴルフ	0.236
ボクシング	0.303
体操	−0.499
モータースポーツ	0.438
定数	−1.843

表IX-42 スポーツ番組への回答

	n_1	n_4
プロ野球	1	1
テニス	4	5
ゴルフ	5	1
ボクシング	5	1
体操	1	5
モータースポーツ	3	1

IX-42の通りである．判別式にこの回答を代入して計算すると，n_1は1.095，n_4は-4.175となる．判別グループの平均は，男性＜女性である．このため判別得点＞0であれば女性，判別得点＜0であれば男性に判別される．このケースでは，n_1は女性，n_4は男性に判別されることとなる（観測値と判別結果は一致している）．

判別関数の構成にはいくつかの方法がある．マハラノビスの距離以外では，相関比（correlation ratio）による方法などがある．

ふたつのグループのいずれかに判別する際，図IX-34に示すふたつのケースが考えられる．aは重なりが大きい分布の場合であり，ふたつの分布は分離していないため誤判別の確率が大きくなる．他方，bは重なりが小さい分布の場合であり，ふたつの分布は分離しているため誤判別の確率は小さくなる．そこで，ふたつの群をなるべく明瞭に分離するという基準で合成変量をつくることになる．この，分布の重なりを表す測度として相関比を用いる（相関比は0～1の間の値をとる）．

図IX-34 分布の重なり

a.重なりが大きい　　　　　　　　　b.重なりが小さい

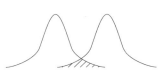

図IX-35　相関比

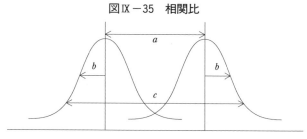

a：級間分散（sum of squares between classes）

b：級内分散（sum of squares within classes）

c：全分散（total sum of squares）

　図IX-35に示すように，級間分散と全分散の比（級間分散／全分散）が相関比であり，これを最大化することになる．相関比の最大化は全分散が一定ならば，級間分散が大きければ2群の平均値が離れていることを示している．

　判別分析でも，説明変数間の相関が高いと分析結果が歪むことになる．事前に相関係数を観察し，説明変数間の相関係数が低い変数を選択する必要がある．あるいは，主成分分析や数量化III類により説明変数をまとめておく必要がある．

　重回帰分析と同様に，判別分析でも説明変数が質的データの場合に適用される分析手法として，数量化II類（discriminant analysis of dummy variables）がある．数量化II類も，数量化I類と同様に，説明変数をダミー変数化することで数量化される．

　判別は，ダミー変数を量的変数と考えてそれぞれの母集団への距離としてマハラノビスの距離の2乗を求め，マハラノビスの距離の2乗が小さい母集団に属すると判別する．あるいは，相関比を最大にするという基準などが用いられる．つまり，質的データをダミー変数化することで，判別分析と同じモデルに帰着する．

　ダミー変数化は，IX-3-(1)の重回帰分析と数量化I類でも述べたように，ダミー変数は「カテゴリー数-1」個となる．たとえば年代として10歳代，20歳

代，30歳代といった変数を説明変数として採用した場合，3－1＝2で2つの
ダミー変数となる．これは，ダミー変数の場合いずれか2つのカテゴリーが0
であれば，残ったカテゴリーは必ず1になり，お互いに独立ではないことにな
る．つまり，10歳代＋20歳代＋30歳代＝1が常に成立し，多重共線性が生じる．
このため，いずれか1つのカテゴリーを削除する必要がある．たとえば10歳代
を削除した場合，20歳代が0で30歳代も0の場合10歳代を意味することになる．
性別であれば，カテゴリー数は2なので2－1＝1で1つのダミー変数となる．

　年代を説明変数とした場合の線形判別関数は，

　　　z＝定数＋20歳代の重み×（0か1）＋30歳代の重み×（0か1）

となる．

　このとき，

　　　$D_A{}^2 < D_B{}^2$　なら母集団A

　　　$D_A{}^2 > D_B{}^2$　なら母集団B

に属すと定めることができる．このとき2つの母集団の分散共分散行列が等し
い場合，線形判別関数を定めることができ，$z > 0$ ならば母集団B，$z < 0$ な
らば母集団Aに属すると判定することができる．

　年代を説明変数として分析を行った場合，10歳代のカテゴリー・ウエイトは
0となる．しかし，解釈という面から考えると，ダミー変数化して求められた
判別関数では，いずれかのカテゴリー・ウエイトを外して分析をしているため
解釈が若干面倒になる．判別分析では，判別関数は各説明変数がF値をどの
程度変化させるかを表していた．数量化II類では，判別関数が規準化されてい
ない場合，カテゴリー・ウエイトはF値の変化量を直接表していない．そこ
で，カテゴリー・ウエイトを規準化することで，すべてのカテゴリー・ウエイ
トを判別関数に含めるのが一般的である．規準化されたカテゴリー・ウエイト
の求め方は以下の通り．規準化されていないカテゴリー・ウエイトをサンプル
ベースで加算しその平均値を求める．規準化されていない係数からその平均値
を引くことで得られた数値が規準化されたカテゴリー・ウエイトとなる．具体

的な計算方法は，IX－3－(1)の数量化Ⅰ類と同じである．

　カテゴリー・ウエイトは，外的基準の分類をもっともよく判別するという基準に基づいて，アイテムの各カテゴリーに与えられた数量である．各カテゴリー（性であれば男と女）ごとにカテゴリー・ウエイトが算出され，もっとも大きなカテゴリー・ウエイトともっとも小さなカテゴリー・ウエイトとの差がレンジと呼ばれるものである．このレンジが大きい変数が，外的基準への影響の強い変数ということになる．ただし，レンジは基準化された係数ではない．これに対し偏相関係数（数量化Ⅱ類では，アイテム内のカテゴリーに数量を与えることができる．このため，反応のあるカテゴリーの数量を用いて，各アイテムと外的基準間の偏相関係数を定義することができる）は，基準化された係数である．このため，レンジと偏相関係数の両方から有効性を評価する必要がある．

　数量化Ⅱ類でも多重共線性の問題がある．多重共線性の検出は，クロス集計表の観察や連関係数（Ⅷ－5－(4)「連関係数」を参照）を算出することにより説明変数間の独立性を検討する．

　判別結果全体の評価は，判別分析と同様に的中率により行うことができる．各標本の判別についても判別分析と同様である．

4．因果分析

　統計的方法論で必ずいわれる注意点のひとつに，「相関関係は因果関係を意味しない」ということがある．一方で，研究仮説は最終的には因果関係の同定にあることが大半であるし，実質科学や産業社会の要請も因果関係の同定にあることが大半である．こうしたこともあり質問紙を用いた調査研究を行う場合でも，調査仮説として2変数間に因果関係を仮定することがある．あるいは事後的に，ある変数間に相関関係が観測されたとき，その変数間に因果関係を仮定することができるかという興味が生じることがある．つまり，相関関係を因果関係とみさせるかということである．しかし質問紙を用いた調査研究では，

直接因果関係を同定することはできない．可能なのは，相関関係を観測することである．このため，相関関係を因果関係とみさせるかどうかが重要となる．

2変数の関係はさまざまに記述することができる．たとえば，

1．x が大きいと，y も大きい

2．x を大きくすると，y も大きくなる

3．x が大きいから，y も大きい

このうち，1．は相関関係を表している．質問紙を用いた調査研究ではこうした関連が観測される．2．は実験的方法で得られるデータから関連を記述した場合である．3．は因果関係である．1．2．ともに3．の関連を表していない．ことに相関関係を観測することができるだけの質問紙を用いた調査研究では，因果関係の推論が困難であるとともに，慎重さが求められる．たとえば，x を原因，y を結果とする因果関係では，x は y に対し時間的先行性を持ち，y の現象の一部を説明し，y の変化に影響を与えていると考えることができる．観測された2変数間の関連から，こうした関係を導き出すことは容易ではない．それは，エラボレイション（Ⅶ－5「クロス集計表による分析」）や偏相関係数（Ⅷ－5－(2)「偏相関係数」）でも説明したように，第3変数の可能性を否定することができないためである．

このことは，たとえ実験的方法を用いてデータを収集した場合でもあてはまる．実験的方法では原因と考えられる変数以外の変数を統制（実験的方法では，変数を一定に保つことを統制あるいはコントロールという）し，x の値を変化させ y の値が x の値に応じて変化すれば x と y の間に因果関係があると考える．たとえこの方法により，因果関係が認められたとしても，それが真の意味での因果関係であると認定することはできない．なぜならば，分析者が統制した変数や水準以外の影響は考慮されていないからである．

もう一点，観測された相関関係から因果関係を推論する場合，社会学や社会心理学などでは定性的な推論を行うことが大半である．というのは，回帰モデルを仮定した場合，偏回帰係数をどのように評価するかといえば，その値が因

果効果を表しているとは考えていない．ましてや，社会調査で測定される変数の値は，具体的な意味を持っていないことが多いからである．ただし，与えられた変数の中でどの変数の影響が強いかは評価している．しかしその評価はあくまでも定性的なもので，定量的な評価をしているわけではない．

　調査研究では，第3変数の影響を統制することができない．さらに，この第3変数は無数に存在する．ただ，第3変数は無数に存在するが，研究領域への先験的知見や実質科学からの要請という視点からみれば，考慮されなくてはならない第3変数はそれほど多くないであろう．というのは，因果モデルを構成するさい研究の興味がどこにあるか，またはいかなる分析の枠組みを持っているか，あるいはいかなる要請により因果モデルを構成しようとしているかにより自ずと考慮しなくてはならない第3変数は絞り込まれるということである．さらに実際に因果モデルを構成するさい，実質科学の理論に基づく因果モデルであることが重要である．これにより，因果モデル上考慮していない変数や水準に対し了解を得ることが可能となる．

　また，質問紙法による調査研究では第3変数を統制することができないため，重回帰分析（IX−3−(1)「重回帰分析と数量化Ｉ類」）や後述するパス解析，SEMといった分析方法により第3変数を統制しようとする．これを統計的統制という．前述した実験的方法は，統計的統制に対し実験的統制という．統計的統制は分析により第3変数を統制しようとするものであり，実験的統制はデータ収集において第3変数を統制しようとするものである．

　具体的には社会調査によりデータを収集し因果関係を明らかにする場合，多変量データを分析することにより行われる．このためデータ収集時に，因果関係を仮定してデータを収集することがある．あるいは，変数間に時間的先行性と後行性を仮定することが可能なデータを分析することがある．

　こうした場合，パス図と呼ばれる因果関係や時間的先行性・後行性を表すグラフを作成し，変数間の関連の強さを表すパス係数をデータから推定する分析方法があり，構造方程式モデリング（SEM：structural equation modeling）あ

るいは共分散構造分析（covariance structure analysis）と呼ばれている．この他，パス解析と呼ばれる分析方法がある．これらの分析方法は社会調査データを分析する上で非常に有効な分析方法である．

　構造方程式モデリングの大きな特徴は，因果関係を分析できる，自由にモデルを構成できる，検証的分析法といった点である．構造方程式モデリングは，パス解析，検証的・探索的因子分析，重回帰分析などを下位モデルとして含んでいる．こうした下位モデルを含むことで構成概念を導入した因果分析を行うことが可能となっている．たとえば，因子分析は構成概念を取り扱うことはできるが因果関係を取り扱うことができない，一方重回帰分析は，因果関係を取り扱うことはできるが，構成概念を取り扱うことができない．ここで，因子分析と重回帰分析を同時に取り扱えるならば，構成概念を導入した回帰分析を行うことができるということになる．

　構造方程式モデリングの下位モデルのひとつであるパス解析は，観測変数間の因果関係を分析する方法である．構造方程式モデリング（SEM）あるいは共分散構造分析との違いは，分析対象が観測変数間の因果関係だけであり，構成概念を導入し構成概念間の因果関係を分析することができない点にある．

　本書では，観測変数間の関連を分析するパス解析について検討する．構成概念を導入することが可能な構造方程式モデリングは，優れた分析方法であり学習することを薦める．パス解析を実行するためには，まずパス図（図Ⅸ-36）を作成する必要がある．商品の購入にあたって，商品の品質を重視するかイメージを重視するかと，支出に対する考え方として浪費的なのか節約的なのかの

図Ⅸ-36　パス図

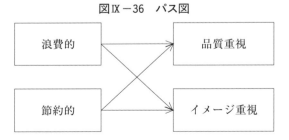

IX. データ分析 (2)　　401

間に因果モデルを構成し，支出態度と商品選択の関連を解析するといった例に
より検討する.

　パス図をみると，浪費的から品質重視，イメージ重視に矢印が出ている. こ
の場合，浪費的態度が原因で商品選択時商品の品質を重視するかイメージを重
視するかが決ると考えている. つまり，矢印が出ている支出態度を説明変数，
矢印を受けている商品選択を外的基準とする回帰モデルを仮定することができ
る. 回帰式は以下の2本を想定することができる.

　　　　品質重視＝浪費的＋節約的＋残差

　　　　イメージ重視＝浪費的＋節約的＋残差

　分析結果の検討は，モデル全体の評価と部分評価を行う必要がある. 全体評
価は χ^2 検定，GFI（goodness of fit index），AGFI（adjusted goodness of fit
index），RMSEA（root mean square error of approximation）などにより行
われる. χ^2 検定の欠点は，帰無仮説がモデルは真である，対立仮説がモデル
は真ではないであり通常の統計的仮説検定における仮説とは逆になっている.
また，χ^2 検定は標本数の影響を受けやすく，標本数が多いと検定力が高くな
り帰無仮説が棄却されやすくなるといった欠点がある. このため標本数の影響
を受けにくい，GFI，AGFI，RMSEA などと併用する必要がある. GFI につ
いて豊田は，適合度の目標値は0.9を超えることである. また RMSEA につい
ては，0.05以下が目標であり，1.0を超えるモデルを採用すべきではないと述
べている.[17]

　図IX-37の分析例を考察する.[18] パス係数を考察すると，浪費的支出態度を持
つ人は商品購入に際しイメージを重視し（0.34），一方節約的支出態度を持つ
人は商品購入にあたって品質を重視していることがわかる（0.23）. 「消費生活
は簡素にすべきだ」から「商品の購入にあたってはイメージを重視する」への
パス係数は有意ではない. その他のパス係数は有意である. 変数の右肩に表示
してある数値は，決定係数である. この分析における適合度指標の数値は，
χ^2 検定（$\chi^2 = 0.700$, $p = 0.705$），GFI（0.998），AGFI（0.992），RMSEA

図Ⅸ-37　分析結果

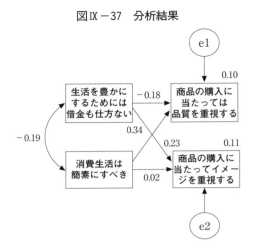

(0.00) となっている.

　また, パス解析の特徴は相関係数を直接効果, 間接効果, 擬似相関に分解できる点にある. 直接効果は, 他の変数の影響を取り除いたときの影響の大きさである. 間接効果は, 他の変数を介したときの影響の大きさである. 直接効果と間接効果の合計は総合効果と呼ばれる. 相関係数と総合効果の差が擬似相関である. 直接効果はパス係数の値そのものであり, 間接効果はパス係数の積で与えられる.

　Ⅸ-3-(1)「重回帰分析と数量化Ⅰ類」で分析に使用した, プロ野球打撃成績のデータを使用し分析例を検討する. 重回帰分析の分析結果解釈の際, 三振数が外的基準である安打数との間に単相関係数は正の相関がみられるにもかかわらず, 重回帰分析の偏回帰係数が負の値となる点を指摘した. この分析をパス解析を使用して再度分析し解釈する. 図Ⅸ-38はお互いの観測変数間は双方向の矢印で結ばれており相関係数を表している. 一方, 図Ⅸ-39は単方向の矢印で結ばれており偏回帰係数を表している. 図Ⅸ-38をみると安打数と三振数の間のには正の相関 (0.17) があり, 三振数が多い人ほど安打数が多くなる. しかし図Ⅸ-39をみると, 打席数が同じならば三振数が少ない方 (-0.15) が

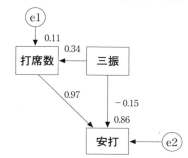

図IX-38　相関係数　　　　図IX-39　偏回帰係数（相関の分解）

安打数が多い．その他のパス係数を観察すると，三振数が多い人は打席数も多い（0.34）．打席数の増加は安打数を増加させる（0.97）．つまり三振数が多いと安打数が多くなるのは，間接効果（0.33＝0.34×0.97）のためと解釈することができる．この分析例は，三振数から安打数への直接効果が負で，相関・間接効果が正の場合である[19]（変数の右肩に表示してある数値は，決定係数である．また推定されたパス係数は有意である）．

パス解析では，変数間にパスが引かれていないということは直接効果は0であるという仮定を置いていることになる（パス解析に限らず，因果分析ではパスを引かないという判断は重要である）．

また，直接効果はほとんどみられないが他の変数を介した間接効果だけをもつ変数がある場合，間接効果を算出できるパス解析は有効である．

注
1) 同一の標本について，ふたつ以上の測定値からなるデータを多変量データと呼ぶ．ふたつ以上からなる測定値であっても，同一の標本から得られたデータでない場合は多変量データと呼ばない．同一の標本から多変量データが得られていることにより，変数間の相互関連を分析することができる．
2) 外的基準は，基準変数，被説明変数，従属変数とも呼ばれる．また，説明変数は，独立変数とも呼ばれる．$y=f(x)$という関数を考えたとき，xが原因でyを変化させている，つまりyは結果であると考える．この場合，yを外的基準，xを説明変数と呼ぶ．

3） 多変量解析の解説書には大きく分けて，数学的解説を主とする著書と，使い
こなすということを前提とした著書に分けることができる．両タイプの著書を
参考にすることを薦める．

4） 主成分負荷量は，主成分係数，構造係数とも呼ばれる．

5） 分析に使用するデータは，東洋大学社会学部「社会調査および実習」（島崎担
当）により収集されたデータである．以下とくにことわりがない限り，上記調
査で収集されたデータを使用した．分析は，とくにことわりがない限り SPSS
9.0J for Windows を使用した．

6） 分析に使用している変数について，そのうちのひとつの変数をその他の変数
で重回帰分析を行った場合の決定係数であり，これを個々の変数について行う．

7） 共通性が1になる，あるいは1を超える場合であり，初期解が求まらないと
いうことになる．こうした場合は，反復推定を行わないオプションを選ぶなど
の方法がある．『統計用語辞典』では，このヘイウッド・ケースは，もともと因
子モデルが仮定できない場合と，標本誤差によりたまたまヘイウッド・ケース
になる場合とがあり，対応が異なるとしている（芝祐順，渡部洋，石塚智一
『統計用語辞典』234ページ）．

8） 因子分析で使用したデータは，5）に記した調査とは異なる調査により収集
されたデータである．分析に使用したデータは，東洋大学社会調査室によって，
千葉県，東京都の団地世帯で，経常的収入の支出配分を行っている主婦300人
（回収数 $n=224$）に対し行われた．

9） バリマックス法や一般オブリミン法などの方法は，因子負荷の内部構造を基
準にし，その基準を満たす解を求める方法である．たとえば，バリマックス法
では因子負荷の平方の分散を最大化するという基準で回転を行った．一方，プ
ロクラステス法は内部構造を基準とする方法ではなく，回転の基準を外的にあ
たえる（これをターゲット行列（目標行列）という）方法である．プロクラス
テス法では，直交回転は直交プロクラステス法，斜交回転は斜交プロクラステ
ス法と呼ばれる．仮説的因子構造（あるいは因子パターン）に近似することか
ら，たとえば先行研究や過去の分析結果から仮説的な因子構造（因子パターン）
が考えられる場合，数学的に回転解を求めるのではなく，仮説的な因子構造
（因子パターン）を外的な基準とし，それらに近似させる．仮説的因子構造（因
子パターン）が完全に予想ができない場合，一部の因子構造（因子パターン）
だけを指定して解を求めることもできる．

下位法であるプロマックス法では，ターゲット行列としてバリマックス法か
ら得られた結果を外的な基準として近似させている．

10） IX－2－(3)「数量化III類」での分析は，JUSE-Stat Works V 4.0，クラスタ
ー分析は SPSS Ver 15.0 J を使用した．

11） 土屋隆裕「数量化理論入門」『日本行動計量学会第2回春の合宿セミナー資料

IX. データ分析 (2)　　405

集』1999年の説明より

　　エヴェリット，石田基広他訳『R と S-PLUS による多変量解析』112〜118ページ

12)　VIF が10前後を判断基準にすることが多いと指摘されている（杉原敏夫，藤田渉『経済の情報と数理⑬多変量解析』60ページ）.

13)　多変量外れ値の検出に用いることができる. 外れ値の目安としては，

　　(イ)　0.2〜0.5未満であれば外れ値の可能性がある

　　(ロ)　0.5以上であれば外れ値である

　とされている（竹内啓編『統計学事典』414〜415ページ）.

　　てこ比の検討をする目安として，2.5×（てこ比の平均）を用いることがある. この値より大きい場合，外れ値の可能性が高いということになる（永田靖，棟近雅彦『多変量解析入門』53ページ）.

14)　標準化残差は，残差を標準化したものであり，標準化残差＝残差／残差の標準偏差で計算される. その値が，2.5以上であれば内容を検討する必要がある（永田靖，棟近雅彦『多変量解析入門』52ページ）.

15)　的中率は正判別率とも呼ばれ，観測された群と判別関数により予測された群が一致していれば正判別，間違っていれば誤判別といい，観測値全体に対する正判別の比率を的中率（正判別率）という.

16)　ウイルクスの Λ 統計量は，Λ＝群内共変動／全共変動と定義され，判別分析に用いた説明変数の有意差検定を行うことができる.

17)　GFI の値が0.9以下のものは捨て去るべきだとし，0.9に達しないモデルしかない場合はモデル探索を行うべきだとしている（豊田秀樹『SAS で学ぶ統計データ解析3　SAS による共分散構造分析』106ページ）.

18)　分析は SPSS 社の Amos 4.0 を使用した.

19)　豊田は，重回帰モデルと単回帰モデルを組み合わせたモデルを想定し，典型的な分析結果を10種類のパターンに分類し解釈例を示している（豊田秀樹『共分散構造分析　構造方程式モデリング入門編』）.

参考文献

①　朝野熙彦『入門多変量解析の実際』講談社サイエンティフィック，1996年

②　井上勝雄『パソコンで学ぶ多変量解析の考え方』筑波出版会，1998年

③　エヴェリット，石田基広他訳『R と S-PLUS による多変量解析』シュプリンガー・ジャパン，2007年

④　大野高裕『多変量解析入門』同友館，1998年

⑤　岡太彬訓，今泉忠『パソコン多次元尺度構成法』共立出版，1994年

⑥　狩野裕『AMOS EQS LLSREL によるグラフィカル多変量解析—目で見る共

分散構造分析―』現代数学社，1997年

⑦　古谷野亘『数学が苦手な人のための多変量解析ガイド調査データのまとめ方』川島書店，1988年

⑧　田中豊，脇本和昌『多変量統計解析法』現代数学社，1983年

⑨　清水功次『マーケティングのための多変量解析』産能大学出版部，1998年

⑩　芝祐順『因子分析法第2版』東京大学出版会，1979年

⑪　芝祐順，渡部洋，石塚智一『統計用語辞典』新曜社，1984年

⑫　杉原敏夫，藤田渉『経済の情報と数理⑬多変量解析』牧野書店，1998年

⑬　土屋隆裕「数量化理論入門」『日本行動計量学会第2回春の合宿セミナー資料集』1999年

⑭　竹内啓編『統計学事典』東洋経済新報社，1989年

⑮　豊田秀樹『SASで学ぶ統計的データ解析3　SASによる共分散構造分析』東京大学出版会，1992年

⑯　豊田秀樹『共分散構造分析　構造方程式モデリング入門編』朝倉書店，1998年

⑰　豊田秀樹『共分散構造分析　構造方程式モデリング事例編』北大路書房，1998年

⑱　豊田秀樹『共分散構造分析　構造方程式モデリング応用編』朝倉書店，2000年

⑲　永田靖，棟近雅彦『多変量解析入門』サイエンス社，2001年

⑳　本多正久，島田一明『経営のための多変量解析』産能大学出版部，1977年

㉑　山際勇一郎，田中敏『ユーザーのための心理データの多変量解析法』教育出版，1997年

㉒　山本嘉一郎，小野寺孝義編著『Amosによる共分散構造分析と解析事例』ナカニシヤ出版，1999年

X． 調査結果の公表と報告書の構成

1． 調査結果の公表

多くの社会調査は，何らかの方法で公表されるのが一般的である．学術調査では，調査報告書を作成し配布したり，論文や学会発表で公表することが多い．官公庁が行う調査では，調査報告書の作成・配布やマス・メディアを通じた公表が行われることが多い．マス・メディアが行う世論調査では，新聞記事や報道番組を通じて公表されるのが一般的である．

他方，企業などが行うマーケティング・リサーチの場合は，調査内容が新製品開発などの企業秘密に関係することが多いため，公表されないものも多数ある．しかし，公表されないものでも，調査報告書は作成するのが一般的である．

ところで，最近は電気通信技術の発展によって，調査結果の公表のしかたにも変化がみられる．調査結果をデータベース化し，インターネットなどの通信手段によってアクセスできるようにするなどの方法が用いられ始めている．

ここでは，どのような調査についても一般的に用いられる調査報告書のとりまとめ方について触れておく．

2． 調査報告書の構成

調査結果をとりまとめた報告書は，一般的に表X－1に示すように構成する．

(1) 調査実施要領

調査は，どのような地域のどのような人びとを対象に，どのような方法で，どのような時期に実施したかによって，その結果が変動する．そこで，報告書を読む人が結果の分析に目を通す前にこのような点を一目瞭然に目に入れることができるように，最初の項に「調査の目的」，「調査地域」，「調査対象者の属性や標本数」，「調査対象者の抽出方法」や「母集団リスト」，「調査期間（日

時)」,「調査方法」,「調査項目」,「企画・実施の機関名」や調査票の「レター
ヘッド」,調査の「回収状況」や「不能理由」などを明記する．研究や業務上
必要で他人が作成した調査報告書に目を通す機会も多いであろう．その時は，
調査の分析結果などをみる前に，この調査実施要領に目を通し，調査結果に影
響を与える要素を頭に入れておくべきである．

　さらに，標本調査の場合，調査結果から母集団の値を推計する際の信頼区間
を示すために，質問の回答が50％の時の標本誤差（50％の時標本誤差は最大とな
る）を記載しておくとよい．

表Ⅹ－1　　調査報告書の構成

1．調査実施要領
　(1) 調査目的
　(2) 調査仮説（仮説・作業仮説）
　(3) 調査項目（5．調査票で代替可）
　(4) 調査対象（母集団の規定，調査対象（標本）数，調査対
　　　象標本の抽出方法）
　(5) 調査地域
　(6) 調査方法
　(7) 調査回収状況（調査計画時における調査対象（標本）数，
　　　調査依頼（標本）数，回収（標本）数，回収率，調査不
　　　能理由別調査不能（標本）数）
　(8)　調査実施期間
　(9) 調査企画・実施機関，レターヘッド
　(10) （標本調査の場合）回収数に基づく回答比率50％時の標本
　　　誤差
2．調査結果のまとめ
3．調査結果の概要
　(1) 標本構成
　　　① 性
　　　② 年齢
　　　　　：
　　　　　：
　(2) 調査結果の分析
　　　① ○○○
　　　② ○○○
　　　　　：

X．調査結果の公表と報告書の構成　409

　　　　　　　　：

　　4．集計結果

　　　　① ○○○

　　　　② ○○○

　　　　　　　　：

　　　　　　　　：

　　5．調査票（単純集計結果）

(2) 調査結果のまとめ

「調査結果のまとめ」は，本調査で解明しなければならない項目や調査設計時にたてた仮説ごとにとりまとめて記述する．

　調査報告書はあくまで調査で判明した事柄を記述するものであり，次項の「調査結果の概要」に記述した分析結果（finding）に基づいていえることまでに止め，それ以上の推論などは記述しないのが一般的である．

　調査結果の分析を越えて記述する場合は，それを明示した上で，客観的な推論の根拠を記述する．

　また，仮説が検証できなかった場合は，その事実と理由を記述する必要がある．

　「調査結果のまとめ」に記述した内容に係わるデータについては，この項の中の妥当な位置に図（グラフ）や表（数表）を挿入し，わかりやすく表示する工夫も必要である．また，わかりやすくするために必要に応じてカテゴリーをくくるなどの工夫も行うのがよいであろう．

(3) 調査結果の概要

① 標本構成

　調査結果の分析をみる前に，集計対象となった調査対象者（標本）の属性についての分布を知る必要がある．この項では，「性」，「年齢」，「未既婚」，「学歴」，「職業」，「家族構成」などの調査対象者の属性に関する基本的項目の分布

を表示する.

② 調査結果の分析

この項は，一般的に調査票の質問の並び順に，各質問の分析で明らかになったことを記述する．通常，調査対象者全体の傾向，性・年齢などの層別を用いて実施した質問間クロス集計の傾向，多次元の分析を行った場合はその傾向などを，データ分析からいえることに止めて記述する.

さらに，各質問ごとの分析で記述した内容に係わるデータについては，質問ごとの記述に添えて，わかりやすい図表を挿入する.

(4) 集計結果

この項では，「調査結果の概要」の項での質問の並び順に，分析で触れた数表をすべて表示する．一般的には，調査票の質問の選択肢をそのまま集計した結果を表示する．分析の過程で選択肢をくくるなどの加工した集計結果については，調査結果の概要で表示する．また，必要に応じて平均値や標準偏差なども表示する.

(5) 調査票

調査の結果は，各質問の聴き方に，また選択肢の構成に，さらには質問の配列の順に影響される．そこで，この種の疑問に応じられるように，報告書の最後に調査票を提示しておく.

世論調査の結果を新聞記事にする際に質問内容を記載していない例も散見されるが，このような社会に大きな影響力をもつ記事では，質問内容を必ず添えるべきであろう.

また，「集計結果」の量が多く，報告書に載せられない場合は，調査票に単純集計の結果を記入して掲載することもある.

なお，報告書に記載するすべての事項において，個人情報保護法の要求に基づいて，調査対象者の特定個人を識別できないための匿名加工は必修である（匿名加工は「Ⅰ－7－(1)　個人情報保護の強化」を参照）.

X．調査結果の公表と報告書の構成　　411

参考文献

①　森岡清志編著『ガイドブック社会調査』日本評論社，1998年

付表 1   乱数表

84725	78763	49837	89543	76423
36056	47875	84332	13377	82280
18467	91702	99394	10246	22617
51628	08773	84215	32679	75776
00644	79894	85747	24170	16680
52513	37523	99512	44241	31186
10805	15548	53235	24952	42813
28536	84783	55774	66105	43897
49674	34815	55186	71135	63752
66120	12980	49111	67815	67709
06242	18714	24737	59465	71135
93063	82733	54643	98682	42955
72475	51281	38288	45232	19501
87575	16246	08041	62838	47431
32918	82856	87387	74421	00351
17814	11162	69287	81761	00132
06237	43841	00568	82482	37383
13567	25815	22318	87905	46946
07648	59142	24527	77221	22672
51473	43982	91088	17702	39339
74734	17289	12357	11376	21346
10837	60373	41328	26458	42789
18892	35177	22199	93424	37236
81818	60625	16269	24914	67995
44652	63868	44581	15021	37820
76102	54885	71891	48883	17248
87417	66855	26116	11781	36265
71130	76921	45144	37811	53582
39722	88353	72893	61338	64873
42296	61830	26289	95345	53435
48718	92731	67642	83435	83214
66789	42585	22957	16112	73262
14395	79036	33534	16543	13122
61581	23751	64038	76356	08126
21452	16925	54641	88445	53879
27288	43258	40856	85024	35822
82354	42658	62586	08316	85350
55544	16676	52515	38158	79161
24871	53322	34390	83617	42072
31869	26694	53334	86661	30624
02860	25824	32306	82726	45274
98131	64387	66715	24492	03736
65572	77401	97431	43287	62330
96562	58133	77454	21555	15681
74532	58101	43103	61905	65755

付表2　標本誤差の早見表（信頼度95％）

p \ n	10	15	20	25	30	35	40	45	50	60	70
1, 99	6.2	5.0	4.4	3.9	3.6	3.3	3.1	2.9	2.8	2.5	2.3
5, 95	13.5	11.0	9.6	8.5	7.8	7.2	6.8	6.4	6.0	5.5	5.1
10, 90	18.6	15.2	13.1	11.8	10.7	9.9	9.3	8.8	8.3	7.6	7.0
15, 85	22.1	18.1	15.6	14.0	12.8	11.8	11.1	10.4	9.9	9.0	8.4
20, 80	24.8	20.2	17.5	15.7	14.3	13.3	12.4	11.7	11.1	10.1	9.4
25, 75	26.8	21.9	19.0	17.0	15.5	14.3	13.4	12.7	12.0	11.0	10.1
30, 70	28.4	23.2	20.1	18.0	16.4	15.2	14.2	13.4	12.7	11.6	10.7
35, 65	29.6	24.1	20.9	18.7	17.1	15.8	14.8	13.9	13.2	12.1	11.2
40, 60	30.4	24.8	21.5	19.2	17.5	16.2	15.2	14.3	13.6	12.4	11.5
45, 55	30.8	25.2	21.8	19.5	17.8	16.5	15.4	14.5	13.8	12.6	11.7
50	31.0	25.3	21.9	19.6	17.9	16.6	15.5	14.6	13.9	12.7	11.7

p \ n	80	90	100	130	150	170	200	250	300	350	400
1, 99	2.2	2.1	2.0	1.7	1.6	1.5	1.4	1.2	1.1	1.0	1.0
5, 95	4.8	4.5	4.3	3.7	3.5	3.3	3.0	2.7	2.5	2.3	2.1
10, 90	6.6	6.2	5.9	5.2	4.8	4.5	4.2	3.7	3.4	3.1	2.9
15, 85	7.8	7.4	7.0	6.1	5.7	5.4	4.9	4.4	4.0	3.7	3.5
20, 80	8.8	8.3	7.8	6.9	6.4	6.0	5.5	5.0	4.5	4.2	3.9
25, 75	9.5	8.9	8.5	7.4	6.9	6.5	6.0	5.4	4.9	4.5	4.2
30, 70	10.0	9.5	9.0	7.9	7.3	6.9	6.4	5.7	5.2	4.8	4.5
35, 65	10.5	9.9	9.3	8.2	7.6	7.2	6.6	5.9	5.4	5.0	4.7
40, 60	10.7	10.1	9.6	8.4	7.8	7.4	6.8	6.1	5.5	5.1	4.8
45, 55	10.9	10.3	9.8	8.6	8.0	7.5	6.9	6.2	5.6	5.2	4.9
50	11.0	10.3	9.8	8.6	8.0	7.5	6.9	6.2	5.7	5.2	4.9

p \ n	450	500	550	600	650	700	750	800	850	900	950
1, 99	0.9	0.9	0.8	0.8	0.8	0.7	0.7	0.7	0.7	0.7	0.6
5, 95	2.0	1.9	1.8	1.7	1.7	1.6	1.6	1.5	1.5	1.4	1.4
10, 90	2.8	2.6	2.5	2.4	2.3	2.2	2.1	2.1	2.0	2.0	1.9
15, 85	3.3	3.1	3.0	2.9	2.7	2.6	2.6	2.5	2.4	2.3	2.3
20, 80	3.7	3.5	3.3	3.2	3.1	3.0	2.9	2.8	2.7	2.6	2.5
25, 75	4.0	3.8	3.6	3.5	3.3	3.2	3.1	3.0	2.9	2.8	2.8
30, 70	4.2	4.0	3.8	3.7	3.5	3.4	3.3	3.2	3.1	3.0	2.9
35, 65	4.4	4.2	4.0	3.8	3.7	3.5	3.4	3.3	3.2	3.1	3.0
40, 60	4.5	4.3	4.1	3.9	3.8	3.6	3.5	3.4	3.3	3.2	3.1
45, 55	4.6	4.4	4.2	4.0	3.8	3.7	3.6	3.4	3.3	3.3	3.2
50	4.6	4.4	4.2	4.0	3.8	3.7	3.6	3.5	3.4	3.3	3.2

注① n：標本数，p：調査結果の割合（％）

② 表の値の単位は％

③ この表は，$1.96\sqrt{p(1-p)/n}$ で算出．$N-n/N-1 \fallingdotseq 1$ で，$np \geqq 500$ の条件で使用すること．

④ $n=1,000$ の時は，$n=10$ の小数点を1桁左へ移動した値でみる．以下，$n=1,500$ の時は $n=15$ の値を，$n=2,000$ の時は $n=20$ の値を同様に1桁左へ移動する．以下同じ．

付表3　正規分布表

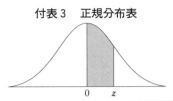

z	.00	.01	.02	.03	.04	.05	.06	.07	.08	.09
0.0	.0000	.0040	.0080	.0120	.0160	.0199	.0239	.0279	.0319	.0359
0.1	.0398	.0438	.0478	.0517	.0557	.0596	.0636	.0675	.0714	.0753
0.2	.0793	.0832	.0871	.0910	.0948	.0987	.1026	.1064	.1103	.1141
0.3	.1179	.1217	.1255	.1293	.1331	.1368	.1406	.1443	.1480	.1517
0.4	.1554	.1591	.1628	.1664	.1700	.1736	.1772	.1808	.1844	.1879
0.5	.1915	.1950	.1985	.2019	.2054	.2088	.2123	.2157	.2190	.2224
0.6	.2257	.2291	.2324	.2357	.2389	.2422	.2454	.2486	.2517	.2549
0.7	.2580	.2611	.2642	.2673	.2704	.2734	.2764	.2794	.2823	.2852
0.8	.2881	.2910	.2939	.2967	.2995	.3023	.3051	.3078	.3106	.3133
0.9	.3159	.3186	.3212	.3238	.3264	.3289	.3315	.3340	.3365	.3389
1.0	.3413	.3438	.3461	.3485	.3508	.3531	.3554	.3577	.3599	.3621
1.1	.3643	.3665	.3686	.3708	.3729	.3749	.3770	.3790	.3810	.3830
1.2	.3849	.3869	.3888	.3907	.3925	.3944	.3962	.3980	.3997	.4015
1.3	.4032	.4049	.4066	.4082	.4099	.4115	.4131	.4147	.4162	.4177
1.4	.4192	.4207	.4222	.4236	.4251	.4265	.4279	.4292	.4306	.4319
1.5	.4332	.4345	.4357	.4370	.4382	.4394	.4406	.4418	.4429	.4441
1.6	.4452	.4463	.4474	.4484	.4495	.4505	.4515	.4525	.4535	.4545
1.7	.4554	.4564	.4573	.4582	.4591	.4599	.4608	.4616	.4625	.4633
1.8	.4641	.4649	.4656	.4664	.4671	.4678	.4686	.4693	.4699	.4706
1.9	.4713	.4719	.4726	.4732	.4738	.4744	.4750	.4756	.4761	.4767
2.0	.4772	.4778	.4783	.4788	.4793	.4798	.4803	.4808	.4812	.4817
2.1	.4821	.4826	.4830	.4834	.4838	.4842	.4846	.4850	.4854	.4857
2.2	.4861	.4864	.4868	.4871	.4875	.4878	.4881	.4884	.4887	.4890
2.3	.4893	.4896	.4898	.4901	.4904	.4906	.4909	.4911	.4913	.4916
2.4	.4918	.4920	.4922	.4925	.4927	.4929	.4931	.4932	.4934	.4936
2.5	.4938	.4940	.4941	.4943	.4945	.4946	.4948	.4949	.4951	.4952
2.6	.4953	.4955	.4956	.4957	.4959	.4960	.4961	.4962	.4963	.4964
2.7	.4965	.4966	.4967	.4968	.4969	.4970	.4971	.4972	.4973	.4974
2.8	.4974	.4975	.4976	.4977	.4977	.4978	.4979	.4979	.4980	.4981
2.9	.4981	.4982	.4982	.4983	.4984	.4984	.4985	.4985	.4986	.4986
3.0	.4987	.4987	.4987	.4988	.4988	.4989	.4989	.4989	.4990	.4990

出典：A Hald, *Statistical Tables and Formulas* (New York: John Wiley & Sons, Inc., 1952) の表Ⅰを縮約したもの．転載にあたっては，出版社より許可を得た．

付表4 信頼度と標本誤差による標本数の早見表

		標　本　誤　差									
		10%	9 %	8 %	7 %	6 %	5 %	4 %	3 %	2 %	1 %
信頼度	90%	68	84	106	139	189	272	425	756	1,702	6,806
	91%	72	89	113	147	201	289	452	803	1,806	7,225
	92%	77	96	121	158	215	310	484	860	1,936	7,744
	93%	83	102	129	169	230	331	518	920	2,070	8,281
	94%	89	110	140	182	248	357	558	992	2,233	8,930
	95%	96	119	150	196	267	384	600	1,067	2,401	9,604
	96%	106	131	166	217	295	424	663	1,179	2,652	10,609
	97%	118	145	184	240	327	471	736	1,308	2,943	11,772
	98%	136	168	212	277	377	543	848	1,508	3,393	13,572
	99%	166	205	260	340	462	666	1,040	1,849	4,160	16,641
	99.9%	239	295	373	487	663	955	1,492	2,652	5,968	23,870

①本表の標本誤差は，同じ標本数であれば誤差が最大値をとる50%（$p=0.5$）で算出した．

②本表は，$N-n/N-1 \fallingdotseq 1$，$\varepsilon=\sqrt{p(1-p)/n}$ の場合を想定し，$n=(p(1-p))/(\varepsilon/z)^2$ で算出した．

③表中の標本数は，回収標本数である．実際の標本数設計においては，本表の標本数に加えて回収率を考慮する必要がある．

付表5　スチューデントの t 分布表

A. 両側検定の場合

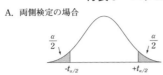

B. 片側検定の場合

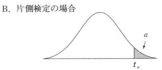

		有意水準					
両側検定	df	.20	.10	.05	.02	.01	.001
片側検定		.10	.05	.025	.01	.005	.0005
	1	3.078	6.314	12.706	31.821	63.657	636.619
	2	1.886	2.920	4.303	6.965	9.925	31.599
	3	1.638	2.353	3.182	4.541	5.841	12.924
	4	1.533	2.132	2.776	3.747	4.604	8.610
	5	1.476	2.015	2.571	3.365	4.032	6.869
	6	1.440	1.943	2.447	3.143	3.707	5.959
	7	1.415	1.895	2.365	2.998	3.499	5.408
	8	1.397	1.860	2.306	2.896	3.355	5.041
	9	1.383	1.833	2.262	2.821	3.250	4.781
	10	1.372	1.812	2.228	2.764	3.169	4.587
	11	1.363	1.796	2.201	2.718	3.106	4.437
	12	1.356	1.782	2.179	2.681	3.055	4.318
	13	1.350	1.771	2.160	2.650	3.012	4.221
	14	1.345	1.761	2.145	2.624	2.977	4.140
	15	1.341	1.753	2.131	2.602	2.947	4.073
	16	1.337	1.746	2.120	2.583	2.921	4.015
	17	1.333	1.740	2.110	2.567	2.898	3.965
	18	1.330	1.734	2.101	2.552	2.878	3.922
	19	1.328	1.729	2.093	2.539	2.861	3.883
	20	1.325	1.725	2.086	2.528	2.845	3.850
	21	1.323	1.721	2.080	2.518	2.831	3.819
	22	1.321	1.717	2.074	2.508	2.819	3.792
	23	1.319	1.714	2.069	2.500	2.807	3.768
	24	1.318	1.711	2.064	2.492	2.797	3.745
	25	1.316	1.708	2.060	2.485	2.787	3.725
	26	1.315	1.706	2.056	2.479	2.779	3.707
	27	1.314	1.703	2.052	2.473	2.771	3.690
	28	1.313	1.701	2.048	2.467	2.763	3.674
	29	1.311	1.699	2.045	2.462	2.756	3.659
	30	1.310	1.697	2.042	2.457	2.750	3.646
	40	1.303	1.684	2.021	2.423	2.704	3.551
	60	1.296	1.671	2.000	2.390	2.660	3.460
	120	1.289	1.658	1.980	2.358	2.617	3.373
	∞	1.282	1.645	1.960	2.326	2.576	3.291

出典：Fisher and Yates, *Statistical Tables for Biological, Agricultural and Medical Research*, Longman Group Ltd., London (1974), 6th edition の表 I を縮約したもの. (この本は, もとは Oliver & Boyd Ltd., Edinburg より出版されていた.) 転載にあたって, 出版社より許可を得た.

付表6 χ^2分布表

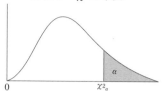

df	有意水準 (α)					
	.100	.05	.025	.010	.005	0.001
1	2.7055	3.8414	5.0238	6.6349	7.8794	10.828
2	4.6051	5.9914	7.3777	9.2103	10.5966	13.816
3	6.2513	7.8147	9.3484	11.3449	12.8381	16.266
4	7.7794	9.4877	11.1433	13.2767	14.8602	18.467
5	9.2363	11.0705	12.8325	15.0863	16.7496	20.515
6	10.6446	12.5916	14.4494	16.8119	18.5476	22.458
7	12.0170	14.0671	16.0128	18.4753	20.2777	24.322
8	13.3616	15.5073	17.5346	20.0902	21.9550	26.125
9	14.6837	16.9190	19.0228	21.6660	23.5893	27.877
10	15.9871	18.3070	20.4831	23.2093	25.1882	29.588
11	17.2750	19.6751	21.9200	24.7250	26.7569	31.264
12	18.5494	21.0261	23.3367	26.2170	28.2995	32.909
13	19.8119	22.3621	24.7356	27.6883	29.8194	34.528
14	21.0642	23.6848	26.1190	29.1413	31.3193	36.123
15	22.3072	24.9958	27.4884	30.5779	32.8013	37.697
16	23.5418	26.2962	28.8454	31.9999	34.2672	39.252
17	24.7690	27.5871	30.1910	33.4087	35.7185	40.790
18	25.9894	28.8693	31.5264	34.8053	37.1564	42.312
19	27.2036	30.1435	32.8523	36.1908	38.5822	43.820
20	28.4120	31.4104	34.1696	37.5662	39.9968	45.315
21	29.6151	32.6705	35.4789	38.9321	41.4010	46.797
22	30.8133	33.9244	36.7807	40.2894	42.7956	48.268
23	32.0069	35.1725	38.0757	41.6384	44.1813	49.728
24	33.1963	36.4151	39.3641	42.9798	45.5585	51.179
25	34.3816	37.6525	40.6465	44.3141	46.9278	52.620
26	35.5631	38.8852	41.9232	45.6417	48.2899	54.052
27	36.7412	40.1133	43.1944	46.9630	49.6449	55.476
28	37.9159	41.3372	44.4607	48.2782	50.9933	56.892
29	39.0875	42.5569	45.7222	49.5879	52.3356	58.302
30	40.2560	43.7729	46.9792	50.8922	53.6720	59.703
40	51.8050	55.7585	59.3417	63.6907	66.7659	73.402
50	63.1671	67.5048	71.4202	76.1539	79.4900	86.661
60	74.3970	79.0819	83.2976	88.3794	91.9517	99.607
70	85.5271	90.5312	95.0231	100.425	104.215	112.317
80	96.5782	101.879	106.629	112.329	116.321	124.839
90	107.565	113.145	118.136	124.116	128.299	137.208
100	118.498	124.342	129.561	135.807	140.169	149.449

出典：Fisher and Yates, *Statistical Tables for Biological, Agricultural and Medical Research*, Longman Group Ltd., London (1974), 6th edition の表Ⅲを縮約したもの．(この本は，もとは Oliver & Boyd Ltd., Edinburg より出版されていた．) 転載にあたって，出版社より許可を得た．

付表7　F 分布表（上側0.05）（列 v_1，行 v_2）

v_2 \ v_1	1	2	3	4	5	6	7	8	9	10	11	12	13	14	15	16	17	18	19	20	25	30	35	40	50	60	80	100	120	∞	
1	161,448	199,500	215,707	224,583	230,162	233,986	236,768	238,883	240,543	241,882	242,984	243,906	244,690	245,364	245,950	246,464	246,918	247,323	247,686	248,013	249,260	250,095	250,693	251,143	251,774	252,196	252,724	253,041	253,253	254,314	1000
2	18,513	19,000	19,164	19,247	19,296	19,330	19,353	19,371	19,385	19,396	19,405	19,413	19,419	19,424	19,429	19,433	19,437	19,440	19,443	19,446	19,456	19,462	19,467	19,471	19,476	19,479	19,483	19,486	19,487	19,496	2000
3	10,128	9,552	9,277	9,117	9,013	8,941	8,887	8,845	8,812	8,786	8,763	8,745	8,729	8,715	8,703	8,692	8,683	8,675	8,667	8,660	8,634	8,617	8,604	8,594	8,581	8,572	8,561	8,554	8,549	8,526	3000
4	7,709	6,944	6,591	6,388	6,256	6,163	6,094	6,041	5,999	5,964	5,936	5,912	5,891	5,873	5,858	5,844	5,832	5,821	5,811	5,803	5,769	5,746	5,729	5,717	5,699	5,688	5,673	5,664	5,658	5,628	4000
5	6,608	5,786	5,409	5,192	5,050	4,950	4,876	4,818	4,772	4,735	4,704	4,678	4,655	4,636	4,619	4,604	4,590	4,579	4,568	4,558	4,521	4,496	4,478	4,464	4,444	4,431	4,415	4,405	4,398	4,365	5000
6	5,987	5,143	4,757	4,534	4,387	4,284	4,207	4,147	4,099	4,060	4,027	4,000	3,976	3,956	3,938	3,922	3,908	3,896	3,884	3,874	3,835	3,808	3,789	3,774	3,754	3,740	3,722	3,712	3,705	3,669	6000
7	5,591	4,737	4,347	4,120	3,972	3,866	3,787	3,726	3,677	3,637	3,603	3,575	3,550	3,529	3,511	3,494	3,480	3,467	3,455	3,445	3,404	3,376	3,356	3,340	3,319	3,304	3,286	3,275	3,267	3,230	7000
8	5,318	4,459	4,066	3,838	3,687	3,581	3,500	3,438	3,388	3,347	3,313	3,284	3,259	3,237	3,218	3,202	3,187	3,173	3,161	3,150	3,108	3,079	3,059	3,043	3,020	3,005	2,986	2,975	2,967	2,928	8000
9	5,117	4,256	3,863	3,633	3,482	3,374	3,293	3,230	3,179	3,137	3,102	3,073	3,048	3,025	3,006	2,989	2,974	2,960	2,948	2,936	2,893	2,864	2,842	2,826	2,803	2,787	2,768	2,756	2,748	2,707	9000
10	4,965	4,103	3,708	3,478	3,326	3,217	3,135	3,072	3,020	2,978	2,943	2,913	2,887	2,865	2,845	2,828	2,812	2,798	2,785	2,774	2,730	2,700	2,678	2,661	2,637	2,621	2,601	2,588	2,580	2,538	10000
11	4,844	3,982	3,587	3,357	3,204	3,095	3,012	2,948	2,896	2,854	2,818	2,788	2,761	2,739	2,719	2,701	2,685	2,671	2,658	2,646	2,601	2,570	2,548	2,531	2,507	2,490	2,469	2,457	2,448	2,404	11000
12	4,747	3,885	3,490	3,259	3,106	2,996	2,913	2,849	2,796	2,753	2,717	2,687	2,660	2,637	2,617	2,599	2,583	2,568	2,555	2,544	2,498	2,466	2,443	2,426	2,401	2,384	2,363	2,350	2,341	2,296	12000
13	4,667	3,806	3,411	3,179	3,025	2,915	2,832	2,767	2,714	2,671	2,635	2,604	2,577	2,554	2,533	2,515	2,499	2,484	2,471	2,459	2,412	2,380	2,357	2,339	2,314	2,297	2,275	2,261	2,252	2,206	13000
14	4,600	3,739	3,344	3,112	2,958	2,848	2,764	2,699	2,646	2,602	2,565	2,534	2,507	2,484	2,463	2,445	2,428	2,413	2,400	2,388	2,341	2,308	2,284	2,266	2,241	2,223	2,201	2,187	2,178	2,131	14000
15	4,543	3,682	3,287	3,056	2,901	2,790	2,707	2,641	2,588	2,544	2,507	2,475	2,448	2,424	2,403	2,385	2,368	2,353	2,340	2,328	2,280	2,247	2,223	2,204	2,178	2,160	2,137	2,123	2,114	2,066	15000
16	4,494	3,634	3,239	3,007	2,852	2,741	2,657	2,591	2,538	2,494	2,456	2,425	2,397	2,373	2,352	2,333	2,317	2,302	2,288	2,276	2,227	2,194	2,169	2,151	2,124	2,106	2,083	2,068	2,059	2,010	16000
17	4,451	3,592	3,197	2,965	2,810	2,699	2,614	2,548	2,494	2,450	2,413	2,381	2,353	2,329	2,308	2,289	2,272	2,257	2,243	2,230	2,181	2,148	2,123	2,104	2,077	2,058	2,035	2,020	2,011	1,960	17000
18	4,414	3,555	3,160	2,928	2,773	2,661	2,577	2,510	2,456	2,412	2,374	2,342	2,314	2,290	2,269	2,250	2,233	2,217	2,203	2,191	2,141	2,107	2,082	2,063	2,035	2,017	1,993	1,978	1,968	1,917	18000
19	4,381	3,522	3,127	2,895	2,740	2,628	2,544	2,477	2,423	2,378	2,340	2,308	2,280	2,256	2,234	2,215	2,198	2,182	2,168	2,155	2,106	2,071	2,046	2,026	1,999	1,980	1,955	1,940	1,930	1,878	19000
20	4,351	3,493	3,098	2,866	2,711	2,599	2,514	2,447	2,393	2,348	2,310	2,278	2,250	2,225	2,203	2,184	2,167	2,151	2,137	2,124	2,074	2,039	2,013	1,994	1,966	1,946	1,922	1,907	1,896	1,843	20000
25	4,242	3,385	2,991	2,759	2,603	2,490	2,405	2,337	2,282	2,236	2,198	2,165	2,136	2,111	2,089	2,069	2,051	2,035	2,021	2,007	1,955	1,919	1,892	1,872	1,842	1,822	1,796	1,779	1,768	1,711	25000
30	4,171	3,316	2,922	2,690	2,534	2,421	2,334	2,266	2,211	2,165	2,126	2,092	2,063	2,037	2,015	1,995	1,976	1,960	1,945	1,932	1,878	1,841	1,813	1,792	1,761	1,740	1,712	1,695	1,683	1,622	30000
35	4,121	3,267	2,874	2,641	2,485	2,372	2,285	2,217	2,161	2,114	2,075	2,041	2,012	1,986	1,963	1,942	1,924	1,907	1,892	1,878	1,824	1,786	1,757	1,735	1,703	1,681	1,652	1,635	1,623	1,558	35000
40	4,085	3,232	2,839	2,606	2,449	2,336	2,249	2,180	2,124	2,077	2,038	2,003	1,974	1,948	1,924	1,904	1,885	1,868	1,853	1,839	1,783	1,744	1,715	1,693	1,660	1,637	1,608	1,589	1,577	1,509	40000
50	4,034	3,183	2,790	2,557	2,400	2,286	2,199	2,130	2,073	2,026	1,986	1,952	1,921	1,895	1,871	1,850	1,831	1,814	1,798	1,784	1,727	1,687	1,657	1,634	1,599	1,576	1,544	1,525	1,511	1,438	50000
60	4,001	3,150	2,758	2,525	2,368	2,254	2,167	2,097	2,040	1,993	1,952	1,917	1,887	1,860	1,836	1,815	1,796	1,778	1,763	1,748	1,690	1,649	1,618	1,594	1,559	1,534	1,502	1,481	1,467	1,389	60000
80	3,960	3,111	2,719	2,486	2,329	2,214	2,126	2,056	1,999	1,951	1,910	1,875	1,845	1,817	1,793	1,772	1,752	1,734	1,718	1,703	1,644	1,602	1,570	1,545	1,508	1,482	1,448	1,426	1,411	1,325	80000
100	3,936	3,087	2,696	2,463	2,305	2,191	2,103	2,032	1,975	1,927	1,886	1,850	1,819	1,792	1,768	1,746	1,726	1,708	1,691	1,676	1,616	1,573	1,541	1,515	1,477	1,450	1,415	1,392	1,376	1,283	100000
120	3,920	3,072	2,680	2,447	2,290	2,175	2,087	2,016	1,959	1,910	1,869	1,834	1,803	1,775	1,750	1,728	1,709	1,690	1,674	1,659	1,598	1,554	1,521	1,495	1,457	1,429	1,392	1,369	1,352	1,254	120000
∞	3,841	2,996	2,605	2,372	2,214	2,099	2,010	1,938	1,880	1,831	1,789	1,752	1,720	1,692	1,666	1,644	1,623	1,604	1,587	1,571	1,506	1,459	1,423	1,394	1,350	1,318	1,273	1,243	1,221	1,000	∞

＊本表は大竹が R を用いて計算した結果を掲載。

付表 8　F 分布表 （上側0.01）（列 v_1, 行 v_2）

v_2 \ v_1	1	2	3	4	5	6	7	8	9	10	11	12	13	14	15	16	17	18	19	20	25	30	35	40	50	60	80	100	120	∞
1	4052.181	4999.500	5403.352	5624.583	5763.650	5858.986	5928.356	5981.070	6022.473	6055.847	6083.317	6106.321	6125.865	6142.674	6157.285	6170.101	6181.435	6191.529	6200.576	6208.730	6239.825	6260.649	6275.558	6286.782	6302.517	6313.030	6326.197	6334.110	6339.391	6365.864
2	98.503	99.000	99.166	99.249	99.299	99.333	99.356	99.374	99.388	99.399	99.408	99.416	99.422	99.428	99.433	99.437	99.440	99.444	99.447	99.449	99.459	99.466	99.471	99.474	99.479	99.482	99.487	99.489	99.491	99.499
3	34.116	30.817	29.457	28.710	28.237	27.911	27.672	27.489	27.345	27.229	27.133	27.052	26.983	26.924	26.872	26.827	26.787	26.751	26.719	26.690	26.579	26.505	26.451	26.411	26.354	26.316	26.269	26.240	26.221	26.125
4	21.198	18.000	16.694	15.977	15.522	15.207	14.976	14.799	14.659	14.546	14.452	14.374	14.307	14.249	14.198	14.154	14.115	14.080	14.048	14.020	13.911	13.838	13.785	13.745	13.690	13.652	13.605	13.577	13.558	13.463
5	16.258	13.274	12.060	11.392	10.967	10.672	10.456	10.289	10.158	10.051	9.963	9.888	9.825	9.770	9.722	9.680	9.643	9.610	9.580	9.553	9.449	9.379	9.329	9.291	9.238	9.202	9.157	9.130	9.112	9.020
6	13.745	10.925	9.780	9.148	8.746	8.466	8.260	8.102	7.976	7.874	7.790	7.718	7.657	7.605	7.559	7.519	7.483	7.451	7.422	7.396	7.296	7.229	7.180	7.143	7.091	7.057	7.013	6.987	6.969	6.880
7	12.246	9.547	8.451	7.847	7.460	7.191	6.993	6.840	6.719	6.620	6.538	6.469	6.410	6.359	6.314	6.275	6.240	6.209	6.181	6.155	6.058	5.992	5.944	5.908	5.858	5.824	5.781	5.755	5.737	5.650
8	11.259	8.649	7.591	7.006	6.632	6.371	6.178	6.029	5.911	5.814	5.734	5.667	5.609	5.559	5.515	5.477	5.442	5.412	5.384	5.359	5.263	5.198	5.151	5.116	5.065	5.032	4.989	4.963	4.946	4.859
9	10.561	8.022	6.992	6.422	6.057	5.802	5.613	5.467	5.351	5.257	5.178	5.111	5.055	5.005	4.962	4.924	4.890	4.860	4.833	4.808	4.713	4.649	4.602	4.567	4.517	4.483	4.441	4.415	4.398	4.311
10	10.044	7.559	6.552	5.994	5.636	5.386	5.200	5.057	4.942	4.849	4.772	4.706	4.650	4.601	4.558	4.520	4.487	4.457	4.430	4.405	4.311	4.247	4.200	4.165	4.115	4.082	4.039	4.014	3.996	3.909
11	9.646	7.206	6.217	5.668	5.316	5.069	4.886	4.744	4.632	4.539	4.462	4.397	4.342	4.293	4.251	4.213	4.180	4.150	4.123	4.099	4.005	3.941	3.895	3.860	3.810	3.776	3.734	3.708	3.690	3.602
12	9.330	6.927	5.953	5.412	5.064	4.821	4.640	4.499	4.388	4.296	4.220	4.155	4.100	4.052	4.010	3.972	3.939	3.909	3.883	3.858	3.765	3.701	3.654	3.619	3.569	3.535	3.493	3.467	3.449	3.361
13	9.074	6.701	5.739	5.205	4.862	4.620	4.441	4.302	4.191	4.100	4.025	3.960	3.905	3.857	3.815	3.778	3.745	3.716	3.689	3.665	3.571	3.507	3.461	3.425	3.375	3.341	3.298	3.272	3.255	3.165
14	8.862	6.515	5.564	5.035	4.695	4.456	4.278	4.140	4.030	3.939	3.864	3.800	3.745	3.698	3.656	3.619	3.586	3.556	3.529	3.505	3.412	3.348	3.301	3.266	3.215	3.181	3.138	3.112	3.094	3.004
15	8.683	6.359	5.417	4.893	4.556	4.318	4.142	4.004	3.895	3.805	3.730	3.666	3.612	3.564	3.522	3.485	3.452	3.423	3.396	3.372	3.278	3.214	3.167	3.132	3.081	3.047	3.004	2.977	2.959	2.868
16	8.531	6.226	5.292	4.773	4.437	4.202	4.026	3.890	3.780	3.691	3.616	3.553	3.498	3.451	3.409	3.372	3.339	3.310	3.283	3.259	3.165	3.101	3.054	3.018	2.967	2.933	2.889	2.863	2.845	2.753
17	8.400	6.112	5.185	4.669	4.336	4.102	3.927	3.791	3.682	3.593	3.519	3.455	3.401	3.353	3.312	3.275	3.242	3.212	3.186	3.162	3.068	3.003	2.956	2.920	2.869	2.835	2.791	2.764	2.746	2.653
18	8.285	6.013	5.092	4.579	4.248	4.015	3.841	3.705	3.597	3.508	3.434	3.371	3.316	3.269	3.227	3.190	3.158	3.128	3.101	3.077	2.983	2.919	2.871	2.835	2.784	2.749	2.705	2.678	2.660	2.566
19	8.185	5.926	5.010	4.500	4.171	3.939	3.765	3.631	3.523	3.434	3.360	3.297	3.242	3.195	3.153	3.116	3.084	3.054	3.027	3.003	2.909	2.844	2.797	2.761	2.709	2.674	2.630	2.602	2.584	2.489
20	8.096	5.849	4.938	4.431	4.103	3.871	3.699	3.564	3.457	3.368	3.294	3.231	3.177	3.130	3.088	3.051	3.018	2.989	2.962	2.938	2.843	2.778	2.731	2.695	2.643	2.608	2.563	2.535	2.517	2.421
25	7.770	5.568	4.675	4.177	3.855	3.627	3.457	3.324	3.217	3.129	3.056	2.993	2.939	2.892	2.850	2.813	2.780	2.751	2.724	2.699	2.604	2.538	2.490	2.453	2.400	2.364	2.317	2.289	2.270	2.169
30	7.562	5.390	4.510	4.018	3.699	3.473	3.304	3.173	3.067	2.979	2.906	2.843	2.789	2.742	2.700	2.663	2.630	2.600	2.573	2.549	2.453	2.386	2.337	2.299	2.245	2.208	2.160	2.131	2.111	2.006
35	7.419	5.268	4.396	3.908	3.592	3.368	3.200	3.069	2.963	2.876	2.803	2.740	2.686	2.639	2.597	2.560	2.527	2.497	2.470	2.445	2.348	2.281	2.231	2.193	2.137	2.099	2.050	2.020	2.000	1.891
40	7.314	5.179	4.313	3.828	3.514	3.291	3.124	2.993	2.888	2.801	2.727	2.665	2.611	2.563	2.522	2.484	2.451	2.421	2.394	2.369	2.271	2.203	2.153	2.114	2.058	2.019	1.969	1.938	1.917	1.805
50	7.171	5.057	4.199	3.720	3.408	3.186	3.020	2.890	2.785	2.698	2.625	2.562	2.508	2.461	2.419	2.382	2.348	2.318	2.290	2.265	2.167	2.098	2.046	2.007	1.949	1.909	1.857	1.825	1.803	1.683
60	7.077	4.977	4.126	3.649	3.339	3.119	2.953	2.823	2.718	2.632	2.559	2.496	2.442	2.394	2.352	2.315	2.281	2.251	2.223	2.198	2.098	2.028	1.976	1.936	1.877	1.836	1.783	1.749	1.726	1.601
80	6.963	4.881	4.036	3.563	3.255	3.036	2.871	2.742	2.637	2.551	2.478	2.415	2.361	2.313	2.271	2.233	2.199	2.169	2.141	2.115	2.015	1.944	1.890	1.849	1.788	1.746	1.690	1.655	1.630	1.494
100	6.895	4.824	3.984	3.513	3.206	2.988	2.823	2.694	2.590	2.503	2.430	2.368	2.313	2.265	2.223	2.185	2.151	2.120	2.092	2.067	1.965	1.893	1.839	1.797	1.735	1.692	1.634	1.598	1.572	1.427
120	6.851	4.787	3.949	3.480	3.174	2.956	2.792	2.663	2.559	2.472	2.399	2.336	2.282	2.234	2.192	2.154	2.119	2.089	2.060	2.035	1.932	1.860	1.806	1.763	1.700	1.656	1.597	1.559	1.533	1.381
∞	6.635	4.605	3.782	3.319	3.017	2.802	2.639	2.511	2.407	2.321	2.248	2.185	2.130	2.082	2.039	2.000	1.965	1.934	1.905	1.878	1.773	1.696	1.638	1.592	1.523	1.473	1.404	1.358	1.325	1.000

＊本表は大竹が R を用いて計算した結果を掲載。

付表9　スチューデント化された範囲 (0.05)　(行：自由度 (df)、列：群数 (k))

df	2	3	4	5	6	7	8	9	10	11	12	13	14	15	16	17	18	19	20
2	6.080	8.331	9.799	10.881	11.734	12.435	13.028	13.542	13.994	14.396	14.759	15.088	15.389	15.665	15.921	16.159	16.381	16.588	16.783
3	4.501	5.910	6.825	7.502	8.037	8.478	8.852	9.177	9.462	9.717	9.946	10.155	10.346	10.522	10.686	10.838	10.981	11.114	11.240
4	3.927	5.040	5.757	6.287	6.706	7.053	7.347	7.602	7.826	8.027	8.208	8.373	8.524	8.664	8.793	8.914	9.027	9.133	9.233
5	3.635	4.602	5.218	5.673	6.033	6.330	6.582	6.801	6.995	7.167	7.323	7.466	7.596	7.716	7.828	7.932	8.030	8.122	8.208
6	3.460	4.339	4.896	5.305	5.628	5.895	6.122	6.319	6.493	6.649	6.789	6.917	7.034	7.143	7.244	7.338	7.426	7.508	7.586
7	3.344	4.165	4.681	5.060	5.359	5.606	5.815	5.997	6.158	6.302	6.431	6.550	6.658	6.759	6.852	6.939	7.020	7.097	7.169
8	3.261	4.041	4.529	4.886	5.167	5.399	5.596	5.767	5.918	6.053	6.175	6.287	6.389	6.483	6.571	6.653	6.729	6.801	6.869
9	3.199	3.948	4.415	4.755	5.024	5.244	5.432	5.595	5.738	5.867	5.983	6.089	6.186	6.276	6.359	6.437	6.510	6.579	6.643
10	3.151	3.877	4.327	4.654	4.912	5.124	5.304	5.460	5.598	5.722	5.833	5.935	6.028	6.114	6.194	6.269	6.339	6.405	6.467
11	3.113	3.820	4.256	4.574	4.823	5.028	5.202	5.353	5.486	5.605	5.713	5.811	5.901	5.984	6.062	6.134	6.202	6.265	6.325
12	3.081	3.773	4.199	4.508	4.750	4.950	5.119	5.265	5.395	5.510	5.615	5.710	5.797	5.878	5.953	6.023	6.089	6.151	6.209
13	3.055	3.734	4.151	4.453	4.690	4.884	5.049	5.192	5.318	5.431	5.533	5.625	5.711	5.789	5.862	5.931	5.995	6.055	6.112
14	3.033	3.701	4.111	4.407	4.639	4.829	4.990	5.130	5.253	5.364	5.463	5.554	5.637	5.714	5.785	5.852	5.915	5.973	6.029
15	3.014	3.673	4.076	4.367	4.595	4.782	4.940	5.077	5.198	5.306	5.403	5.492	5.574	5.649	5.719	5.785	5.846	5.904	5.958
16	2.998	3.649	4.046	4.333	4.557	4.741	4.896	5.031	5.150	5.256	5.352	5.439	5.519	5.593	5.662	5.726	5.786	5.843	5.896
17	2.984	3.628	4.020	4.303	4.524	4.705	4.858	4.991	5.108	5.212	5.306	5.392	5.471	5.544	5.612	5.675	5.734	5.790	5.842
18	2.971	3.609	3.997	4.276	4.494	4.673	4.824	4.955	5.071	5.173	5.266	5.351	5.429	5.501	5.567	5.629	5.688	5.743	5.794
19	2.960	3.593	3.977	4.253	4.468	4.645	4.794	4.924	5.037	5.139	5.231	5.314	5.391	5.462	5.528	5.589	5.647	5.701	5.752
20	2.950	3.578	3.958	4.232	4.445	4.620	4.768	4.895	5.008	5.108	5.199	5.282	5.357	5.427	5.492	5.553	5.610	5.663	5.714
25	2.913	3.523	3.890	4.153	4.358	4.526	4.667	4.789	4.897	4.993	5.079	5.158	5.230	5.297	5.359	5.417	5.471	5.522	5.570
30	2.888	3.486	3.845	4.102	4.301	4.464	4.601	4.720	4.824	4.917	5.001	5.077	5.147	5.211	5.271	5.327	5.379	5.429	5.475
40	2.858	3.442	3.791	4.039	4.232	4.388	4.521	4.634	4.735	4.824	4.904	4.977	5.044	5.106	5.163	5.216	5.266	5.313	5.358
50	2.841	3.416	3.758	4.002	4.190	4.344	4.473	4.584	4.681	4.768	4.846	4.918	4.983	5.043	5.098	5.150	5.199	5.245	5.288
60	2.829	3.399	3.737	3.977	4.163	4.314	4.441	4.550	4.646	4.732	4.808	4.878	4.942	5.001	5.056	5.107	5.154	5.199	5.241
80	2.814	3.377	3.711	3.947	4.129	4.277	4.402	4.509	4.603	4.686	4.761	4.829	4.892	4.949	5.003	5.052	5.099	5.142	5.183
100	2.806	3.365	3.695	3.929	4.109	4.256	4.379	4.484	4.577	4.659	4.733	4.800	4.862	4.918	4.971	5.020	5.066	5.108	5.149
120	2.800	3.356	3.685	3.917	4.096	4.241	4.363	4.468	4.560	4.641	4.714	4.781	4.842	4.898	4.950	4.998	5.043	5.086	5.126
∞	2.772	3.314	3.633	3.858	4.030	4.170	4.286	4.387	4.474	4.552	4.622	4.685	4.743	4.796	4.845	4.891	4.934	4.974	5.012

＊本表は大竹が R を用いて計算した結果を掲載.

付表10 スチューデント化された範囲 (0.01) (行：自由度 (df)，列：群数 (k))

	2	3	4	5	6	7	8	9	10	11	12	13	14	15	16	17	18	19	20
2	13.902	19.015	22.564	25.372	27.757	29.856	31.730	33.412	34.926	36.293	37.533	38.664	39.701	40.656	41.540	42.362	43.130	43.850	44.526
3	8.260	10.620	12.170	13.322	14.239	14.998	15.646	16.212	16.713	17.164	17.573	17.948	18.294	18.615	18.915	19.196	19.461	19.711	19.948
4	6.511	8.120	9.173	9.958	10.583	11.101	11.542	11.925	12.263	12.565	12.839	13.087	13.316	13.527	13.723	13.905	14.077	14.238	14.390
5	5.702	6.976	7.804	8.421	8.913	9.321	9.669	9.971	10.239	10.479	10.696	10.894	11.076	11.244	11.400	11.546	11.682	11.811	11.932
6	5.243	6.331	7.033	7.556	7.972	8.318	8.612	8.869	9.097	9.300	9.485	9.653	9.808	9.951	10.084	10.208	10.325	10.434	10.538
7	4.949	5.919	6.542	7.005	7.373	7.678	7.939	8.166	8.367	8.548	8.711	8.860	8.997	9.124	9.242	9.353	9.456	9.553	9.645
8	4.745	5.635	6.204	6.625	6.959	7.237	7.474	7.680	7.863	8.027	8.176	8.311	8.436	8.552	8.659	8.760	8.854	8.943	9.027
9	4.596	5.428	5.957	6.347	6.657	6.915	7.134	7.325	7.494	7.646	7.784	7.910	8.025	8.132	8.232	8.325	8.412	8.495	8.573
10	4.482	5.270	5.769	6.136	6.428	6.669	6.875	7.054	7.213	7.356	7.485	7.603	7.712	7.812	7.906	7.993	8.075	8.153	8.226
11	4.392	5.146	5.621	5.970	6.247	6.476	6.671	6.841	6.992	7.127	7.250	7.362	7.464	7.560	7.648	7.731	7.809	7.883	7.952
12	4.320	5.046	5.502	5.836	6.101	6.320	6.507	6.670	6.814	6.943	7.060	7.166	7.265	7.356	7.441	7.520	7.594	7.664	7.730
13	4.260	4.964	5.404	5.726	5.981	6.192	6.372	6.528	6.666	6.791	6.903	7.006	7.100	7.188	7.269	7.345	7.417	7.484	7.548
14	4.210	4.895	5.322	5.634	5.881	6.085	6.258	6.409	6.543	6.663	6.772	6.871	6.962	7.047	7.125	7.199	7.268	7.333	7.394
15	4.167	4.836	5.252	5.556	5.796	5.994	6.162	6.309	6.438	6.555	6.660	6.756	6.845	6.927	7.003	7.074	7.141	7.204	7.264
16	4.131	4.786	5.192	5.489	5.722	5.915	6.079	6.222	6.348	6.461	6.564	6.658	6.744	6.823	6.897	6.967	7.032	7.093	7.151
17	4.099	4.742	5.140	5.430	5.659	5.847	6.007	6.147	6.270	6.380	6.480	6.572	6.656	6.733	6.806	6.873	6.937	6.997	7.053
18	4.071	4.703	5.094	5.379	5.603	5.787	5.944	6.081	6.201	6.309	6.407	6.496	6.579	6.655	6.725	6.791	6.854	6.912	6.967
19	4.046	4.669	5.054	5.334	5.553	5.735	5.889	6.022	6.141	6.246	6.342	6.430	6.510	6.585	6.654	6.719	6.780	6.837	6.891
20	4.024	4.639	5.018	5.293	5.510	5.688	5.839	5.970	6.086	6.190	6.285	6.370	6.449	6.523	6.591	6.654	6.714	6.770	6.823
25	3.942	4.527	4.885	5.144	5.347	5.513	5.655	5.778	5.886	5.983	6.070	6.150	6.224	6.292	6.355	6.414	6.469	6.522	6.571
30	3.889	4.455	4.799	5.048	5.242	5.401	5.536	5.653	5.756	5.848	5.932	6.008	6.078	6.142	6.202	6.258	6.311	6.361	6.407
40	3.825	4.367	4.695	4.931	5.114	5.265	5.392	5.502	5.599	5.685	5.764	5.835	5.900	5.961	6.017	6.069	6.118	6.165	6.208
50	3.787	4.316	4.634	4.863	5.040	5.185	5.308	5.414	5.507	5.590	5.665	5.734	5.796	5.854	5.908	5.958	6.005	6.050	6.092
60	3.762	4.282	4.594	4.818	4.991	5.133	5.253	5.356	5.447	5.528	5.601	5.667	5.728	5.784	5.837	5.886	5.931	5.974	6.015
80	3.732	4.241	4.545	4.763	4.931	5.069	5.185	5.284	5.372	5.451	5.521	5.585	5.644	5.698	5.749	5.796	5.840	5.881	5.920
100	3.714	4.216	4.516	4.730	4.896	5.031	5.144	5.242	5.328	5.405	5.474	5.537	5.594	5.647	5.697	5.743	5.786	5.826	5.864
120	3.702	4.200	4.497	4.709	4.872	5.005	5.118	5.214	5.299	5.375	5.443	5.505	5.561	5.614	5.662	5.708	5.750	5.790	5.827
∞	3.643	4.120	4.403	4.603	4.757	4.882	4.987	5.078	5.157	5.227	5.290	5.348	5.400	5.448	5.493	5.535	5.574	5.611	5.645

＊本表は大竹がRを用いて計算した結果を掲載.

〈参考〉

地点 NO.	標本 NO.

マス・コミュニケーションの利用と評価についての調査

　私ども東洋大学社会学部社会調査室では，このたび，学術研究の一環として，一般の方々のマス・コミュニケーションの利用状況と評価について研究する目的で，調査を実施することとなりました．この調査は首都圏に居住する15歳から69歳の方々500人から，日常のマス・コミュニケーション行動や意見，生活意識についておうかがいするものです．今回，調査を行うにあたり，15歳から69歳の方々を代表するように，くじ引きのような方法で無作為に調査対象者を選んだところ，あなた様にご協力をあおぐこととなりました．お忙しいところを恐縮ですが，ご協力の程，よろしくお願いいたします．

　調査結果は統計的に処理し，お名前やご意見を直接公表するなどしてご迷惑をおかけすることはいたしません．また，調査結果は学術研究以外の目的で使用しないことを申し添えます．

　なお，どうしても答えたくない質問についてはお答えいただかなくても結構ですが，何卒本調査の趣旨をご理解の上，可能な限りのご協力をお願いいたします．

　また，お答えいただいた内容について，訂正などがありましたら，下記の担当者までご連絡ください．

　調査員には調査のご協力のお礼に粗品を持参させましたので，ご笑納ください．

2004年　　　月　　　日

　　　　　　　　　　　　　　　　東洋大学社会学部社会調査室
　　　　　　　　　　　　　　　　東京都文京区白山5-28-20
　　　　　　　　　　　　　　　　電話　03-○○○○-○○○○
　　　　　　　　　　　　　　　　担当：○○○○

（ご注意）
1．調査票は，かならずあなたご自身のことについてご記入ください．
2．**お答えは，ひとつだけの場合といくつでもよい場合**があります．質問をお読みになってご回答ください．
3．**お答えは，該当する番号を○で囲んでください**．
4．「その他」に○を付けた場合は，（　　　　）**内に具体的に記入**してください．

　記入済みの調査票は，＿＿＿月＿＿＿日に，担当の調査員が回収におうかがいします．

参考　調査票　423

まず，**新聞**についておうかがいします．

問1〔**全員の方に**〕 　現在，<u>月ぎめでとっている新聞</u>は次のどれですか．（**あてはまるものにいくつでも○印**）	1　朝日新聞 2　毎日新聞 3　読売新聞 4　産経新聞 5　日本経済新聞	6　東京新聞 7　スポーツ新聞（具体的に　　　） 8　その他（具体的に　　　　　） 9　とっていない
問2〔**全員の方に**〕 　では，あなたがほとんど毎日<u>お読みになっている新聞</u>はどれですか． 　スタンド買いや，自宅，職場，学校などで読む新聞も，すべて含めてお答えください．（**いくつでも○印**）	1　朝日新聞 2　毎日新聞 3　読売新聞 4　産経新聞 5　日本経済新聞	6　東京新聞 7　夕刊フジ 8　日刊ゲンダイ 9　スポーツ新聞（具体的に　　　） 10　その他（具体的に　　　　　） 　　　　　　　　→問2-1～6へ 11　ない（読まない）　→　問3へ
問2-1〔**新聞を読んでいる方に**〕 　それらの新聞を，<u>ふだんどのくらいの時間</u>お読みになっていますか．平日の朝・夕刊，休日の朝刊別にお答えください．複数紙をお読みの場合は合計した時間でお答えください．（**各々1つ○印**）	〈平日の朝刊〉 1　～10分 2　～20分 3　～30分 4　～40分 5　～50分 6　～1時間 7　～1時間30分 8　1時間30分超 9　読まない	〈平日の夕刊〉 1　～10分 2　～20分 3　～30分 4　～40分 5　～50分 6　～1時間 7　～1時間30分 8　1時間30分超 9　読まない	〈休日の朝刊〉 1　～10分 2　～20分 3　～30分 4　～40分 5　～50分 6　～1時間 7　～1時間30分 8　1時間30分超 9　読まない
問2-2〔**新聞を読んでいる方に**〕 　それらのお読みになっている新聞のうち，<u>主にお読みになっている新聞</u>を1つあげてください．（**1つ○印**）	1　朝日新聞 2　毎日新聞 3　読売新聞 4　産経新聞 5　日本経済新聞	6　東京新聞 7　夕刊フジ 8　日刊ゲンダイ 9　スポーツ新聞（具体的に　　　） 10　その他（具体的に　　　　　）
問2-3〔**新聞を読んでいる方に**〕 　平日，<u>朝刊をいつ読んでいますか</u>．（**いくつでも○印**）	1　朝自宅で 2　昼間，自宅で 3　出勤・通学の途中で 4　勤務中に 5　昼休みや休憩時間に	6　帰宅途中で 7　夜，自宅で 8　その他（具体的に　　　　　） 9　朝刊は読まない
問2-4〔**新聞を読んでいる方に**〕 　<u>夕刊はいつ読んでいますか</u>．（**いくつでも○印**）	1　会社・学校で 2　帰宅途中で 3　夜，自宅で 4　翌朝，自宅で	5　その他（具体的に　　　　　） 6　夕刊は読まない
問2-5〔**新聞を読んでいる方に**〕	1　全ページ，じっくり読む 2　全ページ，ひととおり目を通し，興味のある部分だけをじっ	

あなたは，新聞をどのような<u>読み方</u>で読んでいますか．（1つ○印）	くり読む 3 全ページ，ひととおり目を通すだけ 4 興味のある部分だけ，じっくり読む 5 興味のある部分だけ，ひととおり目を通す 6 見出しや写真だけを見る 7 その他（具体的に　　　　　　　　　　　）
問2-6〔新聞を読んでいる方に〕 　あなたが<u>ふだんよく読む記事</u>は，次のどれですか．（いくつでも○印）	1 国内政治　　　　　　16 趣味・娯楽・レジャー 2 国際政治　　　　　　17 囲碁・将棋 3 経済　　　　　　　　18 教育・しつけ 4 株式・商況　　　　　19 婦人・家庭 5 財テク・貯金　　　　20 社説・論説 6 社会記事　　　　　　21 連載記事 7 地域ニュース　　　　22 常設コラム 8 天気予報　　　　　　23 新聞・メディアの批評 9 科学・技術　　　　　24 投書・相談 10 学芸・文化・芸術　　25 こころ・宗教・信仰 11 俳句・短歌・詩歌　　26 医療・健康 12 読書・書評　　　　　27 小説 13 ラジオ・テレビ欄　　28 漫画 14 映画・演劇・芸能　　29 その他（具体的に　　　　　） 15 スポーツ

テレビについておうかがいします．

問3〔全員の方に〕 　お宅には，<u>テレビが何台あり</u>ますか．携帯テレビは除き，テレビとして使用しているパソコンは含んでお答えください．（1つ○印）	1 1台───── 2 2台───── 3 3台─────→　問3-1へ 4 4台───── 5 5台───── 6 テレビはない　→　問4へ
問3-1〔テレビをお持ちの方に〕 　あなたは，<u>毎日テレビをご覧</u>になっていますか．（1つ○印）	1 毎日かかさず視る── 2 ほとんど毎日視る── 3 日によって視る───→　問3-2〜7へ 4 ほとんど視ない─── 5 まったく視ない　　　→　問4へ
問3-2〔テレビをご覧の方に〕 　ふだん，テレビを視ている時間は，1日あたりどのくらいですか？　平日，休日別にお答えください．録画の再生，ビデオソフトの視聴，テレビ・ゲームをしている時間は除いてください．（各々1つ○印）	〈平日1日あたり〉　　　　　〈休日1日あたり〉 1 〜30分　　　　　　1 〜30分 2 〜1時間　　　　　2 〜1時間 3 〜2時間　　　　　3 〜2時間 4 〜3時間　　　　　4 〜3時間 5 〜4時間　　　　　5 〜4時間 6 〜5時間　　　　　6 〜5時間 7 〜6時間　　　　　7 〜6時間

	8 ～7時間	8 ～7時間	
	9 ～8時間	9 ～8時間	
	10 ～9時間	10 ～9時間	
	11 ～10時間	11 ～10時間	
	12 10時間超	12 10時間超	
	13 視ない（0分）	13 視ない（0分）	

問3-3〔テレビをご覧の方に〕
お宅では，<u>CATV に加入し</u>ていますか．（1つ○印）

1 加入していない ─────────┐
　　　　　　　　　　　　　　　　　　　→ 問3-5へ
2 地上波放送の同時再送信のみの CATV に ─┘
　加入している
3 CS 放送などが視聴できる CATV に加入している
　　　　　　　　　　　　　　　　　　　→ 問3-4へ

問3-4〔CS 放送などが視聴可能な CATV 加入者に〕
では，<u>CATV の有料放送チャンネルを契約</u>していますか．（1つ○印）

1 有料放送チャンネルは契約していない→問3-5へ
2 有料放送チャンネルを契約している　　→問3-6へ

問3-5〔テレビをご覧の方に〕
お宅では，<u>CS 放送の直接受信</u>を契約・視聴していますか．CATV 経由の視聴は除いてください．（1つ○印）

1 CS 放送の直接受信は契約・視聴していない
2 CS 放送の直接受信を契約・視聴している

（→問3-6へ）

問3-6〔テレビをご覧の方に〕
お宅では，<u>BS 放送を直接受信</u>して視聴していますか．CATV 経由の視聴は除いてください．（いくつでも○印）

1 BS 放送は視聴していない
2 BS アナログ放送を視聴している
3 BS デジタル放送を視聴している

（→問3-7へ）

問3-7〔テレビをご覧の方に〕
あなたがふだんよく視る番組は，次のどれですか．（いくつでも○印）

1 ニュース・報道番組		20 寄席・演芸	
2 ニュースショー		21 クイズ・ゲーム	
3 時事問題・解説		22 バラエティー番組	
4 報道関係の特集		23 子供向け番組	
5 討論・座談会		24 文芸ドラマ	
6 天気予報		25 ホームドラマ・都会派ドラマ	
7 ドキュメンタリー		26 青春ドラマ	
8 海外ニュース		27 アクションドラマ	
9 株式・商況		28 事件・推理ドラマ	
10 財テク・貯金		29 時代劇・大河ドラマ	
11 観光・紀行		30 漫画・アニメーション	
12 学校講座		31 映画（邦画）	
13 語学講座		32 映画（洋画）	
14 教養・宗教講座		33 スポーツ中継	
15 料理		34 スポーツニュース	

		16 囲碁・将棋	35 昼間のワイドショー
		17 クラシック音楽	36 深夜番組
		18 ポピュラー音楽	37 その他（具体的に　　　　）
		19 歌謡曲	

ラジオについておうかがいします.

問4 〔全員の方に〕 あなたは, 毎日ラジオをお聴きになっていますか. （1つ○印）	1 毎日かかさず聴く 2 ほとんど毎日聴く 3 日によって聴く　→　問4-1～3へ 4 ほとんど聴かない 5 まったく聴かない　→　問5へ 6 ラジオはない
問4-1 〔ラジオをお聴きの方に〕 ふだん, どのラジオ局を聴いていますか. （いくつでも○印）	1 中波放送（AM） 2 FM放送 3 ラジオ短波 4 海外のラジオ放送 5 その他（具体的に　　　　　　　）

問4-2 〔ラジオをお聴きの方に〕 ふだん, ラジオを聴いている時間は, 1日あたりどのくらいですか. 平日, 休日別にお答えください. （各々1つ○印）	〈平日1日あたり〉	〈休日1日あたり〉
	1 ～30分	1 ～30分
	2 ～1時間	2 ～1時間
	3 ～2時間	3 ～2時間
	4 ～3時間	4 ～3時間
	5 ～4時間	5 ～4時間
	6 ～5時間	6 ～5時間
	7 ～6時間	7 ～6時間
	8 ～7時間	8 ～7時間
	9 ～8時間	9 ～8時間
	10 ～9時間	10 ～9時間
	11 ～10時間	11 ～10時間
	12 10時間超	12 10時間超
	13 聴かない（0分）	13 聴かない（0分）

問4-3 〔ラジオをお聴きの方に〕 あなたがふだんよく聴く番組は, 次のどれですか. （いくつでも○印）	1 ニュース・報道番組	18 クラシック音楽
	2 時事問題・解説	19 ポピュラー音楽
	3 報道関係の特集	20 歌謡曲
	4 討論・座談会	21 寄席・演芸
	5 天気予報	22 視聴者参加番組
	6 ドキュメンタリー	23 トーク番組
	7 海外ニュース	24 リポート番組
	8 自治体広報	25 子供向け番組
	9 農・林・漁業情報	26 ラジオドラマ
	10 交通情報	27 朗読番組
	11 株式・商況	28 スポーツ中継

参考　調査票　427

	12　財テク・貯金	29　スポーツニュース
	13　観光・紀行	30　イベント中継
	14　学校講座	31　イベント情報
	15　語学講座	32　外国のラジオ番組
	16　教養・宗教講座	33　その他（具体的に　　　　）
	17　生活情報番組	

週刊誌についておうかがいします．

| 問5〔全員の方に〕
　あなたは，ふだん1週間に週刊誌を何冊ぐらいお読みになっていますか．（1つ○印） | 1　1冊　　　7　7冊
2　2冊　　　8　8冊
3　3冊　　　9　9冊
4　4冊　　10　10冊
5　5冊　　11　11冊以上
6　6冊　　12　読まない | → 問5-1へ

→ 問6へ |

| 問5-1〔週刊誌をお読みの方に〕
　あなたが，ふだんよく読む記事は，次のどれですか．（いくつでも○印） | 1　政治・外交
2　時評・対談
3　環境問題
4　老人問題
5　経済・景気・産業
6　商況・財テク
7　皇室記事
8　犯罪・事件もの
9　風俗記事
10　結婚・恋愛に関するもの
11　スター・有名人のスキャンダルや近況
12　買い物情報
13　ファッション情報
14　タウン情報
15　うまいもの店情報
16　料理
17　美容
18　和裁・洋裁
19　育児・しつけ
20　健康・医療
21　スポーツ | 22　オーディオ・音楽
23　自動車・オートバイ
24　住宅関係
25　インテリア
26　旅行
27　ギャンブル
28　運勢占い
29　身上相談
30　漫画
31　小説
32　芸能・娯楽
33　美術・芸術
34　随筆・俳句・詩など
35　書評
36　テレビ番組情報
37　その他
　（具体的に　　　　） |

月刊誌についておうかがいします．

| 問6〔全員の方に〕
　あなたは，ふだん1ヶ月に月刊誌を何冊ぐらいお読みになっ | 1　1冊　　　7　7冊
2　2冊　　　8　8冊 |

428

	3 3冊　　　9 9冊　　　→　問6-1へ
ていますか．（1つ○印）	4 4冊　　　10 10冊
	5 5冊　　　11 11冊以上
	6 6冊　　　12 読まない　→　問7へ

| 問6-1〔月刊誌をお読みの方に〕 あなたが，ふだんよく読む記事は，次のどれですか．（いくつでも○印） | 1 政治・外交
2 時評・対談
3 環境問題
4 高齢化社会の問題
5 経済・景気・産業
6 商況・財テク
7 皇室記事
8 犯罪・事件もの
9 風俗記事
10 結婚・恋愛に関するもの
11 スター・有名人のスキャンダルや近況
12 買い物情報
13 ファッション情報
14 タウン情報
15 うまいもの店情報
16 料理
17 美容
18 和裁・洋裁
19 育児・しつけ
20 健康・医療
21 スポーツ | 22 オーディオ・音楽
23 自動車・オートバイ
24 住宅関係
25 インテリア
26 旅行
27 ギャンブル
28 運勢占い
29 身上相談
30 漫画
31 小説
32 芸能・娯楽
33 美術・芸術
34 随筆・俳句・詩など
35 書評
36 テレビ番組情報
37 その他
　　（具体的に　　　　）|

単行本についておうかがいします．

問7〔全員の方に〕 あなたは，ふだん1ヶ月に単行本を何冊ぐらいお読みになっていますか．（1つ○印）	1 1冊　　　7 7冊 2 2冊　　　8 8冊 3 3冊　　　9 9冊　　　→　問7-1へ 4 4冊　　　10 10冊 5 5冊　　　11 11冊以上 6 6冊　　　12 読まない　→　問8へ
問7-1〔単行本をお読みの方に〕 あなたがふだんよく読む単行本の内容は，次のどれですか．（いくつでも○印）	1 哲学・心理　　10 趣味・実用 2 歴史・地理　　11 婦人 3 政治・法律・経済　12 語学 4 社会科学一般　13 児童 5 自然科学　　　14 日本文学　　→　問7-2へ 6 理工学　　　　15 外国文学 7 医学　　　　　16 漫画

| | 8 芸術 | 17 その他（具体的に　　　　　　　） |
| | 9 スポーツ | ──────────→ 問8へ |

問7-2〔**日本文学・外国文学**をお読みの方に〕 お読みになっている文学は，どのような内容ですか．（いくつでも○印）	1 現代小説	6 近代小説
	2 SF・推理・ミステリー	7 古典文学
	4 エッセイ・評論	8 ファンタジー
	4 歴史・時代小説	9 シナリオ・詩
	5 ノンフィクション・ドキュメント	10 その他（具体的に　　　　）

インターネットについておうかがいします．

問8〔**全員の方に**〕 あなたは，インターネットを利用していますか．（○は1つ）	1 利用している　→　問8-1〜2へ
	2 利用していない　→　問9へ

問8-1〔**インターネットを利用している方に**〕 インターネットにどの機器を使っていますか．（いくつでも○印）	1 パソコン
	2 モバイル機（公衆回線やPHSなどにつなげばどこでもインターネットができる専用機）
	3 携帯電話（アドレスに@が入っているメールはインターネット・メール）

問8-2〔**インターネットを利用している方に**〕 あなたは，現在，インターネットをどのように利用していますか．（いくつでも○印）	1 電子メールの送信や受信
	2 ホームページをみる
	3 ホームページをつくる
	4 ネットニュースを読む
	5 ネットニュースに投稿する
	6 電子掲示板を読む／書き込む
	7 メーリングリストに参加する
	8 チャットを楽しむ
	9 ソフトをダウンロードする
	10 その他（具体的に　　　　　　　）

日常生活における情報源についておうかがいします．

問9〔**全員の方に**〕

　あなたは，次にあげる23項目について，ふだんどの情報源から情報を得ていますか．

（23の項目ごとにあてはまる情報源の番号にいくつでも○印）

〈選択肢〉

1 新聞（一般紙）	6 ラジオ	11 単行本
2 新聞（専門紙）	7 雑誌（週刊誌）	12 インターネット
3 テレビ（BS放送）	8 雑誌（月刊誌）	13 家族・友人・知人
4 テレビ（CS放送）	9 雑誌（専門誌）	14 その他（具体的に　　　　）
5 テレビ（CATV）	10 自治体などの広報	

(1)その日起こった事件について	1　2　3　4　5　6　7　8　9　10　11　12　13　14（　）

(2)大きな事件の詳しい内容や解説について	1	2	3	4	5	6	7	8	9	10	11	12	13	14( )
(3)その日の国内の政治や経済の動きについて	1	2	3	4	5	6	7	8	9	10	11	12	13	14( )
(4)海外の事件や国際情勢の変化について	1	2	3	4	5	6	7	8	9	10	11	12	13	14( )
(5)その日の株価や相場の動きについて	1	2	3	4	5	6	7	8	9	10	11	12	13	14( )
(6)株価や相場の詳しい内容の分析について	1	2	3	4	5	6	7	8	9	10	11	12	13	14( )
(7)地球温暖化やオゾン層破壊などの自然環境問題について	1	2	3	4	5	6	7	8	9	10	11	12	13	14( )
(8)外国人労働者や中高年のリストラなどの社会環境問題について	1	2	3	4	5	6	7	8	9	10	11	12	13	14( )
(9)社会環境問題の背景や対策について	1	2	3	4	5	6	7	8	9	10	11	12	13	14( )
(10)先端技術の情報について	1	2	3	4	5	6	7	8	9	10	11	12	13	14( )
(11)文化や生活などの変化について	1	2	3	4	5	6	7	8	9	10	11	12	13	14( )
(12)自分の住んでいる地域の情報について	1	2	3	4	5	6	7	8	9	10	11	12	13	14( )
(13)現代の世相・風俗・流行について	1	2	3	4	5	6	7	8	9	10	11	12	13	14( )
(14)健康，医療，福祉問題について	1	2	3	4	5	6	7	8	9	10	11	12	13	14( )
(15)教育や青少年問題について	1	2	3	4	5	6	7	8	9	10	11	12	13	14( )
(16)就職や転職の情報について	1	2	3	4	5	6	7	8	9	10	11	12	13	14( )
(17)職務上の専門的な知識や情報について	1	2	3	4	5	6	7	8	9	10	11	12	13	14( )
(18)仕事に役立つ情報について	1	2	3	4	5	6	7	8	9	10	11	12	13	14( )
(19)学問や教養上の知識について	1	2	3	4	5	6	7	8	9	10	11	12	13	14( )
(20)くらしの実用情報について	1	2	3	4	5	6	7	8	9	10	11	12	13	14( )
(21)ファッション・おしゃれ情報について	1	2	3	4	5	6	7	8	9	10	11	12	13	14( )
(22)芸能・娯楽・催し物の情報について	1	2	3	4	5	6	7	8	9	10	11	12	13	14( )
(23)趣味・スポーツ情報について	1	2	3	4	5	6	7	8	9	10	11	12	13	14( )

参考　調査票　431

情報媒体の評価についておうかがいします.

問10〔全員の方に〕

　次にあげる項目について，それぞれあてはまると思うメディアをあげてください.

<u>（19の項目ごとに，あてはまるメディアの番号にいくつでも○印）</u>

　　〈選択肢〉

1	新聞	5	単行本
2	テレビ	6	インターネット
3	ラジオ	7	どれもあてはまらない
4	雑誌		

①世の中の出来事を正確に報道しているのは　　　　　　　　1　2　3　4　5　6　7

②最新の情報が入手できるのは　　　　　　　　　　　　　　1　2　3　4　5　6　7

③詳しい情報を知ることができるのは　　　　　　　　　　　1　2　3　4　5　6　7

④情報内容がわかりやすいのは　　　　　　　　　　　　　　1　2　3　4　5　6　7

⑤情報の量が多いのは　　　　　　　　　　　　　　　　　　1　2　3　4　5　6　7

⑥情報をいろいろな角度から確かめられるのは　　　　　　　1　2　3　4　5　6　7

⑦社会の一員として当然知っていなければならない情報を，十分提　1　2　3　4　5　6　7
　供しているのは

⑧いろいろな立場の意見を公平にとりあげているのは　　　　1　2　3　4　5　6　7

⑨人びとの意見を反映しているのは　　　　　　　　　　　　1　2　3　4　5　6　7

⑩情報源が明確でないのは　　　　　　　　　　　　　　　　1　2　3　4　5　6　7

⑪情報内容が一方的なのは　　　　　　　　　　　　　　　　1　2　3　4　5　6　7

⑫情報内容を十分に調査・検討していないのは　　　　　　　1　2　3　4　5　6　7

⑬興味本位に流れず，品位を保っているのは　　　　　　　　1　2　3　4　5　6　7

⑭プライバシーや人権に気を配っているのは　　　　　　　　1　2　3　4　5　6　7

⑮仕事に役立つのは　　　　　　　　　　　　　　　　　　　1　2　3　4　5　6　7

⑯知識や教養を高めてくれるのは　　　　　　　　　　　　　1　2　3　4　5　6　7

⑰日常生活に役立つ身近な情報を提供してくれるのは　　　　1　2　3　4　5　6　7

⑱自分の判断や行動の参考になるのは　　　　　　　　　　　1　2　3　4　5　6　7

⑲情報が信頼できるのは　　　　　　　　　　　　　　　　　1　2　3　4　5　6　7

　最後に，あなたご自身のことをおうかがいします. これまでおうかがいした内容を分析するために必要な質問です. 是非お答えください.

問11〔全員の方に〕 　あなたの性別は.（1つ○印）	1　男 2　女	
問12〔全員の方に〕 　あなたの年齢は.（1つ○印）	1　15〜19歳 2　20〜24歳 3　25〜29歳 4　30〜34歳 5　35〜39歳 6　40〜44歳	7　45〜49歳 8　50〜54歳 9　55〜59歳 10　60〜64歳 11　65〜69歳
問13〔全員の方に〕 　結婚していますか.（1つ○	1　未婚 2　既婚	

印）	3　離・死別
問14〔**全員の方に**〕 　あなたの最終学歴は，中退は卒業としてお答えください。 （1つ○印）	1　（新）中学，（旧）小学校 2　（新）高校 3　短大，高等専門学校 4　専修学校，各種学校 5　大学，大学院
問15〔**全員の方に**〕 　あなたのご職業はどれにあたりますか。（1つ○印）	1　勤めている（常勤） 2　勤めている（パート・アルバイト）　　　　　　問15-1へ 3　自分で経営している（家族従業員も含む） 4　専業主婦（夫） 5　学生　　　　　　　　　　　　　　　　　　　問16へ 6　無職 7　その他（具体的に　　　　　　　　　　　　　）
問15-1〔**問15で1，2，3と答えた方に**〕 　あなたのお仕事を右のように分けると，どれにあたりますか。（1つ○印）	1　専門・技術職（技術者，医師，看護師，裁判官，弁護士，公認会計士，税理士，幼稚園・小学校・中学校・高校・大学などの教員，宗教家，記者，編集者，美術家，著術家，俳優，華道・茶道・書道などの先生，デザイナー，カメラマンなど） 2　管理職（会社・団体の役員・課長（相当）以上の従業員，国・地方公共団体の課長（相当）以上の公務員，佐官以上の自衛官，警視以上の警察官，消防指令以上の消防士，船長，機長，国会議員，地方議会議員など） 3　事務職（会社・団体の事務職・営業職など，国・地方公共団体の事務職など） 4　自営商工業者（小売店・卸売店主，飲食店主，サービス店主，小規模工場主およびその家族従業員） 5　産業労働者（工員，職人，運転士，改札掛・出札掛などの駅員，電話交換手，郵便の外務員，守衛，警備員，管理職以外の自衛官・警察官・消防士，管理職以外の船員・航空機の乗務員，清掃などの労務的作業従事者など） 6　商業労働者（小売店・卸売店・飲食店・サービス店の店員，理容師，美容師，アパート・マンションの管理人，外交員など） 7　農林漁業（農林漁業従事者および家族従事者） 8　その他（具体的に　　　　　　　　　　　　　　　）
問16〔**全員の方に**〕 　あなたの現在のお住まいは。 （1つ○印）	〔持ち家〕 1　一戸建て（持ち家） 2　集合住宅（公団・公社・公営） 3　集合住宅（民間） 4　その他の持ち家（テラスハウス・連棟式など） 〔賃貸〕 5　一戸建て（賃貸） 6　集合住宅（公共・公社・公営） 7　集合住宅（民間）

		8	社宅・寮・官公舎		
		9	間借り・下宿		
		10	その他（具体的に		）
問17〔**全員の方に**〕 　お宅の年収（税込み）はどのくらいですか．ご家族全員の収入（税込み）の合計をお知らせください．年金，アルバイト，パートなど，その他の副収入も含めてお答えください．（1つ○印）		1	100万円未満	11	1,000～1,200万円未満
		2	100～200万円未満	12	1,200～1,400万円未満
		3	200～300万円未満	13	1,400～1,600万円未満
		4	300～400万円未満	14	1,600～1,800万円未満
		5	400～500万円未満	15	1,800～2,000万円未満
		6	500～600万円未満	16	2,000万円以上
		7	600～700万円未満	17	収入なし
		8	700～800万円未満		
		9	800～900万円未満		
		10	900～1,000万円未満		

ご協力ありがとうございました．

索　引

あ

アイテムカテゴリー・データ（item category data）　345

アフター・コーディング（after-coding）　223

アンバランス尺度（unbalanced scale）　162

い

イェーツの連続修正（Yate's correction）　300

一対比較法（paired comparison）　163

因果関係（causality）　18, 397

因果分析　397

因子間相関　342, 344

因子寄与（率）　339, 344

因子構造　176, 342

因子パターン　342

因子負荷量（factor loading）　176, 337

因子分析（factor analysis）　172, 331

インスペクション（inspection）　209

インターネット調査　49, 54

う

ウエイト・バック（ウエイト付き）集計（weight back）　87, 244

ウォード法（ward method）　367

え

エディティング（editing）　221

エラボレイション（elaboration）　239

演繹法（deduction）　2

お

オープン・エンド型（open-ended question）　157

オープン型　54

か

回帰係数　374

回収率（response rate）（調査完了率）　195, 199

階層的クラスター分析　366

外的基準（external criterion）　372

回答選択肢カード　181

ガウス分布（Gaussian distribution）　113（→正規分布）

確率抽出法（probability sampling）　77

確率比例抽出法（sampling with probabilities proportionate to size）　83, 87

確率比例2段（two-stage sampling）抽出法　88

仮説検証的（confirmatory）アプローチ　8, 62

片側検定（one-tailed test）　279

カテゴリー・ウエイト（category weight）　385, 396

カテゴリー・スコア（category score）　351

間隔尺度（interval scale）　155

観察（法）（observation method）　19

間接効果（indirect effect）　402

完全関連（complete association）　271

き

擬似相関（spurious correlation）　268

擬似無相関（spurious noncorrelation）　268

記述統計（descriptive statistics）　13, 247

帰納（法）的方法（induction）　2, 63

帰無仮説（null hypothesis）　277, 278

キャラクター形式（character data）

226

強制選択尺度（forced-choice scale）
163

共通性（communality） 333, 335

共分散（covariance） 261

共分散構造分析（covariance structure analysis） 400

寄与率（proportion） 323

く

区間推定（interval estimation）
111

グッドマン・クラスカルの予測指数（Goodman-Kruskal's index of predictive association） 274

クラスター抽出法（cluster sampling）
81

クラスター分析（cluster analysis）
365

クラメールの連関係数（Cramer's coefficient of association） 274

繰越効果（キャリー・オーバー効果：carry-over effect） 42, 144

グループ・インタビュー（group interview） 15, 18

クロス集計（cross tabulation） 230

け

系統抽出法（systematic sampling）
79

欠損値（missing data） 241

決定係数（coefficient of determination） 374, 378

検定の多重性 285

こ

構成概念（construct） 320

構造方程式モデリング（SEM）（structural equation modeling）
399

国際標準化機構（ISO：International Organization for Standardization）
29

語句連想法（word association test）
166

個人情報 23, 149

個人情報保護法 21-23, 26, 152, 186, 189, 191, 193, 194, 410

コーディング 223

コーディング・シート 224

固有値（eigenvalue） 172, 323, 350

コレスポンデンス分析（correspondence analysis） 345, 362

さ

最遠隣法（farthest neighbor method）
367

最近隣法（nearest neighbor method）
367

最小2乗法（method of least squares）
372

最大関連 272

最頻値（mode） 255

作業仮説（working hypothesis） 9, 63

参考因子（準拠因子） 343

残差（residual） 374, 375

算術平均（arithmetic mean） 252

サンプル・スコア（sample score）
351

参与観察法（participant observation method） 19

し

自記式（self-administration）（自計式）
42

事実探索的（exploratory）アプローチ
8, 62

指示的（directive）調査 18

悉皆調査（total inspection） 12

実験 18

実験室実験（CLT：central location test） 19

四分位偏差（quartile deviation）
259

四分点相関係数（ϕ） 273

社会調査士　　32
尺度（scale）　　166
尺度型（scale）　　160
尺度構成（scaling）　　155, 167
斜交回転（oblique rotation）　　334,
　341
重回帰分析（multiple regression
　analysis）　　372
自由回答（open-ended question, free
　answer）　　157
自由面接調査　　18
集計計画表　　217
重相関係数（multiple correlation co-
　efficient）　　374, 378
自由度（df）（degree of freedom）
　280
集落抽出法（cluster sampling）　　81
主成分得点　　328
主成分負荷量（principal component
　lording）　　323
主成分分析（principal component
　analysis）　　172, 321
順位相関係数（coefficient of rank
　correlation）　　269
順序尺度（ordinal scale）　　154
順序バイアス（order bias）　　145
純粋想起法（unaided recall または
　unprompted recall：再生）　　40
詳細面接法（調査）　　14, 18
助成想起法（aided recall または
　prompted recall）（再認：recogni-
　tion）　　40
初票点検（initial check）　　201
事例研究（case study）　　21
シングル・アンサー（single choice,
　single answer :SA）　　159
深層面接法（デプス・インタビュー：
　depth interview）　　15
信頼関係（親和関係）（ラポール：rap-
　port）　　141
信頼区間（confidence interval）　　112
信頼性（reliability）　　14
信頼度　　112, 115

す

推測統計（inferential statistics）
　14, 247
推測法（guess test）　　138, 166
数値配分型（constant sum method）
　158
数量化Ⅰ類（multiple regression
　analysis of dummy variables）
　383
数量化Ⅱ類（discriminant analysis of
　dummy variables）　　395
数量化Ⅲ類（quantification method of
　the third type）　　128, 345
数量型（scoring）　　158
スチューデント化された範囲　　291
スキッピング　　210

せ

正規分布（normal distribution）
　113
絶対尺度（noncomparative scale）
　164
説明変数（explanatory variable）
　372
説明変数の選択法　　379
線形判別関数　　391
潜在変数（latent variable）　　320
全体構成比（表構成比）　　234
専門社会調査士　　32
専門統計調査士　　34

そ

総当たり法（all possible regression）
　379
層化確率比例抽出法　　88
層化抽出法（stratified sampling）
　86
相関比（correlation ratio）　　394
総合効果　　402
操作（化）（operation）　　64
相対尺度（comparative scale）　　164

索　引　437

た

第一種の過誤（type I error）　278
第二種の過誤（type II error）　278
代人記入　210
代表性（representativeness）　75
タイム・サンプリング（time sampling）　106
対立仮説（alternative hypothesis）　277, 278
他記式（interviewer administration）（他計式）　39
多項分類型（multichotomous choice）　159
多重共線性（multi collinearity）　380
多重比較（multiple comparison tests）　290, 301
多段抽出法（multistage sampling）　85
縦構成比（列構成比）　233
妥当性（validity）　14
ダブル・バーレル（double barrel）　137
ダミー変数（dummy variable）　381
単純構造（simple structure）　334
単純尺度（monopolar scale）　162
単純集計（marginal count）　229
単調増加（減少）　269

ち

中位数　253
中央値（median）　253
抽出間隔（sampling interval）　79
調査協力依頼状　183
調査協力証明書（面接証明書）　183
調査計画書　62
調査対象者の属性（demographic characteristics）　142
調査地域　69
調査票（questionnaire）　125
直接効果（direct effect）　402
直交回転（orthogonal rotation）　334, 341

て

定性的手法（qualitative method）　14
定量的手法（quantitative method）　11
的中率　392
データ・チェック（data check, data cleaning）　227
デルファイ法（delphi method）　137
電子調査法　48, 193, 207
点推定（point estimation）　111
デンドログラム（樹形図）（dendrogram）　367
電話調査（telephone survey）　46, 131, 192, 205

と

投影法（projective technique）　166
等確率抽出法（sampling with equal probabilities）　84
統計的仮説検定（statistical test）　277
統計調査士　34
同時散布図　351-353
同時抽出法　99
統制的観察法（controlled observation method）　19
等分散検定（test of homoscedasticity）　295
独自性（uniqueness）　332
匿名加工　26, 27, 410
匿名加工情報　26, 27
独立性の検定（test of independence）　303, 310
留置き調査（dropping off and later picking up a questionnaire at a household）　41, 129, 188

な

並み数　255

に

二項分類型（dichotomous choice）
159
二次（的）データ（secondary data）
2
2段抽出の場合の誤差　117
日本工業規格（JIS：Japanese Industrial
Standard）　32

は

バイアス質問（biased question）　138
バイナリー形式（binary data）　225
パス解析（path analysis）　400
外れ値（outlier）　267, 382
馬蹄型効果　357
パネル調査（panel study）　55
バランス尺度（balanced scale）　162
バリマックス法（varimax rotation）
341
半構造化された調査　18
反応型データ（binary data）　346
判別関数（nonlinear／linear
discriminant function）　391
判別係数（discriminant coefficient）
392, 393
判別得点（discriminant score）　393
判別分析（discriminant analysis）
388, 391

ひ

ピアソンの積率相関係数（Pearson's
product-moment correlation
coefficient）　261
非階層的クラスター分析　369
非強制選択尺度（non-forced choice
scale）　163, 165
非参与観察法（non-participant
observation method）　20
非指示的（nondirective）調査　17
非対称分布（asymmetric distribution）
256
ビッグ・データ（big data）　31

非統制的観察法（uncontrolled observa-
tion method）　16, 19
非標本誤差（non-sampling error）
121
標準化偏回帰係数（standard partial
regression coefficient）　376, 379
標準型正規分布（standard normal dis-
tribution）　114
標準偏差（standard deviation）　258
評定尺度型　162
標本（sample）　11
標本誤差（sampling error）　111
標本数　119
標本抽出枠　75
標本調査（sample survey）　13
非類似度（dissimilarity）　366
比例尺度（ratio scale）　155

ふ

フィッシャーの（Fisher's）Exact test
306
フィールド実験（field test）　19
フィールド調査（field survey）　16
フェース・シート（face sheet）　143
不偏分散（unbiased variance）　259
プライバシーマーク制度　28
プライマリ因子　343
プリ・コード形式（pre-coding）
157, 158
プリテスト（pretest）　132
分位数（quantile）　259
分割相関　266
分散（variance）　258
分散分析（ANOVA：analysis of vari-
ance）　285
文章完成法（sentence completion）
166

へ

ペアごとに除外（available data）
243
平均値（mean）の標本誤差　115
ベリファイ（verify）　224

索　引　439

偏回帰係数（partial regression coefficient）　378
変数減少法（backward selection）　379, 380
変数減増法（stepwise backward method）　379, 380
変数増加法（forward selection）　379, 380
変数増減法（stepwise forward method）　379, 380
偏相関係数（partial correlation coefficient）　268, 377

ほ

母集団（population）　11, 75

ま

マックネマー検定（McNemar test）　309
マハラノビスの距離（Mahalanobis distance）　389
マルチプル・アンサー（multiple choice, multiple answer : MA）　159

む

無作為抽出法（random sampling）　75

め

名義尺度（nominal scale）　154
メイキング　202
メディアン（median）　253
面接調査（face-to-face interview）　39, 128, 181

も

モード（mode）　255
目標母集団　75（→ 母集団）

ゆ

有意水準（level of significance）　278
有意抽出法（purposive selection）　75, 110

郵送調査法（mail survey）　44, 130, 190
雪だるま方式（snowballing method）による標本抽出法　111
ユールの連関係数（Yule's coefficient of association）　273

よ

要配慮個人情報　23
横構成比（行構成比）　233, 237
予備標本　81

ら

ライアン検定 → Ryan 検定
ランダム抽出法（random sampling）　77

り

リストごとに除外（complete data）　243
リソース型　54
リマインダー（reminder）　203
略画完成法（cartoon completion）　166
両側検定（tow tailed test）　279
両極尺度（bipolar scale）　162

る

類似度（similarity）　366

れ

連関係数（coefficient of association）　271
レンジ（range）　388, 397

ろ

ロール・プレイング（role playing）　201

わ

ワーディング（wording）　133
割合の標本誤差　116
割当抽出法（quota sampling）　97, 98

B

Bartlett 検定　283
Bonferroni 検定　291
Brawn-Forsythe 検定　285

C

CADC（Computer-Assisted Data Collection）　49
CADE（Computer-Assisted Data Entry）　49
CAPI（Computer-Assisted Personal Interviewing）　49
CASI（Computer-Assisted Self Interviewing）　49
CATI（Computer-Assisted Telephone Interviewing）　46, 49
CLT（Central Location Test）　19

F

familywise error rate　290
F 分布　281
F 検定（F-test）　281

G

GFI（goodness of fit index）　401

H

Hartley 検定　283
Holme 検定　291

I

ISO（International Organization for Standardization）20252　29, 209
ISO26362　31
ISO19731　31

K

K-means 法　369

L

Levene 検定　283, 285

R

Ryan 検定（Ryan's procedure）　301
RDD（Random Digit Dialing）法　107

S

SNS（Social Networking Service）　31

T

t 検定（t-test）　295
Tukey's HSD 検定　291

V

VIF（variance inflation factors）　382

その他

χ^2 検定（chi-square test）　294, 401

著者略歴

島崎哲彦（しまざき　あきひこ）（第Ⅰ・Ⅱ・Ⅲ・Ⅳ・Ⅴ・Ⅵ・Ⅹ章）

1946年	神奈川県生まれ
1989年	立教大学大学院社会学研究科博士課程前期課程修了，社会学修士
1997年	博士（社会学）
現　在	東洋大学社会学部メディアコミュニケーション学科教授，同大学院社会学研究科客員教授を経て，日本大学大学院新聞学研究科非常勤講師，専門社会調査士
専　攻	マス・コミュニケーション論，メディア論，社会調査法

大竹延幸（おおたけ　のぶゆき）（第Ⅶ・Ⅷ・Ⅸ章）

1955年	神奈川県生まれ
1999年	立教大学大学院社会学研究科博士課程前期課程修了，社会学修士
現　在	㈱マーケッティング・サービス代表取締役社長，専門社会調査士，専門統計調査士 東洋大学社会学部非常勤講師 明星大学人文学部非常勤講師
専　攻	社会調査法，消費行動論

第13版

社 会 調 査 の 実 際
―統計調査の方法とデータの分析―

2000年 4 月10日　第 1 版第 1 刷発行
2019年12月10日　第13版第 1 刷発行

著　者　島　崎　哲　彦
　　　　大　竹　延　幸

発行所　㈱ 学 文 社

発行者　田 中 千 津 子

東京都目黒区下目黒 3-6-1　〒153-0064
電話 03(3715)1501　振替 00130-9-98842

落丁・乱丁本は，本社にてお取替え致します．
定価は売上カード，カバーに表示してあります．

・印刷/シナノ印刷株式会社

© 2019　SHIMAZAKI Akihiko and OHTAKE Nobuyuki
Printed in Japan　・検印省略

ISBN978-4-7620-2942-4